图书情报与信息管理实验教材

信息计量分析工具理论与实践

Informatrics Analysis Tool:Theory and Practice

编著　赵蓉英
参编　王　嵩　魏绪秋　全　薇　冯雪峰

WUHAN UNIVERSITY PRESS
武汉大学出版社

图书在版编目(CIP)数据

信息计量分析工具理论与实践/赵蓉英编著.—武汉：武汉大学出版社,2017.11
图书情报与信息管理实验教材
ISBN 978-7-307-19665-0

Ⅰ.信…　Ⅱ.赵…　Ⅲ.文献计量分析—高等学校—教材
Ⅳ.G250.252

中国版本图书馆CIP数据核字(2017)第220738号

责任编辑:韩秋婷　　责任校对:汪欣怡　　版式设计:韩闻锦

出版发行：**武汉大学出版社**　(430072　武昌　珞珈山)
(电子邮件：cbs22@whu.edu.cn　网址：www.wdp.com.cn)
印刷:湖北省京山德兴印务有限公司
开本:720×1000　1/16　印张:22.25　字数:397千字　插页:1
版次:2017年11月第1版　2017年11月第1次印刷
ISBN 978-7-307-19665-0　定价:34.00元

序

定量化是科学发展的必然趋势。21 世纪以来，信息计量学作为一门采用定量方法描述和研究信息的现象、过程和规律的学科，已经形成一整套完善的理论、方法和工具体系，并在信息管理、科学管理、科学交流以及科学决策等应用领域中发挥着日益重要的作用。大数据时代，具有迭代特性的知识发现过程，是建立在原有的科学知识、日常知识和信念之上的，通过将知识库中零散的各类知识组合化、系统化，以定量化的方式进行知识融合可以产生新的知识，而对知识库中科学知识进行定量化分析，则是其中最基础也是最关键的一步。

“信息计量学”这个术语最初是由德国学者奥托·纳克(Otto Nacke)在 1979 年的《文献工作通讯》杂志上提出来的，试图用以概括数学在情报学所有领域中的应用。我国著名信息计量学家邱均平认为：信息计量学应分为“广义信息计量学”与“狭义信息计量学”，前者是探讨以信息论为基础的广义信息的计量问题，范围非常广泛；后者才是通常意义上的信息计量学，主要研究情报信息(或语义信息)的计量问题，其主要内容是应用数学、统计学等定量方法来分析和研究信息的动态特性和内在规律。

信息计量学的主要研究内容是应用数学、统计学等定量方法来分析和处理信息过程中的种种矛盾，从定量的角度分析和研究信息的动态特征，并找出其中的内在规律。因而，信息计量分析的理论与方法基础，则包含了信息计量学理论、网络分析理论和可视化分析理论等。以此为基础，我们提出了信息计量分析的方法与步骤，并构建了信息计量分析模型。

信息计量工具是信息计量学为了达成一定研究目的所应用的具体手段和方式。而信息计量分析工具的研究对象实质上是由信息计量学的研究内容决定的。1997 年，国内学者赵红州认为，科学计量学、文献计量学和情报计量学的研究内容主要集中在变量数据的经验和概率分布拟合，学科地理分布图绘制，绩效评价、影响分析，以及其他定量四大类；Schoepflin 和 Glanzel 将信息计量学划分为四大研究领域：文献计量学理论，案例研究，实证论文(包括应用程序、指标设计和数据显示的方法学论文)，以及有关文献计量学和研究政策的社会学方法。这些对信息计量学研究内容的划分和定义，为信息计量分析工具的研究对象指明了方向。

目前，信息计量分析工具经历了手工处理阶段、系统支持阶段、机助数据处理阶段、网络化专用数据处理软件阶段和可视化人工智能阶段。出现了诸如谷歌学术、百度学术、超星系列学术搜索引擎等国内外众多优秀的学术搜索分析引擎，为用户提供跨数据库平台的检索与发现带来了极大的便利。SCIE、CSSCI 和 CNKI 等定量数据收集与分析工具，则能为用户提供最科学、准确的分析数据，以了解最新的研究进展与思路。而 SPPS、Bibexcel 和 CiteSpace 等数据分析与可视化分系统工具，能够直观地传达关键的方面与特征，从而实现对于相当稀疏而又复杂的数据集的深入洞察。

本书对信息计量领域的应用工具进行了理论梳理和应用分析研究。首先对信息计量分析单元进行阐述，并介绍了信息计量分析工具的内涵和特点、类型及发展历史与现状；其次阐述了信息计量分析理论与方法，并构建了信息计量分析框架与模型；再次辅之以各种类型信息计量工具的介绍与实例演示；最后通过 6 篇经典实例分析，展示了信息计量工具的应用领域与应用方法。全书由赵蓉英、王嵩拟定提纲，并由王嵩撰写第 1、2 章，魏绪秋撰写第 3、5、6 章，冯雪峰、王嵩共同撰写第 4 章，全薇撰写第 7 章。全书由王嵩统稿并由赵蓉英修改定稿。本书在出版过程中得到了武汉大学出版社和有关院系领导的支持和帮助，责任编辑等编校人员为之亦付出了辛勤劳动。在此，我们谨向以上单位和个人表示最诚挚的谢意！

本书在写作过程中参考引用了国内外众多文献，谨在此对这些作者表示感谢。

信息计量分析工具目前正处于快速发展与变革之中，内容纷繁复杂且涉及面广，虽经我们竭力整理、总结国内外相关研究的理论与实践成果，以把研究做好、把书写好，但我们的学识和精力有限，且由多人分头执笔，书中难免还存在有些问题研究不够透彻甚至不妥之处，恳请专家和广大读者批评、指正，以便后续研究与完善。

赵蓉英

2015 年 7 月于武汉大学

目 录

1 信息计量分析工具概述

1.1 信息计量分析单元

信息计量学可以从多个角度进行研究，信息计量工具的分析单位可以是一维、二维、三维甚至n维。Leo Egghe认为，未来的信息计量学则主要聚焦三维计量学单元的研究：期刊-引文-作者、期刊-论文-引文和参考文献-论文-引文①。Loet Leydesdorff从科学研究的角度出发，认为信息分析单元可以建构成一个由文本-科学家-认知组成的三维立体层次模型②。我国学者梁立明则认为，信息计量研究中的计量单元，可以分为国家、地区、机构、学科、期刊和个人③。邱均平认为，信息计量学中的文献计量不再仅仅停留在篇、册、本等单元上，而是深入到与文献相关的内部知识单元上去，如题名、主题词、关键词、词频、知识项和引文信息等都已成为计量的对象④。

综合可知，信息计量工具的分析单元涉及文献单元、知识单元、主题单元、学科单元和科研共同体单元，如表1-1所示。文献单元是出版物的篇、册、本等单元；知识单元主要表现为题名、主题词和关键词等单元；主题领域单元指的是学科内的研究领域和方向；学科单元则是以学科作为测量单元，侧重学科之间关系的动态演化研究；科研共同体单元包括无形学院的研究者和作者、机构(如公司、大学和研究院等)、地区和国家单元。

---

① Egghe L, Rousseau R. Introduction to Informetrics: Quantitative Methods in Library, Documentation and Information Science[M]. New York: Elsevier Science Publishers, 1990: 1.

② Leydesdorff. The Challenge of Scientometries [M]. Leiden: The Netherlands, 1995: 1-6.

③ 梁立明. 科学计量学·指标·模型·应用[M]. 北京：科学出版社，1995.

④ 邱均平. 信息计量学(一)：信息计量学的兴起和发展[J]. 情报理论与实践，2000(1)：75-80.

表 1-1 信息计量工具的分析单元列表

文献单元	知识单元	主题单元	学科单元	科研共同体单元
专著、论文、专利等的外部特征单元	题名、主题词和关键词等	学科内研究领域和方向	学科知识体系单元	作者、机构、地区和国家单元

1.2 信息计量分析工具内涵

1.2.1 信息计量学的概念

“信息计量学”这个术语最初是由德国学者奥托·纳克在 1979 年的《文献工作通讯》杂志上提出来的，试图用以概括数学在情报学所有领域中的应用。Leo Egghe 在 1990 年提出的信息计量学学科范式框架中认为，信息计量学是借助物理学、数学、计算机科学和其他计量学学科的工具(技术和模型)进行图书馆管理、科学社会学、科学史、科学政策和信息检索领域的研究。Leo Egghe 在 2005 年认为，信息计量学是所有与信息科学相关的计量学科的统称，包括文献计量学(书目、图书馆)、科学计量学(科学政策、引文分析、研究评价等)和网络计量学(网络、INTERNET 或其他社会网络，如引文网络、合作网络)。

信息计量学是对任何形式、任何组织的信息的数量方面的研究。我国著名信息计量学家邱均平认为：信息计量学应分为“广义信息计量学”与“狭义信息计量学”，前者是探讨以信息论为基础的广义信息的计量问题，范围非常广泛；后者才是通常意义上的信息计量学，主要研究情报信息(或语义信息)的计量问题，其主要内容是应用数学、统计学等定量方法来分析和研究信息的动态特性和内在规律。在信息计量学中，建立一套定量描述情报信息的现象、过程和规律的测度指标和单位，寻找新的适合情报信息特征的计量化途径和有效方法，是非常有必要的。

1.2.2 “工具”的概念

现实中，“工具”原指生产过程中运用的器具，后引申为达到、完成或促进某一事物的手段。这里的手段包括人、物、事和为实现某种目标所借助的各种物质和非物质形态。因而在现代汉语中，“工具”一词具有两种含义，一是指劳动的器具，是一个静态的、相对于人而言的客体性的概念；二是指达成目标的事物，既包括器具，亦包括器具的运行方式、方法，是一个客体及其运行方式合一的概念。

1.2.3 信息计量分析工具的含义解析

结合“信息计量学”和“工具”的含义，可知，信息计量工具是信息计量学为了达成一定研究目的所应用的具体手段和方式。从学科范围来看，信息计量工具有两种来源渠道，一是来自其他学科领域的定量分析工具；二是来自信息科学内与其相关的计量学学科工具。信息计量学工具是与信息科学相关的计量学科工具和其他相关学科工具的集合。从学科性质来看，信息计量工具必须具备基础的定量分析技能。信息计量学工具可以分为三个层次：一是具备基本统计分析功能的工具；二是融合统计分析功能和信息计量学学科理论于一体的工具；三是在第二种类型工具的基础上，融合其他多学科先进方法与技术的工具。

1.2.4 信息计量分析工具的研究内容

信息计量分析工具的研究对象实质上是由信息计量学的研究内容决定的。1997 年，学者赵红州认为，科学计量学、文献计量学和情报计量学的研究内容主要集中在变量数据的经验和概率分布拟合，学科地理分布图绘制，绩效评价、影响分析，以及其他定量四大类。2003 年，王宏鑫①认为，信息计量学主要是对信息传播过程中的信息规律、人的认知过程中的信息规律和决策过程中的信息规律开展计量分析。国外也有不少学者对信息计量学的研究内容进行过探索。2001 年，Van den Besselaar 使用因子分析方法，将科学的定量研究界定为政策导向的科学计量学、实证研究、共词研究、科学计量分布、科学计量学、专利研究和技术变革七大分支②。Schoepflin 和 Glanzel 将信息计量学划分为四大研究领域：文献计量学理论，案例研究，实证论文，包括应用程序、指

① 王宏鑫. 信息计量学的内容与形式结构[J]. 情报科学，2003，21(8)：792-795.

② Besselaar V D. The Cognitive and the Social Structure of STS[J]. Scientometrics，2001，51(2)：441-460.

标设计和数据显示的方法学论文，以及有关文献计量学和研究政策的社会学方法①。2005 年，Glenisson 等人根据信息计量学取得的最新进展，将信息计量学分为科学计量发展、实证论文/案例分析、数学模型、政治问题、社会方法以及信息计量学/网络计量学②。2006 年，Janssens 等学者利用共词分析绘制出图书情报领域的研究结构，确定了五大研究点：文献计量学、专利、信息检索、网络计量学和信息科学的社会学方面③。

1.2.5　信息计量分析工具发展的特点

(1)集成化

交叉与综合是社会科学研究创新发展的新视野。由于不同研究方法之间具有较强的互补性和结果上的对比性，多种方法的综合与集成可以得到更加准确可靠的结果。研究方法的综合与集成，首先表现在定性方法与定量方法的结合。信息计量学研究的实质是利用数理统计的方法，通过定量分析揭示事物内在的发展规律。定量分析结果可以通过各种形式表现，如数值、图表，但研究目的不在于这些图表，而在于其中所隐含的规律。因此信息计量学的分析中也不能忽视定性分析的作用，应做到定量分析与定性分析相结合④。目前已有学者对文献计量法与内容分析法进行了综合比较和应用研究。其次，表现为不同分析方法的结合应用。这种应用有两种不同的方向：一是方法组合，即将两种方法组合起来共同揭示某一现象；二是方法融合，即将不同关系融合成一种新的方法来解释分析单元之间的关系特征⑤。调查发现，许多学者已经越来越多地考虑将多种不同的分析方法加以综合利用，例如共引聚类分析与词频分析的

---

① Schoepflin U, Glanzel W. Two Decades of "Scientometrics": An Interdisciplinary Field Represented by its Leading Journal[J]. Scientometrics, 2001, 50(2): 301-312.

② Glenisson P, Glanzel W, Janssens, F., De Moor, B. Combining Full Text and Bibliometric Information in Mapping Scientific Disciplines [J]. Information Processing and Management, 2005, 41(6): 1548-1572.

③ Janssens F, Leta J, Glänzel W, De Moor B. Towards Mapping Library and Information Science[J]. Information Processing and Management, 2006, 42(6): 1614-1642.

④ 杨炳儒，江亚东．基于大型数据库的 KDD 系统及应用研究[J]．世界科技研究发展，2001(1)：49-56.

⑤ 刘志辉．对信息计量学理论、方法和应用的思考[J]．图书情报研究，2009，2(1)：38-41.

结合、共词分析与引文网络的结合以及同被引分析和文献耦合分析的结合等①。

(2)可视化

伴随着信息技术的高速发展，传统的文献计量方法和技术得到了前所未有的发展，并逐步从早期的简单计数统计过渡到目前的网络分析及可视化技术等热点领域。将可视化技术和文献计量中的引文分析技术进行有机结合，可以在客观的量化分析的基础上同时兼具全面、简洁和直观的优点，已经被越来越多的学者所研究。进入 21 世纪以来，作为引文分析与信息可视化相结合的产物——科学知识图谱，以其理论上的综合化、方法上的可视化、描绘上的形象化等诸多特征，获得迅猛的发展，一跃成为当代计量学领域的研究热点与最新前沿，研究极为活跃。

可视化工具不只是知识的一种图解方式，更需要人工智能、知识科学、计算语言学和认知语言学等学科的支持，作为连接认知心理学和人工智能研究的新桥梁，未来可视化计量工具有两个发展趋势：① 二维到多维的转变；知识可视化技术与虚拟现实空间相结合，向多维空间迈进；② 静态向动态、交互的转变，可视化工具将建立一种迭代的、协作的过程，使可视化过程动态发生②。

(3)智能化

计算机辅助计量分析经历了机助数据处理阶段、系统支持阶段和人工智能阶段三个阶段，如表 1-2 所示。机助数据处理阶段采用通用软件开展计量分析工作。系统支持阶段主要是通过研制专用数据库，实现计量分析工作的自动处理。人工智能阶段则是广泛利用数据挖掘、数据仓库、联机分析处理、知识发现等先进技术和手段帮助研究者进行大规模的数据抽取、深层次的信息分析以及多维、动态的分析结果展示，来实施知识层面的计量分析③。由于信息计量从语法层次向语义和语用层次发展是一个基本的趋势，必然促进信息计量学软件开发向智能信息处理方向发展。

---

① 苏娜，张志强．科学计量学中多重关系融合方法研究进展及分析[J]．情报科学，2010，28(9)：1309-1313.

② 赵丹群．新世纪信息计量学研究进展评述[J]．图书情报工作，2009(1)：14-18.

③ 沙勇忠，肖仙，桃赵波．计算机辅助信息分析论略[J]．情报杂志，2001 (7)：74-77.

表 1-2 **计算机辅助计量分析的发展阶段**

类型	机助数据处理阶段	系统支持阶段	人工智能阶段
工具	主要采用通用软件完成信息研究中的数据统计、计算、图形表达和结果输出等工作，如 SPSS、SAS 等	主要建立专用数据库系统，从整体上支持计量分析，如 SCI、ESI、SCOPUS 等专业引文数据库	广泛应用数据仓库、数据挖掘、联机分析处理、知识发现等工具，进行智能处理和分析，如 QUEST、MineSet、DBminer 等
功能	能进行时间序列分析、回归分析、主成分分析、方差分析、因素分析、聚类分析、判别分析、多维比例分析、相关分析、曲线程序分析等	能提供基础的共享数据；能方便地存储、检索某一领域的数据资料；能进行数据的统计分析、计算和建模工作；提供良好的结果表达和输出功能	能进行大规模的数据抽取与集成；能进行深层次的数据关联分析、序列模式分析、分类分析、聚类分析等；能提供多维、动态的分析结果展示

1.3 信息计量分析的数据来源

信息计量的数据来源随着时代的变化也有所变化，这里介绍的数据来源包括传统的“十大信息(情报)源”和近几年发展起来的光盘数据和网络数据等新型数据来源①。

(1)科技图书

它是对某专门知识或某学科进行系统论述或概括的一种情报来源。科技图书包括专著、论文集、教科书、百科全书以及字典、词典和手册等。一般来说，科技图书的出版周期较长，对新成就、新观点、新技术等的介绍，不如科技期刊来得快。

(2)科技期刊(Periodical)

它又称连续性出版物(Serials)，是一种定期或不定期连续出版的文献载体，它一般有同样的名称，按一定时间编定卷号，每一卷又分若干期。科技期

① 邱均平. 信息计量学[M]. 武汉：武汉大学出版社，2007：20-22.

刊的出版周期短，因而发表论文速度快；科技期刊的种类多，因而能反映各个领域的成果和水平。查阅科技期刊，对于了解第一手资料、掌握进展情况、开阔思路最有参考价值。其类型有：①学术型、技术型刊物，是科技期刊的核心部分，刊名一般为 acta(学报)、journals(杂志)、annuals(纪事)、bulletin(通报)、transactions（汇刊)、proceedings（会刊)、review（评论)、progress/advances in...(进展)等；②快报型，如 communication(通讯)、letters(通讯)、bulletin 等；③消息型(Newsy Journals)，如 news(新闻)、news letters 等；④资料型(Data Journals)，如 data、event 等。

(3)科技报告

报道(记录)研究和开发调查工作的成果或进展情况的一种文献类型，一般都编有号码以供识别。常用的报告名称有：按报告的形式可分为 report(报告书)、technical notes(技术札记)、memorandum(备忘录)、papers(论文)、bulletin(通报)、technical translations(技术译丛)、special publications(特种出版物)；按研究的进展情况分 primary report(初步报告)、progress report(进展报告)、interim report〔期中(临时)报告〕、final report(最终报告)。国际上比较著名的科技报告有美国的 AD(国防部 ASTIA Document)报告、NASA 报告、PB 报告。

(4)会议文献

它是指学术会议文献，往往反映出科学技术的发展趋势，其特点是与最新成果的间隔时间短，但其内容与期刊相比可能不太成熟。会议类型大致可分为国际会议、全国性会议及地区会议等。会议和会议文献常用的主要名称有 conference(大会)、meeting(小型会议)、symposium(讨论会)、proceeding(会议录)、paper(单篇论文)、transaction(汇报)等。如美国冷泉港定量生物学讨论会(Cold Spring Harbor Symposia of Quantitative Biology)会议录、欧洲生化学会联合会(Federation of European Biochemical Society，FEBS)专题会议录等。

(5)专利文献

在实行专利制度的国家，凡是本国或外国的个人和企业有了创造发明，都可以根据专利法的规定，向本国或外国专利局提出申请，经审查合格，批准授予在一定年限内享有创造发明成果的权利，并在法律上受到保护，这样一种受到法律保护的技术专有权利叫作专利。专利是与产业活动密切相关的，因而其实用性非常强。根据专利的技术水平和应用情况，其类型有 invention(发明)、utility patent(实用新型)和 design patent(外观设计)等。

(6)标准文献

经过公认权威当局批准的标准化工作成果，可以采用文件形式或规定基本单位(物理常数)这两种形式固定下来，以文件形式出现的标准化工作成果，就是标准文献。标准化主要包括三个方面：①产品标准化，即产品质量要符合技术规定；②产品规格化和系列化，即产品按型号大小来分档，成系列的发展，从而保证以较少的品种来满足广泛的要求；③零部件通用化，即同类机型零部件，特别是易损件要做到最大限度的通用互换性。

(7)学位论文

它是高等学校毕业生在评定学士、硕士、博士等学位时提出的论文。因为它是经过一定审查的原始研究成果，一般都带有独创性和学术性，所以也有一定的参考价值。学位论文一般不单独出版，质量比较高的论文多发表在有关专业的期刊上。

(8)产品资料

一般是指产品样本，即产品说明书。好的产品说明书含有丰富的内容，包括产品规格、产品特点、产品专利号等多种对生产有用的信息。

(9)技术档案

它是指在生产建设中和科技部门的技术活动中形成的，有一定的工程对象的技术文件的总称。

(10)科技报纸

在报纸上刊载的科技文献，主要是指关于科技方面的新闻报道。由于报纸报道及时、包含的信息量大，所以，它可使我们及时得到一些重要的科技信息。同时，报纸上有关的科技专栏，也是我们了解国内外科技动态和科技珍闻的一个窗口。

(11)光盘数据

光盘存储的数据量大，数据组织有序，现在不少引文索引数据库都有光盘版，比如国内《中国科学引文索引》(CSCI)、《中国科技论文与引文数据库》(CSTPC)和《中文社会科学引文索引》(CSSCI)，另外国外的SCI-E、E1等大型数据库都有光盘数据库。这些光盘数据对于我们进行信息检索和科研评价等都有重要的意义。

(12)网络数据

随着网络的发展，越来越多的数据存放在互联网上，这些数据更新及时，查询非常方便，诸如Alta Vista、Google等各种搜索引擎更是为网络数据提供了强有力的工具。按网络数据内容的表现形式可以分为数字型、文本型、声音型、图像和图形型、综合多媒体型。另外，现在我们利用的清华大学的中国学术期刊网、万方数据期刊网、维普期刊网等，以及 CSSCI、CSTPC、SCI 等都提供网络版服务，为我们进行计量和评价提供了强有力的数据保障。

1.4 信息计量分析工具类型

信息计量分析工具主要是国内外的各个索引工具，应用软件主要是数学和统计学应用方面的软件，现将它们进行归纳划分为如下几种：

1.4.1 数理统计工具

1.4.1.1 数理统计工具的方法论基础

数理统计理论是数理统计工具的主要方法论基础。数学理论涉及概率论、离散数学等知识。统计学理论包括描述统计、推理统计和多元统计知识。多元统计分析是信息计量学中应用最多的统计分析方法。它是对若干相关的随机变量观测值的分析。多元统计学有两个重要特征，第一个是将一个变量描述成若干个其他变量的函数，在观测数据与某一模型拟合中，要用到回归分析；第二个特征可以称为“维数降低技术”，它主要包括因子分析、多维尺度分析和聚类分析，目的是使最初许多变量结合成的复杂模型得到简化①。

因子分析的目标是用尽可能少的因子去描述众多的指标或因素之间的联系。其基本原理是根据相关性大小把研究对象的变量进行分组，使得每组变量代表一个基本结构，这个基本结构称为公共因子，这样较少的几个公共因子就可以反映原始资料的大部分信息②。多维尺度分析是指通过某种非线性变化把高维空间的数据转换成低维空间中的数据，变换后的数据仍能近似地保持原高维数据间的关系的一种技术。聚类分析是一种数值分类技术，是指把分析对象根据其彼此之间的相关程度分成类群进行分析研究的过程。等级聚类是目前使用最多、研究最为充分的算法。

1.4.1.2 数理统计应用软件

(1)SPSS

SPSS 是广为人知的社会统计软件包，广泛用于多种学科的统计分析。它

---

① [比]L. 希，R. 鲁索. 情报计量学引论[M]. 北京：科学技术文献出版社，1992：23.

② 邱均平，丁敬达，周春雷. 1999—2008 年我国图书馆学研究的实证分析(上)[J]. 中国图书馆学报，2009，35(183)：72-78.

和SAS(Statistical Analysis System)、BM-DP(Biomedical Program)并称为国际上最有影响力的三大统计软件。早在20世纪80年代初，国外就已经开始使用SPSS的数据分析及图示功能进行计量学中的引文分析。如今SPSS已出至版本20，而且更名为PASW Statistics。SPSS具有完整的数据输入、编辑、统计分析、报表、图形制作等功能。它提供了从简单的描述统计到复杂的多因素统计分析方法，其内嵌的相关分析、聚类分析、因子分析以及多维尺度分析是最常用的模块。

(2)MATLAB

MATLAB是矩阵实验室(Matrix Laboratory)的简称，是美国MathWorks公司自20世纪80年代中期推出的商业数学软件，用于算法开发、数据可视化、数据分析以及数值计算的高级技术计算语言和交互式环境，主要包括MATLAB和Simulink两大部分。MATLAB的应用范围非常广，包括信号和图像处理、通信、控制系统设计、测试和测量、财务建模和分析以及计算生物学等众多应用领域。

(3)SAS

SAS是由美国北卡罗来纳州州立大学SAS研究所1966年开发的用于数据分析与决策支持的大型集成信息系统。截至2010年，软件的最高版本是SAS9.2。在众多的统计软件中，SAS以运行稳定、功能强大而著称，用户遍及金融、医药卫生、生产、运输、通信、政府和教育科研等各个领域。SAS/BASE(基本)模块是SAS系统的核心，主要功能是数据管理、基础统计计算、报表生成和图形显示。SAS/STAT(统计)模块是SAS系统中一个完整可靠的统计分析软件，包括方差分析、回归分析、多元分析等主要功能。

1.4.1.3 数理统计工具的功能分析

(1)文献特征信息统计

数理统计工具在信息计量学领域应用的第一阶段是揭示文献信息的量变规律。文献统计的对象是文献以及一切与文献相关的特征信息指标。通常，按照统计的对象和内容来划分，文献统计及其数据的类型主要是出版物统计、著者统计、科技用语统计、引文统计和其他有关文献利用的统计①，统计的结果以图表和曲线表达。

(2)数学模型的建立

① 邱均平．信息计量学(八)第八讲：文献信息统计分析方法及应用[J]．情报理论与实践，2001，24(2)：156-159.

数理统计工具在信息计量学领域的第二阶段是在第一阶段统计资料和各种指标数据的基础上，建立反映事物本质规律的数学模型①。数学模型是对客观事物的空间形式和数量关系的一个近似的反映，它可以是方程、函数、数学式子或是几何图形。信息计量定律研究中，经常会出现拟合(Fit)一词，即通过建立各种函数或模型来模拟各种观察值。布拉德福定律、洛特卡定律、齐夫定律、普赖斯曲线、文献增长与老化定律等就是反映文献信息规律的经典数学模型。

(3)学科知识结构分析

聚类分析、因子分析和多维尺度分析是传统多元统计分析探索学科知识结构最常用的技术方法。聚类结果的树状图用简化的路线反映分类过程的细节信息，但无法揭示类群之间的相异程度。因子分析需要选取两个以上的因子才可能尽量地解释全部变量的信息。多维尺度分析产生的散点图可以直观展示点与点之间的疏密远近，但由于点与点之间缺乏连接，无法确定点群的边界和数目，因此，在实际分析中，大部分学者的做法是首先利用多维尺度方法将研究对象展示在二维平面中，然后结合聚类分析和因子分析的结果，确定点群的聚类边界，再来进行学科知识结构分析，确定分析对象的分支领域、主要代表人物及知识群。多元统计分析的过程首先是构造研究对象的关系矩阵，再利用皮尔逊算法或余弦算法将关系矩阵转化为相似系数矩阵，最后综合利用上述三种分析方法，展示分析结果。图 1-1 为利用 SPSS 绘制的 2000—2009 年基于共词分析的竞争情报研究多维尺度分析图谱。

1.4.2 引文索引工具

1.4.2.1 引文索引工具的方法论基础

(1)引文分析

所谓引文分析，就是利用数学及统计学的方法和比较、归纳、抽象、概括等逻辑方法，对科学期刊、论文、专著等各种分析对象的引用和被引用现象和规律进行分析，以便揭示其数量特征和内在规律的一种文献计量分析方法②。引文分析有两种方法：一是将引文作为一个单位，进行简单的加和计算，并试图根据引文计算统计的结果对研究对象的重要性直接做出评估；二是以引文耦

① 肖勇．论情报学的数学计量化研究[J]．图书情报工作，2004，48(6)：30-39.

② 邱均平．信息计量学(九)第九讲：文献信息引证规律和引文分析法[J]．情报理论与实践，2001，24(3)：236-240.

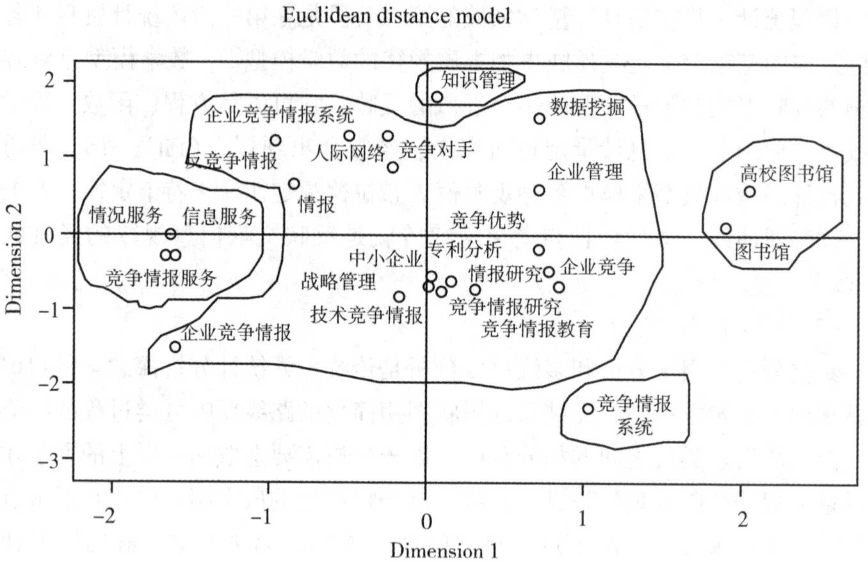

图 1-1 2000—2009 年竞争情报的主要研究领域和热点分布

合和同被引分析为代表的引文网状分析法。最近几年，国内外引文分析主要集中在以下几个方面：①出版物与学科的引文影响力研究；②共引分析的理论与方法研究；③自引分析；④以个体为中心的引文研究；⑤质量评估；⑥引文分析和统计中的错误研究①。

(2)共引分析

共引，是指两篇文献同时被后来的其他文献所引用。具有共引关系的文献之间借共引强度体现彼此间的关联度和内容的相似性，借共引关系形成的文献共引网络呈现学科之间的关联与亲疏程度。共引分析方法始于 Small 在 1973 年提出的以文献共引来揭示科学结构的假设。随后，共引概念推广到与文献相关的各种特征对象上，形成不同类型的共引分析，如词共引、文献共引、著者共引、期刊共引、主题共引和类共引等。其中以文献共引分析和作者共引分析最为突出②。共引分析方法的一般过程可以概括为分析领域的确定、分析对象的选择及共引矩阵的形成、共引数据的处理、聚类分析和多维标度、结果分析

① Bar-Ilan Judit . Informetrics at the Beginning of the 21st Century—A Review[J]. Journal of Informetrics，2008(1)：12-16.

② 王建芳，冷伏海 . 共引分析理论与实践进展[J]. 中国图书馆学报，2006(1)：85-88.

和解释。

(3)耦合分析

文献耦合最早是由美国学者开斯勒(M. M. Kessler)提出来的。所谓"文献耦合"是指引证论文通过参考文献进行的耦合。具体来讲，就是如果两篇论文具有同样的一篇或几篇参考文献，或者说它们共同引用了一篇或多篇论文，则这两篇论文之间的关系称为"文献耦合"。很明显，耦合现象使两篇无外部关联的论文客观地被联系起来，揭示了一种错综复杂的文献结构关系。文献耦合与同被引有着本质的不同，如表1-3所示。

表1-3　**文献耦合与同被引的区别**

	耦合	同被引
1	反映引证论文之间的关系	反映被引证论文之间的关系
2	媒介是被引证论文	媒介是引证论文
3	强度固定不变	强度随时改变
4	表示引证论文之间固定而长久的关系	表示被引证论文之间变化而暂时的关系
5	回溯性的	展望性的

1.4.2.2 引文索引数据库

(1)国外引文索引数据库

国外引文索引数据库开发建设的相对较早，并在研究和实践的过程中不断地发展与完善，目前最主要的包括以下几种：

① 科学引文索引(Science Citation Index，简称SCI)。SCI是由美国科技信息研究所(Institute for Scientific Information，简称ISI)于1957年正式创办的综合性科技引文数据库。1963年，ISI正式提出"影响因子"的概念，并于1975年开始出版《期刊引用报告》(*Journal Citation Reports*，JCR)，对SCI收录的科技期刊进行评价，开创了引文分析评价科技期刊的先河①。JCR是一个独特的多学科期刊评价工具，它提供了包括总引文数、论文数、学科集合即时指标、学科集合影响因子、学科集合被引半衰期和学科期刊数在内的六

① 余以胜.JCR指标的学科计量与评价研究——以JCR Social Sciences Edition为例[J].重庆大学学报，2008，14(1)：76-80.

个科学评估指标，来对期刊进行评价。1973 年和 1978 年，美国科技信息研究所又分别出版了社会科学引文索引（SSCI）和艺术与人文科学引文索引（A&HCI），以弥补对社会科学和人文艺术科学收录的不足。SCI 有多种版本：印刷本、磁带版、光盘版、联机版和网络版。网络版数据库 ISI Web of Science 具备强大的引文检索和交叉检索功能，具有结果分析（Result Analysis）和引文关系图（Citation Map）等特色数据分析模块。到目前为止，ISI 是世界上最权威的引文数据库，其中的数据除用于文献检索外，还被研究者广泛用于引文分析中。

② 基本科学指标数据库（Essential Science Indicators，ESI）。ESI 是 ISI"研究服务组"于 2001 年推出的用于衡量科学研究绩效和跟踪学科发展趋势的评价工具。ESI 以 SCI 和 SSCI 为基础，从引文分析的角度，针对 22 个一级专业学科领域、250 种二级学科门类，分别对 10 年内达到一定层次科研水平的各国家、研究机构、期刊、论文以及科学家进行统计分析和排序。ESI 包括引文排位、高被引论文以及引文分析三大主要模块。其中，引文排位模块包括科学家、机构、国家和期刊排名表。高被引论文模块包括高被引论文和热门论文列表。引文分析模块包括基线和研究前沿列表①。ESI 区别于其他评价数据库的最大亮点就是提供了高被引论文、热门论文和顶级论文三个评价指标对论文质量的评价。

③ Scopus。Scopus 是由著名的 Elsevier 公司于 2004 年年底推出的一种基于网络的综合性科学文献检索工具。它具有强大的引文分析与科学评价功能，可以实现对科研成果、科学出版物、科学学科、科技人才和科研机构的评价。与其他的数据库和索引工具相比较，Scopus 具备自己的特色，主要表现在以下几方面，第一，内容全面化，Scopus 全面覆盖了生命科学、保健科学、自然科学和社会科学四个大的主题类别。第二，资源整合化，Scopus 除了检索数据库收录的期刊文献外，还能同时检索网络和专利资源信息。第三，区域覆盖均衡化，Scopus 与 SCI 及其他几大国外数据库相比，收录了更多的亚洲文献和本地期刊文献。第四，功能扩大化，Scopus 不仅包括索引数据库常规的检索功能和引文评价功能，还能链接到出版商、参考文献、摘要和全文，使研究更加深入和透彻。

（2）国内引文索引数据库

在 SCI 的推动下，我国也建立了各种引文数据库，在一定程度上提供了科

① 熊璐．美国《基本科学指标数据库》的研究与应用[D]．武汉：武汉大学，2005.

学评价所必需的大量数据。并且，中国也利用这些数据源进行了一些实质的科学评价实践，我国的科学评价事业逐步发展和成熟了起来。

①中国科学引文索引数据库(Chinese Science Citation Database, CSCD)。CSCD建于1989年，在中国产生了巨大影响，被评为中国的SCI，是一个集多种功能于一体的综合性文献数据库①。CSCD分为核心库和扩展库，数据库的来源期刊每两年进行一次评选。核心库的来源期刊经过严格评选，是各学科领域中具有权威性和代表性的核心期刊。扩展库的来源期刊也是我国各学科领域较优秀的期刊。

②中国科技论文与引文数据库(Chinese Science and Technology Paper and Citation Database, CSTPC)。CSTPC是中国科技信息研究所信息分析研究中心与万方数据股份有限公司1989年开发的多功能数据库，具有强大的科技论文与引文的统计分析功能②。

③中文社会科学引文索引数据库(Chinese Social Sciences Citation Index, CSSCI)。CSSCI是由南京大学中国社会科学研究评价中心开发研制的教育部重大项目。作为我国社会科学主要文献信息统计查询与评价的重要工具，CSSCI系统不仅给出了来源文献的文献目录信息和丰富的引文信息，还生成了社会科学学术期刊的文献计量指标，并为我国社会科学研究机构、高校、地区乃至学者个人提供包括论文发表数量和论文、著作及个人被引用情况在内的各种统计排序③。CSSCI是我国第一个人文社会科学引文数据库，填补了我国社会科学成果计量化统计工具的重要空白。

④中国学术期刊全文数据库(Chinese Journal Full—text Database, CJFD)。CJFD创建于1994年，由中国学术期刊电子杂志社主办，清华同方光盘电子出版社正式出版，是中国知网的重要组成部分。在其他引文索引数据库出版以前，它是我国唯一拥有引文索引功能的数据库③。

1.4.2.3 引文索引工具的功能分析

(1)情报检索功能

引文索引数据库收录了全世界各学科最具权威性的核心期刊，具有学科

① 吕青.简述网上三大检索工具[J].现代情报，2005(4)：5-6.

② 赵蓉英，等.我国五大数据库引文功能的比较研究[J].情报理论与实践，2008，31(4)：589-594.

③ 邹志仁.《中文社会科学引文索引》(CSSCI)的新进展[J].南京大学学报，2002，39(149)：148-154.

全面、学术影响大、覆盖国家广泛等特点。因此，引文索引数据库不仅为各领域专家研究提供了重要的数据来源，还为学者查找信息开辟了新的途径。SCI 提供了来源索引、团体索引、轮排主题索引和引文索引四种检索途径。ESI 针对引文排序、高被引论文和引文分析部分提供了按学科检索(by Field)和按名称检索(by Name)两种方式。Scopus 除了利用基本检索(Basic Search)、高级检索(Advanced Search)或著者检索(Author Search)检索出所需文献外，还提供"Abstract+ Ref"和"Cited by"查看该文章的参考文献和文摘以及引用情况。

(2)科学评价功能

研究成果学术水平的高低，不仅反映出研究人员的水平高低，也反映出一个国家和地区的论文产出力和学术影响力。发表论文数量、刊载研究论文期刊的水平和论文发表后被国际同行引用的情况是国际上衡量科研成果学术水平的三个主要依据。引文索引数据库通过提供多种统计数据和引文指标，为期刊质量、科研绩效和学科发展提供计量分析与评价依据。最常见的统计指标包括发文量、被引频次、h 指数、影响因子、即时指数、引用半衰期等。引文索引数据库提供的评价功能主要体现在下述领域：①科研论文评价；②科学期刊评价；③科技人才评价；④科研机构评价；⑤科学学科评价①。

(3)学科结构揭示功能

引文索引数据库不仅可以为学者提供深度检索结果分析报告，还可以进行学科结构、学科关系以及科学发展史的研究。以 SCI 数据库为例，网络版数据库 ISI Web of Science 具有结果分析和引文关系图等特色数据分析模块。结果分析，即 Results Analysis 工具，可对检索结果进行多角度、全景式分析。引文关系图是一款用来分析学科的核心文献，全面掌握某研究课题的过去、现在和将来的工具。引文关系图，即 Citation Map 工具，具有两个特点：一是提供两代引用图谱展示，Citation Map 能将一篇论文在两代间的引用情况和引用参考文献记录下来，帮助用户追溯课题的起源和发展，揭示课题之间隐含的联系；二是提供多种节点类型的引文关系图。除著者外，Citation Map 还提供了包括刊名、题名、主题分类、语种、国家、机构和出版年在内的知识节点分析图谱。图 1-2 是 Garfield E 于 2007 年发表的论文 *The Evolution of the Science Citation Index* 的一代引用及被引用关系图。在引文关系图中论文被显示为节

① 邱均平，嵇丽．美国《科学引文索引》与科学评价研究[J]．科研管理，2003，24(4)：23-27.

点，节点之间的树状结构连线表示了文献之间的链接。

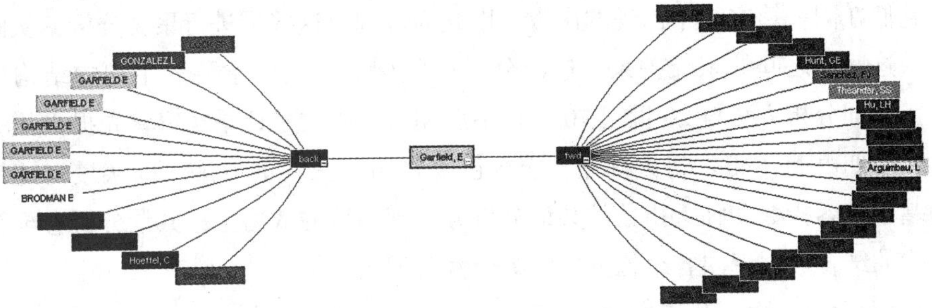

图 1-2　Garfield E 的引文关系图

1.4.3　内容分析工具

1.4.3.1　内容分析工具的方法论基础

内容分析法最早源于 20 世纪初的新闻界，后又广泛运用于社会学、心理学、军事政治等各个领域，迄今为止已经经过近百年的发展历史。内容分析法是一种对文献内容进行客观、系统地定量分析的科学研究方法，它既要对单个词语或词组表达出来的预定概念在特定文献中的出现频率进行统计，还需要对概念的上下文语境进行分析，以确定各种词语的真正含义。内容分析的过程中既用到了哲学的方法，如推理方法、比较方法，又用到了一些数学的方法，如统计学等。在这里主要介绍与信息计量学相关的词频分析方法和共词分析方法。

(1)词频分析方法

词频分析文献计量学的传统分析方法之一，包括所有以词或词组为单元的分析技术。词频分析法是利用能够揭示或表达文献核心内容的关键词或主题词在某一研究领域文献中出现的频次高低来确定该领域研究热点和发展动向的文献计量方法①。由于一篇文献的关键词或主题词是文章核心内容的浓缩和提炼，因此，如果某一关键词或主题词在其所在领域的文献中反复出现，则可反映该关键词或主题词所表征的研究主题是该领域的研究热点。

① 马费成，张勤．国内外知识管理研究热点——基于词频的统计分析[J]．情报学报，2006，25(2)：163-171.

(2)共词分析方法

共词分析方法属于内容分析方法的一种。它的原理主要是对一组词两两统计它们在同一篇文献中出现的次数，以此为基础对这些词进行聚类分析，从而反映这些词之间的亲疏关系，进而分析这些词所代表的学科和主题的结构变化。共词分析方法自20世纪70年代中后期由法国文献计量学家首先提出，80年代后期由M. Callon等人确立，至今已经经历了三代的发展，即从最初纯粹的基于包容指数和临近指数的共词分析方法到随后的战略坐标共词分析直至新一代的结合数据库内容结构分析的综合性共词分析①。

1.4.3.2 内容分析软件

目前，各式各样的内容分析软件数量相当丰富，主要包括伽利略公司开发的CATPAC、DIMAP，SPSS公司的Textsmart、Wordstat以及WordSmith Tools等。其中，WordSmith Tools是牛津大学开发的一款商业性词频分析软件。该工具自开发以来已经过几次升级，功能不断得到完善，界面更加友好，是最常用的词频分析工具。WordSmith Tools主要具备词频列表检索工具(Wordlist Tool)、语境共现检索工具(Concord Tool)和关键词检索工具(Key Words)三大功能②。Wordlist Tool可以对样本的全部词汇进行词频统计，按单词在样本中出现的频次由高到低排列，从中筛选出具有实质意义的关键词。Concord Tool通过分析与该单词相邻的其他单词，判断该词涉及的不同主题内容。

1.4.3.3 内容分析工具的功能分析

内容分析工具主要包括文本输入与管理、文本信息处理(词频统计、词语类目统计与分析、共词分析等)、文本信息检索、建立词典功能和处理结果输出功能五大基本功能。内容分析工具的词频统计、关键词分析经常被用于描述某学科领域的研究状况，进而揭示该领域的研究热点和发展趋势。目前的内容分析工具对某学科或主题的词频分析不光停留在数据的分析层面上，而是融入可视化方法，利用现代信息技术和统计软件图形显示功能，将分析结果直观形象地显现出来，目的是应用图示的方法揭示出学科领域的发展及演进趋势、研究课题的扩散与传播的关系。

---

① 冯璐，冷伏海．共词分析方法理论进展[J]．中国图书馆学报，2006(2)，88-91.

② 褚金涛．1999—2004年国外图书馆学情报学研究领域的分析[J]．图书情报工作，2005，49(7)：62-64.

1.4.4 网络信息计量工具

1.4.4.1 网络信息计量工具的方法论基础

网络信息计量学是由网络技术、信息计量学、数学和统计学等相互结合、交叉渗透而形成的一门交叉性边缘学科。网络计量学的研究对象主要包括三个层次：网络信息的直接计量；网上文献信息及其相关特征信息的计量；网络结构单元的信息计量①。网络信息计量学的研究方法分为四类②：①运用统计方法对数据进行统计分析；②运用图论的方法对数据进行可视化研究；③运用数据聚簇和分散的工具进行数据挖掘研究；④运用解释和模拟网络结构和增长理论工具进行模型研究。

1.4.4.2 网络信息计量软件

网络技术和软件技术是网络信息计量学定量研究的技术手段。一方面是由于网络信息计量学是在特定的科学背景和技术条件下产生的，与传统的手工统计分析不同；另一方面，网络信息的数据收集方法、理论研究方法和结果展现方法的实现都依赖于一定的软件工具。计量工具和手段现代化是网络信息计量化的重要内容。在应用软件方面，主要有三类：①数据搜集软件，这类软件包括搜索引擎、网上调查软件、专业爬行器和服务器软件；②网络分析软件，用于网络内容分析、网络结构分析和网站利用分析；③结果展现软件，包括通用软件和专门软件。通用软件有 SPSS 和 Excel，专门软件有 Webtracer 等。如表 1-4 所示的是较为详细具体的网络信息计量软件工具体系③。

1.4.4.3 网络信息计量工具的功能分析

网络内容分析软件支持网络环境下的内容分析，主要涉及断词功能、词干提取、词频统计、聚类、自动编码、消除语义歧义、生成词典、自动注释等功能。网络结构分析软件主要用于链接分析和构建网站地图。网站利用分析软件主要是为了检测和管理网站以提升其内容和质量。其中，评估分析软件用于测度网站的可用性，用户分析软件用于分析网站用户的网络行为特征，日志分析软件用于分析日志文件。结果展现软件主要是实现自动数据的转化、整理或

---

① 邱均平，陈敬全. 网络计量学及其应用研究[J]. 情报理论与实践，2001(3)：161-163.

② 龚立群，朱庆华. 网络计量学的研究方法及应用[J]. 新世纪图书馆，2003(6)：6-9.

③ 沙勇忠，欧阳霞. 网络信息计量学研究方法的三维框架[J]. 中国图书馆学报，2006(2)：30-32.

分析。

表 1-4　　　　网络信息计量的软件工具体系

数据收集方法		搜索引擎	Altvista、Alltheweb
		网上调查软件	NetRaker
		专业爬行器	Connetivety Server
		服务器软件	Microsoft Internet Information Services 5. 0
理论研究方法	网络内容分析软件	基于词典内容分析软件	CATPAC、HAMIET
		开发环境软件	IMAP、ebCAT
		注释辅助软件	Altlas-ti
	网络结构分析软件	链接分析软件	Checkweb
		网站结构软件	Mapping the Web Infome
	网站利用分析软件	评估分析软件	WebSAT、Max
		用户分析软件	WebVIP、VisVIPtool
		日志分析软件	WebTrends Log Analyzer
结果展现方法		通用软件	SPSS、Excel
		专门软件	Webtracer

1.5 信息计量分析工具的发展历史与现状

1.5.1 手工处理阶段

据文献记载，对文献信息的定量研究，可以追溯到 20 世纪初叶，欧洲和俄国学者对书目引文的统计分析。1917 年科尔(Cole F. J.)发表在《科学进展》(*Science Progress*)上的《比较解剖学的历史——对文献的统计分析》(*The History of Comparative Anatomy—A Statistical Analysis of the Literature*)一文首次利用了文献统计的方法，由于方法和手段的限制，文献计量学阶段大部分为人工的统计，即书目统计学。1969 年，英国著名情报学家普里查德(Alan Britchard)提出了“文献计量学”术语，此期间，基于数学与统计学的手工统计分析是文献计量的主要手段和方法。

1.5.2　系统支持阶段

1961 年，美国加菲尔德（E. Garfield）的“科学引文索引”诞生。1969 年，苏联学者纳利莫夫（V. V. Nalimov）和穆利钦科（Z. M. Mulchenko）提出了“研究分析作为信息（情报）过程的科学的定量方法”的“科学计量学”。1979 年，西德学者奥托·纳克提出了“Informetrics”（信息计量学）术语，用以概括数学方法在情报学领域的应用，到 1987 年正式得到国际情报学界的承认。这一时期，随着信息技术的快速发展，文献信息计量研究向着机助数据处理发展，一方面以 SCI 为代表的基于数据库的计量分析工具开始全面发展，另一方面计量分析研究也开始探索利用通用的数理统计类软件来满足大样本的文献信息计量分析研究。

1.5.2.1　基于数据库的计量分析工具

由于引证文献所具有的独特功能和作用，大部分的文献计量分析都采用引文数据作为其原始数据。因此，引文数据库的开发与建设成为文献计量学工具发展的主要原动力，使文献计量研究从小样本手工统计走向大样本的计算计量研究。

（1）对外文数据库计量分析工具的分析

① 以科学引文索引为核心的系列数据库。1955 年美国著名情报学家加菲尔德发表在《科学》（*Science*）上的《引文索引用于科学》一文，开拓了从引文角度对文献进行定量分析的新领域。20 世纪 60 年代初，加菲尔德率领美国科学信息研究所成功开发的科学引文索引，为文献计量学研究提供了一种多功能的定量分析工具。以科学引文索引为核心的系列数据库主要有科学引文索引、社会科学引文索引、艺术与人文科学引文索引、期刊引证报告、知识信息集成平台 Web of Knowledge。

② 科学基本指标数据库。2001 年，为了便于衡量科学研究绩效、跟踪科学发展趋势，ISI 推出了一个更加有力的评价工具——科学基本指标数据库，即 ESI。各国纷纷利用 ESI 对本国大学、研究机构的研究绩效或学科领域发展态势作了评价和分析。ESI 以 SCI 和 SSCI 为基础，从引文分析的角度，针对 22 个一级专业学科领域、250 种二级学科门类，分别对 11 年内达到一定层次科研水平的各国家、研究机构、期刊、论文以及科学家进行统计分析和排序。ESI 包括引文排位、高被引论文以及引文分析三大主要模块。其中，引文排位模块包括科学家、机构、国家和期刊排名表。高被引论文模块包括高被引论文和热门论文列表。引文分析模块包括基线和研究前沿列表。ESI 区别于其他评

价数据库的最大亮点就是提供了高被引论文、热门论文和顶级论文三个评价指标对论文质量的评价。

③ Scopus。Scopus 是由著名的 Elsevier 公司于 2004 年年底推出的一种基于网络的综合性科学文献检索工具。目前，它是全球最大的文摘和引文数据库，并且具有强大的引文分析与科学评价功能，可以实现对科研成果、科学出版物、科学学科、科技人才和科研机构的评价。与其他的数据库和索引工具相比，Scopus 具备自己的特色，主要表现在：内容全面化，Scopus 全面覆盖了生命科学、保健科学、自然科学和社会科学四个大的主题类别；资源整合化，Scopus 除了检索数据库收录的期刊文献外，还能同时检索网络和专利资源信息；区域覆盖均衡化，Scopus 与 SCI 及其他几大国外数据库相比，收录了更多的亚洲文献和本地期刊文献；功能扩大化，Scopus 不仅包括索引数据库常规的检索功能和引文评价功能，还能链接到出版商、参考文献、摘要和全文，使研究更加深入和透彻。

通过表 1-5 所示的 SCIE 与 Scopus 基本信息的比较，可以总结出以下适用范围的区别：

① SCIE 较长的引文回溯时间范围以及较多的引文数量，可以全面地揭示一个理论、一个学科、一个学术观点、一种技术（方法）的起源、发展、变迁、修正及研究现状。

② Scopus 收录期刊数量多，学科范围广，对于统计学科间的互引量、交叉学科间的内部联系有着一定的优势。并且其收录了 350 多种中国期刊，相较于 SCIE 仅收录了 76 种来自中国的期刊，Scopus 对于分析国内文献、科研机构、著者的科研水平特别有利。

③ 综合比较而言，SCI 的分析评价功能比 Scopus 要强。第一，作者或科研机构的文章被 SCI 收录已成为衡量其科研水平的一个评价指标，而 Scopus 还不具备；第二，Scopus 虽然对科研机构、科学文献、科学人才、来源出版物以及引文等具有一定的分析功能，但局限于对文献 1996 年以来引用次数的分析，而 SCI 除了分析引用次数外，还可根据机构、学科、文献类型、出版年、作者等多种方式进行分析，用户可根据自己的需要进行选择。当然，Scopus 也有自己的优势。比如检索某个学科的所有文献并对其进行分析；SCI 虽然也有学科分析功能，但只是对检索结果进行学科分析，却不能检索出某个学科的所有文献并对其进行分析①。

---

① 傅立云，吴敏琦，谢海华 . SCIE 和 Scopus 引文功能的评价分析[J]. 高校图书馆工作，2009，29(6)：54-56.

表 1-5　　**SCIE 与 Scopus 基本信息比较**

比较类型	SCIE	Scopus
收录的来源期刊量	7100 多种	19000 余种
收录的时间范围	1898 年—	1823 年(文摘)—
引文回溯时间范围	1900 年	1996 年
收录的学科范围	自然科学、工程技术、生物医学等所有科技领域	自然科学、社会科学、工程技术及人文艺术
引文数量	5.71 亿条	2.3 亿条
数据分析功能	14 个字段的多角度分析	科学文献、来源出版物、学科领域、人才、科研机构 5 个角度分析
特色功能	分析工具(Analyze Tool) 引文报告(Citation Report) 引文关系图(Citation Maps)	引文应用 引文追踪 提供被网络资源引用的情况
优势	数据分析功能，回溯时间范围 英、中、日三种语言版本	收录的来源期刊量，收录的时间范围

(2)对中文数据库计量分析工具的分析

从 20 世纪 90 年代开始，我国在引进美国 SCI 数据库、自行开发引文数据库、开展计算机辅助信息计量分析的研究等方面进行了大胆探索，取得了很大的进展。在 SCI 的推动下，我国也建立了各种引文数据库，在一定程度上提供了科学计量分析和评价研究所必需的大量数据。并且，也利用这些数据源进行了一些实际的科学评价实践，推动了我国的科学评价事业的快速发展。目前国内共有四大中文引文索引数据库：中国科学引文索引数据库、中国科技论文与引文数据库、中文社会科学引文索引数据库、中国引文数据库(Chinese Citation Database，CCD)。

通过表 1-6 所示的四大中文引文索引数据库基本信息的比较，可以对国内引文索引数据库的发展得出以下总结：

① CSCD 目前已经收录在 Web of Knowledge 平台，与 Web of Knowledge 平台充分集成，实现了与 SCIE 数据库基本相同的数据分析功能，以及分析工具(Analyze Tool)、引文报告(Citation Report)和引文关系图(Citation Maps)等特色功能，这种深度的引文分析功能较其他中文引文数据库是有着很大优势的。

因此，做深度的引文分析，发现一个理论、一个学科、一个学术观点、一种技术(方法)的起源、发展、变迁、修正及研究现状，选择 CSCD 较为合适。

表 1-6　　四大中文引文索引数据库基本信息比较

	CSCD	CSTPC	CSSCI	CCD
收录的来源期刊量	1200 种	5000 余种	500 多种	8200 多种
收录的学科范围	11 类学科	28 个学科	所有人文社科领域	10 大专辑 168 个专题
引文数量	200 万条	300 多万条	600 多万条	562 多万条
数据分析功能	14 个字段的多角度分析	知识脉络分析 学术统计分析	无	作者、机构、期刊、专题、基金、出版社 6 个字段统计分析
特色功能	分析工具 引文报告 引文关系图	知识脉络分析 学术统计分析 著者学术成果页	批量获取引文数据 分年度进行引文统计	引文网络图 同行关注文献 下载频次统计
优势	依托 Web of Knowledge 平台	中国科技专家库	权威性 批量获取引文数据	引文数据的检全度

② 万方数据股份有限公司基于中国科技论文与引文数据库开发的知识服务平台，实现了知识脉络分析、学术统计分析和著者学术成果页展示。知识脉络分析能够以曲线图的方式展现该关键词近 7 年每年每百万期刊论文中的命中数，也就能够展现其研究趋势，并且，还给出每一年与该关键词共现的 5 个关键词，据此能够看出近年来相关研究的热点变化。著者学术成果页能够将该著者的基本信息、发文量、被引次数、H 指数、被引频次变化、合作学者、关注点进行综合展示，对于分析某位著者的学术成果，以及分析合作网络方面具有重要的意义。

③ CSSCI 作为一个专门的引文数据库，其作用已经不仅仅是科技人员查找参考文献的工具，其严格的选刊标准，使其成为各级科技管理部门和各科研机构、高等院校统计本单位科技论文发表情况的重要工具，并且填补了我国人文社会科学文献计量统计分析的空白。此外，如果能够提供相关文献的

聚类，这样可以更好地反映作者的学科背景及研究方向，反映学科之间的交叉渗透及发展趋势①，就能够更好地体现其作为信息计量工具的深层次作用。

④CCD 是中国知网(CNKI)数字出版平台推出的引文数据库。一方面，因为其依托于 CNKI 所有源数据库，来源包括国内 8200 多种期刊，因此，其引文数据能够提供较高的检全度，并且能够提供引文的全文链接，这是其资源优势。另一方面，相对于其他引文数据库，中国引文数据库具有较好的数据统计分析功能和可视化展示功能。其数据统计包括作者、机构、期刊、专题、基金、出版社 6 个字段的统计，并且每个字段提供多种数据的统计，例如作者统计，包括发文量、各年被引量、下载量、H 指数、期刊分布、作者被引排名、作者引用排名、作者关键词排名 8 个方面的数据统计，并且以柱状图的形式进行可视化的展示。

1.5.3　机助数据处理阶段

随着文献信息计量分析的深入开展，需要进行计量分析研究的对象也越来越广泛，20 世纪 70 年代引入了专门的统计分析软件包。例如，美国的社会科学统计软件包(SPSS)来进行相关分析与回归分析。

从分析数据方面考虑，计算机辅助信息计量分析的方式有两种：①利用计算机软件进行相关分析和回归分析、统计词频等分析；②利用文献信息计量学基本规律的数学表达式和计算机软件建立文献信息计量规律的数学模型②。

(1)通用软件的应用

在机助数据处理阶段主要应用的计量工具为数理统计类软件，如 SPSS、Matlab、SAS、Excel 等。数理统计类软件在对信息进行定量分析的过程中得到了广泛应用，提供了从简单的描述统计到复杂的多因素统计分析方法，具有完整的数据输入、编辑、统计分析、报表、图形制作等功能。早在 20 世纪 80 年代初，国外就已经开始使用 SPSS 的数据分析及图示功能进行计量学中的引文分析。如今，各软件纷纷推出最新版本，能够提供更多维度的分析功能，如相关分析、聚类分析、因子分析以及多维尺度分析等。在实际的研究中，研究者

① 王知津，姚广宽．三大中文数据库引文功能比较——CNKI、VIP 和 CSSCI 实证研究[J]．图书情报知识，2005(6)：61-65.

② 王知津，姚广宽．三大中文数据库引文功能比较——CNKI、VIP 和 CSSCI 实证研究[J]．图书情报知识，2005(6)：61-65.

通常先从引文数据库中下载 txt 格式的数据，然后导入 Excel 中进行初步的处理，生成规范化格式文件，再导入 SPSS、Matlab 等软件中进行频次分析、相关分析等深层次的数据分析。

(2)词频聚类计量分析工具

词频聚类计量分析工具主要是基于文献信息统计分析方法，它的产生是应用通用数理统计软件的进一步发展。主要包括文本输入与管理、文本信息处理(词频统计、词语类目统计与分析、共词分析等)、文本信息检索、建立词典功能和处理结果输出功能五大基本功能。词频统计和关键词分析经常被用于描述某学科领域的研究状况，进而揭示该领域的研究热点和发展趋势。常见工具软件如：伽利略公司开发的 CATPAC、DIMAP、SPSS 公司的 Textsmart、Wordstat 以及 WordSmith Tools 等。

随着基于词频聚类的计量分析工具的进一步发展，对某学科或主题的词频分析不仅停留在数据的分析层面上，而且还融入可视化分析方法，利用现代信息技术和统计软件可视化显示功能，将分析结果直观形象地显现出来，目的是应用图示的方法直观地揭示学科领域的发展及演进趋势、研究课题的扩散与传播的关系。

此外，引文数据库与基于词频聚类的计量分析方法相结合形成引文分析系统。引文分析系统将词频聚类方法应用于引文数据的挖掘分析，在引文数量分析的基础上，对引文网状关系进行分析，对若干重要的、有代表性的分析对象进行"文献耦合"和共引或多共引聚类分析，可以揭示学科结构特点、研究热点、发展源流及专业相关程度和科学交流方式。引文分析系统是系统支持阶段发展的成熟产物①。

(3)共现分析计量工具

共现分析方法自 20 世纪 70 年代中后期由法国文献计量学家首先提出。共现工具用于帮助用户分析文献数据或者是文本类型格式的数据，实现引文分析。国外关于文献信息共现关系分析的应用软件已经比较成熟，如瑞典科学家佩尔松(Persson)开发的科学计量学研究软件 Bibexcel。国内主要有中国医科大学崔雷教授开发的 Bicomb，大连理工大学姜春林等人解决了 Bibexcel 不能处理中文文献的瓶颈问题，实现了知识单元共现关系矩阵②。在实际的研究过程

① 邱均平．信息计量学[M]．武汉：武汉大学出版社，2007：436-447.

② 姜春林，陈玉光．CSSCI 数据导入 Bibexcel 实现共现矩阵的方法及实证研究[J]．图书馆杂志，2010(4)：58-63.

中，通过 Bibexcel 可以对从引文数据库中下载的数据进行处理，生成共现矩阵，以便导入到如 NetDraw、Pajek 等可视化软件中，进行进一步的可视化分析。

1.5.4　网络化专用数据处理软件阶段

1997 年，丹麦学者 T. C. Almind 等在《万维网上的信息计量分析：网络计量学的方法探讨》一文中，首次提出了“Webometrics”，迅速掀起了有关网络计量学的研究热潮。然而，网络信息浩如烟海，如果没有功能强大的工具作保障，对网络信息的计量研究也就无从谈起。除了极个别的情况可用手工进行分析外，大多需要各种计量工具进行信息的收集、整理和分析。网络计量学的研究对象主要包括三个层次：网络信息的直接计量；网上文献信息及其相关特征信息的计量；网络结构单元的信息计量①。网络信息计量学的研究方法分为四类②：① 运用统计方法对数据进行统计分析；② 运用图论的方法对数据进行可视化研究；③ 运用数据聚簇和分散的工具进行数据挖掘研究；④ 运用解释和模拟网络结构和增长理论工具进行模型研究。

1.5.5　可视化人工智能阶段

随着计量学的研究对象从文献向整个人类知识体系的转变，构建以知识单元为分析基础，也就需要新一代的人工智能和可视化的有效工具。目前，可视化与人工智能阶段计量软件标志性的两个方向包括：一是可视化图谱工具；二是多任务数据挖掘系统。

1.5.5.1　可视化知识图谱的兴起

“信息可视化”这个术语第一次出现在 1989 年 Robertson、Card 和 Mackinlay 发表的 *The Cognitive Coprocessor Architecture for Interactive User Interfaces* 一文中③。成熟可视化技术的引进促进了知识域可视化这个新领域的创建，造就了科学知识图谱的兴起。早期的基于关联的信息计量的研究只是手工描绘作者、期刊或者论文的引文量图表，后来的学者开发了软件来自动完成这一过

① 邱均平，陈敬全．网络信息计量学及其应用研究[J]．情报理论与实践，2001(3)：161-163.

② 龚立群，朱庆华．网络计量学的研究方法及应用[J]．新世纪图书馆，2003(6)：6-9.

③ 沙勇忠，肖仙桃，赵波．计算机辅助信息分析论略[J]．情报杂志，2001(7)：7-77.

程。当前，各种功能丰富的知识图谱工具如 CiteSpace、HistCite、VxInsight、NetDraw、Pajek、Network Workbench Tool 等已经在信息计量学研究中得到广泛使用，并渐成趋势。

大量数据背后隐藏着许多重要的信息，人们希望能够对其进行更高层次的分析，以便更好地利用这些数据。硬件系统的图形处理性能已能满足在用户界面中探索 3D 和动画的需求，为了充分利用这些性能，新的软件结构必须支持复杂的异步交互智能体，并且，还应支持流畅的交互动画。近年来，由美国德雷塞尔大学的陈超美博士基于 JAVA 平台开发的以定量分析为主的可视化工具 CiteSpace 在国内得到了广泛的使用。国内学者利用 CiteSpace 对多个学科的发展脉络和演变趋势进行了计量分析，如刘则渊①、侯剑华②、栾春娟③、张明华④等分别研究了生态经济学、纳米技术、国际科技政策、文献计量学、认知神经科学等不同专业领域的发展情况。以上实例说明，越来越多的人开始关注可视化计量工具的研究和应用。

1.5.5.2 KDD 系统的应用

基于数据库的知识发现(KDD)是从大量数据中提取出可信的、新颖的、有效的并能被人理解的模式的高级处理过程⑤，应用通用的知识发现系统进行数据挖掘，已经形成信息计量向智能化发展的趋势。例如，IBM 公司 Almaden 研究中心开发的 QUEST 系统，SGI 公司开发的 MineSet 系统，加拿大 Simon Fraser 大学开发的 DBMiner 系统。

在知识计量学阶段，基于数据库的知识发现系统能够有效地获取知识，发现和探测知识前沿，采用关联、序列、聚类、分类等方法从大量不完整、彼此关系不明确的敏感性信息中找出隐含的、事先未知的有用信息，揭示数据内在的复杂性，进行深层次分析，自动获得更多、更有价值的信息。

---

① 刘则渊，王贤文．生态经济学研究前沿及其演进的可视化分析[J]．西南林学院学报，2008(4)：4-11.

② 侯剑华，刘则渊．纳米技术研究前沿及其演化的可视化分析[J]．科学学与科学技术管理，2009(5)：23-30.

③ 栾春娟，侯海燕，王贤文．国际科技政策研究热点与前沿的可视化分析[J]．科学学研究，2009，27(2)：240-243.

④ 张明华，雷二庆．基于知识图谱的认知神经科学前沿与演化研究[J]．军事医学科学院院刊，2010，34(1)：71-75.

⑤ 杨炳儒，江亚东．基于大型数据库的 KDD 系统及应用研究[J]．世界科技研究发展，2001(1)：49-56.

2 信息计量分析工具理论与方法

信息计量学是在文献计量学的基础上发展起来的一门重要的新兴学科，主要研究情报信息(或文献情报)的计量问题。其主要研究内容是应用数学、统计学等定量方法来分析和处理信息过程中的种种矛盾，从定量的角度分析和研究信息的动态特征，并找出其中的内在规律。

2.1 文献信息统计分析法

众所周知，任何事物都是由“量”和“质”构成的，而任何事物的发展规律又都在这两个方面表现出来。统计则是在事物的量和质的辩证统一中主要研究其数量方面，因此，统计学有着普遍的适用性。目前，它已广泛应用于许多学科领域和工作部门，在文献研究和文献工作领域，统计学方法是一种常用的传统方法，在人类社会中，自从有了文献以来，便产生了文献计数的问题。文献统计就是从简单的文献计数开始的。

所谓“文献信息统计”，是指以某一特定单位对文献或其相关特征信息进行统一的计量。而文献信息统计分析方法，则是利用统计学方法对文献信息进行统计分析，以数据来描述或揭示文献的数量特征和变化规律，从而达到一定研究目的的一种分析研究方法。它是在统计学原理的指导下，在长期的文献信息统计实践中逐步形成和发展起来的。

在信息计量学研究中，采用文献信息统计分析方法具有普遍的现实意义，主要表现在以下几个方面：

①文献信息定量研究的基础和条件。对各个学科、各种类型的文献，以各种不同的方式进行的文献信息定量分析研究，都离不开文献信息的统计数据。文献信息统计是文献信息研究的基础工作，文献信息数据是开展文献信息定量研究的必要条件。

②能揭示文献信息的量变规律。通过对文献信息的统计分析，能够反映文

献的增长变化、分布特征、流通状况、利用程度，从而以数据来揭示文献的数量变化规律。

③能为图书情报单位管理和文献情报管理提供依据。图书馆和情报中心必须加强科学管理，这是客观形势的迫切要求。而文献管理是图书情报管理的一个重要组成部分。科学管理要求管理者的决策建立在对事实充分了解和透彻分析的基础上，而这又必须用及时、准确的数据来说明；统计学正是人们揭示和分析数据化事实的有力工具。因此，统计学在文献信息工作领域的应用而形成的文献信息统计分析方法便成为管理中的一种重要工具。

2.1.1 文献计量学的基本原理

任何一项科学研究和技术创造，都要以撰写必要的科学文献为其最后阶段，同时，科学技术也是借助科学文献来继承和发展的。因此，科学文献的数量和质量无疑是对科学技术水平的一种量度。根据科学文献的内容构成和数量变化，可以评价或分析科学技术的历史和现状，以及预测其发展趋势。具体地说，文献计量学的基本原理有以下几个方面：①科学文献量可以反映科学或技术发展的程度和阶段；②科学文献量的国家分布或语种分布，反映不同国家某项科学技术的研究力量和技术优势；③科学文献量的增减速度反映科技发展的速度，文献量的翻倍周期一般可作为衡量科技发展的尺度；④文献量的突变反映了科学发展的转折性变化，即由增长趋势向平缓趋势、衰落趋势转变，或从发展过程向衰退过程转变等；⑤科研机构发表的文献量可以反映该机构的技术实力和研究成果等。文献计量学对科学文献规律的揭示与描述，也在一定程度上反映了科学发展的面貌、特点和规律。

2.1.2 文献计量学的基本内容

文献计量学的研究内容大致包括基本理论、方法和应用三个部分。

文献计量学的基本理论研究主要从理性概括的高度探讨文献计量学作为一门学科而存在的各种基本理论问题。主要包括：①文献计量学的研究对象、目的、任务、意义、方法和手段、内容结构和概念体系、历史进展等学科基本问题；②文献信息流的基本规律(如布拉德福定律、齐普夫定律、洛特卡定律、文献的增长与老化规律、文献的引用规律等)及其分布理论。

文献计量学方法主要是运用数学和统计学处理手段，将文献信息交流过程中的基本规律用数学模型表示出来，并不断加以改进、扩展和优化。这些方法具有定量化的特点，大多是在数学、统计学、系统科学等学科的基础上加以创造而来的。文献计量学方法研究主要涉及方法论意义、方法体系、手段现代化等几个方面。尤其是在手段现代化的研究方面，目前的一个显著趋势就是研究如何将计算机以及其他高科技信息手段用于辅助文献计量学研究。

文献计量学应用主要是应用文献计量学的理论和方法等研究成果解决实际工作中的问题，这也是历来文献计量学研究的出发点和归宿点。从内容范围上来看，文献计量学的应用研究主要包括两个方面：一是文献计量学的应用方法和技术研究；二是文献计量学在各个实际领域中的具体应用研究。当前，文献计量学的应用研究不断取得新进展，文献计量学的理论和方法被广泛应用于图书馆学、情报学、信息管理、科学学、科技管理、预测学、人才学等领域，并且取得了很好的经济效益和社会效益。特别是在科研评价、学科评价、人才评价、科研机构评价(如大学、研究所排序等)等方面。

2.2 引文分析法

2.2.1 引文分析基本概念

引文分析(Citation Analysis)是利用各种数学及统计学的方法和比较、归纳、抽象、概括等逻辑方法，对科学期刊、论文、著者等各种分析对象的引证与被引证现象进行分析，以便揭示其数量特征和内在规律的一种文献计量分析方法①。引文分析是20世纪20年代才出现的。1927年，P. L. K. Gross等人统计了化学专业的某些期刊论文的参考文献，在通过分析后得出了化学教育类核心期刊，此为文献学史上第一次引文分析。引文分析大致有3种基本类型：

① 从引文数量上进行研究，主要用于评价期刊和论文等。

② 从引文间的网状关系或链状关系进行研究，主要用于揭示学科的发展与联系，并展望未来前景等。

③ 从引文反映出的主题相关性方面进行研究，主要用于揭示科学的结构和进行文献检索等。

若从引文的其他不同特征出发，还可派生出许多类型的引文分析。例如，从引文的语种、国别、年代、作者等进行的引文分析。

---

① 邱均平 . 信息计量学[M]. 武汉：武汉大学出版社，2007：315-375.

2.2.2　引文分析的基本步骤及工具

利用引文分析方法进行研究时，一般都有以下几个基本步骤：

① 选取统计对象。根据所要研究的学科的具体情况，选择该学科中有代表性的、较权威的杂志，确定若干期及若干篇相关论文作为统计的对象。

② 统计引文数据。在选取的若干篇论文中，分项统计每篇论文后面的引文数量，引文的出版年代、语种、类型，论文作者的自引量等。统计项目可根据具体的研究目的和要求，灵活掌握，自行确定。或者直接从《科学引文索引》等工具中，选取有关的引文数据，作为引文分析的基础。

③ 引文分析。在获取的引文数据的基础上，根据研究的目的，从引文的各种指标或其他不同的角度进行分析。例如，引文量的理论分布分析，引文量的集中、离散趋势分析，引文量随时间增长规律的分析，引文的主要指标分析，包括自引量、引文语种、文献类型、年代、国别等项目的分析。

④ 做出结论。根据引文分析原理和其他一般原则进行判断和预测，从而做出相应的分析结论。

在引文分析的基本步骤中，引文统计是关键的一环。我们无论采用哪种类型的引文分析，都必须在引文统计数据的基础上进行。因此，引文统计是引文分析的前提。

在进行引文统计、搜集引文数据时，首先必须选准统计对象，即可提供引文资料的文献源。可供引文统计时利用的文献源有许多种，例如，述评性期刊以及其他基本出版物等，还可以直接从原始期刊中的论文来统计引文数据。

目前，最为常用且有效引文分析的主要工具包括：美国科学引文索引、美国基本科学指标数据库和美国期刊引证报告以及中国科学引文索引、中文社会科学引文索引和中国引文数据库等。

2.3　共现分析法

信息计量学中，文献之间主要存在两种基本情况：一是外部特征相关，即文献之间外部特征的相似程度，包括题名、著者、机构和文献号等具有唯一性的特点；二是内容特征相关，即文献之间内部主题的相关程度，由两篇或多篇文献在体现文献主题特征的主题词或关键词的共现频次中反映出来。通过研究文献之间的内容相关性，可以获取相关文献的创新或进行知识发现研究。

基于文献的共现分析主要是基于共词理论、共引理论和耦合理论对彼此在内容上有直接关联的文献进行聚类、比较和分析，从中识别和抽取有价值的信息①。

2.3.1 共词分析

共词分析(Co-word Analysis)方法属于内容分析方法的一种。它的原理主要是对一组词两两统计它们在同一篇文献中出现的次数，以此为基础对这些词进行聚类分析，从而反映这些词之间的亲疏关系，进而分析这些词所代表的学科和主题的结构变化②。它利用大量文献中共同出现的关键词有效地反映文本关键词之间的关联强度，减少了关键词的空间，用一套结构图有效地展示了关键词之间的关联。

较早开展知识结构分析的学者以 Serge、Law、Whittaker 等为代表，他们通过构建纯粹的基于数学指标体系的共词分析方法，来揭示相关文献之间由共词的数学关系所表达的关联，缺乏对其他因素的考虑，因而通过该方法仅能揭示的是由简单的量化关系所反映的文献间表层的、外在的关联③。意识到此局限性后，学者们在前述研究的基础上，探讨研究了基于数学模型、空间坐标、网络比较等共词分析方法。Callon④ 对文献在科技发展过程中的作用进行分析，提出了共词分析的理论基础和研究实例。Qin⑤ 对共现分析的研究步骤分阶段进行讨论，考察了共现分析研究过程中的一些既定假设，并对研究结果的显著性进行分析。Ying⑥ 总结了共现分析的分析步骤和主要技术，并对

① 张树良，冷伏海．基于文献的知识发现的应用进展研究[J]．情报学报，2006(12)：700-712.

② 崔雷，郑华川．关于从 MEDlINE 数据库中进行知识抽取和挖掘的研究进展[J]．情报学报，2003(4)：425-433.

③ 康宇航．一种基于共现分析的科技跟踪方法研究[D]．大连：大连理工大学，2008：14.

④ Callon M，Courtial J P，Laville F. Co-word Analysis for Basic and Technological Research[J]．Scientmetries，1991(22)：155-205.

⑤ Qin H. Knowledge Discovery Through Co-Word Analysis[J]．Library Trends，1999，48(1)：133-159.

⑥ Ying D，Gobinda G. Bibliometric Cartography of Information Retrieval Search by Using Co-word Analysis[J]．Information Processing and Management，2001，6(37)：817-842.

1987—1997 年信息检索领域的学科结构进行映射。Loe① 针对统计分析数据中存在的争议，讨论了对称共现矩阵和非对称共现矩阵之间的区别。

利用共词分析方法基本原理可以概述研究领域的研究热点，从横向和纵向两个维度分析领域学科的发展过程、特点以及领域或学科之间的关系，反映某个专业的科学研究水平及其发展历史的动态和静态结构，基础研究和技术研究之间的关系，评价领域内研究成果投入和产出的关系，拓展信息检索领域从而帮助用户检索。但是这种方法也存在着一些弊端，比如方法的成立必须不考虑索引者的影响、词汇选择等一些人为因素的限制②。

2.3.2 共引分析

共引或称同引(Co-citation)是指两篇文献同时被后来的其他文献所引用。具有共引关系的文献之间借共引强度体现彼此间的关联度和内容的相似性，其实质是将一组具有共引关系的文献作为分析对象，综合利用数学、统计学和逻辑分析方法，把对象间错综复杂的共引关系量化、抽象化并简单表达的过程③。

纵观共引分析研究可分为三个部分：以 Small 为代表的以文献为分析单位所做的文献共引分析研究，以 White 为代表的以作者为分析单位所作的作者共引分析研究，以及以 Kostoff 为代表的利用知识发现和数据可视化技术的综合集成分析阶段。

(1)文献共引分析

文献共引分析(Document Co-citation Analysis，DCA)的研究以 Small④ 为代表，其共引理论是基于共引可以反映文献主题内容方面的相似性，及对共引关系的测度可以作为揭示科学结构的一种有效方法这样的假设而提出的。

---

① Loe L，Miehael C. Mapping University-Industry-Government Relations on the Internet：The Construction of Indicators for a Knowledge-Based Economy[EB/OL]. [2006-04-12]. http：//www. cindoe. csic. es/cybermetries/ artieles/v4i1P2. pdf.

② 冯璐，冷伏海．共词分析方法理论进展[J]. 中国图书馆学报，2006，22(2)：88-92.

③ Johannes S，Guenter G. Hypothesis Generation Guided by Co-word Clustering [J]. Scientometrics，2003，56(1)：111-135.

④ Small H. Macro-level Changes in the Structure of Co-citation Clusters：1983-1989[J]. Scientometrics，1993，26(1)：5-20.

White① 通过作者共引分析及因子分析界定了信息科学的 12 门分支学科，并绘制了信息科学的知识图谱。Gmur② 等人利用共引分析方法进行科学交流的评估和比较。崔雷③利用文献计量法中共引聚类分析和共篇聚类分析原理，设计文献计量共引分析系统。侯海燕、刘则渊等④借助科学知识图谱的可视化技术手段，运用共引分析的方法，展示近 10 年来国际科学学研究的热点领域及其发展态势。

文献共引分析研究的主要成果包括⑤：

① 揭示了科学文献中文献共引的规律性；

② 直观描述了特定领域内重要主题之间的关系；

③ 揭示并模拟微观层面特定领域学科知识结构；

④ 对学科交流模式进行了初步探讨。

(2)作者共引分析

作者共引分析(Author Co-citation Analysis，ACA)，起源于美国的 Drexel 大学，是以作者而不是文献为分析单位。1981 年 White 和 Griffith 合作发表的《作者共引：科学结构的文献测量方法》一文开创了 ACA 的先河，该文将共引关系引向著者为标志⑥。

McCain⑦ 对作者共引技术进行综述，将 ACA 的程序归整为选择作者、检索共引频次、生成共引矩阵、转化为 Pearson 相关系数矩阵、多元分析和解释

① White H D，McCain W. Visualizing a Discipline：An Author Co-citation Analysis of Information Science，1972-1995[J]. Journal of the American Society for Information Science，1998，49(4)：327-355.

② Gmur，M. Co-citation Analysis and the Search for Invisible Colleges：A Methodological Evaluation[J]. Scientometrics，2003，57(1)：27-57.

③ 崔雷，胡海容，李纪宾．文献计量学共引分析系统的设计与开发[J]．情报学报，2000，19(4)：308-312.

④ 侯海燕，刘则渊．当代国际科学学研究热点演进趋势知识图谱[J]．科学学研究，2006，27(3)：1-11.

⑤ 康宇航．一种基于共现分析的科技跟踪方法研究[D]．大连：大连理工大学，2008：17.

⑥ White H D，Griffith B C. Author Co-Citation：A Literature Measure of Intellectual Structure[J]. Journal of The American Society for Information Science，1981，32(3)：163-169.

⑦ McCain K W. Mapping Authors in Intellectual Space：A Technical Overview[J]. Journal of the American Society for Information Science，1990，41(6)：346-359.

结果等几个步骤，人们称其为传统的 ACA 模式。梁永霞①等揭示了引文分析领域的形成、发展和深化三阶段的演进过程，并通过加菲尔德、普赖斯、斯莫尔等主要代表人物文献的可视化图谱，具体呈现出他们各自在不同时期对引文分析领域发展的独特贡献以及他们有关引文分析的经典文献对引文分析领域演化路径的关键作用。

作者共引分析研究的主要成果包括②：

① 揭示了科学研究中研究者个人以及群体之间的交流规律。

② 揭示了科研团体的组成、结构及其发展、变迁和继承关系，将共引关系的应用引向科研动态监测和学科发展预测。

③ 开始从用户(如期刊共引、机构共引)角度揭示学科间的关联、交叉和渗透。

④ 将共引关系拓展到宏观的学科视角，宏观地揭示了学科本身的体系结构、学科之间的关联、交叉与渗透、整个科学体系的结构乃至发展趋势。

(3)综合集成分析

综合集成分析利用知识发现和数据可视化技术，通过对计量分析单元的定量分析展现分析对象的研究成果，描述分析对象的研究热点与前沿，揭示分析对象的研究趋势。

Kostoff 将一般文献计量方法、计算机辅助分析、专家决策等与共引分析有机结合，将共引分析结果和文献耦合、共词聚类、词频统计等方法的分析结果加以比较，提出可视化结构图谱③，真正地将共引分析应用于知识发现层面并为决策服务。Porter④ 采用文本挖掘方法，对大型科技文献数据库的主题词进行共引、聚类等自动分析，对特定科技领域进行定量监测、评估，发现科研的

① 梁永霞，刘则渊，杨中楷．引文分析学形成与发展的可视化分析[J]．图书情报工作，2010，54(2)：31-35.

② 康宇航．一种基于共现分析的科技跟踪方法研究[D]．大连：大连理工大学，2008：17.

③ Kostoff R N，Toothmanb D R，Eberhart H J. Text Mining Using Database Tomography and Bibliometrics：A Review[J]. Technological Forecasting & Social Change，2001(68)：223-253.

④ Porer A L，Kongthon A，Lu J C. Research Profiling：Improving the Literature Review[J]. Scientometrics，2002，53(3)：351-370.

热点问题和前沿领域。陈超美通过词频分析方法确定分析对象研究的热点领域①、通过检测词频变动趋势显著的主题词确定分析对象研究的前沿领域和发展趋势②，并利用信息可视化软件 CiteSpace 形象地展示出分析对象研究的热点领域与研究前沿等内容。③

综合集成分析的研究成果包括④：

① 揭示了专业文献在整个科技发展循环中的重要作用，建立了一套基于共引分析(其他方法相结合)的挖掘具有前景的科研项目的方法。

② 赋予共引分析以“挖掘”的功能，提出了“引文挖掘”的概念，并将其用于科研影响力评估、前景项目发现等方面。

③ 将共引分析用于科研项目管理，分析、监测和评估科研项目质量、科研活动中的内外交流、资助机制等。

④ 利用引文挖掘方法揭示原始创新研究对后续研究及其他研究的影响。

2.3.3 耦合分析

在科技文献中不同的文章会不约而同地引证某篇或某几篇完全相同的文献。1963 年，美国麻省理工学院教授凯斯勒(M. M. Kessler)在对《物理评论》(*Physical Review*)期刊进行引文分析研究时发现，学科、专业内容越相近的论文，其参考文献中相同文献的数量就越多。他把两篇(或多篇)论文同时引证一篇论文的论文称为耦合论文(Coupled Papers)，并把它们之间的这种关系称为文献耦合(Bibliographic Coupling)⑤。

所谓“文献耦合”是指引证文献通过其参考文献(被引证文献)建立的耦合关系。具体地说，如果 A 和 B 两篇文献共同引证了一篇或多篇参考文献，或

---

① Chen C. Generalized Similarity Analysis and Path-Finder Network Scaling[J]. Journal of the American Society for Information and Technology, 1998, 10(2): 107-128.

② Chen C, Ibekwe-SanJuan F, Hou J. The Structure and Dynamics of Co-Citation Clusters: A Multiple-Perspective Co-Citation Analysis[J]. Journal of the American Society for Information Science and Technology, 2010, 61 (7): 1386-1409.

③ 陈超美. CiteSpace Ⅱ: 科学文献中新趋势与新动态的识别与可视化[J]. 情报学报, 2009(3): 401-421.

④ 康宇航. 一种基于共现分析的科技跟踪方法研究[D]. 大连: 大连理工大学, 2008: 19.

⑤ Kessler M M. Bibliographic Coupling between Scientific Papers [J]. American Documentation, 1963, 14(1): 10-25.

者说它们共同具有一篇或多篇同样的参考文献，则称 A 和 B 两篇文献具有引文上的耦合关系。具有耦合关系的论文可以认为它们必然在学科内容上存在某种联系或相关性，其耦合程度可以用“耦合强度”指标来衡量。“耦合强度”的量度单位是 A 和 B 共有的参考文献的篇数。如果两篇文献具有一篇相同的参考文献，那么这两篇文献的耦合程度为 1 个引文耦(或称耦合单位)；依此类推，若两篇论文有 n 篇相同的参考文献，那么这两篇文献的耦合程度为 n 个引文耦；显然，耦合程度越高，意味着两篇文献在学科内容与专业性质上越接近，文献间的联系也越紧密。

利用文献的耦合关系可以完成特殊类型的主题族性检索，也可以研究学科的内部结构，划分出学科、专业相近的一个个耦合强度较高的论文簇，并给出簇与簇之间疏密不同的联系，形成论文之间相互影响作用的引文网络。同时，因为文献耦合所揭示的是一类普遍存在的主客体之间的引证与被引证关系，因此可以将“文献耦合”的概念予以推广，利用耦合概念反映诸如学科、期刊、著者、语种、国别、机构、时期等多种特征对象的相似耦合关系。

耦合分析方法是信息计量学和科学计量学中非常重要且独具特色的一种计量分析方法，在文献学、科学学、预测学和科技管理中有着广泛的应用，并不断开拓其新领域。下面介绍几类重要的耦合分析方法①。

(1)文献耦合分析

文献耦合分析也称为引文耦合分析，是最基本的耦合关系分析。它以被引论文作为联系媒介，把表面上看起来毫无关系的论文联系起来，反映了引证文献之间的相互关系，在一定程度上揭示了科学学科之间的内在发展规律和组织结构。对于文献学、情报学、科学学、预测学等方面的研究都有一定意义。

对于文献耦合，可以从以下几个方面进行分析：

① 通过引文相关论文簇分析学科之间的联系。在文献的耦合分析中，往往形成许多所谓的逻辑参考文献簇 $G_A(P_0)$，即具有耦合关系的若干论文形成的论文簇。这有可能形成两类引文相关簇：一是闭式结构的，即在一簇引证文献中，如果其中每篇论文都与簇内任何一篇论文至少有一个耦合单位，则这簇论文就形成一个簇内相互关联的闭式结构；二是开式结构的，即在若干论文中，如果每篇论文都与另一篇基准论文(如属于 A 学科)至少有一个耦合单位，则这些引文就形成一个与簇外任意一篇论文相关联的开式结构。显然，这些引文相关簇在一定程度上揭示了学科文献之间的相关关系，反映出学科内容之间

① 邱均平．信息计量学[M]．武汉：武汉大学出版社，2007：405-408.

的某些联系，或同属于一个学科，或是某学科的分支学科，以及交叉学科和边缘学科等。

② 通过引文网络分析文献体系结构和学科结构。引文耦合现象在客观上把众多表面毫无关系的论文联系起来，形成一个个相关论文网络。事实上，具有耦合关系的论文网络必然具有某些共同属性。这种由论文之间的引证关系决定的网络属性把无外部联系的众多论文组成有序结构。通过分析这些结构就可以研究文献情报流的结构和规律性，进而研究整个学科的结构和发展规律。

③ 为文献检索提供新的途径。因为引文耦合现象能够把科学论文按其引证关系组合为具有各种属性的相关簇，从而提供了从文献使用的角度进行检索的可能性。这种从耦合关系出发查找相关文献的方法在一定程度上弥补了传统文献检索的不足，扩大了检索范围，从而大大提高了文献的检准率和检全率。

④ 有助于评价经典文献，回溯科学发展轨迹，确定当前科学研究热点，以及了解科学之间的交流规律等。

(2)期刊耦合分析

这是文献耦合分析的推广。所谓期刊耦合是指以每种期刊为统计单元进行的耦合。具体地讲，就是 n 种($n\geqslant 2$)期刊同时引证其他期刊论文时，则称这 n 种期刊之间的关系为“期刊耦合”，其耦合强度以同时被引证的期刊种数(或次数)来衡量，称之为期刊耦合频率或期刊耦合强度。

期刊耦合现象在客观上把众多的期刊按照引证关系结合为一个个有序的相关群，在一定程度上揭示出期刊之间的相互关系，为研究文献情报流的结构和规律以及学科之间的联系提供了客观的基础和条件。期刊的耦合分析主要有以下三个方面：

① 判断期刊之间的关系和联系程度。当某两种期刊具有耦合关系时，说明这两种期刊在某种属性上有一定联系，或者同属某一专业领域，或者虽属不同学科的期刊但其中的论文有某种联系；揭示出它们在学科内容上的相互交叉关系；而且，其耦合强度的大小及增减，反映着它们之间联系的强弱及其变化。

② 判断期刊的专业性质。通过期刊引证论文的耦合强度和耦合比例，可以判断出期刊的专业性质。

③ 从期刊耦合关系出发，通过期刊论文的内容分析，可以判断学科之间的相互关系和联系程度。

(3)著者耦合分析

这是从论文之间的耦合关系自然引申到著者之间的耦合关系。所谓著者耦合是指以一个个著者(含团体著者)作为基本单元进行的耦合。具体地说，就是 n 个著者($n \geqslant 2$)在文献中同时引证了某一个(或多个)著者所发表文献的情况，则称这 n 个著者具有耦合关系。这种耦合的媒介是被引证文献的作者，其耦合强度以同时被引证著者的数量来衡量。这种测度被称为著者耦合强度或著者耦合频率。

著者耦合分析反映了著者之间的客观联系，在一定程度上揭示了学科专业人员的组织结构，这种分析方法在图书情报学、科学学和人才学领域都有广泛的应用。

① 通过著者群体网络分析学科研究的状况和发展趋势。著者耦合现象在客观上把无外部联系的众多著者组合成一个个有序的群体网络，这些有序群体都是按其中著者所写的论文的属性来进行分类的。某学科论文著者群体在数量、质量及结构形式等方面的状况和发展变化，反映着该学科研究的队伍状况、学科发展过程及其趋势，从而为信息计量学和科学学的研究提供了新的途径。

② 根据相关著者群的组成，可以建立必要的科研同行通信网络，从而促进信息传递和学术交流。

③在情报检索中，可以从耦合著者群中的著者姓名出发，利用"著者目录"或"著者检索"就能找出某专业课题的同行著者所发表的全部有关文献，从而为该学科课题的研究提供针对性较强的定题检索服务。

由此可见，通过著者耦合分析，可以了解特定学科领域论文著者群体的网络结构形式、著者队伍的现状及其发展变化、学科发展过程及其趋势。利用著者网络，可以扩大情报传递和学术交流，促进科学研究的发展。

(4)学科耦合分析

所谓学科(或专业)耦合是指以学科为基本单位进行的耦合。具体地讲，就是属于某 n($n \geqslant 2$)个学科(或专业)的文献共同引证了别的学科(或专业)的文献时，称这 n 个学科具有耦合关系。其耦合程度以被引证的学科数量多少来测度。这种测度指标称为学科耦合强度或学科耦合频率。

显然，学科耦合属于回溯性的耦合。它所形成的是有关学科的相关群，利用这种耦合关系，可进行以下分析：

① 利用学科耦合结构判断学科之间的关系。通过引文统计，可以确定学科之间的耦合关系结构及其耦合强度。很显然，耦合相关群中的学科之间以及与被引证学科之间，必然有一定联系；而且，若某两门学科的耦合强度较大，则说明这两门学科之间关系密切，有着交叉渗透的趋势。如果某些学科不耦

合，或者耦合强度不大，则表明它们之间的关系不密切。

② 从学科耦合关系的变化了解学科发展的状况和变化规律。如果统计并确定不同时期的某些学科耦合关系及其耦合强度，不断跟踪并比较分析学科耦合结构的变化，则能了解该学科发展的来龙去脉以及复杂的变化关系。而且，耦合强度的增大，说明相关学科的关系加强了；反之，则意味着它们朝分化独立的趋势发展。

③ 为专题文献的选择和搜集提供定量依据。利用学科(或专业)耦合强度来判断学科之间的相关程度，从而为文献选择和收藏提供依据。

可见，通过学科耦合分析，可以判断学科之间的关系和联系程度、分支层次关系，及其交叉渗透趋势；同时，也可从学科耦合关系的变化了解学科发展的状况和变化规律，进一步预测学科分化组合的发展趋势。

近年来，国内学者利用作者文献耦合分析方法展开的研究成果较多，分别利用 CSSCI 数据对国内情报学、图书情报学的学科知识结构进行了探讨①。宋艳辉、武夷山利用 *Scientometrics* 1991—2010 年这些年间刊载的论文作为数据样本，分两个时间段研究了科学计量学的知识结构与演进状况，并以此来研究作者文献耦合分析法与作者关键词耦合分析法在揭示学科领域知识结构方面的异同②。

2.4 词频分析法

词是文献中承载学术概念的最小单位。词频的波动与社会现象、情报现象之间具有内在的关系，一定的社会现象和情报现象必然引起相应的词频波动现象③。通过统计关键词、主题词、篇名词等核心词汇在某一类学术文献中出现

① 陈远，王菲菲．基于 CSSCI 的国内情报学领域的作者文献耦合分析[J]．情报资料工作，2011(5)：5-12；马瑞敏．基于作者学术关系的科学交流研究[D]．武汉：武汉大学，2009；马瑞敏，倪超群．作者耦合分析：一种新学科知识结构发现方法的探索性研究[J]．中国图书馆学报，2012，38 (2)：4-11；邱均平，王菲菲．基于共现与耦合的馆藏文献资源深度聚合研究探析[J]．中国图书馆学报，2013(5)：25-32；宋艳辉，武夷山．基于作者文献耦合分析的情报学知识结构研究[J]．图书情报工作，2014，58(1)：117-123.

② 宋艳辉，武夷山．作者文献耦合分析与作者关键词耦合分析比较研究：*Scientometrics* 实证分析[J]．中国图书馆学报，2014，40(1)：25-37.

③ 邓珞华．词频分析[J]．武汉大学学报(社会科学版)，1987(1)：111-127.

的频次，可以判别该学术领域的研究热点、知识结构和发展趋势。

词频分析(Word Frequency Analysis)是对科技文献中的相关信息，如篇名、作者、关键词、机构、分类号和参考文献等，进行词频统计，然后通过考察一个词出现频次多少的变化来观察一个学科(领域)的发展情况，包括研究的主题、研究的方法、学术研究的新热点、一个作者或机构的科研生产力和学术影响力等方面变化的一种研究方法①。齐普夫分布定律正是利用了这种方法。而结合引文分析法中的“共被引”技术，共词频分析(共词分析)方法也常被用来研究科学领域的结构②。

词频分析法是利用能够揭示或表达文献核心内容的关键词或主题词在某一研究领域文献中出现的频次高低来确定该领域研究热点和发展动向的文献计量方法。由于一篇文献的关键词或主题词是文章核心内容的浓缩和提炼，因此，如果某一关键词或主题词在其所在领域的文献中反复出现，则可反映出该关键词或主题词所表征的研究主题是该领域的研究热点③。1997 年加拿大蒙特利尔大学的 Robert 教授等人完成了一份关于世界纳米科技研究状况的计量分析报告，该报告以 79 个纳米科技关键词为依据，采用词频分析的方法，分析了全球范围内纳米科技论文的产出和分布④。

词频分析研究的主要成果包括⑤：

(1)统计要素的选取

目前，运用词频分析法研究学科发展动态，多选取文献的关键词、主题词或篇名词作为统计要素，只有极少数论文利用文献摘要中词汇的频次加以研究⑥。或许是由于数据统计方面的困难，至今尚无学者尝试分析文献全文的词频。

---

① 汤建民．基于中文数据库的知识图谱绘制方法及应用——以创新研究论文的分析为例[M]．杭州：浙江大学出版社，2010：11.

② 于清文，李振中．简明信息词典[M]．北京：经济科学出版社，1991：101.

③ 马费成，张勤．国内外知识管理研究热点——基于词频的统计分析[J]．情报学报，2006(2)：163-171.

④ Dalp R，Gauthier E，Ippersiel M P. The State of Nanotechnology Research：Report to the National Research Council of Canada[R]．1997：5.

⑤ 张勤．词频分析法在学科发展动态研究中的应用综述[J]．图书情报知识，2011(2)：95-98，128.

⑥ 黄晓斌，梁颖殷．从 ASIS&T 年会主题看情报学研究的热点及发展[J]．情报理论与实践，2009(1)：6-9.

(2)计量方法的改进

在统计方式上，多数论文以词汇出现的自然频率作为研究的基础和依据。这非常适用于规范化的主题词。对于非规范化、非受控性的关键词和篇名词，部分学者也采取措施改进统计方式，一是进一步细分、筛选关键词和篇名词，选择能够代表研究主题的词汇作为统计对象。如马费成将国内外知识管理领域的关键词划分为表征研究方向、应用领域和研究方法三类，分别加以对比分析①；化柏林则将关键词按照不同功能划分为用于限定研究范畴的限制性关键词、主要反映文章主题内容的主题性关键词和反映主题研究侧面的关键词三类②。二是选用多种计算方法来准确客观地揭示词频波动规律。如邱均平教授利用关键词的相对频次(即篇均关键词频次)③，以关键词各年出现的频次除以当年的文献总数量来判断其增长或衰减情况④；魏瑞斌从整体上将关键词分为增长型、波动型、下滑型、稳定型四种类型⑤；赵星根据主题词的 g 指数排序来判别学术研究热点⑥；苍宏宇采用基于 Z-Score 标准化的词频统计分析方法探讨国内外信息检索研究热点⑦。

(3)软件工具的开发与使用

对于词频分析法来说，前期的数据录入和统计工作既关键又繁琐，传统的纯手工作业越来越难以满足其需要，必须借助于现代科技手段，利用相关的软件工具方可提高工作效率和质量。其中，国外所开发的数据分析工具比较常见，如 Wordsmith Tools、Word-Stat、ROST、Thomson Data Analysis(TDA)、Derwent Analyties、CiteSpace、Winisis 等，也有学者采用 SQL Server、VBA、Access、Excel 等程序和数据库。周春雷开发的 CnkiRef 软件能够从中国期刊网

① 马费成，张勤．国内外知识管理研究热点——基于词频的统计分析[J]．情报学报，2006(2)：163-171.

② 化柏林．图书情报学核心期刊论文关键词计量分析研究(上)[J]．情报科学，2007(5)：699.

③ 邱均平，赵蓉英，侯经川．2002 年国内外情报学发展动向研究[J]．情报学报，2003，22(5)：515-519.

④ 邱均平，丁敬达．1999—2008 年我国图书馆学研究的实证分析(下)[J]．中国图书馆学报，2009(6)：79-87，118.

⑤ 魏瑞斌．基于关键词的情报学研究主题分析[J]．情报科学，2006(9)：1400-1405.

⑥ 赵星等．基于主题词频和 g 指数的研究热点分析方法[J]．图书情报工作，2009(2)：59-61，7.

⑦ 苍宏宇，谭宗颖．国内外信息检索研究热点分析——基于 Z-Score 标准化的词频[J]．图书馆建设，2009(1)：93-98.

的输出文件中抽取所需信息①并实现对关键词词频的计量功能②，苍宏宇、汤建民③分别自行开发了相关软件，实现了数据录入和分词的半自动化处理，尚有待进一步的改进和完善。

词频分析法不仅需要统计大量的文献数据，更需要运用专家学者的相关知识背景加以分析、判断和深层次挖掘。而词频分析法也需要在理论研究、软件实现、样本选择、方法改进等方面逐步得到完善与提高。

2.5 网络分析理论

2.5.1 网络科学理论

从通俗角度来讲，几乎每一门学科中都有网状内容，从基因到电力系统，从社群到交通线路，都能看到网络结构的存在。网络科学(Network Science)就是专门研究这种普遍存在的拓扑结构的新兴学科，其致力于揭示各种各样自然或人工系统运作的内在逻辑或行为，常常表现为众多元素互相关联。网络科学帮助我们理解当代复杂而互相关联的世界，广泛应用于物理学、经济学、生物学、计算机科学、社会学、生态学以及流行病学等领域④。与网络科学的定义相比，更容易定义什么是网络。“未来军队网络科学应用委员会”(The Committee on Network Science for Future Army Applications)是通过结构(例如节点和链路)及其行为(网络“所做”是节点和链路之间相互作用的结果)描述网络的。上述实用性的定义标示出网络科学的两个关键组成：①它是研究表示某种实际的节点和链路集合的结构；②它是研究汇聚节点和链路的动态行为特征的。那么人们会问：“随着时间的推移，网络演变时会发生什么呢，以及为什么会发生?”网络科学最重要的结果似乎是将形式与功能以及结构与行为关联

---

① 周春雷，王伟军，成江东. CNKI输出文件在文献计量中的应用[J]. 图书情报工作，2007(7)：124-126.

② 邱均平，丁敬达，周春雷. 1999—2008年我国图书馆学研究的实证分析(上)[J]. 中国图书馆学报，2009(5)：72-79.

③ 汤建民. 2006年国内科学学研究的词频分析与计量研究[J]. 科学学研究，2007(S2)：518-522.

④ [美]利马. 视觉繁美：信息可视化方法与案例解析[M]. 杜明翰，陈楚君，译. 北京：机械工业出版社，2013：49.

起来。当前，最有趣的行为发生在物理、生物和社会系统中。节点可能是人、分子、基因、路由器、变压器(电力网)、Web 页面或研究出版物。链路可能是指朋友之间的友谊、接触传染、神经键、缆线、互联网链路或著作目录的引用。从这一点来讲，网络科学是实际的抽象但非实际本身。但是如果抽象可以解释实际系统的行为，那么网络科学不仅极其有趣而且非常有用。

网络的结构部分很容易通过图论来建模。网络的动态部分可以通过一组用来控制节点和链路行为的微观规则来定义。网络 G 的完整定义必须既要包括结构的信息也要包括行为的信息。例如 $G(t)=\{N(t), L(t), f(t)\}$ 是动态维数的网络 G 的集合论定义——$G(t)$ 是一个时间 t 以及随时间变化的节点和链路数、值及映射的函数。$G(t)$ 的实际行为用算法来表示，一般以计算机算法的形式来表示。我们用 Java 程序设计语言表示微观规则。将上述这些定义放在一起，带有结构和行为元素的简洁网络定义表示如下：

$$G(t)=\{N(t), L(t), f(t); J(t)\} \tag{2-1}$$

其中，t=仿真或实际的时间；N=节点，又称为定点或个体(Actor)；L=链路，又称为边；f: $N\times N$=连接节点对已产生拓扑的映射函数；J=描述节点和链路行为随着时间变化的算法。

在研究网络时，可以给出一个严格的包括网络的结构和行为的网络科学定义：网络科学或网络的科学，是研究网络结构/动态行为并将网络应用到很多子领域的理论基础。当前已知的子领域包括社会网络分析(SNA)、协作网络(书目引用、产品营销、在线社会网络)、人造的涌现系统(电力网、互联网)、物理科学系统(相变、浸透理论、Ising 理论)和生命科学系统(传染病、新城代谢过程、遗传学)。从该定义应该很清楚地了解到网络科学实质上就是系统科学。此外，因为网络经常为复杂系统建模，它与古老的复杂自适应系统领域密切相关。实际上，网络科学集成了来自复杂自适应系统(涌现)、混沌理论(同步)和平均场理论(物理学)的思想。网络科学是所有这些学科的交叉学科，它将相邻学科的思想拉到了一起①。

“新的网络科学”是一个简称为“网络科学”的新出现的研究领域，但其实它相当古老，根源最早可以追溯到 1736 年。网络科学实质上是将数学中的图论应用到各种领域的问题后，才在 20 世纪 90 年代后期以“新兴科学”的面目

① [美]路易斯. 网络科学：原理与应用[M]. 陈向阳，巨修练，译. 北京：机械工业出版社，2011：5.

再次出现①。从长远来看，网络科学似乎经历了至少两次重大的变迁：从数学理论到图的应用，从应用到“相互连接到一起的所有东西”的一般集合。相应地，我们将网络科学的历史划分成三个主要阶段：①早期的网前阶段(1736—1966年)，当时网络科学还是数学中的图；②中期网络阶段(1967—1998年)，当时的网络科学还没有被称为“新的网络科学”，但实际上网络应用已经在研究文献中出现了；③现代阶段(1998年至今)，网络科学的先驱们为网络科学的当前定义打下了基础，并证明这些基础具有现实意义。在现代阶段，当网络科学应用到各个似乎互不相干的领域时，倡导者们开始讨论网络科学的普遍性②。也有研究者从网络科学核心概念的角度将其发展史分为三个时期：①规则网络理论时期，主要基于图论和拓扑学等应用数学的研究成果，历史上有多位杰出数学家各自独立地建立和研究过图论，其中，欧拉于1736年首先开创了图论这门新的数学分支，因此他被誉为“图论之父”；②随机网络理论时期，1959年，两个匈牙利著名的数学家Erdos和Renyi又一次对图论作出了第二个里程碑式的贡献，他们建立了著名的随机图理论，用相对简单的随机图来描述网络，简称ER随机图理论；③复杂网络理论时期，20世纪末瓦茨和巴拉巴西分别在*Nature*和*Science*上发表的两篇开创性论文，标志着复杂网络网络的产生。如今人们已经认识到：规则网络和随机网络是两种极端情况下的网络，而现实中真实的网络既不规则也不随机，而是规则与随机兼得，复杂有序③。科学计量学中由引文关系、科研合作和共词形成的网络关系以及知识地图中不同知识之间的网络关系都可被看作是复杂网络的一种。其中，科研合作网络(包括作者合作、机构合作和国家合作)、作者共被引网络和作者耦合网络被看作是社会网络的几种类型。

2.5.2 复杂网络理论

复杂网络(Complex Network)理论的研究始于20世纪60年代的ER随机图论④，应用于网络则被称为随机网络模型，此后成为复杂网络研究描述的基

① [美]路易斯．网络科学：原理与应用[M]．陈向阳，巨修练，译．北京：机械工业出版社，2011：1.

② [美]路易斯．网络科学：原理与应用[M]．陈向阳，巨修练，译．北京：机械工业出版社，2011：5.

③ 郭世泽，陆哲明．复杂网络基础理论[M]．北京：科学出版社，2012：2-7.

④ Erdös P，Rényi A. On the Evolution of Random Graphs[J]. Transactions of the American Mathematical Society，2012，286(1)：257-274.

础。复杂网络简而言之即呈现高度复杂性的网络，或是具有复杂拓扑结构和动力行为的大规模网络，如互联网、万维网、合作网络、传播网络等。具体而言，却依然没有精确而严格的定义，有观点①认为复杂网络是具有自组织、自相似、吸引子、小世界、无标度(无尺度)中部分或全部性质的网络，并将其定义分解成多层含义：首先是大量真实复杂系统的拓扑对象，其次在感官上规则网络比随机网络更复杂，最后复杂网络是大量复杂系统存在的拓扑基础。也有观点②认为复杂网络主要是指具有复杂拓扑结构和动力学行为的大规模网络，它是由大量的节点通过边的相互连接而构成的图。虽然目前对复杂网络并无确切定义，但可对它的一些要素进行总结③：复杂系统必须由大规模的元素所组成，或者说由大量的“节点”所组成，每个元素或节点都具有各自的动力学特性，但整个系统并不是简单的由各个独立的系统进行简单的叠加，而是各个节点相互影响、相互制约、相互作用，从而使整个系统具有极其纷繁复杂的动力学特性。这一特性有两个关键点，一是节点是大量的而不是几个或者小规模的数量；二是节点间的相互作用。这是目前绝大多数物理学家对该领域进行研究的着眼点或者说是切入点，而目前最大的挑战是揭开隐藏在成百上千的混沌的节点和边之中的网络模型特点。根据这些特点，可以给出复杂网络技术上的定义：

(1)从图论角度

设有端集 $V=\{v_1, v_2, \cdots, v_n\}$ 和边集 $E=(e_1, e_2, \cdots, e_n)$，通常由 n 个节点和 m 条连接这些点的边所组成，边可以是带方向的，也可以是不带方向的。如图 2-1 所示的是一个示意性的网络，它有 $n=5$ 个节点$\{1, 2, 3, 4, 5\}$和 $m=4$ 条边$\{e_{12}, e_{15}, e_{23}, e_{25}\}$，其中节点 4 是孤立节点。

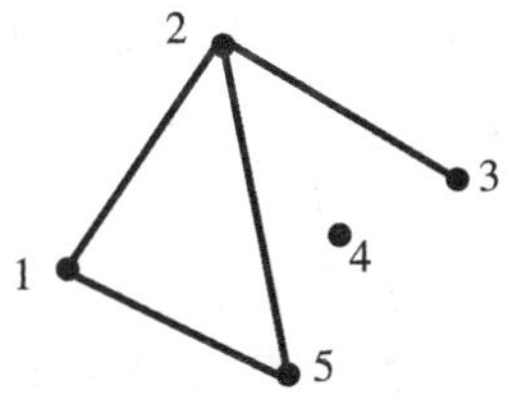

图 2-1 示意性网络图

① 周涛，等. 复杂网络研究概述[J]. 物理，2005，34(1)：31-36.

② 马骏，唐方成，郭菊娥，等. 复杂网络理论在组织网络研究中的应用[J]. 科学学研究，2005，23(4)：173-178.

③ 刘全龙. 复杂网络可靠性研究[D]. 北京：北京邮电大学，2007：1-8.

(2)从矩阵角度

最常用来表示网络的图的结构信息的是邻接矩阵 A，如果节点 i 和节点 j 存在着连接的边，那么矩阵相应位置上 A_{ij} 用 1 来表示，如果不存在连接则用 0 表示，显然一个无向图的邻接矩阵具有对称结构，则用对称邻接矩阵来定义网络可表示为：

$$A=\begin{bmatrix} A_{1i} & 1 & \cdot & \cdot & 1 \\ 1 & \cdot & 0 & \cdot & 0 \\ \cdot & 0 & \cdot & \cdot & 0 \\ \cdot & \cdot & \cdot & \cdot & \cdot \\ 1 & 0 & 1 & \cdot & A_{nn} \end{bmatrix} \tag{2-2}$$

对角线上元素 $A_{ii}=-\sum_{j=1}^{n}A_{ij}$，则图 2-1 可以表示为矩阵：

$$A=\begin{bmatrix} -2 & 1 & 0 & 0 & 1 \\ 1 & -3 & 1 & 0 & 0 \\ 0 & 1 & -1 & 0 & 0 \\ 0 & 0 & 0 & 0 & 0 \\ 1 & 1 & 0 & 0 & -2 \end{bmatrix} \tag{2-3}$$

此外，陈关荣①认为复杂网络要研究的是各种看上去互不相干但其实密切关联的形形色色的网络之间的共同属性和处理它们的普适性方法，并对规则网络(Regular Network)、随机网络(Random Network)、小世界网络(Small-World Network)和无标度网络(Scale-Free Network)进行了综述。目前，越来越多的研究者将复杂网络的理论和方法应用到科研合作网络、共词网络以及共被引网络的研究中。比较常用的复杂网络分析软件是 Pajek 和 Ucinet，Ucinet 的分析规模有限，通常用于社会网络的研究，而 Pajek 的分析规模很大，可用于大样本网络的分析。随着技术的发展，许多新的复杂网络分析软件和方法纷纷出现，比如 Cytoscape、Gephi 以及 Science of Science Tool 等。

复杂网络聚类作为复杂网络分析方法之一，通过对其的应用研究，有助于分析复杂网络的拓扑结构，发现复杂网络中隐藏的特征与规律以及预测复杂网络的行为②，为揭示知识聚类的可视化展示提供基础。

---

① 陈关荣．复杂网络及其新近研究进展简介[J]．力学进展，2008，38(6)：653-662.

② 杨博，刘大有，Liu Jiming，等．复杂网络聚类方法[J]．软件学报，2009，20(1)：54-66.

2.5.3 社会网络理论

社会网络是复杂网络的一种重要类型，Wellman① 认为“社会网络是由某些个体间的社会关系构成的相对稳定的系统”，即将“网络”视为联结行动者的一系列社会联系或社会关系。但是作为分析人与人之间关系的重要理论和方法，社会网络具有自己的特色。社会网络理论发端于社会学的研究，长期以来停留在纯社会学研究范畴之内。后来 Granovetter 在 1985 年发表的《经济行动与社会结构：镶嵌问题》一文中对波兰尼的“嵌入性”概念进行了系统发展和阐述，其认为一切经济活动都嵌入在社会关系中②。在嵌入性理论后，研究者又提出了强弱关系和结构洞理论。Granovetter 用时间长短、互动频率、亲密程度和互惠性服务四个维度去衡量关系的强弱，认为互动次数多、感情较深、关系亲密、互惠交换多则为强关系，反之则为弱关系③。与弱联系理论紧密相关的是 Burt 提出的结构洞理论。此外，社会资本理论也是社会网络的重要组成部分。Nahapiet 和 Ghoshal 将社会资本的结构分为结构维、关系维和认知维三个层面，对应着结构型社会资本、关系型社会资本和认知型社会资本三种类型④。而随着应用范围的拓展，社会网络的研究范畴也早已超越了人际关系，行动者既可以是个人、集体或组织，也可以扩展到信息、知识等层面。

自 20 世纪 30 年代至 70 年代，社会网络研究的概念在人类学、社会学、心理学等领域不断深化，并形成了一套系统的理论方法，但直到 90 年代，由于 Bourdieu、Coleman⑤ 和 Putnam⑥ 等对社会网络的开创性研究，该理论才得

---

① Wellman B, Berkowitz S D. Social Structures: A Network Approach[M]. Cambridge University Press, 1988.

② Granovetter M. Economic Action and Social Structure: the Problem of Embeddedness[J]. American Journal of Sociology, 1985: 481-510.

③ Granovetter M S. The Strength of Weak Ties[J]. American Journal of Sociology, 1973: 1360-1380.

④ Nahapiet J, Ghoshal S. Social Capital, Intellectual Capital, and the Organizational Advantage[J]. Academy of Management Review, 1998, 23(2): 242-266.

⑤ Coleman, J. S. Social Capital in the Creation of Human Capital[J]. American Journal of Sociology, 1988, 94(2): 95-120.

⑥ Putnam R, Progesterone and Corticosteroid Regulation of Hypothalamic and Pituitary Opioid Content during LH Surge Induction[J]. Molecular and Cellular Neuroscience, 1992, 3(3): 191-198; Putnam R, Bowling Alone: America's Declining Social Capital in America, Journal of Democracy, 1995, 6(1): 65-78.

到理论界的重视并被广泛应用。经济学家主要运用社会网络相关概念和方法研究经济与社会的关系以及人与人之间的关系。社会网络主要理论包括网络结构观、弱关系强度假设、社会资源、结构洞、差序格局和“人情与面子”等。

也有观点指出，社会网络理论具有两大分析要素①：结构要素和关系要素。结构要素关注网络参与者在网络中所处的位置，讨论两个或两个以上的行动者和第三方之间的关系所折射出来的社会结构，以及这种结构的形成和演进模式。关系要素则关注行动者之间的社会性黏着关系，通过社会联结的密度、强度、对称性、规模等来说明特定的行为和过程。这两类要素都对知识和信息的流动有着重要的影响。在知识可视化分析当中：知识图谱主要侧重科学合作网络、作者共被引和作者耦合网络方面的研究；知识地图主要应用社会网络理论和方法去构建某一组织的专家知识地图和隐性知识地图。比较通用的社会网络分析软件是 Ucinet 和 Pajek，后来的 Cytoscape、Gephi、VOSviewer 以及 CiteSpace 等专门软件也都有相应的社会网络分析功能。

社会网络分析方法是基于知识的资源聚类方法的一种。研究对象之间的关系和结构是社会网络分析(Social Network Analysis，SNA)的基本分析单位，这种分析方法对个体、群体或组织等不同社会单位所构成的关系、结构以及属性进行分析，拥有自己的一套规范和方法。其也被称为“结构分析”，最初主要用于心理学，随后被广泛应用于对社会学、经济学、科学学及人类学等领域的研究。一个社会网络包含众多节点以及这些节点之间的连线，节点可以视为社会网络中的行为者，那么这些连线就代表了行为者之间的联系。在一个社会群体中，每一个个体都不是孤立存在的，任意一个个体都会与其他的个体拥有一定的关系或者联系。社会网络分析方法以这种社会个体之间形成的社会网络及网络中个体之间的联系为研究对象，借助计算机技术、可视化网络技术等将网络中个体之间的联系结构以图形的方式直观地展示出来②。社会网络是一种复杂的网络，它包含了社会群体中每一个个体之间的联系，社会网络分析将这种联系外化成具体的网络结构模型，从网络的机构和变化情况出发来阐述不同个体之间的联系以及网络整体对个体行为的影响，是一种基于知识聚合的可视化展现。

① 王夏洁，刘红丽．基于社会网络理论的知识链分析[J]．情报杂志，2007(2)：18-21.

② 刘军．社会网络分析导论[M]．北京：社会科学文献出版社，2004：1.

2.5.4　知识网络理论

知识网络(Knowledge Network，KN)的概念对于不同时代、不同领域和不同学科的人，其内涵和外延具有不同的认识①。

认知心理学家 E. 加涅认为知识网络是作为陈述性知识和程序性知识这两大类型的知识在人的大脑内系统化地存储的方式。Latour② 从资源的角度认为，知识网络资源是一个相互联结的节点之网，装载了分散在一个较大空间中的资源集。知识网络被看作是一个存储包含了各个部分的大量的、复杂的专业技术、经验和知识积累的知识库。管理学领域的 Beckman 于 1995 年提出知识网络的经济学模型，在该模型中知识网络是进行科学知识生产和传播的机构和活动。③ Verna Allee 则认为知识网络是通过内部群体或共同兴趣者相互关联构成的，并强调知识网络具有流动性。④

也有学者认为，知识网络指的是一批人、资源和它们之间的关系，为了知识的积累和利用，通过知识创造、知识转移，促进新的知识利用，常被用于针对企业内部及企业外部知识的创造、利用和传播⑤。赵蓉英认为，知识网络就是由知识节点和知识关联(知识链)构成的网络的知识体系。⑥ 该体系的大小和构成方式有所不同，同知识一样，其载体可以是人脑，也可以是组织或其他物质形式。并依据知识网络载体的形态、编码的难易程度和构成性质特点，将知识网络划分为：主观知识网络与客观知识网络、显性知识网络与隐性知识网络和广义知识网络与狭义知识网络，指出知识网络具有共享性、整体性和增值性。

知识是由相互关联的数据所组成的网络结构，知识表现为数据及其关联。人们为了了解某一类问题，在寻求问题的解决过程中，发现和创造了一些知识，经过沟通，人们对解决问题时所涉及的基本概念、基本方法达成共识，然

---

① 赵蓉英．知识网络及其应用[M]．北京：北京图书馆出版社，2007：52-61.

② Etemad H，Lee Y. The Knowledge Network of International Entrepreneurship：Theory and Evidence[J]．Small Business Economics，2003(2)：1.

③ Beckmann M J. Economic Models of Know ledge Networks，Networks in Action[M]．Berlin，Heidelberg，NewYork，Tokyo：Springer-Verlag，1995：159-174.

④ Verna Allee. The Knowledge Evolution[M]．Boston：Butterworth-Heinemann，1997：1.

⑤ 刘绿茵．基于知识网络的虚拟参考咨询[J]．图书情报工作，2004，48(1)：23-26.

⑥ 赵蓉英．知识网络及其应用[M]．北京：北京图书馆出版社，2007：56，92-93，203-212.

后对这些与问题相关的知识网络进行融合，并通过语言的形式表达出来。为解决某一类问题而产生的知识就构成了一个知识网络，人们达成共识的知识网络，之后为了使这些知识进行传播和共享，通过沟通将各个研究者对解决这一类问题所涉及的相关的知识网络进行融合，最后以语言的形式表达出来。

从知识网络构成的节点形态来看，可以将知识网络分为以下三种情形，包括知识主体之间的网络、知识与人之间的网络以及知识与知识之间的网络。知识主体之间的网络包括人与人，人与组织以及组织与组织之间的网络，常见的关于知识主体之间的研究包括对科研工作者之间，科研工作者与科研团体之间，科研团体之间或企业之间的知识合作网络。知识与人之间的网络则定义了谁掌握某种知识，并且随着主体的学习与交互而产生动态的变化。美国学者 Carley 就认为，知识网络就是将人和观念、知识、信仰等联结起来的网络①。知识与知识之间的网络，就是以知识为节点，以知识分类或语义分类为基础建立起知识之间的网络。

2.6 可视化分析理论

可视化作为一个正式的术语是于 1987 年在美国国家科学基金会举办的可视化会议上提出的，其目的是通过可视化的方式，将日益增多的海量科学计算数据直观地展现出来，以便于人们的理解和应用。可视化对应三个英文单词：Visualize、Visualization 和 Visual。Visualize 是动词，强调可视化的过程，意即“生成符合人类感官”的图像，通过可视元素传递信息。Visualization 是名词，强调可视化的结果，表达“使某物、某事可见的动作或事实”，对某个原本不可见的事物在人的大脑中形成一幅可感知的心理图片的过程或能力，也可用于表达对某目标进行可视化的结果，即一帧图像或动画。Visual 是形容词，强调可视化的特征，意思为“视觉的、形象的或者图示化”。归其为一点，可视化将不可见的或难以直接显示的数据转换为可感知的图形、符号、颜色、纹理等，增强数据识别效率，传递有效信息②。进入 21 世纪，现有的可视化技术

① Carley K M. Information Technology and Knowledge Distribution in C^3I Teams[A]// Proceedings of the 2002 Command and Control Research and Technology Symposium. Vienna, 2002.

② 陈为，沈则潜，陶煜波. 数据可视化[M]. 北京：电子工业出版社，2013：2.

已难以应对海量、高维、多源和动态数据的分析挑战，需要综合可视化、图形学、数据挖掘理论与方法，研究新的理论模型、新的可视化方法和新的用户交互手段，辅助用户从大尺度、复杂、矛盾甚至不完整的数据中快速挖掘有用的信息，以便做出有效决策①。这门新兴的学科被称为可视化分析学。

数据可视化的适用范围存在着不同的观点。例如，有专家认为数据可视化是可视化的一个子类目，主要处理统计图形、抽象的地理信息或概念型的空间数据。现代的主流观点将数据可视化看成传统的科学可视化和信息可视化的泛称，即处理对象可以是任意数据类型、任意数据特性，以及异构异质数据的组合。大数据时代的数据复杂性更高，如数据的流模式获取、非结构化、语义的多重性等②。数据可视化的处理对象是数据。自然地，数据可视化包含处理科学数据的科学可视化与处理抽象的、非结构化信息的信息可视化两个分支。广义上，面向科学和工程领域的科学可视化研究带有空间坐标和几何信息的三维空间测量数据、计算模拟数据和医学影像数据等，重点探索如何有效地呈现数据中几何、拓扑和形状特征。信息可视化的处理对象则是非结构化、非几何的抽象数据，如金融交易、社交网络和文本数据，其核心挑战是如何针对大尺度高维数据减少视觉混淆对有用信息的干扰。另外，由于数据分析的重要性，将可视化与分析相结合，形成一门新的学科：可视分析学。因此，科学可视化、信息可视化和可视分析学三个学科方向通常被看成可视化的三个主要分支③。

2.6.1 视觉感知和认知理论

在可视化与可视分析过程中，用户是所有行为的主体：通过视觉感知(Visual Perception)器官获取可视信息、编码并形成认知(Cognition)，在交互分析过程中获取解决问题的方法。在这个过程中，感知和认知能力直接影响着信息的获取和处理过程，进而影响对外在世界环境所做出的反应。加拿大英属哥伦比亚大学的 Munzner 在其书稿中呈现了用户在客观世界中进行可视分析和事件处理的简化的过程，如图 2-2 所示，数据经过自动或手工的分析方法(如机器学习、统计分析等)处理并可视化后，被用户理解，矩形范围表示了由用户、数据处理和可视化三者组成的一个直接交互的过程；当有多个用户参与这

① 陈为，沈则潜，陶煜波．数据可视化[M]．北京：电子工业出版社，2013：21.

② 陈为，沈则潜，陶煜波．数据可视化[M]．北京：电子工业出版社，2013：26.

③ Ward M, Grinstein G, Keim D. Interactive Data Visualization: Foundations, Techniques, and Applications[M]. Natick, Massachusetts: A K Peters /CRC Press, 2010.

个过程时，相互之间就产生了群体协作的效果。然而人的作用远不止这些，可视化的数据来自于现实世界(或模拟仿真)，人们利用这些数据做出一些决定，从而影响他们在世界中的行为，最终对现实世界产生影响①。

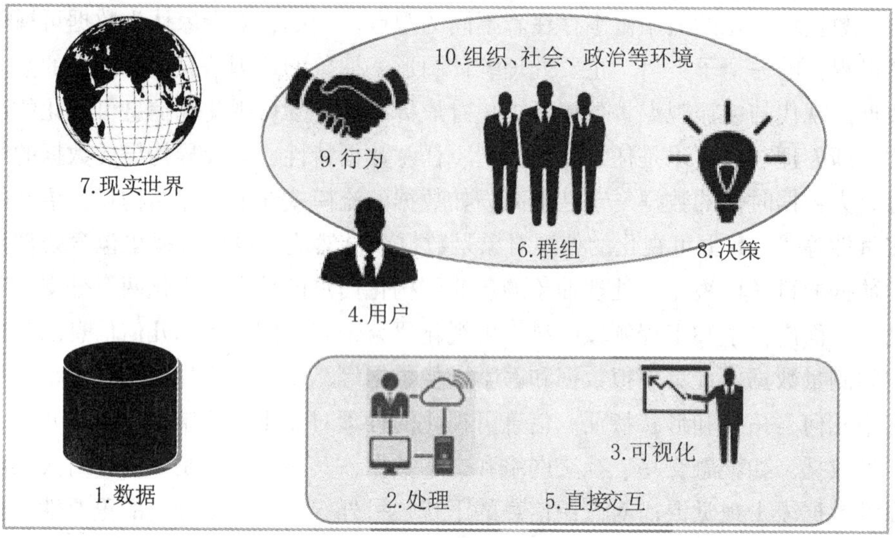

图 2-2 用户在客观世界与社会环境中进行数据处理与可视分析的框架

(1)视觉感知和认知的定义

感知是客观事物通过感觉器官在人脑中的直接反映。人类感觉器官包括眼、鼻、耳，以及遍布身体各处的神经末梢等，对应的感知能力分别称为视觉、嗅觉、听觉和触觉等。认知指在认识活动的过程中，个体对感觉信号接收、检测、转换、简约、合成、编码、储存、提取、重建、概念形成、判断和问题解决的信息加工处理过程。认知心理学将认知过程看成由信息的获取、编码、储存、提取和使用等一系列认知阶段组成的按一定程序进行信息加工处理的系统。信息获取是指人体的感觉器官受到来自客观世界的刺激，通过感觉的作用获得信息；编码是为了利于后续认知阶段的进行；储存是信息在大脑中的保持；信息提取指依据一定的线索从记忆中寻找并获取已经储存的信息；信息使用指利用提取的信息对信息进行认知加工。

① Munzner T. Visualization Analysis and Design: Abstractions, Principles, and Methods [M]. Natick, Massachusetts: A K Peters /CRC Press, 2014.

（2）视觉感知处理过程

心理学上的双重编码理论认为，负责语言方面和非语言方面（特别是视觉信息方面）的两个子系统共同组成了人类的感知系统，人类的认知能够同时对语言与非语言方面的信息进行处理，两个子系统各自的信息加工过程对于人类认知是同等重要的①。那么，在向用户有效传递信息时就需要处理好两种信息表征单元：适用于心理映像的“图像单元”和适用于语言实体的“语言单元”。前者根据部分与整体的关系组织，而后者根据联想与层级组织。

（3）格式塔理论

格式塔心理学诞生于1912年，是心理学中为数不多的理性主义理论之一。它强调经验和行为的整体性，反对当时流行的构造主义元素学说和行为主义“刺激-反应”公式。格式塔心理学认为，整体不等于部分之和，意识不等于感觉元素的集合，行为不等于反射弧的循环。如果一个人往窗外观望，他看到的是树木、天空、建筑，而构造主义元素学说认为他应该看到的是组成这些物体的各种感觉元素，例如亮度、色调等。格式塔心理学感知理论最基本的法则是简单精练法则，认为人们在进行观察的时候，倾向于将视觉感知内容理解为常规的、简单的、相连的、对称的或有序的结构。同时，人们在获取视觉感知的时候，会倾向于将事物理解为一个整体，而不是将事物理解为组成该事物所有部分的集合。格式塔法则又称为完图法则，主要包括共势原则（Common Fate）、好图原则（Good Figure）、对称性原则（Symmetry）、经验原则（Past Experience）等。

由上面的描述不难看出，格式塔心理学（完形理论）的基本思想是：视觉形象首先是作为统一的整体被认知的，而后才以部分的形式被认知，也就是说，人们先“看见”一个构图的整体，然后才“看见”组成这一构图整体的各个部分。可视化设计必须遵循心理学关于感知和认知的理论研究成果。信息可视化指将信息通过图形元素的表达和重组，获得包含原始信息的视觉图像的过程。在信息可视化设计中，视图的设计者必须以一种直观的、绝大多数用户易于理解的数据——可视化元素映射对需要可视化的信息进行编码，其中涉及最终用户对可视化视觉图像的心物感知和认知过程。格式塔心理学是对心理感知和认知进行的一整套完整的心理学研究，并由此而产生的完备理论。尽管格式塔心理学的部分原理对可视化设计没有直接的影响，但是在视觉传达设计的理

① Paivio A. Mental Representations: A Dual Coding Approach [M]. Oxford: Oxford University Press, 1986.

论和实践方面，格式塔理论及其研究成果都得到了应用①。

2.6.2 信息可视化

信息可视化是指非空间数据的可视化。Card 等人将信息可视化定义为："使用计算机支撑的、交互性的、对抽象数据的可视表示法，以增强人们对抽象信息的认知。"②信息可视化处理的对象是抽象的、非机构化数据集合(如文本、图表、层次结构、地图、软件、复杂系统等)。传统的信息可视化起源于统计图形学，又与信息图形、视觉设计等现代技术相关。其表现形式通常在二维空间，因此关键问题是在有限的展现空间中以直观的方式传达大量的抽象信息。与科学可视化相比，信息可视化更关注抽象、高维数据。此类数据通常不具有空间位置的属性，因此要根据特定数据分析的需求，决定数据元素在空间的布局。因为信息可视化的方法与所针对的数据类型紧密相关，所以通常按数据类型可大致分为如下几类：

①时空数据可视化。时间与空间是描述事物的必要因素，因此，地理信息数据和时变数据的可视化也显得至关重要。对于地理信息数据可视化来说，合理地选择和布局地图上的可视化元素，从而呈现尽可能多的信息是关键。时变数据通常具有线性和周期性两种特性，需要依次选择不同的可视化方法。

②层次与网络结构数据可视化。网络(图)数据是现实世界中最常见的数据类型之一。人与人之间的关系、城市之间的道路连接、科研论文之间的引用都组成了网络。层次结构(树)则是有一个根节点，并且不存在回路的特殊网络，例如公司的组织结构、文件系统的目录结构、家谱等。层次与网络结构数据通常使用点线图来可视化，如何在空间中合理有效地布局节点和连线是可视化的关键。

③文本和跨媒体数据可视化。随着网络媒体特别是社交媒体的迅速发展，每天都会产生海量的文本数据，人们对于视觉符号的感知和认知速度远远高于文本，因此，通过可视化呈现其中蕴藏的有价值的信息将大大提高人们对于这些数据的利用率。我们需要从非结构化文本数据中提取结构化信息，并进行可视化。

④多变量数据可视化。用于描述现实世界中复杂问题和对象的数据通常是

---

① 陈为，沈则潜，陶煜波．数据可视化[M]．北京：电子工业出版社，2013：48-54.

② 周宁，陈勇跃，金大卫，等．知识可视化与信息可视化比较研究[J]．情报理论与实践，2007，30(2)：180.

多变量的高维数据，如何将其在二维屏幕上呈现是可视化面临的挑战。多变量数据的可视化方法包括将数据降维到低维度空间，使用相互关联的多视图的同时表现不同维度，等等①。

2.6.3 可视化分析学

作为一个新的研究领域，可视化分析学于 2005 年进入人们的视野，它被定义为一门以可视化交互界面为基础的分析推理科学②。其所涉及的学科与主要研究内容如图 2-3 所示，它综合了图形学、数据挖掘和人机交互等技术，以可视交互界面为通道，将人的感知和认知能力以可视的方式融入数据处理过程，形成人脑智能和机器智能优势互补和相互提升，建立螺旋式信息交流与知识提炼途径，完成有效的分析推理和决策③。

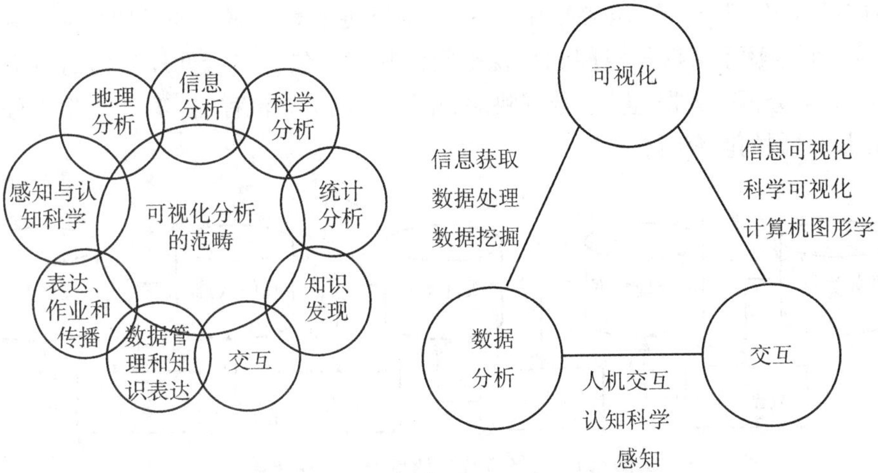

图 2-3 可视化所涉及的学科(左)以及研究内容(右)

可视化分析学可看成将可视化、人的因素和数据分析集成在内的一种新思路。其中，感知与认知科学研究人在可视分析学中的重要作用；数据管理和知识表达构成可视分析的基础理论；地理分析、信息分析、科学分析、统计分

① 陈为，沈则潜，陶煜波．数据可视化[M]．北京：电子工业出版社，2013：33-34.

② Illuminating the Path：The Research and Development Agenda for Visual Analytics[M]. Washington，D. C.：IEEE Computer Society Press，2005.

③ 陈为，沈则潜，陶煜波．数据可视化[M]．北京：电子工业出版社，2013：36.

析、知识发现等是可视分析学的核心分析论方法；在整个可视分析过程中，人机交互必不可少，用于驾驭模型构建、分析推理和信息呈现等整个过程；可视分析流程中推导出的结论与知识最终需要向用户表达、作业和传播。陈超美将可视化分析学看作是继信息可视化之后计算机辅助下的视觉新思维，其目的是分析推理并促进决策①。

可视化分析学是一门综合性学科，与多个领域相关：在可视化方面，有信息可视化、科学可视化与计算机图形学；与数据分析相关的领域包括信息获取、数据处理和数据挖掘；而在交互方面，则有人机交互、认知科学和感知等学科融合②。

2.6.4 可视化流程

科学可视化和信息可视化分别设计了可视化流程的参考体系结构模型，并被广泛应用于数据可视化系统中。图 2-4 所示是科学可视化的早期可视化流程图③。它描述了从数据空间到可视空间的映射，包含串行处理数据的各个阶段：数据分析、数据过滤、数据映射和图形绘制。该流程图实际上是数据处理和图形绘制的嵌套组合。

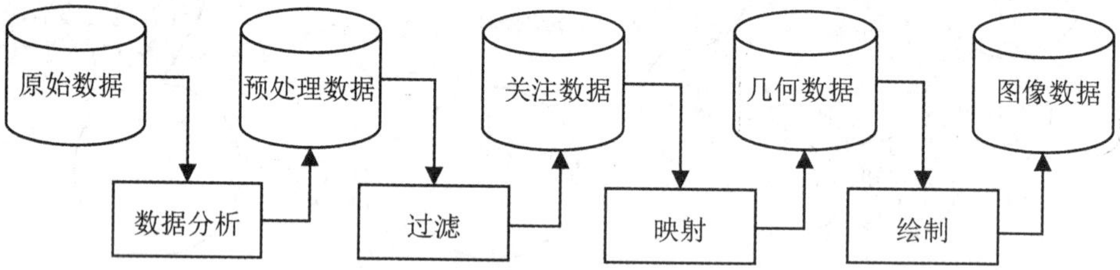

图 2-4　科学可视化的早期可视化流程

图 2-5 展示了 Card、Mackinlay 和 Sneidermann 描述的信息可视化流程模型：将流水线改进成回路且用户的交互可以出现在流程的任何阶段。后续几乎

① Chen, C. Mapping Scientific Frontiers: The Quest for Knowledge Visualization[M]. New York: Springer, 2013: 321.

② Christian Tominsiki. Event-based Visualizaition for User-centered Visual Analysis[D]. Rostock: University of Rostock, Institute for Computer Science, 2006.

③ Haber R B, McNabb D A. Visualization Idioms: A Conceptual Model for Scientific Visualization Systems[J]. Visualization in Scientific Computing, 1990, 74: 93.

所有著名的信息可视化系统和工具包都支持这个模型，而且绝大多数系统在基础层都兼容，只存在细微的实现差异。图中，不同格式的原始数据(Raw Data)经过数据转换(Data Transformations)形成数据表(Data Tables)，视觉可视化(Visual Mapping)将序化的数据表转化为视觉结构(Visual Structures)，对包含各种图形属性的视觉结构进行视觉转换(View Transformations，即图形参数的设置)形成最后的视图(Views)，而用户根据实际情况可以对各个阶段进行人工控制，以达到最优效果①。

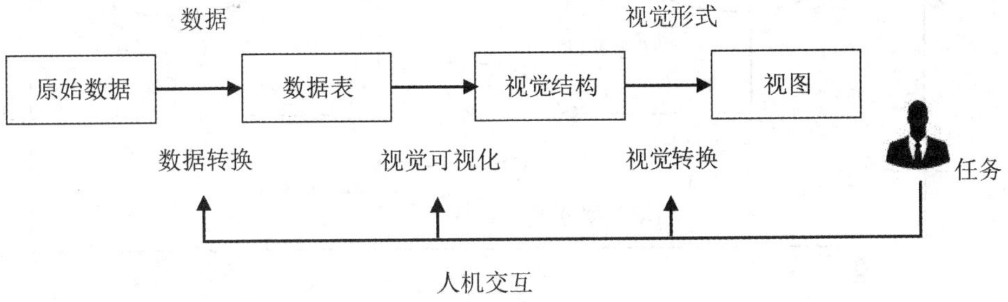

图 2-5 信息可视化流程模型

可视化分析学的基本流程则通过人机交互将自动和可视分析方法紧密结合②。图 2-6 展示了一个典型的可视化分析学流程图和每个步骤中的过渡形式。这个流程图的起点是输入的数据，终点是提炼的知识。从数据到知识有两条途径：交互的可视化方法和自动的数据挖掘方法。两个途径的中间结果分别是对数据的交互可视化结果和从数据中提炼的数据模型。用户既可以对可视化结果进行交互的修正，也可以调节参数以修正模型。

从科学可视化、信息可视化以及可视化分析学的标准流程可知，可视化流程中的核心要素包括三个方面：

①数据表示与变换。数据可视化的基础是数据表示和变换。为了允许有效地可视化、分析和记录，输入数据必须从原始状态变换到一种便于计算机处理

① Card S K, Mackinlay J D. Shneiderman B. Readings in Information Visualization: Using Vision to Think[J]. Morgan Kaufmann Series in Interactive Technologies, 1999: 17.

② Christian Tominsiki. Event-based Visualizaition for User-centered Visual Analysis[D]. Rostock: University of Rostock, Institute for Computer Science, 2006.

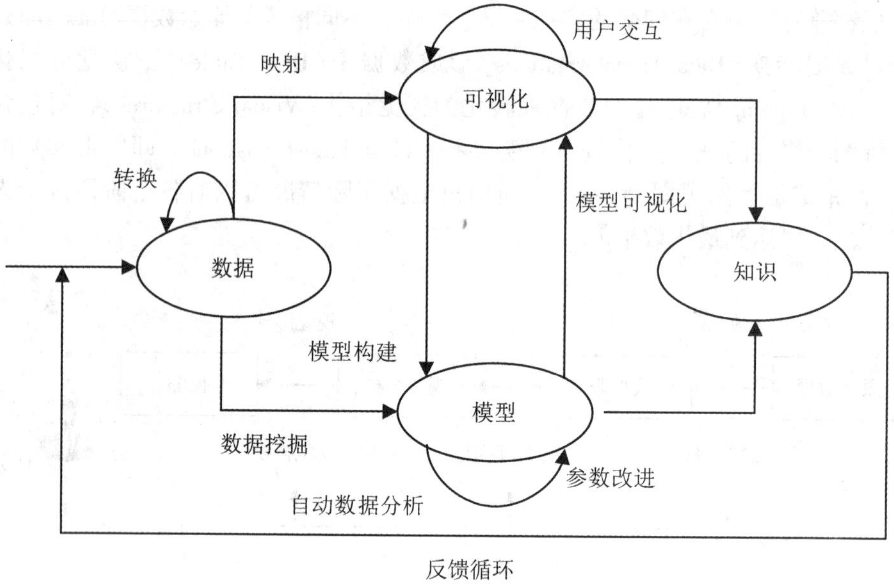

图 2-6 欧洲学者 Daniel Keim 等人提出的可视化分析学标准流程①

的结构化数据表示形式。通常这些结构存在于数据本身，需要研究有效的数据提炼或简化方法以最大程度地保持信息和知识的内涵及相应的上下文。有效表示海量数据的主要挑战在于采用具有可伸缩性和扩展性的方法，以便忠实地保持数据的特性和内容。此外，将不同类型、不同来源的信息合成为一个统一的表示，使数据分析人员能及时聚焦于数据的本质也是研究重点。

②数据的可视化呈现。将数据以一种直观、容易理解和操纵的方式呈现给用户，需要将数据转换为可视表示并呈现给用户。数据可视化向用户传播了信息，而同一个数据集可能对应多种数据呈现形式，即视觉编码。数据可视化的核心内容是从巨大的呈现多样性空间中选择最合适的编码形式。判断某个视觉编码是否合适的因素包括感知与认知系统的特性、数据本身的属性和目标任务。大量的数据采集通常是以流的形式实时获取的，针对静态数据发展起来的可视化显示方法不能直接拓展到动态数据。这不仅要求可视化结果有一定的时间连贯性，还要求可视化方法达到高效以便给出实时反馈。因此不仅需要研究

① Keim D, Andrienko G, Fekete J D, et al. Visual Analytics: Definition, Process, and Challenges[M]. Berlin, Heidelberg: Springer, 2008: 156.

新的软件算法，还需要更加强大的计算平台(如分布式计算或云计算)、显示平台(如一亿像素显示器或大屏幕拼接)和交互模式(如体感交互、可穿戴式交互)。

③用户交互。对数据进行可视化和分析的目的是解决目标任务。有些任务可明确定义，有些任务则更广泛或者一般化。通用的目标任务可分为三类：生成假设、验证假设和视觉呈现。数据可视化可以用于从数据中探索新的假设，也可以证实相关假设与数据是否吻合，还可以帮助数据专家向公众展示其中的信息。交互是通过可视的手段辅助分析决策的直接推动力。有关人机交互的探索已经持续很长时间，但智能的、适用于海量数据可视化的交互技术，如任务导向的、基于假设的方法还是一个未解难题，其核心挑战是新型的可支持用户分析决策的交互方法。这些交互方法涵盖底层的交互方式与硬件、复杂的交互理念与流程，更需要克服不同类型的显示环境和不同任务带来的可扩充性难点①。

2.7 数据科学理论

信息化的本质是将现实世界中的事物以数据的形式存储到计算机系统中，即信息化是一个生产数据的过程。这些数据是自然和生命的一种表示形式，这些数据还记录了人类的行为，包括工作、生活和社会发展。今天，数据被快速大量地生产并存储在计算机系统中，这种现象称为数据爆炸(Data Explosion)②。信息科学领域面临的一个巨大挑战是数据爆炸。据统计，世界上数字化的信息总量在2020年将达到35.2×1021字节。然而，人类分析数据的能力已经远远落后于获取数据的能力。这个挑战不仅在于数据量越来越大、越来越高维、越来越多元、越来越多态，更重要的是数据获取的动态性、数据内容的噪声和互相矛盾、数据关系的异构与异质性等。海量数据带来了相应的海量数据处理及分析需求。然而，传统方法难以应对海量原始数据的直接处理和分析，在很多情况下数据被淹没于浩瀚的“数据海洋”中，这些被淹没的数据中不乏能够提供有价值信息的数据，因此我们在解决大数据获取、存储等问题的同时，急需一种能够针对大数据进行统计、分析和信息提取的方法。2012

① 陈为，沈则潜，陶煜波．数据可视化[M]．北京：电子工业出版社，2013：120-124.

② 朱扬勇，熊赟．数据学[M]．上海：复旦大学出版社，2009：1.

年3月，美国政府发布了“大数据研究和发展倡议”，提出“通过收集、处理庞大而复杂的数据信息，从中获得知识和洞见，提升能力，加快科学、工程领域的创新步伐，强化美国国土安全，转变教育和学习模式”①。2015年4月，我国贵阳市政府提出了块数据概念及其理论，旨在“建立起一个开放、共享、连接的数据基地，各个行业和部门的‘条数据’就如同一个个可插拔的板卡，它们只有融合并集成到主板上，才能发挥数据资产真正的功效。块数据实践应用所形成的全产业链、全服务链和全治理链，将更大程度地驱动产业升级、服务改善民生、推进城市转型和倒逼政府改革”②。大数据时代在科学领域里的表现是数据科学的兴起。至此，学术界达成共识，即关于数据的特定科学研究成为一门新的学科：数据科学(Data Science)。

2.7.1 数据科学内涵

数据科学是一门综合信息科学、网络科学等诸多领域的新兴交叉学科，目前尚处于发展阶段，还没有一个被广泛认同的定义。朱扬勇和熊赟认为：“数据爆炸在计算机系统中形成数据自然界(Data Nature)。研究数据自然界是研究自然界(Real Nature)的一种有效方法，例如：可以通过研究数据来研究生命(生物信息学)、研究人类行为(行为信息学)。数据学(Dataology)或数据科学是探索数据自然界奥秘的理论、方法和技术。与自然科学和社会科学不同，数据学和数据科学的研究对象是数据自然界的数据，是新的科学。数据学和数据科学主要有两个内涵：一个是研究数据本身，研究数据的各种类型、状态、属性及变化形式和变化规律；另一个是为自然科学和社会科学研究提供一种新的方法，称为科学研究的数据方法，其目的在于揭示自然界和人类行为现象和规律。”③

鄂维南认为，作为一门学科，数据科学所依赖的两个因素是数据的广泛性、多样性，以及数据研究的共性。现代社会的各行各业都充满了数据。而且这些数据也是多种多样的，不仅包括传统的结构型数据，也包括如网页、文本、图像、视频、语音等非结构型数据。正如我们后面将要讨论到的，数据分析本质上都是在解反问题，而且是随机模型的反问题。所以对它们的研究有着

① 陈为，沈则潜，陶煜波．数据可视化[M]．北京：电子工业出版社，2013：23.

② 新浪读书．《块数据》在京首发：大数据时代真正到来的标志[EB/OL]．[2015-05-05]．http：//book. sina. com. cn/news/b/2015-04-20/1120736518. shtml.

③ 朱扬勇，熊赟．数据学[M]．上海：复旦大学出版社，2009：1-19.

很多的共性。比方说自然语言处理和生物大分子模型里都用到隐式马氏过程和动态规划方法。其最根本的原因是它们处理的都是一维的随机信号。再如图像处理和统计学习中都用到的正则化方法，也是处理反问题的数学模型中最常用的一种手段。所以用于图像处理的算法和用于压缩感知的算法有着许多共同之处。除了新兴的学科如计算广告学之外，数据科学主要包括两个方面：用数据的方法来研究科学和用科学的方法来研究数据。前者包括生物信息学、天体信息学、数字地球等领域。后者包括统计学、机器学习、数据挖掘、数据库等领域。这些学科都是数据科学的重要组成部分。但只有把它们有机地放在一起，才能形成整个数据科学的全貌。用数据的方法来研究科学问题，并不意味着就不需要模型。只是模型的出发点不一样，不是从基本原理的角度去找模型。就拿图像处理的例子来说，基于基本原理的模型需要描述人的视觉系统以及它与图像之间的关系。而通常的方法则可以是基于更为简单的数学模型，如函数逼近的模型。怎样用科学的方法来研究数据？这包括以下几个方面的内容：数据的获取、存储和数据的分析①。

陈为等认为，数据科学是21世纪新兴的一门交叉学科，也是一门综合学科，即以数据为原材料，以电子科学、信息科学、语义网络、数据组织与管理、数据分析、数据挖掘和数据可视化等为研究手段，有效地提取隐藏在数据中的有价值的信息，并且将数据利用质量提高到传统方法所不能及的高度，最终实现提炼科学原理、验证科学假设、服务科学探索的目的。数据科学涵盖了数据管理、图书馆学、计算机科学、统计学、视觉设计、可视化、人机交互，以及基于架构式和信息技术的物理科学。它改变了所有学科个人和协作工作的模式，使得无论是商业还是科学数据分析处理都上升到一个新的“数据驱动”的阶段，帮助数据分析师和科学家解决尺度、复杂度超越已有的所有工具承受范围的全局问题②。

综上所述，可以认为，大数据时代在科学领域里的表现是数据科学的兴起。数据科学是21世纪新兴的一门交叉学科，也是一门综合学科。它以数据为原材料，以计算机科学、数学和统计学、领域知识和可视化分析学等为研究手段，有效地提取隐藏在数据中有价值的信息，并且将数据利用质量提高到传统方法所不能及的高度，最终实现提炼科学原理、验证科学假设、服务科学探

① 鄂维南．数据科学[EB/OL]．[2014-03-18]．http：//www.math.pku.edu.cn/teachers/yaoy/Spring2013/weinan.pdf.

② 陈为，沈则潜，陶煜波．数据可视化[M]．北京：电子工业出版社，2013：89-91.

索的目的。数据科学主要包括两个方面：用数据的方法来研究科学和用科学的方法来研究数据。前者包括生物信息学、天体信息学、数字地球等领域。后者包括统计学、机器学习、数据挖掘、数据库等领域。

2.7.2 数据科学的研究内容

国内外研究者从不同的角度讨论了数据科学的研究内容。Tony Hey、Swewart Tansley 和 Kristin Tolle 从宏观的角度罗列了数据科学的一些基本主题：数据和信息的历史；数据、信息、知识概念和最新进展；数据与信息科学的学术基础；信息学简介；科学的数据生命周期；数据获取、保存和保护；数据集成；元数据；数据模型和架构；数据工具、基于数据的服务范式；数据网、网页上的数据、深层网；数据工作流管理；数据可视化；数据发现；数据和信息管理。同时从应用角度出发，提出了当今适合使用数据科学的研究领域，包括地球科学、生物、天文、环境与气候、化学、物理、航空、环境工程、数据图书馆和科学出版、商业、社会学、经济等①。朱扬勇和熊赟认为，数据学首先需要研究的是探索数据自然界的基础理论，即研究观察数据的方法和研究数据推理的理论和方法。此外，数据学还有以下研究主题：数据分类研究；数据集的结构研究；从数据自然界中获取有用的数据；用实验和逻辑推理方法探索数据自然界规律；数据资源的开发利用②。

国际知名的 IT 企业从业务流程的角度提出了数据科学应包含的研究内容。IBM 公司认为，数据科学的源头是数据获取，数据可能是开放数据或来自内部业务流程的数据(比如网站统计数据)；接下来是提炼，将数据化简为能回答具体问题的有用信息的创造性过程，通常，问题定义了提取信息的方法；在收集和提炼步骤中还包含其他重要的步骤，比如数据清理(或预处理)和数据可视化③。Mike Loukides 认为，数据科学家的工作自然定义了数据科学，他们的工作涵盖了从数据收集到数据整理，以及应用统计学和机器学习等相关技术，对数据进行解释、沟通和可视化。数据科学家有三个重要技能：计算机能力(数据的获取和整理)、数学和统计学能力(数据挖掘)和图形可视化(数据的提

---

① Tony Hey. 第四范式数据密集型科学发现[M]. 潘教峰，等，译. 北京：科学出版社，2012：6.

② 朱扬勇，熊赟. 数据学[M]. 上海：复旦大学出版社，2009：13-14.

③ Jones M T. 数据科学与开源[EB/OL]. [2014-03-18]. http://www.ibm.com/developerworks/cn/opensource/os-datascience/index.html.

炼和展现)①。综合以上观点，可以从数据科学家的工作流程出发对数据科学的研究内容进行论述。

(1)数据整理

任何数据分析项目的第一步都是数据整理，对应着数据获取、清洗、格式转换等工作，使之成为可用数据。现在有各种各样的数据格式：数字、表格、Web 网页、文本，甚至包括语音和视频。在处理凌乱的原始数据时，脚本语言(例如 Perl 和 Python)是必不可少的。针对目前的大规模数据，传统的关系型数据库在大规模数据条件下已经不再有效。为了有效地存储庞大的数据集，我们看到数据库出现了新品种。这些通常被称为非关系数据库，例如谷歌的 BigTable 和 Amazon 的 Dynamo，它们有非常灵活的架构设计，分布在多个节点，以提供“最终一致性”。存储数据只是数据平台建设的一部分。在目前的大规模数据集计算问题上，谷歌推广 MapReduce 方法，基本上它是利用非常庞大的计算集群进行分布计算。最流行的 MapReduce 开源实现方法就是 Hadoop。Hadoop 使“敏捷”数据分析成为可能。在软件开发中，“敏捷”意味着更快的产品周期，开发商和消费者之间更密切的互动。传统的数据分析需要极长的周转时间。它可能要几个小时甚至几天才能完成。但是在 Hadoop 的帮助下可以很容易地建立集群，以执行大规模数据集的迅速计算。更快的计算速度使你能更容易地测试不同的假设、不同的数据集和不同的算法。

(2)数据分析与挖掘

机器学习是数据科学家的另一项必不可少的工具。目前有许多机器学习库可以利用：在 Python 中有 PyBrain，在 Java 中有 Weka，谷歌刚刚宣布了它的 Prediction API，使其机器学习算法得以公开使用。Stanford 的机器学习课程，是计算机科学中最流行的课程之一，推荐学习。虽然在这里没有强调传统的统计模型在数据分析中的重要作用，但是统计是“数据科学的语法”，它是至关重要的。数据科学不只是获取数据然后来猜测其意义，它也包含了假设检验，确保你的数据结论是有效的。统计已成为一项基本技能。它并没有被机器学习或商业智能所取代。虽然有许多商业统计软件包，但开源 R 语言是一个不可或缺的工具。虽然它是一种奇怪的语言，但它能为大多数统计工作提供“一站式购物”。它还具有出色的绘图功能。CRAN 中包括了多种类型的数据解析器

---

① 数据科学（Data Science）——成就你的未来[EB/OL].[2014-03-18]. http://www.itisbi.net/? p=17.

和分布式计算扩展。如果有一个单一的工具，能为统计工作提供一个最终解决方案，那就是R语言。

(3)数据可视化

数据可视化的落脚点是数据的提炼和展现。一张图片胜过千言万语，可视化是数据分析的初步探索工作，也是每个阶段的关键。作为数据内涵信息的展示方法和人机交互接口，数据可视化已成为数据科学的核心要素之一。面对海量数据，大多数时候我们很难直接观察数据本身，或者对数据进行简单统计分析后得到数据中蕴含的信息。例如，我们无法通过查看海量的服务器日志来判断系统是否遭到攻击威胁，或者简单统计交友网站上所有的好友关系来发掘用户的喜好等。海量的数据通过可视化方法变成形象、生动的图形，有助于人类对数据中的属性、关系进行深入探究，利用人类智慧来挖掘数据中蕴含的信息，从表面杂乱无章的海量数据中探究隐藏的规律，为科学发现、工程开发、医学诊疗和商业决策等提供依据。如图2-7所示，可视化可以作用于数据科学中不同的部分，作为一种人机交互手段，贯穿于整个数据过程①。

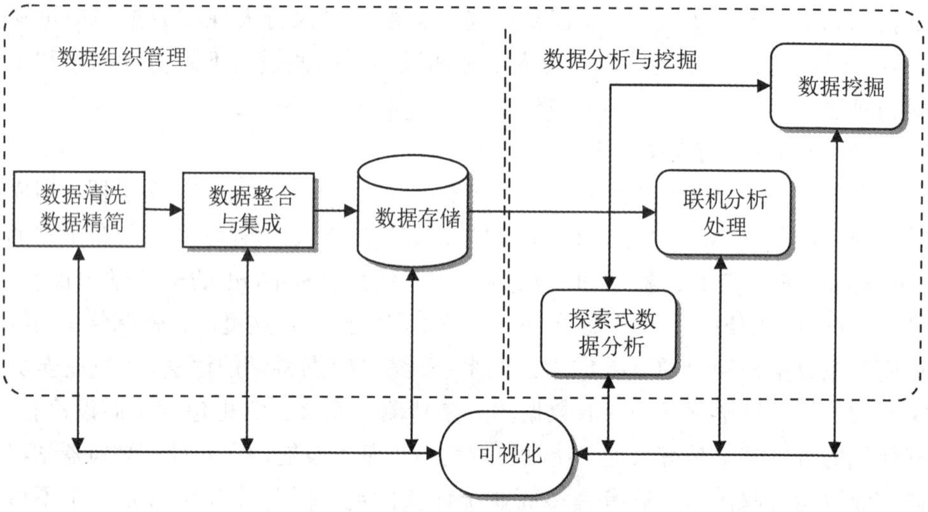

图2-7 可视化作为人机交互手段贯穿于整个数据科学过程

① 陈为，沈则潜，陶煜波．数据可视化[M]．北京：电子工业出版社，2013：90-91.

2.7.3 数据科学分析及其工具

数据科学融合了多门学科并且建立在这些学科的理论和技术之上，包括数学、概率模型、统计学、机器学习、数据仓库、可视化、信息理论与信息技术等学科领域，大数据的处理方法也常被应用于数据科学领域①。因而在大数据时代，面对急剧增长的数据量和形式多样的数据格式，许多传统的数据处理算法在此时失去了部分有效性，须有新的算法实现数据科学分析的准确性、实时性和伸缩性。

目前，在数据存储方面，开发的 NoSQL 数据库产品已具有一定的种类，如 Google 公司的 BigTable②，VMware 公司的 Redis③，以及 Microsoft 开发的 Azure Table④ 等，在解决不同格式数据的存储和管理等问题方面都有各自的优势。在数据分析方面，Google 的分布式编程模型 MapReduce⑤ 可以实现对大数据分析的并行计算；Yahoo 的 Hadoop⑥ 以分布式文件系统和 MapReduce 为核心，能够为用户提供系统底层细节同名的分布式基础构架；其他大数据科学分析工具还有如 HPCC⑦、R 语言⑧、Rapid Miner⑨ 和 Mahout⑩ 等。这些主流的数据科学分析工具各具特点和优缺点，以下对 R 语言、Rapid Miner 和 Mahout 这三种工具的基本情况进行比较分析，如表 2-2 所示。

---

① Wikipedia. Data Science [EB/OL]. [2015-05-15]. http://en.wikipedia.org/wiki/Data_science.

② Wikipedia. BigTable [EB/OL]. [2015-05-25]. http://en.wikipedia.org/wiki/BigTable.

③ Pivotal Software. Redis [EB/OL]. [2015-05-25]. http://redis.io/.

④ Microsoft. Azure Table [EB/OL]. [2015-05-25]. https://azure.microsoft.com/.

⑤ Wikipedia. MapReduce [EB/OL]. [2015-05-25]. http://en.wikipedia.org/wiki/MapReduce.

⑥ The Apache Software Foundation. Hadoop [EB/OL]. [2015-05-25]. http://hadoop.apache.org/.

⑦ LexisNexis. HPCC [EB/OL]. [2015-05-25]. http://hpccsystems.com/.

⑧ The R Project for Statistical Computing [EB/OL]. [2015-05-25]. http://www.r-project.org/.

⑨ Rapid Miner [EB/OL]. [2015-05-25]. https://rapidminer.com/.

⑩ Mahout [EB/OL]. [2015-05-25]. http://mahout.apache.org/.

表 2-2 **R 语言、Rapid Miner 和 Mahout 的比较分析①**

指标	R 语言	Rapid Miner	Mahout
支持平台	能够在不同体系结构的计算机系统上运行，如 UNIX、Mac OS 和Windows	能够在所有主要平台和操作系统上运行	能在 Linux、Windows 以及 Mac OS 等平台安装与配置，但 Linux 支持效果最好
模型算法	支持大多数挖掘算法，如 KNN、Neural Network、EM 等	支持大多数分类、聚类以及关联分析算法	支持的算法多为距离算法，许多数据挖掘算法无法实现 Map Reduce 并行化
数据格式兼容性	兼容性好。支持各种格式的结构化、半结构化以及非结构化的数据	兼容性好。支持 CSV、SPSS、Excel 等多种格式的数据源以及 PDF、XML 和 HTML 格式的网页和文本文档	兼容性差。Mahout 下处理的文件必须是 SequenceFile 格式的，所以需要把 TxtFile 转换成 SequenceFile
运行速度	运行速度稍慢	运行速度快	运行速度快。基于 Hadoop 的分布式处理之上
对 NoSQL 数据库支持	支持	支持	支持
二次开发	不支持	不支持	支持。技术要求高
可视化	可视化能力强。R 语言具有强大的图形用户界面，可以轻易地绘制出高质量的图片，包括饼图、点图、正态分布图、趋势图等，并且绘制出的图形可以输出 pdf、jpg 等各种格式	可视化能力强。Rapid Miner 具有卓越的绘图功能，允许用户把数据任意转变成散点矩阵、图表以及在线 1D、2D、3D 图等，具有非常优秀的视觉效果	可视化能力差。Mahout 不具有绘图功能，只支持向量和矩阵表示

① 杨京，王效岳，白如江，祝娜．大数据背景下数据科学分析工具现状及发展趋势[J]．情报理论与实践，2015，38(3)：134-137，144.

续表

指标	R 语言	Rapid Miner	Mahout
大数据处理	支持。通过 R 语言与 Hadoop 的深度集成，把计算推向数据并行处理	支持。为了进行海量数据分析，在 Hadoop 基础上对 Rapid Miner 进行扩展，创建扩展接口 Radoop	支持。利用了 Hadoop 的并行计算能力，在其平台下，通过 Hadoop 的分布式计算 Map Reduce 模式实现，使 Mahout 具有较快速度处理海量数据的能力

①R 语言是一种用于统计计算和可视化的编程语言环境，采用命令行工作方式，在 GNU 协议下免费发行的开源统计分析软件。通过将 R 语言与 Hadoop 的深度集成，可以把数据计算推向并行处理，使 Hadoop 获得强大的深度分析能力，也提高了传统分析软件的扩张性。

②Rapid Miner 是一种利用数据挖掘、机器学习、机器学习以及商业预测分析的开源计算环境。Rapid Miner 既可以使用简单的脚本语言进行大规模进程操作，也可以通过 JAVA API 或 GUI 模式进行操作。因为其所具备的 GUI 特性，所以对于数据挖掘的初学者比较容易入门。Rapid Miner 具有友好而强大的工具箱，提供快而稳定的分析，可以在短时间内设计好一个原型，使得数据挖掘过程中的关键决策尽可能早地实现，帮助减少客户流失，进行情感分析、预测性维护以及市场直销等。

③Mahout 主要目标是构建一个可伸缩的机器学习算法的资源库，它提供了一些经典的机器学习算法，旨在帮助开发人员更加方便快捷地创建智能应用程序。目前，Mahout 的项目包括频繁子项挖掘、分类、聚类、推荐引擎(协同过滤)。

3　信息计量分析框架与模型

在科学研究过程中，框架与模型的出现，标志着科学研究理论体系、研究流程、方法及思维模式的日趋完善。科研人员可以借助框架与模型及时了解科学研究流程或解决或处理在科研过程中遇到的复杂问题，达到、完成或促进学科研究的目的。

在信息计量过程中，信息计量分析框架与模型为信息计量人员提供了信息计量的一般研究流程、相应的理论方法，从而促进信息计量工作的开展及完成，达到信息计量研究的目的。

3.1　信息计量分析框架

计量的前提是计量数据的获取。获取计量数据后，我们就可以选择计量的视角来对数据进行计量分析，获得计量结果，从而进行生产生活的应用、国家人才机构的评价以及学科领域热点的发现与追踪。信息计量分析主要有三大视角：一是时间维度；二是空间维度；三是主题维度。信息计量分析的流程框架如图 3-1 所示。

3.1.1　时间维度

所谓时间维度，主要是将时间因素纳入计量分析过程中，构成时间序列分析。时间序列分析在生产生活中有着广泛的应用价值。

(1)政府部门

时间维度下的数据计量分析在国民经济宏观控制、区域综合发展规划、气象预报、水文预报、地震前兆预报、农作物病虫灾害预报、环境污染控制、生态平衡等方面有着重要的应用。政府部门通过记录并获取某一段时间的基础数据，并对其进行计量分析，从而掌握数据在各个阶段的变动情况，从而做出合理的判断，指导社会的生产生活以及环境生态保护等，如在气象预报方面，通

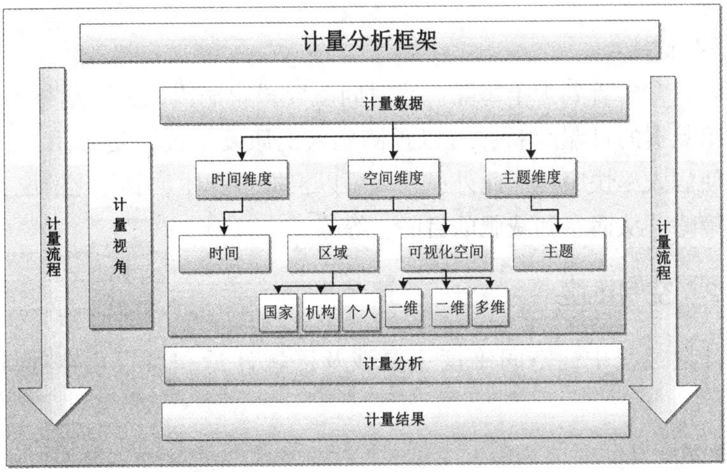

图 3-1 计量分析流程框架

过记录某地区第一个月、第二个月……第 N 个月的降雨量，从而可以对未来各月的雨量进行预报。

(2)企业商家

时间视角下的计量分析可以被企业商家用于企业经营管理、市场潜量预测，如企业生产部门可以根据季节年份商品的订单数据，预计下阶段的订单情况，从而合理配置资源，及时购进原材料等，做到原材料供应及时，产品零库存，从而获得巨大的经济效益；零售商家可以记录多年商品的销售情况，并进行计量分析，从而合理配货，增加销售收入。

(3)科学研究

科研单位可以通过统计某一学科或领域的科技文献累积量，从而发现某一国家某项技术发展的过程和所达到的水平，从而掌握某一技术领域的产生、发展的全过程和未来的趋势。将时间与主题结合，可以发现主题演化规律，沈思等在分析文献在不同研究阶段用词时间特征的倾向性基础上，提出一种基于主题模型的研究发展阶段识别方法，用于区分不同主题所反映的研究发展阶段①；将时间与作者(机构)相结合，可以研究人员(机构)的变动规律；引文

① 沈思，王东波，张祥，等. 基于文献时间特征的学科主题演化分析方法研究——以图书情报学领域为例[J]. 图书情报工作，2013，57(7)：81-88.

网络反映学科知识随时间的累积性、连续性和继承性，体现了多个学科的交叉渗透，等等。

(4)医疗健康

在医院，常常看到护士每隔一段时间就要采集病人的血压、体温等数据。通过对该组数据的计量分析，可以预测病人的康复情况，指导用药及治疗方式，从而使病人尽快康复。此外，个人可以根据自身体重的变化情况，制定相应的减肥策略，从而达到减肥的目的，等等。

3.1.2　空间维度

信息计量过程中，空间维度主要涉及区域计量和可视化空间维度两个方面。

(1)区域计量

区域计量是以地域范围划分为依据，主要涉及国家、机构单位、个人三种。

①国家计量分析主要是以国家为计量单位所进行的信息计量活动。经济领域的国内生产总值(GDP)是用来衡量一个国家或地区总体经济状况的重要指标；文献计量领域的国家/地区的论文量(专利量)是用来反映国家/地区在某一研究学科或研究领域的研究水平，如陈芳芳等以 Web of Science 数据库中有关数字出版的文献作为研究对象，从地域等多角度进行计量，反映国际上关于数字出版的研究态势与分布格局①，等等。

②机构计量分析主要是以机构为单位进行的计量分析活动。对某一研究机构的研究人员力量、论文数量(专利数量)等的计量，用于评价研究机构的科研产出能力，如娄策群提出以相对文献保障率、核心文献积分率、科研人员借阅率和产出文献引文率来部分地反映和评价学术机构的科研投入及其利用能力，以产出文献积分率、获奖文献积分率、国际检索系统收录率和产出文献被引率来反映和评价学术机构的科研产出能力②；研究机构的基础设施、环境位置、提升空间、薪资待遇等的计量，用于评价科研单位的科研待遇，吸引新研究成员的加盟，等等。

---

①　陈芳芳，余世英．基于文献计量的国际数字出版研究态势分析[J]．科技与出版，2015(1)：89-93.

②　娄策群．学术机构科研能力评价的文献计量指标与模型[J]．情报理论与实践，1995(5)：14-17.

③个人计量分析主要是以个人为单位进行的计量分析活动。作者发文量的计量用于研究人才的引进；对社交媒体中人们之间的交往关系进行计量，用于发现和评价社交明星。

(2)可视化空间维度

根据计量结果的呈现方式，可以将可视化空间维度划分为一维、二维和多维：①一维，文字表述式，通过文字记录的方式来描述、保存、传递或利用信息计量结果；②二维，图表式，用二维表或二维图的方式将信息计量结果记录下来，以便信息计量人员或信息需求者理解或利用计量结果，图 3-2 清晰展示了我国 2005—2014 年国内生产总值及其增长率；③三维或多维空间，以三维或多维空间的方式来揭示数据之间的多重关系，图 3-3 展示了 TM 数据处理前后遥感数据不同角度 3D 云图。

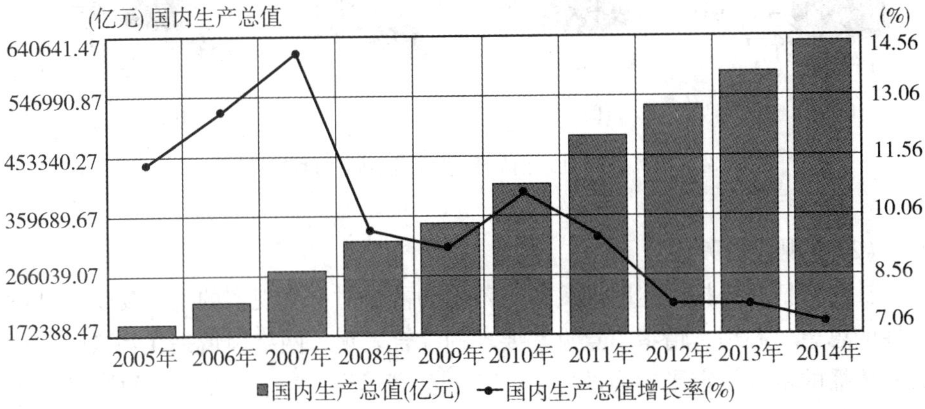

图 3-2　我国 2005—2014 年国内生产总值及其增长率(来源：国家统计局)

3.1.3　主题维度

主题，常见于文献中，用于高度概括文献内容、观念或看法的概念，体现了文献作者对客观事物的主观认识、理解和评价。通常一篇文献中有一个或多个研究主题。对文献主题的计量分析有着重要的意义和价值。

(1)发现学科研究热点和前沿主题

对学科领域的主题进行计量，有助于研究人员发现学科或研究领域的热点领域和前沿主题，并紧跟学科、研究领域发展潮流，如柯平等为了跟踪国外信息管理研究进展，以 ISI 的 Web of Science 为数据源，对国外 2001—2010 年有关信息管理研究的相关论文进行计量后发现：用户需求和用户信息行为等研究主题不断深化与扩展；信息管理在医学、生物、农业等实践领域的应用将成为今后信息管理研究的重点①。

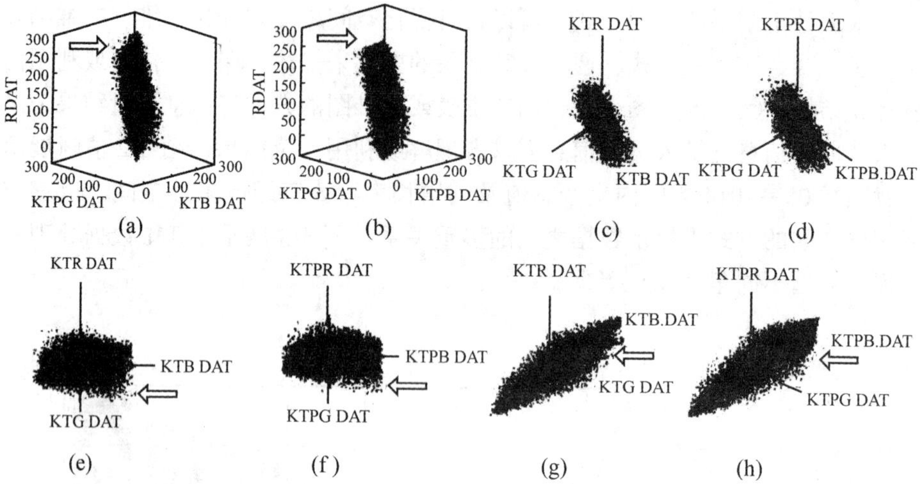

图 3-3　TM 数据处理前后遥感数据不同角度 3D 云图②

(2)发现社会舆情

社会舆情，是指一定时期、一定范围的群众对社会现实的主观反映，是群体性的思想、心理、情绪、意见和要求的综合表现。网络舆情是在互联网上形成并传播的带有一定影响力的“焦点”“热点”问题或者有明确态度的意见与言论，一般受关注性程度较高。因此，政府部门对网络信息主题进行计量，了解并关注社会所关注的“焦点”“热点”问题，及时倾听社会群众的建议或要求，并采取相应措施，解答群众疑惑，疏导群众的情绪，做好社会舆情监测、预警、疏导工作。李磊认为网络舆情管理是社会管理创新的重要内容，面向舆情主题的用户行为分析是网络舆情管理的热点问题，可以尝试将监测“信息传播”型网民和引导“主动参与”型网民结合起来，从而为大数据下微博舆情信息

① 柯平，贾东琴. 2001—2010 年境外信息管理研究进展——基于相关文献的计量分析和内容分析[J]. 中国图书馆学报，2011(5)：61-74.

② 马建文，刘素红. 遥感多维空间数据场特征的角度分析与应用[J]. 遥感学报，2001，5(1)：17-21.

管理提供智力支持①。

3.2 信息计量分析方法与步骤

随着信息计量工作的展开与发现，信息计量形成了自己独特的分析方法体系和分析步骤，为信息计量人员开展信息计量工作提供了分析方法或研究流程的借鉴。

3.2.1 信息计量分析的主要方式

信息计量分析的方式有多种类型，划分的依据也有多个。在这里我们将从信息计量的数据种类、研究方法及信息计量范围三方面来划分信息计量分析的方式。

3.2.1.1 信息计量分析数据所含种类

从信息计量分析数据所含属性种类来看，信息计量分析方式有单属性分析方式和多属性分析方式。

(1)单属性分析方式

信息计量分析的数据只含有一种属性或所形成的网络中仅存在单一关系，如 Newman 对期刊文献量、作者发文量、合作规模、人均发文量等的计量分析②，付允等对作者合作网络的计量分析③，张发亮等对关键词共现网络的计量④分析以及邱均平等对作者被引关系网络的计量分析⑤等。

(2)多属性分析方式

信息计量分析数据含有两种或多种属性，以及所形成的网络中存在两重或

---

① 李磊，刘继．面向舆情主题的微博用户行为聚类实证分析[J]．情报杂志，2014，33(3)：118-121.

② Newman M E. Scientific Collaboration Networks. I. Network Construction and Fundamental Results[J]. Physical Review E, 2001, 64(1): 2001.

③ 付允，牛文元，汪云林，等．科学学领域作者合作网络分析——以《科研管理》(2004—2008)为例[J]．科研管理，2009，30(3)：41-46.

④ 张发亮，谭宗颖，王燕萍．科研机构研究主题的测度——以我国情报学领域为例[J]．图书情报工作，2014(8)：85-90.

⑤ 邱均平，周毅．基于作者共被引的馆藏资源深度聚合模式与服务探析——以 CSSCI 中图书情报领域本体研究为例[J]．图书情报工作，2014，58(7)：19-24.

多重关系，如学历和性别对个人收入的影响，手机价格和性能对消费者满意度的影响，作者发文时间分布、作者隶属机构分布、作者采用主题标识学术文献的关系等计量分析。

3.2.1.2　信息计量所采用的研究方法

从信息计量所采用的研究方法上来看，信息计量分析方式有统计分析方式、网络分析方式、可视化方式。

(1)统计分析方式

对信息计量分析单元进行简单统计及分布计量，发现计量数据的特征规律，达到预测评价等科研目的。如对作者发文量进行统计分析，为学科领域的核心作者评定提供一定的依据；对某商品的季节波动性进行分析，并预测商品季节销售量，从而使厂家合理生产，避免资源浪费。

(2)网络分析方式

根据信息计量分析单元之间的直接或间接关系，建立分析单元的网络关系，深入挖掘网络的特征和规律，从而达到科学研究的目的。在信息计量过程中，常见的网络有合作网络、共现网络、引用网络、耦合网络等，主要运用的分析方法包括社会网络分析、复杂网络分析、神经网络分析等。

(3)可视化方式

可视化是信息计量分析过程中重要的计量方法之一。通过对数据的可视化，直观展现数据计量结果或网络关系图谱，从而使信息计量工作人员以及信息使用者能够快速理解信息计量结果，发现并深化未知知识。

3.2.1.3　信息计量范围

从信息计量范围来看，信息计量分析的方式有某一研究主题分析、学科领域分析、跨学科分析。

(1)某一研究主题

为了深入了解某一主题的研究现状、规律及特点，信息计量工作人员通常将信息计量的范围限定在该主题范围内。通过对该主题的数据文献进行搜集、处理、计量分析，发现研究主题的现状、规律、特点及未来发展趋势。如李纲等对燃料电池电动汽车的合作网络的研究①，黄晓斌等对 4G 通信技术专利文

① 李纲，任佳佳，毛进，等．专利权人合作网络的社群结构分析——以燃料电池电动汽车专利为例[J]．情报学报，2014，33(3)：267-276.

献关联关系的研究①。

(2)学科领域分析

信息计量工作人员对学科领域的数据文献进行信息计量，从而全面了解学科发展现状及未来的发展趋势，达到评价学科的目的。这对学科领域发展具有重要的意义。如 Kato M 对化学学科的科研表现与国际合作的关系的研究②，Li J 对人文和社会科学的合作模式和演化的研究③。

(3)跨学科分析

随着科学技术的进步与发展，学科分化和综合进程的加快，跨学科数据文献的计量研究逐渐进入信息计量作者的视线。邱均平等从跨学科发文视角研究了图书情报学的跨学科研究态势④，杨良斌对生物传感器等 8 个领域的跨学科指标进行计算、比较、分析，发现了学科领域跨学科的特点⑤。

此外，信息计量还可以按地域范围(机构、地区、国家、国际)、计量结果呈现方式(文字表述式、图表式)等进行计量分析。

3.2.2 信息计量分析方法

信息计量的方法体系由统计分析、引文分析、词频分析、共现分析、聚类分析、社会网络分析、数据可视化和计算机辅助计量分析等方法组成。下面主要介绍几种常用的信息计量分析方法。

3.2.2.1 统计分析

统计分析(Statistical Analysis)是指运用统计方法，并结合分析对象特征，从定量与定性两个方面来研究分析对象的活动。信息计量的统计分析包括两部分：一是分析对象的简单计量，如作者/机构发文量、文献被引量、文献下载量、馆藏量、流通量等，主要用于研究分析对象的特征，达到发现规律、评价

---

① 黄晓斌，梁辰．专利技术的关联网络分析——以 4G 通信技术领域为例[J]．情报学报，2015(1)：92-104.

② Kato M, Ando A. The Relationship between Research Performance and International Collaboration in Chemistry[J]. Scientometrics, 2013, 97(3): 535-553.

③ Li J, Li Y. Patterns and Evolution of Coauthorship In China's Humanities and Social Sciences[J]. Scientometrics, 2014(102): 1-14.

④ 邱均平，余厚强．跨学科发文视角下我国图书情报学跨学科研究态势分析[J]．情报理论与实践，2013，36(5)：5-10.

⑤ 杨良斌．科研论文合作在跨学科研究中的作用分析[J]．情报杂志，2013(6)：80-84.

分析对象的目的；二是分析对象的分布计量，如作者/机构历年发文量、文献合作规模、作者/机构涉及的研究主题、回归分析、方差分析等，主要用于预测知识单元发展趋势，实现科学推断。

3.2.2.2 引文分析

引文分析是利用各种数学及统计学的方法和比较、归纳、抽象、概括等逻辑方法，对科学期刊、论文、著者等各种分析对象的引证与被引证现象进行分析，以揭示其数量特征和内在规律的一种文献计量分析方法①。自1927年引文分析方法问世以来，引文分析方法已成为研究文献利用规律、科学评价、学科预测和研究学科与社会的关系的重要手段，并初步形成了一套比较系统的分析方法：一是从引文数量上进行信息计量研究，即通过对分析对象的被引次数进行排列、比较，主要用于对分析对象的质量评价，并发现规律；二是从引文的网状或链状关系上进行信息计量研究，即对文献之间由引文形成的相互关系进行分析研究，主要用于揭示学科的结构特点、研究现状、发展源流及学科间或研究工作间的相关程度②。

3.2.2.3 共现分析

共现分析(Co-occurrence Analysis)是将各种信息载体中的共现信息定量化的分析方法③，以心理学的邻近关系法则和知识结构及映射原则为理论基础。通过共现分析，人们可以发现分析对象之间关系的紧密程度，挖掘并揭示分析对象的内在结构及隐形知识。根据分析对象的类型，共现分析大致可分为两种类型：一是同属性分析对象的共现，如作者-作者共现(作者合作)、关键词-关键词共现(共词)、机构-机构共现(机构合作)等，主要用于研究同属性分析对象的共现关系和共现强度，从而揭示学科合作现状、研究现状及预测未来发展趋势；二是不同属性分析对象的共现，如作者-关键词共现(作者-关键词2模)、作者-年份共现(作者-年份2模)、关键词-年份共现(关键词-年份2模)等，主要用于研究不同属性分析对象的共现关系和共现强度，实现数据关系的评价、预测及挖掘潜在关系的目的。

3.2.2.4 社会网络分析

社会网络分析(Social Network Analysis)是信息计量过程中常用的方法之

---

① 邱均平.信息计量学[M].武汉：武汉大学出版社，2007：1.

② 俞培果.论引文分析方法的发展[J].图书情报工作，1995(4)：9-13.

③ R. N. Kostoff. Database Tomography: Multidiscip Linary Research Thrusts from Co-Word Analysis[D]. Proceedings: Portland International Conference on Management of Engineering and Technology, 1991.

一。社会网络是由一个或多个行动者有限集合和他们之间的一种或多种关系组成的网络①。社会网络分析从社会计量、数学、心理学和人类学等传统领域演变而来②，综合运用图论、模型及软件对社会网络的关系结构及其属性加以分析的一套规范和方法，并在图书情报与数字图书馆、企业经济、教育理论与教育管理、计算机软件及计算机应用、新闻与传媒、宏观经济管理与可持续发展、社会学及统计学等学科领域得到广泛应用。社会网络分析常用的研究方法包括：一是密度分析，用于测度社会网络中各个行动者之间的联络关系的紧密程度；二是中心性分析，用于衡量社会网络中行动者或组织在网络中的权威性或显著性；三是凝聚子群分析，用于揭示群体内部的子结构；四是核心-边缘结构分析，用于实现对社会现象表现出来的核心-边缘模式进行量化处理。

3.2.2.5　数据可视化

数据可视化（Data Visualization）是指综合运用计算机图形学、图像、人机交互等技术，将采集或模拟的数据映射为可识别的图形、图像、视频和动画，并允许用户对数据进行交互分析的理论、方法和技术③。将数据可视化，不仅方便人们直接理解并获取知识，还可以深度挖掘数据之间的关联关系，发现数据背后的隐性知识，并在计算机软件及计算机应用、图书情报学与数字图书馆、自然地理学和测绘学、新闻与传媒、互联网技术、自动化技术、科学研究管理、电力工业等学科领域得到了广泛应用。数据可视化包括：一是科学可视化，即面向自然科学的数据，如三维空间测量数据、医学影像数据等，主要用于探索数据所蕴含的隐性知识和规律；二是信息可视化，即面向非结构化、非几何的抽象数据，如网络数据、文本数据等，主要用于帮助人们理解、获取知识，挖掘信息，发现未知的知识。

3.2.2.6　计算机辅助计量分析

随着人类步入信息时代，信息量、信息传播速度、信息处理数度及信息应用都呈几何式、爆炸式增长，致使信息计量面临前所未有的挑战。然而，计算机技术、网络技术的应用和普及，解决了信息计量这一困境。信息计量从先前的手工统计分析逐步向计算机辅助计量分析发展，从而具有了明显的时效性，

---

① Wasserman S. Social Network Analysis: Methods and Applications [M]. Cambridge: Cambridge University Press, 1994.

② Mcgloin J M, Kirk D S. An Overview of Social Network Analysis[J]. Journal of Criminal Justice Education, 2010, 21(2): 169-181.

③ 陈为，张嵩，鲁爱东．数据可视化的基本原理与方法[M]．北京：科学出版社，2013：2.

使信息计量结果更具有可靠性、及时性。计算机辅助计量分析研究主要包括：数据的自动采集、数据自动处理、数据自动分析、信息计量软件的设计与开发、信息计量数据库的开发与应用等，如火车头数据采集平台使用户快速方便地得到所需数据，超星的中文发现系统实现近十亿海量元数据的知识挖掘和数据分析，重庆维普的中文期刊服务平台 7.0 基于期刊资源实现知识本体对象的挖掘、分析和呈现等。

3.2.3 信息计量分析步骤

随着信息计量工作的展开，信息计量人员逐步摸索出信息计量分析的一般步骤：Börner 等将信息计量分析步骤分为提取数据、定义分析单元、选择方法、计算相似度、布局知识单元和解释分析结果 5 个部分①；杨思洛等将知识图谱绘制过程分为样本数据获取、样本数据清洗、选择知识单元、构建单元关系、数据标准化、样本数据简化、知识可视化和图谱结果解读 8 个部分②。我们将信息计量分析步骤划分为 4 个部分：研究对象与数据源确定，数据收集与数据处理，数据挖掘分析与可视化，以及结论与总结。

(1)研究对象与数据源确定

在信息计量过程中，确立研究对象是开展信息计量研究的前提。信息计量人员一旦确立了信息计量的研究对象，就基本上明确了信息计量的目的、意义及价值，并围绕着信息计量研究对象做到有的放矢，寻找合理的数据源，开展计量工作。如研究图书情报学作者之间的合作问题，就需要寻找图书情报学领域的研究人员合作发文、合著等信息数据，通过研究发现图书情报学领域主要合作者、合作规模、合作规律等，从而指导图书情报学领域的作者合作，促进学科的发展与进步。

信息计量的十大数据来源包括：科技图书、科技期刊、科技报告、会议文献、专利文献、标准文献、学位论文、产品资料、技术档案和科技报纸。此外，信息计量的数据源还包括光盘数据、网络数据等。

由于信息计量的数据源来源广泛，选择不同的信息数据的来源可能会有不同的信息计量分析结果。因此，在信息计量过程中，选择合理、有代表性的数

---

① Börner K, Chen C, Boyack K. Visualizing Knowledge Domains[J]. Annual Review of Information Science and Technology, 2003, 37: 179-255.

② 杨思洛，韩瑞珍. 国外知识图谱绘制的方法与工具分析[J]. 图书情报知识，2012，6(6)：101-109.

据源是信息计量分析结果真实性、可靠性的重要保证。

(2)数据收集与数据处理

确立好信息计量的数据源后，就可以根据研究对象的特点进行数据的检索与收集。大型数据库的建立，为信息计量的数据源获取提供了便利条件。常用的中文数据库中国知网、万方、维普、中文社会科学引文索引、中国科学引文索引等数据库，常用的英文数据库有科学引文索引、社会科学引文索引、Scoupus、Springer、Science Direct、USPTOD 等数据库，常用的网络数据库有 Google Scholar、arXiv、CiteSeer 等数据库。此外，还有一些数据收集工具如 AltaVista、Nutch、Larbin 等也为信息计量的数据源获取提供了方便。

各类数据库及数据收集工具虽然简化了信息计量数据源的获取步骤，但是由于数据库在数据著录格式、遗漏问题及统一性等方面的问题，所收集的数据在一定程度上影响了信息计量分析结果的质量、合理性和可靠性。为了保证信息计量分析结果的质量、真实性及可靠性，在数据收集完成后，就需要对数据进行相应预处理。如可以采取以下措施，保证信息计量结果的质量：①改正字符错误，统一或补充作者、机构、国家名称；②删除数据中的书评、征文、投稿须知、简讯等类型文献；③筛去含义比较宽泛的词汇，合并同义但表述不一的词汇；④依据公式、定律选择在出现高频词的数据作为研究对象。

数据预处理后，提取数据源中的计量研究数据，并依据研究的目的，可以借助相应的软件工具及程序，对计量研究数据进行相应处理，完成数据统计、标准化、建模、网络(矩阵)构建等处理工作。

(3)数据挖掘与可视化

为了实现信息计量分析的目的，在数据收集与数据处理完成后，下一步就需要对数据进行挖掘与可视化。

信息计量的目的特点决定了所采用的数据挖掘方式。因此，在信息计量过程中，应依据信息计量的目的，根据计量数据的特点，选择较为适宜的数据挖掘方式(如历时分析、突变分析、空间分析、网络分析等)，以此来更好地发现研究对象的结构、特征和规律。如数据的分类研究，可选用聚类分析方法，对研究数据的性质进行比较，将性质相似的划分为一类，将相知差异较大的划分为不同的类，从而达到“物以类聚，人以群分”的效果；数据未来趋势的研究，可选用时间序列分析方法，用于对动态数据中所包含的依存关系进行建模，并借以对未来发展状况进行预测。

为了更好地直观展现数据及其属性关系，可以选择可视化技术，将数据或数据网络可视化。如 Excel、Word 中的柱状图、折线图、饼图、面积图、散点图、股价图和雷达图等直观地展现或对比数据；数据网络可视化工具NetDraw、Pajek、Gephi、CiteSpace、VosViewer等以点和线来显示数据及数据间的关系。

(4)结论与总结

在数据挖掘分析与可视化完成后，下一步就需要对数据挖掘分析结果及所绘制的可视化图谱进行解读，得出信息计量的结论，达到科学评价、发现规律、挖掘知识、预测等计量研究的目的。

通常，每完成一次信息计量研究工作，我们就需要对该信息计量研究过程进行总结与评估，总结计量研究过程中可以借鉴的研究经验，发现信息计量结论的使用价值，并加以推广和应用。此外，我们也应当注意信息计量研究过程中的不足，并加以改正，完善信息计量研究工作。

3.3 信息计量分析模型

分析模型是对客观事物或研究现象的一种描述。我们将信息计量分析模型划分为学科结构分析模型和学科演进分析模型。

3.3.1 学科结构分析模型

3.3.1.1 学科知识结构类型及分析模型

科学文献是科学技术发展的客观记录，也是科学技术体系结构的反映。科学文献的作者是知识生产的主体，且作者之间的合作是彼此进行科学交流最直接的方式，那么对科学文献的合作关系进行研究，能够最直观地揭示知识生产主体之间的科学交流关系。而科学文献的标题、摘要、关键词以及正文是文献内容的有机组成部分，反映了科学研究的主题。至于科学文献的引证与被引证，从文献使用的角度反映了科学与技术之间、学科之间的相互联系。由于科学技术体系结构的影响，各个年代、各种类型的数量繁多的科学引文也形成了相应的分布结构。许多研究表明，科学论文之间的引证与被引证现象具体地、定量地体现着科学在纵向上的继承与发展关系和横向上的各学科之间的差别和联系①。

因此，按照“知识生产—知识内容—知识传承和交叉融合”的思路(即从科

① 邱均平．信息计量学[M]．武汉：武汉大学出版社，2007：23.

学文献作者、文献内容和引文的角度)可以将学科知识结构分为学科合作结构、学科主题结构、学科引文结构、跨学科和学科智力结构五种类型，同时围绕学科知识可视化分析模式中的三个核心环节(知识单元选取、知识单元关系构建和可视化)便可对每种类型的学科知识结构进行可视化，在可视化的基础上便可以进行进一步的结果解读，分析框架如图 3-4 所示。

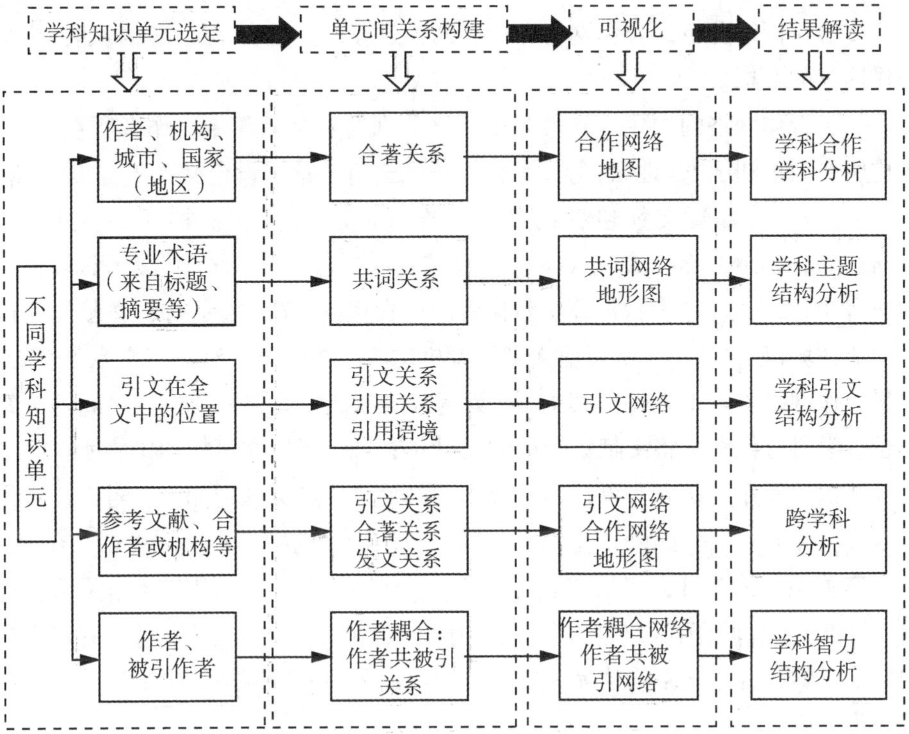

图 3-4 学科知识结构分析模型

3.3.1.2 学科知识结构分析

(1)学科合作结构分析

科学合作就是科学工作者为了达到生产新的科学知识这一共同目的或实现各自的科研目标而进行的协同互助的科学活动①。目前，学科合作计量的分析单元是数据文献中的文献作者、作者所在机构、机构所在城市和国家等学科知

① 谢彩霞. 科学合作的功能与计量[M]. 北京：中国社会科学出版社，2010：38.

识单元。学科合作计量分析的方法有基本统计分析和合作网络分析。

①基本统计分析。一是通过统计文献合作者数量及分布、合作机构和国家(地区)的数量及分布等去衡量合作强度①。二是通过一些简单指标来衡量科研合作强度，比如 Lawani 提出的合作指数(Collaborative Index，CI)指标②、Subramanyam 提出的合作率(Degree of Collaboration，DC)指标③以及 Egghe 提出的修正合作系数(Revised Collaborative Coefficient，RCC)指标④等。

②合作网络分析。合作网络分析有两大过程：一是合作网络的构建，二是合作网络的分析。

关于合作网络的构建，学科合作网络分别通过文献作者、作者所在机构、机构所在城市和国家(地区)等学科知识单元进行衡量。设定文献集合 $D=\{d_1, d_2, \cdots, d_n\}$，每篇文献包含的作者、作者所在机构和机构所在国家 $d=\{\text{coatributor coatributor} \in C_{\text{author}} \cup C_{\text{institution}} \cup C_{\text{city}} \cup C_{\text{country}}\}$，其 C_{author} 表示每篇文献的所有作者，$C_{\text{institution}}$ 表示每篇文献作者的所在机构，C_{city} 表示每篇文献作者机构的所在城市，C_{country} 表示每篇文献作者机构的所在国家。对应于文献集合 D，学科合作网络 $G=\{V, E\}$，其中，V 为网络的节点集合，E 为节点之间的关系集合。学科合作网络将文献集合中的文献作者、作者所在机构和机构所在国家三种知识单元作为研究对象，学科合作网络关系的定义规则如下：对于任意作者 $C_{\text{author A}}$ 和 $C_{\text{author B}}$，如果 $C_{\text{author A}} \in d$ 且 $C_{\text{author B}} \in d$，则确定 $C_{\text{author A}}$ 和 $C_{\text{author B}}$ 有一次合作关系，值为 1；如果 $C_{\text{author A}}$ 和 $C_{\text{author B}}$ 在 n 篇文献中均有合作关系，则 $C_{\text{author A}}$ 和 $C_{\text{author B}}$ 间存在着权值为 n 的合作关系。$C_{\text{institution}}$、C_{city} 和 C_{country} 的定义规则同上。学科合作网络构建完成之后，便可以运用复杂网络的理论和指标进行进一步分析。

关于合作网络的分析，一是分析合作网络的共性特征。在 2000 年左右，

---

① Gazni A，Sugimoto C R，Didegah F. Mapping World Scientific Collaboration：Authors，Institutions，and Countries[J]. Journal of the American Society for Information Science and Technology，2012，63(2)：323-335.

② Lawani S M. Quality，Collaboration and Citations in Cancer Research：A Bibliometric Study[D]. Florida State University，1980.

③ Subramanyam K. Bibliometric Studies of Research Collaboration：A Review[J]. Journal of Information Science，1983，6(1)：33-38.

④ Egghe L. Theory of Collaboration and Collaborative Measures[J]. Information Processing & Management，1991，27(2)：177-202.

网络科学先驱巴拉巴西和瓦茨的研究表明复杂网络具有小世界①和无标度特性②。经研究发现，作为复杂网络的一种重要形式，合作网络也有小世界和无标度特性，比如 Yan 和 Ding③、Chinchilla-Rodríguez 等④。二是分析合作网络拓扑结构特征。可从复杂网络分析指标和 H 指数类指标两个角度进行分析。

此外，还有研究者将个人、机构、城市和国家地区间的合作关系通过 Google Map 等技术标注在机构、城市、国家地区以及全球图上，用最直观的地理方式展示不同类型的合作网络，比如 Leydesdorff 和 Wagner⑤。

(2)学科主题结构分析

学科主题指某一个学科领域的主要研究内容，反映了该学科领域的研究人员的工作重点。Scharnhorst 等认为从科学计量学和科学学建模角度来看，科学由一群保持学术交流的研究人员及其所生产的一系列彼此相关的知识组成⑥。那么，作者合作、作者共被引和耦合就是从研究人员的角度研究科学，共词分析就是从主题和知识的角度研究科学。总体上看，学科主题分析主要涉及专业术语(来自于标题、摘要、主题词和标引词等学科知识单元)。目前，学科主题分析主要包括词频分析和共词网络分析两方面内容。

①词频分析。词频的波动与社会现象、情报现象之间具有内在的关系，一定的社会现象和情报现象必然引起相应的词频波动现象⑦。通过统计能够揭示或表达文献核心内容的专业术语在某一研究领域文献中出现频次的高

① WattsD J, Strogatz S H. Collective Dynamics of "Small-World" Networks [J]. Nature, 1998, 393(6684): 440-442.

② Barabási A L, Albert R. Emergence of Scaling in Random Networks[J]. Science, 1999, 286(5439): 509-512.

③ Yan E, Ding Y, Zhu Q. Mappinglibrary and Information Science in China: A Coauthorship Network Analysis[J]. Scientometrics, 2010, 83(1): 115-131.

④ Chinchilla-Rodríguez Z, Ferligoj A, Miguel S, et al. Blockmodeling of Co-authorship Networks in Library and Information Science in Argentina: A Case Study [J]. Scientometrics, 2012, 93(3): 699-717.

⑤ Leydesdorff L, Wagner C S. International Collaboration in Science and the Formation of a Core Group[J]. Journal of Informetrics, 2008, 2(4): 317-325.

⑥ Scharnhorst, A, Börner, K, van den Besselaar, P. Models of Science Dynamics: Encounters between Complexity Theory and Information Sciences[M]. New York: Springer, 2012: 4.

⑦ 邓珞华. 词频分析[J]. 武汉大学学报(社会科学版), 1987(1): 111-118.

低，可以判别该学术领域的研究主题、研究重点和发展趋势①。词频分析的一般流程：一是将来自于篇名、摘要和关键词等字段的专业术语按照频次数量从高到低进行排列；二是对词频列表进行预处理形成规范化的词频分布图表(比如树地图和填充气泡图)；三是结合研究者对专业领域的认识和经验进行分析。

②共词网络分析。第一，共词网络的构建。学科主题通过专业术语(来自于标题、摘要、主题词和标引词等学科知识单元)进行衡量。设定一个文献集合 $D=\{d_1, d_2, \cdots, d_n\}$，每一篇文献的主题词 d = {term | term ∈ Stitle ∪ Sabstract ∪ Sdescriptor ∪ Sidentifier}，Stitle、Sabstract、Sdescriptor 和 Sidentifier 分别表示标题、摘要、主题词和标引词中的若干专业术语。对应于文献集合 D，学科主题网络 G={V，E}，其中，V 为网络的节点集合，E 为节点之间的关系集合。学科主题网络将文献集合中的专业术语作为研究对象，学科主题网络关系的定义规则如下：一是简单算法，即对专业术语两两共现的频次进行简单相加，比如对于标题中的专业术语 Stitle A 和 Stitle B，如果 Stitle A∈d，且 Stitle B∈d，则确定 Stitle A 和 Stitle B 有一次共现关系；如果 Stitle A 和 Stitle B 在 n 篇文献中均有共现关系，则 Stitle A 和 Stitle B 间存在着权值为 n 的共现关系，Sabstract、Sdescriptor 和 Sidentifier 的加权方式同上；二是包容指数②和临近指数③；三是相互包容系数④；四是 Ochiia 系数和 Jaccard 系数⑤；五是 E 指数⑥；六是其他

① 郭卫东. 技术预见理论方法及关键技术创新模式研究[D]. 北京：北京邮电大学，2007：62-63.

② Chen，C. Mapping Scientific Frontiers：The Quest for Knowledge Visualization[M]. New York：Springer，2013：168.

③ 钟伟金，李佳. 共词分析法研究(一)——共词分析的过程与方式[J]. 情报杂志，2008，27(5)：71.

④ Callon M，Courtial J P，Laville F. Co-word Analysis as a Tool for Describing the Network of Interactions between Basic and Technological Research：The Case of Polymer Chemsitry[J]. Scientometrics，1991，22(1)：155-205.

⑤ Van Eck N J，Waltman L. How to Normalize Co-Occurrence Data? An Analysis of Some Well-known Similarity Measures[J]. Journal of the American Society for Information Science and Technology，2009，60(8)：1635-1651.

⑥ 胡阿沛，张静，张晓宇. 共词网络分析中 E 指数的改进研究[J]. 情报理论与实践，2014，37(1)：46-50.

方式，比如基于关键词的重要程度①和关键词的频次高低②以及文献属性的加权③等。

第二，共词网络的聚类和可视化分析。一是多元统计分析，它是传统的共词网络聚类和可视化分析方法，主要涉及聚类分析、主成分分析、因子分析和多维尺度分析。二是复杂网络分析，它是新兴的共词网络聚类和可视化方法，主要涉及共词网络中的社区发现，典型的社区发现算法有 Newman & Girvan 算法④、Blondel 算法⑤和 VOSmapping 算法⑥等。三是战略坐标图分析，该方法由 Law 等人提出，用于描述某一研究领域内部联系情况和领域间相互影响情况⑦，一般与其他方法结合使用。四是以上三种方法的组合式分析，比如胡昌平等使用聚类分析、多维尺度分析、战略坐标图和社会网络分析相结合的方法对中国图书情报学领域的研究主题进行分析⑧；An 和 Wu 使用层次聚类分析和战略坐标图的方法对干细胞领域的研究主题进行分析⑨等。

第三，共词网络的语义分析。文献的内容可以通过一组标引词表示，如果对这些标引词之间的关系和规则进行揭示和建模，将会上升至更高的知识表示层次。在共词网络中，如果对词对进行语义化处理，共词分析法能更加有效地揭示学科研究主题。然而，目前的研究尚处于不成熟阶段，还有待于进一步研

① 钟伟金．基于主要主题词加权的共词聚类分析法效果研究[J]．情报学报，2009(2)：214-219.

② 李纲，李轶．一种基于关键词加权的共词分析方法[J]．情报科学，2011，29(3)：321-324.

③ 吴清强，赵亚娟．基于论文属性的加权共词模型探讨[J]．情报学报，2008，27(1)：89-92.

④ Newman M E J，Girvan M. Finding and Evaluating Community Structure in Networks[J]. Physical Review E，2004，69(2)：26-113.

⑤ Blondel V D，Guillaume J L，Lambiotte R，et al. Fast Unfolding of Communities in Large Networks[J]. Journal of Statistical Mechanics：Theory and Experiment，2008(10)：155-168.

⑥ Van Eck N J，Waltman L. Software Survey：VOSviewer，a Computer Program for Bibliometric Mapping[J]. Scientometrics，2010，84(2)：523-538.

⑦ Law J，Bauin S，Courtial J P，et al. Policy and the Mapping of Scientific Change：A Co-Word Analysis of Research into Environmental Acidification[J]. Scientometrics，1988，14(3)：251-264.

⑧ Hu C P，Hu J M，Deng S L，et al. A Co-Word Analysis of Library and Information Science in China[J]. Scientometrics，2013，97(2)：369-382.

⑨ An X Y，Wu Q Q. Co-Word Analysis of the Trends in Stem Cells Field Based on Subject Heading Weighting[J]. Scientometrics，2011，88(1)：133-144.

究，比如，李纲和王忠义使用主题图描述词语之间的语义关系，通过计算共现词对在主题图中的最短路径确定其语义关系强度①；唐晓波和肖璐通过人工构建领域本体来计算词对语义相似度，综合考虑共现频次和语义相似度得到词对的相关度值，并通过实证验证该方法能够更有效地探测学科主题②。

(3)学科引文结构分析

在引文分析法的传统研究套路中，引文(或参考文献)在施引文献中的引用情况通常不被考虑，而这些被忽略的引用信息其实是非常重要的③。引文分析法的传统研究套路着眼于题录数据(比如 WoS、Scopus、Derwent、CSSCI 和 CNKI 等)中所列出的参考文献列表，分析时将各参考文献同等对待，无法识别出它们在全文中引用程度上的差异。而这里所讨论的引文结构分析，不仅考察施引文献的参考文献列表，还对参考文献在施引文献中的引用情况(引用次数、引用位置和引用语境等)进行分析，通过比较引用情况的不同去了解其在施引文献中的作用和重要性。鉴于其将研究视野从题录数据扩展至全文数据，这里所讨论的引文结构分析又可以称作全文本引文分析。要实现全文本引文分析，首先需要对论文正文中的引用信息进行识别和解析。之前，受数据格式和数据处理方法的限制，研究者主要通过人工方式从正文中识别引用信息④。近年来，随着信息技术的发展，结构化文献全文数据的出现和获取成为可能，全文本引文分析变得越来越常见。从数据源来看，结构化的文献全文信息主要以 XML 和 HTML 格式存储。围绕全文数据，全文本引文分析涉及的方法技术主要包括：数据挖掘、自然语言处理、情感分析和可视化分析等。

全文本引文分析很有可能从根本上重构引文分析的传统理论与实践体系以及科学评价的建模和测度方式。与题录数据相比，全文本包含更多有用的信息：一种是字面信息，包括引用位置、引文在全文中的紧密度(Proximity)、同

① 李纲，王忠义．基于语义的共词分析方法研究[J]．情报杂志，2012，30(12)：145-149.

② 唐晓波，肖璐．融合关键词增补与领域本体的共词分析方法研究[J]．现代图书情报技术，2013(11)：60-67.

③ Herlach G. Can Retrieval of Information from Citation Indexes Be Simplified? Multiple Mention of a Reference as Acharacteristic of the Link between Cited and Citing Article[J]. Journal of the American Society for Information Science，1978，29(6)：308-310.

④ Small H G. Cited Documents as Concept Symbols[J]. Social Studies of Science，1978，8(3)：327-340；McCain K W，Turner K. Citation Context Analysis and Aging Patterns of Journal Articles in Molecular Genetics[J]. Scientometrics，1989，17(1)：127-163.

一位置的多个引用、同一引用的多次提及(Op. Cit.)和词语的情感信息(比如文献引用语境与情感)等；另一种是深层信息，包括作者的引用动机以及文献的研究内容和创新之处①。对以上信息进行归纳，可知，全文本引文分析主要包括引文总被引次数分析、引用位置分析、引文紧密度分析和引用语境分析，可以通过参考文献、参考文献在全文中的引用位置、参考文献在全文中的引用数量以及引用行为等途径进行衡量，主要的视觉呈现方式包括组合式散点图和网络等。

①引文总被引次数分析。对引文总被引次数进行全新的加权计算，比如Ding Ying 等人利用 HTML 格式的全文数据，对 JASIST 期刊论文中的参考文献及其在全文中的引用情况进行提取和分析，提出一种新的加权计算引文总被引次数的方法，即统计引文在论文中被提及(Mentioned)的次数来计算总被引次数②。胡志刚等人构建了一种基于 XML 全文的引文分析系统去解析论文正文中出现的引用语境信息③并使用 Ding Ying 等人的计算方法进行实证和深层次的语境分析，探究了利用传统的 CountOne 统计方法与新的 CountX 统计方法所生成的高被引论文列表存在较大差别的原因④。

②引用位置分析。在已有的全文本引文分析成果中，引用位置通常是研究者考虑的首要因素，因为它将各个引文准确标示在全文中的特定位置。在引用位置明确的基础上，引文在全文中的引用功能、引用动机和引用分类等方面的研究才得以更加精确有效的展开。目前来看，确定引用位置的方法主要有以下几种：一是依据常用行文结构将全文分为若干部分，比如最常用的“引言—方法—结果—结论”结构；二是统计全文的段落和语句的总数，赋予每个段落和句子唯一的编号；三是统计全文单词的总数，每个引用位置的编号即距全文起始的单词数量，比如某个引用位置的编号是 398，那么它距全文起始的单词数

① Boyack K, Small H, Klavans R. Improving the Accuracy of Co-citation Clustering Using Full Text[J]. Journal of the American Society for Information Science and Technology, 2013, 64(9): 1759.

② Ding Y, Liu X, Guo C, et al. The Distribution of References Across Texts: Some Implications for Citation Analysis[J]. Journal of Informetrics, 2013, 7(3): 583-592.

③ 胡志刚，陈超美，刘则渊，等. 基于 XML 全文数据引文分析系统的设计与实现[J]. 现代图书情报技术，2012 (11): 72-77.

④ 胡志刚，陈超美，刘则渊，等. 从基于引文到基于引用——一种统计引文总被引次数的新方法[J]. 图书情报工作，2013，57(21): 5-10.

量是 398 个①；四是将全文按照百分比分为若干等份，比如 5%或 10%，每个等份都是唯一的区间。

由上可知，不同方法围绕不同粒度的学科内容展开，比如部分(Section)、段落(Paragraph)、语句(Sentence)、单词(Word)以及特定百分比(Percentage)的内容，那么，引用位置分析也会呈现不同的粒度特征。目前，引用位置分析主要包括以下内容：一是引用位置的分布规律及原因，包括在全文的部分、段落、语句、单词以及特定百分比内容中的分布规律及背后的原因；二是一篇或多篇高被引论文在全文中的位置分布规律及原因。

③引文紧密度分析。多个研究者发现，对引文在全文中的引用情况进行建模和分析能够精确地测度各引文之间的紧密度②。Boyack 等通过对引文在全文中的引用情况进行建模和测量，验证了新构建的文献共被引模型能更加精确地对文献进行聚类，随之而来的是类团规模与之前相比变小，但是聚类的精确性为评价和决策提供了可靠的保证③。引文紧密度分析的核心是如何测量不同引文之间的紧密度，目前主要有以下几种测量方法：一是将全文细分为“句子—段落—部分—全文”四个层次，然后从不同的层次进行分析④；二是将全文按照百分比分为若干区间，然后对所有区间进行统计分析⑤；三是将全文百分比

① Hu Z，Chen C，Liu Z. Where are Citations Located in the Body of Scientific Articles? A Study of the Distributions of Citation Locations[J]. Journal of Informetrics，2013，7(4)：888.

② Callahan A，Hockema S，Eysenbach G. Contextual Cocitation：Augmenting Co-Citation Analysis and its Applications[J]. Journal of the American Society for Information Science and Technology，2010，61(6)：1130-1143.

③ Boyack K，Small H，Klavans R. Improving the Accuracy of Co-citation Clustering Using Full Text[J]. Journal of the American Society for Information Science and Technology，2013，64(9)：1759-1767.

④ Elkiss A，Shen S，Fader A，et al. Blind Men and Elephants：What do Citation Summaries Tell Us about a Research Article? [J]. Journal of the American Society for Information Science and Technology，2008，59(1)：51-62；Gipp B，Beel J. Citation Proximity Analysis (CPA)—A New Approach for Identifying Related Work Based on Co-Citation Analysis[C]// Proceedings of the 12th International Conference on Scientometrics and Informetrics(ISSI09). Rio de Janeiro (Brazil)：International Society for Scientometrics and Informetrics，2009，2：571-575；Liu S，Chen C. The Proximity of Co-citation[J]. Scientometrics，2012，91(2)：495-511.

⑤ Teufel，S. The Structure of Scientific Articles：Applications to Citationindexing and Summarization[M]. Stanford：CSLI Publications，2009：290.

与全文“句子—段落—部分—全文”四个层次两种方法相结合进行分析①。测量方法确定之后，便可对引文网络进行分析和可视化。

④引用语境分析。某条引文的引用语境(Citation Context)可被定义为包含该引文的若干个语句。Nakov 等将引用语境定义为“Citances”，即围绕某条引文的一系列语句②。Mei 和 Zhai 将引用语境界定为某条引文所在语句前两句和后三句的内容③，Small 将其界定为某篇引文前后的 1.6 个语句④，Liu 和 Chen 将其界定为某篇引文前后的一个语句⑤。目前，引用语境分析主要包括以下内容：一是引用内容分析，比如 Liu 和 Chen 比较分析了引证文献摘要和引用语境的潜在主题，实证表明二者的潜在主题不同，后者的主题要比前者具体详细；二是引用情感分析⑥，比如 Small 将引用情感分析(比如重要性、有趣性和难度等)应用于共被引学科知识图谱的结构分析，希望从认知和社会角度去分析结构背后隐藏的信息⑦；三是引用动机和引用行为分析，这是全文本引文分析的难点，作者的引用动机十分复杂，它深深影响着引用行为。早期研究者对引

① Boyack K, Small H, Klavans R. Improving the Accuracy of Co-citation Clustering Using Full Text[J]. Journal of the American Society for Information Science and Technology, 2013, 64(9): 1759-1767.

② Nakov P I, Schwartz A S, Hearst M. Citances: Citation Sentences for Semantic Analysis of Bioscience Text[C]//Proceedings of the SIGIR'04 Workshop on Search and Discovery in Bioinformatics, 2004: 81-88.

③ Mei Q. Zhai C. Generating Impact-based Summaries for Scientific Literature[A]//The Proceedings of ACL[C]. Columbus: ACL, 2008: 816-824.

④ Small H. Interpreting Maps of Science Using Citation Context Sentiments: A Preliminary Investigation[J]. Scientometrics, 2011, 87(2): 376.

⑤ Liu S, Chen C. The Differences between Latent Topics in Abstracts and Citation Contexts of Citing Papers[J]. Journal of the American Society for Information Science and Technology, 2013, 64(3): 628.

⑥ Liu S, Chen C. The Differences between Latent Topics in Abstracts and Citation Contexts of Citing Papers[J]. Journal of the American Society for Information Science and Technology, 2013, 64(3): 627-639.

⑦ Small H. Interpreting Maps of Science Using Citation Context Sentiments: A Preliminary Investigation[J]. Scientometrics, 2011, 87(2): 373-388.

用动机和行为的类型进行了总结，比如 Garfield①、Lipetz② 和 Weinstock③。后来，研究者进行了一系列的引用动机和行为的访谈或问卷调查，比如 Brooks④、Vinkler⑤、Cano⑥、Bonzi 和 Snyder⑦、Liu⑧、Shadish 等⑨、Case 与 Higgins⑩、Tang 与 Safer⑪ 以及马凤与武夷山⑫等。此外，Bornmann 和 Daniel 对引证动机和行为进行了系统的综述和回顾⑬。虽然目前有关引证动机和行为方面的实证研究很少，但是随着大数据、网络和可视化的普及，人类的行为变得有迹可寻，同样的，引证动机和行为也会被人们进一步认识和把握。

---

① Garfield E. Can Citation Indexing be Automated? [J]. Essays of an Information Scientist, 1962 (1): 84-90.

② Lipetz B A. Improvement of the Selectivity of Citation Indexes to Science Literature Through Inclusion of Citation Relationship Indicators [J]. American Documentation, 1965, 16 (2): 81-90.

③ Weinstock M. Citation Index[J]. Encyclopedia of Library and Information Science, 1971 (5): 46-54.

④ Brooks T A. Private Acts and Public Objects: An Investigation of Citer Motivations[J]. Journal of the American Society for Information Science, 1985, 36(4): 223-229.

⑤ Vinkler P. A Quasi-quantitative Citation Model[J]. Scientometrics, 1987, 12(1): 47-72.

⑥ Cano V. Citation Behavior: Classification, Utility, and Location [J]. Journal of the American Society for Information Science, 1989, 40(4): 284-290.

⑦ Bonzi S, Snyder H W. Motivations for Citation: A Comparison of Self Citation and Citation to Others[J]. Scientometrics, 1991, 21(2): 245-254.

⑧ Liu M. Progress in Documentation the Complexities of Citation Practice: A Review of Citation Studies[J]. Journal of Documentation, 1993, 49(4): 370-408.

⑨ Shadish W R, Tolliver D, Gray M, et al. Author Judgements about Works They Cite: Three Studies from Psychology Journals[J]. Social Studies of Science, 1995, 25(3): 477-498.

⑩ Case D O, Higgins G M . How Can We Investigate Citation Behavior? A Study of Reasons for Citing Literature in Communication[J]. Journal of the American Society for Information Science, 2000, 51(7): 635-645.

⑪ Tang R, Safer M A. Author-rated Importance of Cited References in Biology and Psychology Publications[J]. Journal of Documentation, 2008, 64(2): 246-272.

⑫ 马凤，武夷山 . 关于论文引用动机的问卷调查研究——以中国期刊研究界和情报学界为例[J]. 情报杂志，2009 (6): 9-14.

⑬ Bornmann L, Daniel H. What do Citation Counts Measure? A Review of Studies on Citing Behavior[J]. Journal of Documentation, 2008, 64(1): 45-80.

(4)跨学科分析

Porter 等认为跨学科分析的共同特征可以抽象为学科之间的知识转移(Knowledge Transfer)①，后来 Porter 等又将知识整合(Knowledge Integration)的概念引入到跨学科分析中②，其实两个概念反映的都是学科交叉的状态。Pierce 将学科之间知识转移的方式总结为三种，即研究者撰文时引用不同学科的文献，不同学科研究领域的研究者开展合作以及研究者在不同学科领域的期刊上发表文献③。那么，跨学科分析可以通过参考文献、合作作者(或合作机构)、引证文献及其所在期刊等学科知识单元进行衡量。设定一个文献集合 $D=\{d_1, d_2, \cdots, d_n\}$，每一篇文献的跨学科因素：d = {interdisciplinary | interdisciplinary ∈ Creference ∪ Ceo-author ∪ Ceo-affiliation ∪ Cartide ∪ Cjournal}，Creference、Cco-author、Cco-affiliation、Carticle 和 Cjournal 分别表示参考文献、合作作者、合作机构、引证文献及其所在期刊。目前，跨学科分析主要有两种方法：一是自上向下的方法(Top-down Approach)，也叫作基于分类体系的方法(Classification-based Approach)，即依赖已有的学科分类体系进行跨学科分析；二是自下向上的方法(Bottom-up Approach)，也叫作结构分析法(Structural Approach)，即对文献进行共引分析、共词分析或耦合分析形成不同聚类，进而去探测学科领域的结构，并通过一系列指标(比如中心性等)去进行跨学科分析④。前者被多数研究者使用，这里主要讨论前者，即基于分类体系的方法。

由以上可知，跨学科分析的关键点有两个：一是跨学科分析的途径，可以从参考文献、作者合著情况以及作者发文情况三个角度进行分析；二是跨学科分析参照的学科类别体系，即赋予参考文献、合作作者、合作机构、引证文章

---

① Porter A L, Cohen A S, Roessner J D, et al. Measuring Researcher Interdisciplinarity[J]. Scientometrics, 2007, 72(1): 117-118.

② Porter A L, Roessner J D, Cohen A S, et al. Interdisciplinary Research: Meaning, Metrics and Nurture[J]. Research Evaluation, 2006, 15(3): 187-195.

③ Pierce S J. Boundary Crossing in Research Literatures as a Means of Interdisciplinary Information Transfer[J]. Journal of the American Society for Information Science, 1999, 50(3): 272.

④ Rafols I, Meyer M. Diversity and Network Coherence as Indicators of Interdisciplinarity: Case Studies in Bionanoscience[J]. Scientometrics, 2010, 82(2): 265; Wagner C S, Roessner J D, Bobb K, et al. Approaches to Understanding and Measuring Interdisciplinary Scientific Research (IDR): A Review of the Literature[J]. Journal of Informetrics, 2011, 5(1): 23.

及其所在期刊相应的学科分类号。第一个关键点是思维层面的，第二个关键点是操作层面的。那么，如何操作呢？目前有哪些通用的学科分类标准？应依据哪一种学科分类标准？

传统来讲，常用的学科分类标准有《美国国会图书馆分类法(LCC)》《杜威十进制分类法(DDC)》和《中国图书分类法》等。随着信息技术和网络技术的兴起，大型学术文献数据库应运而生，出于检索等需要，国内外大型学术文献数据库都对所收录的论文或期刊进行学科或领域的划分，比如，第一，CNKI 对所收录的文献，全部按照《中国图书分类法》归入 168 个学科和 3000 多个子专业，不同的学科专业数字图书馆即该学科专业的学术文献总库，在本学科专业总库中，读者可以窥探本学科专业全貌也可以查看该学科专业的跨学科情况①。CNKI 根据每篇文献的具体内容通过人工标引的方式赋予其相应的中图分类号，将其归入所属学科和子专业，如果某篇文献包括若干个分类号，则分别将其归到不同的学科和子专业。CNKI 还对所收录的所有期刊按照自身的 10 大总库进行分类，包括 177 个学科②。第二，ISI 的 Web of Science 也有自己的分类体系：包括 Web of Science 类别(Web of Science Categories，WC)和学科类别(ISI Subject Categories，SC)两种。在 WoS 第五版中，SCI 和 SSCI 按照 225 个 Web of Science 类别进行划分，对应 WC 字段，A&HCI 按照 151 个学科类别进行划分，对应 SC 字段③。ISI 的 JCR 引证报告还对其所收录的 SCI 和 SSCI 期刊进行了学科分类。此外，Scopus、Springer 和 CSSCI 等也有自己的分类体系。从目前的研究来看，研究者通常会参照国内外大型学术文献数据库的分类体系展开跨学科分析，其中，最常用的是 ISI 的 WoS 和 JCR、Scopus 和 CNKI 的分类体系。

那么，可以将参考文献、合作作者、合作机构、引证文章及其所在期刊对应到上述数据库的学科分类体系中，赋予特定的分类号，然后进行跨学科分析。换个角度，如果从上述数据库的整个学科分类体系出发去研究跨学科，那么，可以从宏观上去把握学科之间的交叉情况。因此，学科之间的交叉研究(即跨学科分析)主要从局部和整体两个层次展开研究，一是特定领域跨学科

---

①　CNKI. 学科专业数字图书馆简介[EB/OL]．[2014-03-18]．http：//elib. cnki. net/grid2008/profession/professional_index. aspx.

②　CNKI. 期刊导航[EB/OL]．[2014-03-18]．http：//epub. cnki. net/kns/oldnavi/n_list. aspx？NaviID=1&Field=cykm $ %.

③　Leydesdorff L，Carley S，Rafols I. Global Maps of Science based on the New Web-of-Science Categories[J]．Scientometrics，2013，94(2)：589-593.

分析(Local Map)，二是全领域跨学科分析(Global Map)。前者是从文献层次出发，而后者是从学科层次出发。

①特定领域跨学科分析。特定领域跨学科分析主要围绕某个期刊、某个领域或某几个领域展开研究。杨良斌以 WoS 为例分析了特定领域跨学科分析的流程：选择若干有代表性的研究领域；数据下载、预处理和数据集的构建；对不同研究领域的文献、文献作者、作者所在机构和引文进行学科归类；设计跨学科测度指标并计算其跨学科强度；最后进行跨学科分析等①。其中学科归属和跨学科测度指标的设计是难点和重点，国内外研究者都进行了充分的研究。比如在设计跨学科测度指标时，Porter 等人认为引文是跨学科测度的最优知识单元，即进行跨学科测度时重点考察引文的学科门类，同时引入其他测度因素②。基于 Porter 等人的理论，杨良斌等系统地对施引文献、文献作者机构和引文的学科门类进行划分，设计了多学科度、专业度、交叉度与合作度等跨学科分析指标③。Leydesdorff 和 Rafols 对网络指标(中介中心性)、不平衡指标(香农信息熵与基尼系数)以及 Rao-Stirling 指标进行了系统比较分析④；Wagner 等对跨学科分析的指标进行了系统全面的综述⑤；Porter 和 Rafols 参照 Stirling 的分析框架⑥认为跨学科分析要进行多样性(Diversity)分析，即从学科的数量(Variety，即被引学科数量)、分布均衡度(Balance，即引文的学科分布)和相似度(Similarity，即学科间的相似度)三方面进行测度⑦；Rafols 和 Meyer 在前人的基础上引入了多样性和凝聚性(Coherence)指标，测度每个研究

① 杨良斌．跨学科指标测度的数据集构建及数据预处理研究[J]．图书情报工作，2013，57(11)：90.

② Porter A L，Cohen A S，Roessner J D，et al. Measuring Researcher Interdisciplinarity[J]. Scientometrics，2007，72(1)：120.

③ 杨良斌，周秋菊，金碧辉．基于文献计量的跨学科测度及实证研究[J]．图书情报工作，2009，53(10)：87-90.

④ Leydesdorff L，Rafols I. Indicators of the Interdisciplinarity of Journals：Diversity，Centrality，and Citations[J]. Journal of Informetrics，2011，5(1)：87-100.

⑤ Wagner C S，Roessner J D，Bobb K，et al. Approaches to Understanding and Measuring Interdisciplinary Scientific Research (IDR)：A Review of the Literature[J]. Journal of Informetrics，2011，5(1)：23.

⑥ Stirling A. A General Framework for Analysing Diversity in Science，Technology and Society[J]. Journal of the Royal Society Interface，2007，4(15)：707-719.

⑦ Porter A L，Rafols I. Is Science Becoming More Interdisciplinary? Measuring and Mapping Six Research Fields over Time[J]. Scientometrics，2009，81(3)：721.

领域知识整合的广度和强度，进而反映研究领域的学科交叉性，具有较强的适用性①。

②全领域跨学科分析。全领域跨学科分析主要围绕自然科学、社会科学、人文科学或者科学整体展开研究。Price 在 1965 年认为学术数据库应该能反映科学的结构，并提到期刊这一知识单元适合进行学科结构分析，即通过测度期刊间的引用关系强度能够揭示整体学科或特定学科的结构②。Leydesdorff 提到 SCI 或 SSCI 的 JCR 引证报告包含了期刊之间互相引用的结构信息(包括引证期刊信息和被引期刊信息)，围绕这些引用信息构建"期刊-期刊"矩阵并通过因子分析和可视化分析揭示和展示期刊间的结构③。后来，Leydesdorff 和 Rafols 在以上研究基础上赋予期刊学科分类号，相当于将"期刊-期刊"关系扩展到"学科-学科"关系，采用因子分析揭示全领域学科结构并使用 Pajek 绘制学科全景图去分析不同学科之间的交叉情况④。随着理论、方法和技术的进步，全领域跨学科分析与特定领域跨学科分析开始走向融合，从综合的角度去揭示跨学科情况，比如，Leydesdorff 等以 2011 年版的 JCR 引证报告为例使用 Overlay Maps 方法(地图叠加，来源于 Google Maps)分析特定机构和作者的跨学科研究状况(即将引证期刊或被引期刊全景图为基本图，然后将将特定机构、作者的发文或被引情况叠加在期刊全景图上，最后根据重合的特征去揭示跨学科状况)⑤。最近，Chen 和 Leydesdorff 将 Overlay Maps 方法扩展到 Dual-map Overlays 方法(即将引证期刊和被引期刊全景图合并为基本图，然后将特定领域、机构、作者、期刊等的发文和被引情况分别叠加在相应的期刊全景图上，最后根据重合的特征去揭示跨学科状况)去分析特定领域、机构、作者和期刊

① Rafols I, Meyer M. Diversity and Network Coherence as Indicators of Interdisciplinarity: Case Studies in Bionanoscience[J]. Scientometrics, 2010, 82(2): 265.

② Price D J. Networks of Scientific Papers[J]. Science, 1965, 149(3683): 510-515.

③ Leydesdorff L. Mapping Interdisciplinarity at the Interfaces between the Science Citation Index and the Social Science Citation Index[J]. Scientometrics, 2007, 71(3): 391-405.

④ Leydesdorff L, Rafols I. A Global Map of Science Based on the ISI Subject Categories[J]. Journal of the American Society for Information Science and Technology, 2009, 60(2): 348-362.

⑤ Leydesdorff L, Rafols I, Chen C. Interactive Overlays of Journals and the Measurement of Interdisciplinarity on the Basis of Aggregated Journal-journal Citations[J]. Journal of the American Society for Information Science and Technology, 2013, 64(12): 2573-2586.

的跨学科情况①。

(5)学科智力结构分析

库恩提到一个科学共同体由同一个科学专业领域中的工作者组成。克兰认为科学共同体由合作者群体和无形学院(即合作者群体中少数多产科学家)组成。从文献角度来看，如果把一个学科领域文献的所有作者合作网络绘制出来的话，那么就可以揭示该学科的合作者群体结构。如果对无形学院的结构进行可视化分析，那么便可以揭示该学科的智力结构(Intellectual Structure)。其中，学科作者合作分析与学科智力结构分析的区别在于前者是科学家之间主动直接的协作分析，而后者在科学文献引用的基础上衍生而来的只是针对科学家本身开展的研究并非科学家之间主动直接的互动。目前来看，学科智力结构分析主要涉及文献作者和被引作者两种学科知识单元，并且主要通过作者共被引和作者耦合进行分析。其中，作者耦合分析与作者同被引分析的基本流程是相同的：首先构建不同作者之间的相似矩阵，然后对相似矩阵进行处理(聚类分析或者可视化展示)②。

①作者共现网络的构建。作者共现网络主要包括合作网络、作者共被引网络和作者耦合网络(包括作者文献耦合、作者关键词耦合和作者期刊耦合等类型)，学科智力结构分析涉及作者共被引网络和作者耦合网络两种。设定文献集合 $D=\{d_1, d_2, \cdots, d_n\}$，每篇文献包含的作者和被引作者 $d=\{\text{intellectual} \mid \text{intellectual} \in I_A \cup I_{CA}\}$，$I_A$ 和 I_{CA} 分别表示每篇文献中的作者和被引作者。对应于文献集合 D，作者共现网络 $G=\{V, E\}$，其中，V 为网络的节点集合，E 为节点之间的关系集合。作者共现网络将文献集合中的作者和被引作者作为研究对象，作者共现网络关系的定义规则如下：①简单算法，即不考虑重复出现的情况，如果同一作者在文献中多次引用相同的文献，在计算该作者的参考文献集时进行去重，在此基础上计算两两作者间的累计共现次数；②最小值算法，考虑重复出现的情况，每出现一次均计一次，取两两作者在同一施引文献、参考文献或关键词上的较小值，然后进行累计；③组合算法，它和最小值算法的

① Chen C, Leydesdorff L. Patterns of Connections and Movements in Dual-map Overlays: A New Method of Publication Portfolio Analysis[J]. Journal of the Association for Information Science and Technology, 2014, 65(2): 334-351.

② McCain K W. Mapping Authors in Intellectual Space: A Technical Overview[J]. Journal of the American Society for Information Science, 1990, 41(6): 433-443.

不同点在于取两两作者在同一施引文献、参考文献或关键词上的积，然后进行累计①。

②作者共被引网络分析。White 和 Griffith 于 1981 年首次提出作者共被引分析②。后来，不同学科领域的研究者将应用该方法去分析特定学科领域的智力结构，比如 White、McCain 应用传统的多维统计分析法(多维尺度分析、层次聚类分析和因子分析)去分析信息科学领域由 120 位高产作者组成的智力结构③，White 使用 Pathfinder 技术去分析信息科学领域由 120 位高产作者组成的智力结构④，Jevremov 等分析了人格心理学领域的智力结构⑤，Osareh 和 McCain 分析了伊朗化学领域的智力结构⑥。以上研究主要以传统的引文数据库作为数据源进行研究，不过，一些研究者将作者共被引分析的数据源扩展到了网络环境下，比如 Leydesdorff 和 Vaughan 使用 Google Scholar 的数据分析了信息科学领域的智力结构⑦，邱均平和马瑞敏⑧、马瑞敏等⑨使用 Chinese

---

① 马瑞敏，倪超群．作者耦合分析：一种新学科知识结构发现方法的探索性研究[J]．中国图书馆学报，2012(2)：5-6.

② White H D，Griffith B C. Author Cocitation：A Literature Measure of Intellectual Structure[J]. Journal of the American Society for Information Science，1981，32(3)：163-171.

③ White H D，McCain K W. Visualizing a Discipline：An Author Co-citation Analysis of Information Science，1972-1995[J]. Journal of the American Society for Information Science，1998，49(4)：327-355.

④ White H D. Pathfinder Networks and Author Cocitation Analysis：A Remapping of Paradigmatic Information Scientists[J]. Journal of the American Society for Information Science and Technology，2003，54(5)：423-434.

⑤ Jevremov T，Pajić D，Šipka P. Structure of Personality Psychology Based on Cocitation Analysis of Prominent Authors[J]. Psihologija，2007，40(2)：329-343.

⑥ Osareh F，McCain K W. The Structure of Iranian Chemistry Research，1990-2006：An Author Cocitation Analysis[J]. Journal of the American Society for Information Science and Technology，2008，59(13)：2146-2155.

⑦ Leydesdorff L，Vaughan L. Co-occurrence Matrices and Their Applications in Information Science：Extending ACA to the Web Environment[J]. Journal of the American Society for Information Science and Technology，2006，57(12)：1616-1628.

⑧ 邱均平，马瑞敏．网络环境下 ACA 方法的应用研究[J]．图书情报工作，2009，52(2)：85-87.

⑨ Ma R，Dai Q，Ni C，et al. An Author Co-citation Analysis of Information Science in China with Chinese Google Scholar Search Engine，2004-2006[J]. Scientometrics，2009，81(1)：33-46.

Google Scholar 的数据分析了中国信息科学领域的智力结构。

③作者耦合网络分析。作者耦合关系和作者同被引关系一样，都是通过第三方文献建立的，是一种隐性的、间接的学术关系。两个作者共同引用的文献越多，说明他们的研究兴趣越相近。作者耦合的提出是受到文献耦合(Bibliographic Coupling)的启发①。Zhao 和 Strotmann 首先对信息科学领域的作者文献耦合网络进行了实证分析，证实该方法能够从发文角度探测特定学科领域的智力结构，与从引文角度探测学科智力结构的作者共被引分析相得益彰②。后来，越来越多的研究者加入进来，主要关注作者文献耦合③、作者关键词耦合④以及二者的组合研究⑤。后来，Yan 与 Ding⑥ 以及邱均平和董克⑦对作者合作网络、作者共被引网络和作者耦合网络等进行了系统的比较研究。

3.3.2 学科演进分析模型

3.3.2.1 学科知识演化类型及分析模型

生物进化的遗传变异，社会历史的更迭交替，股票价格的潮起潮落，这些不断波动、不断演化的现象充满于人类社会的各个方面。演化思想同样渗透到了科学研究领域。科学作为一种系统，其结构具有层次性和动态性。著名科学学家贝尔纳指出：科学研究每前进一步，都要重新建立科学结构的模式⑧。学

① 马瑞敏，倪超群．作者耦合分析：一种新学科知识结构发现方法的探索性研究[J]．中国图书馆学报，2012(2)：4.

② Zhao D, Strotmann A. Evolution of Research Activities and Intellectual Influences in Information Science 1996-2005: Introducing Author Bibliographic—Coupling Analysis[J]. Journal of the American Society for Information Science and Technology, 2008, 59(13): 2070-2086.

③ Ma R. Author Bibliographic Coupling Analysis: A Test Based on a Chinese Academic Database[J]. Journal of Informetrics, 2012, 6(4): 532-542.

④ 刘志辉，张志强．作者关键词耦合分析方法及实证研究[J]．情报学报，2010 (2)：268-275.

⑤ 宋艳辉，武夷山．作者文献耦合分析与作者关键词耦合分析比较研究：Scientometrics 实证分析[J]．中国图书馆学报，2014，40(1)：25-38.

⑥ Yan E J, Dan E, Ding Y. Scholarly Network Similarities: How Bibliographic Coupling Networks, Citation Networks, Cocitation Networks, Topical Networks, Coauthorship Networks, and Coword Networks Relate to Each Other[J]. Journal of the American Society for Information Science and Technology, 2012, 63(7): 1313-1326.

⑦ 邱均平，董克．作者共现网络的科学研究结构揭示能力比较研究[J]．中国图书馆学报，2014，40(1)：15-24.

⑧ 邱均平．信息计量学[M]．武汉：武汉大学出版社，2007：23.

科知识结构演化分析(动态研究)是在学科知识结构分析(静态)基础上进行的，一般是通过对若干年的比较，找出其变化趋势。是否能够发现动态环境下的学科结构演化规律，并利用演化规律对学科未来的发展趋势进行前瞻预测，是衡量其存在价值的重要标志之一。

演化分析是以时间为轴的。从时间节点来看，演化分析关注三个阶段：对过去的发展变化进行梳理总结；对当前的最新动态进行跟踪监测；对未来的发展趋势进行前瞻预测。首先，梳理总结过去的情况需要借助时序分析、生命周期分析、老化分析等方法，例如通过引文时序分析挖掘学科结构及发展变化的规律，通过生命周期分析探测某一产品或领域的发展轨迹。其次，监测当前动态需要借助突增分析、渐变分析等方法，例如通过爆发词分析法来监测研究热点，通过"领头羊"分析法来监测网络舆情变化等。最后，预测未来发展需要借助趋势外推、场景预测等方法，例如用 Backcasting 方法来判断，不同的未来场景对于今天的决策意味着什么①。从操作难易程度来看，演化分析包括以下层次：①对单点信息进行跟踪，对其在不同时间段的状态进行连线，可以窥见其演化踪迹。比如，从单篇科技报告可以看出某个问题的技术方案，但把同一问题或同一领域的所有报告聚类在一起，或许可以看出技术方案的演化、技术参数的变化，从中便可探寻演化规律，通过规律对未来的发展进行前瞻预测。②对整体信息进行跟踪，对其在不同时间段的状态进行"切片化快照"，然后将不同的"快照"按照时间先后顺序排列，进行分析其整体演化情况。

按照"知识生产—知识内容—知识传承和交叉融合"的思路从科学文献作者、文献内容和引文的角度对学科知识结构进行分类。与第三章对应，本章按照以上思路将学科知识结构演化分为学科合作结构演化、学科主题结构演化、学科知识基础、学科研究前沿和学科预测五种类型，同时围绕学科知识可视化分析模式中的三个核心环节(知识单元选取、知识单元关系构建和可视化)便可对不同类型的学科知识结构演化进行可视化，不同之处在于本章引入了时间这一重要因素，分析框架如图 3-5 所示。学科合作结构演化关注学科知识生产者间的科学交流随时间的变化情况。学科主题结构演化关注学科知识内容随时间的变化状况。至于学科知识基础、学科研究前沿和学科预测，它们整体上具有随时间演化的属性，可看作是学科结构演化分析三个阶段(过去、现在和未来)的有机组成部分。

---

① 化柏林，武夷山．动态环境需要演化分析[J]．情报学报，2013，32(9)．

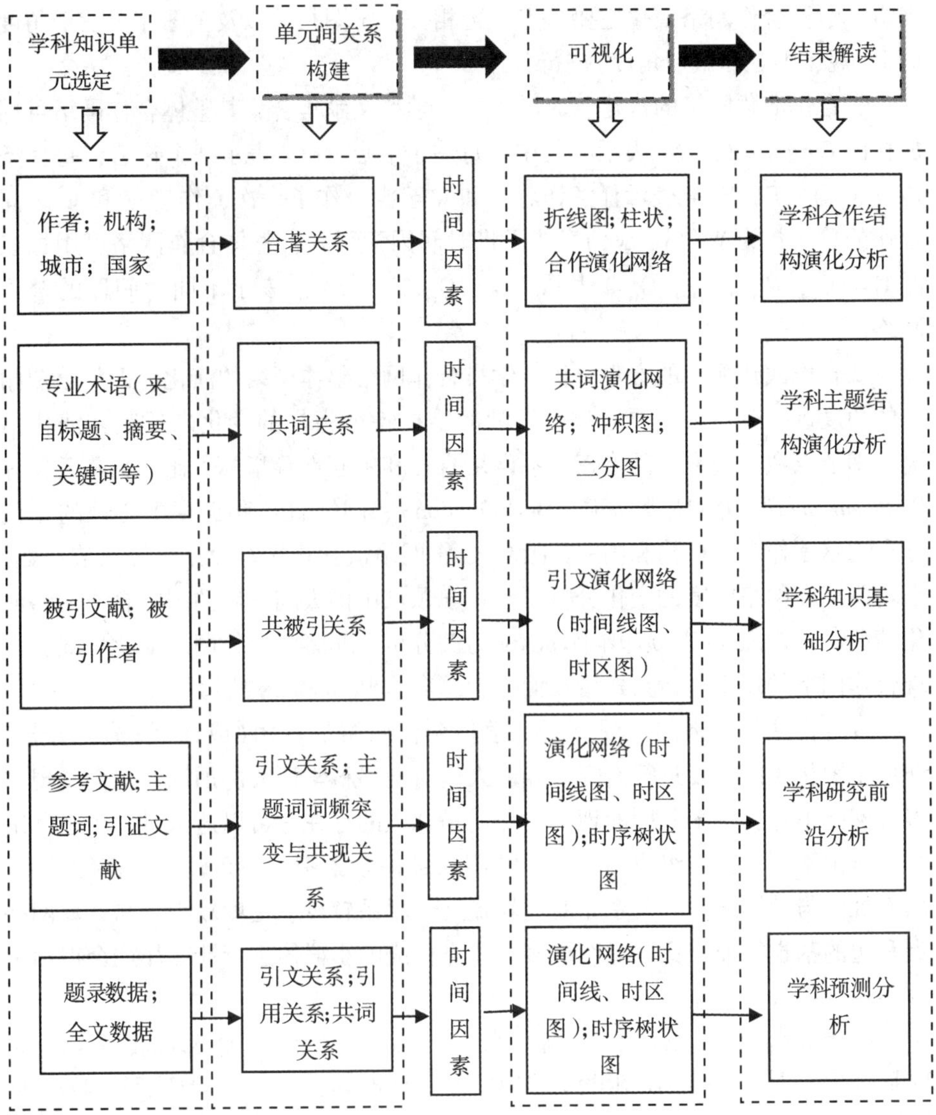

图 3-5　学科知识演化分析模型

3.3.2.2　学科知识演化分析

(1)学科合作结构演化分析

学科合作演化分析指将时间因素加入到学科合作分析中，主要包括加入时间维度的基本统计分析和学科合作网络演化分析。自 Barabasi 等发表学科合作网络演化机制的研究成果后①，有关学科合作网络演化的研究不断涌现。目前来讲，学科合作网络演化主要从点、边相关、子图相关以及全图相关三个角度（即宏观、中观和微观角度）进行分析。

①合作演化网络的构建。对应于某一学科文献集合，其整体合作网络可用加权图 $G=\{V, E, W\}$ 表示，其中，每一个节点 $v \in V$ 表示一个作者，每一条边 $(v, w) \in E \subseteq V \times V$ 表示任意作者 v 和 w 至少合作了一次，作者 v 和 w 之间合作的总次数为 $W((v, w))$。如果将时间因素引入，整体合作网络可用加权图 $G=\{G_t, G_{t+1}, \cdots, G_{t+n}\}$ 表示，G_t，G_{t+1}，…，G_{t+n} 表示不同时间段的合作网络。

②合作演化网络的宏观分析。学科合作网络整体网络的演化，即从全图相关的角度进行分析，主要通过一系列的结构特征指标的变化来反映其演化情况，即节点数、边数、网络密度、网络直径和中心性等指标。比如，陈云伟等以 *Scientometrics* 为例从紧密度（Densification）、网络直径和点度中心性的年代分布揭示了作者、机构和国家（地区）合作网络演化情况②。Zhai 等从节点数、平均距离和网络密度的变化分析了管理学领域中国大陆学者的国际合作网络演化情况③。Viana 等以预印本库 arXiv 为例分析了作者的合作网络演化情况，发现合作网络的规模呈指数式增长而作者总数呈 Power Law 式增长④。

③合作演化网络的中观分析。学科合作网络的社团（或社区）演化分析，即从子图相关的角度进行研究。随着人们对网络科学研究的加深，他们发现在多种网络中存在一个共同的现象，那就是社团的存在。可以这么讲，一个网络可看作由不同的社团组成的，每个社团内部关系紧密、联系较多、密度较大，然而社团与社团之间的关系相对比较疏远，联系较少、密度较小。与计算网络点和边的基本特征相比，对网络多个节点构成的小群体进行计算往往会得出更

---

① Barabási A L, Jeong H, Néda Z, et al. Evolution of the Social Network of Scientific Collaborations[J]. Physica A: Statistical Mechanics and its Applications, 2002, 311(3): 590-614.

② Chen Y, Börner K, Fang S. Evolving Collaboration Networks in Scientometrics in 1978-2010: A Micro-macro Analysis[J]. Scientometrics, 2013, 95(3): 1051-1070.

③ Zhai L, Yan X, Shibchurn J, et al. Evolutionary Analysis of International Collaboration Network of Chinese Scholars in Management Research[J]. Scientometrics, 2014, 98(2): 1435-1454.

④ Viana M P, Amancio D R, da F Costa L. On Time-varying Collaboration Networks[J]. Journal of Informetrics, 2013, 7(2): 371-378.

有意义的结果。在学科合作网络中，通常处于一个机构的作者或者研究同一个方向的课题的作者之间容易形成一个社团。

在学科合作网络中，网络中的社团是随着时间不断变化的。在不同的时间段，社团的数量、大小、密度、结构等属性并不一致，所以社团的演化既包括社团自身内部节点、关系和结构的变化，也包括社团间关系和位置的变化。Palla 等将社团演化的类型分为六种：产生(Birth)、消亡(Death)、分裂(Splitting)、合并(Merging)、扩张(Growth)和收缩(Contradiction)①。产生指 t 时间段不存在的社区，在 $t+1$ 时间段产生；消亡指前 t 时间段存在的社区，在 $t+1$ 时间段没有存在；分裂指前 t 时间段的社区，$t+1$ 时间段分化成为两个或多个新的社区；合并指前 t 时间段的两个或者多个社区，在 $t+1$ 时间段合成一个新的社区；扩张指前 t 时间段存在的社区，在 $t+1$ 时间段继续存在，但规模扩大；收缩指前 t 时间段存在的社区，在 $t+1$ 时间段继续存在，但规模缩小②。这六种演化过程，均涉及 t 和 $t+1$ 两个连续时间段的社区关系，所以分析学科合作网络的演化过程就简化为 t 时段的所有网络社区寻找前驱和后继。寻找前驱和后继的方法主要有三种：两个社区点重合度、两个社区关系重合度以及前两者的结合。

(2)学科主题结构演化分析

科学研究的成果常以学术文献的形式呈现，这些文献中的关键词可以被视为文献的“指纹”③，代表了学术文献的研究主题④。学科主题分析主要包括词频分析和共词网络分析两方面内容。前者通过词频高低揭示学科主题，后者利用文献中的关键词共现关系构建共词网络以揭示待定学科领域的科研主题及其相互关系。如果将时间因素引入，关键词的词频演化以及不同时间段上的共词网络的演化，都可以揭示研究主题的演化。那么，学科主题演化分析主要包括词频演化分析和主题演化网络分析。

①词频演化分析。研究者根据关键词在不同时间段的出现频率可以在一定

---

① Palla G, Barabási A L, Vicsek T. Quantifying Social Group Evolution[J]. Nature, 2007, 446(7136): 664-667.

② 王晓光，程齐凯．基于 NEViewer 的学科主题演化可视化分析[J]. 情报学报，2013, 32(9): 903.

③ Börner K, Chen C, Boyack K W. Visualizing Knowledge Domains[J]. Annual Review of Information Science and Technology, 2003, 37(1): 179-255.

④ 王晓光．科学知识网络的形成和演化(Ⅰ)：共词网络方法的提出[J]. 情报学报，2009, 28(4): 599-605.

程度上探测学科研究主题随时间变化的情况，通常会采用直观的图表形式去反映学科研究主题的演化情况。比如，Havre 等用 ThemeRiver 的方式展现关键词在时间维度上的演化情况，不同颜色的河流表示不同意义的关键词，河流的宽窄表示关键词词频的高低①；Swan 和 Jensen 开发了 TimeMines 系统，可以从数据样本中选取有意义的关键词，然后通过 Timeline 视图去展示关键词随时间演化的情况②。

②共词网络演化分析。与学科合作网络的演化相比，二者的理论依据和研究方法非常相似：首先，科学是由一群保持学术交流的研究人员及其所生产的一系列彼此相关的知识组成，作者和作者提供的关键词可看作是“科学”问题的两个主要方面，只是研究角度不同，作者是从社会人的角度出发，作者提供的关键词是从社会人产生知识的角度出发；其次，作为特定类型的学科知识单元，网络科学和数据科学的理论和方法对它们都是适用的。二者的区别主要在于：首先，作者具有唯一性而关键词在不同语境中的含义会有不同，在学科主题网络的研究当中，要进行关键词的语法、语义和语用处理，涉及自然语言处理技术、本体和语义技术等；其次，学科合作网络中社团易于探测且社团的类名容易标识，而共词网络中社团难以探测且社团的类名难以标识。目前，学科主题演化网络也主要从点、边相关、子图相关以及全图相关三个角度(即宏观、中观和微观角度)进行分析。

共词演化网络的构建。对应于某一学科文献集合，其学科主题网络可用加权图 $G=\{V, E, W\}$ 表示，其中，每一个节点 $v\in V$ 表示一个关键词，每一条边 $(v, w)\in E\subseteq V\times V$ 表示任意关键词 v 和 w 至少共现了一次，关键词 v 和 w 之间共现的总次数为 $W((v, w))$。如果将时间因素引入，学科主题网络可用加权图 $G=\{G_t, G_{t+1}, \cdots, G_{t+n}\}$ 表示，G_t，G_{t+1}，…，G_{t+n} 表示不同时间段的主题网络。

共词演化网络宏观分析。学科主题网络整体网络的演化，即从全图相关的角度进行分析，主要通过一系列的结构特征指标的变化来反映演化情况，即节点数、边数和中心性等指标。比如，邱小花等对国外图书情报学领域不同年度

① Havre S, Hetzler E, Whitney P, et al. Themeriver: Visualizing Thematic Changes in Large Document Collections[J]. Visualization and Computer Graphics, IEEE Transactions on, 2002, 8(1): 9-20.

② Swan R, Jensen D. Time Mines: Constructing Timelines with Statistical Models of Word Usage[C]//KDD-2000 Workshop on Text Mining, 2000: 73-80.

(2002—2003、2004—2005、2006—2007、2008—2009)的共词网络进行分析以揭示学科主题演化情况①；Viedma 等通过共词网络对 *Psychophysiology* 期刊 1964—2008 年(分为 1964—1978、1979—1988、1989—1998 和 1999—2008 四个阶段)所刊载的论文的主题演化进行分析②。

共词演化网络中观分析。学科主题网络的社团演化分析，即从子图相关的角度进行分析。Cobo 等提出了一种基于共词网络的学科主题演化可视化分析框架③，与 Cobo 等人相似，程齐凯和王晓光也提出了一种基于共词网络社区的学科主题演化分析框架④并且学科将主题演化分析的流程设置如下，首先，对原始的科学文献进行处理，得到一系列时序共词网络。其次，通过社区发现算法找到每个时段上的网络社区，并为每个社区赋予主题标识。接着利用相关性算法，探测前后时段中网络社区间的相关性，以此确定社区演化关系，最后利用信息可视化方法展示这一过程。

(3)学科知识基础分析

学科知识基础(Knowledge Base 或 Intellectual Base)指某一个研究领域(Speciality)中被研究人员所共知和广泛接受的学术思想、学术理论、技术方法、实验结果以及尚在激烈争论中的学术思想。作为学术思想、学术理论、技术方法和实验结果记录和传播的载体，不断积累的文献可看作学科发展的知识基础。因此，参考文献(或引文)可看作学科知识基础的测度单元⑤。Small 认为由共被引文献形成的引文簇能够测度某一个学科领域的知识基础⑥。Zhao 和 Strotmann 认为由作者共被引分析通常选定某一学科领域的高被引作者作为

---

① 邱小花，李国俊，肖明．基于 Sci2 的国外图书馆学情报学研究主题演变分析——以共词分析为例[J]．情报杂志，2013 (12)：110-118.

② Viedma-Del-Jesus M I, Perakakis P, Muñoz M Á, et al. Sketching the First 45 Years of the Journal Psychophysiology (1964-2008): A Co-word-based Analysis[J]. Psychophysiology, 2011, 48(8): 1029-1036.

③ Cobo M J, López Herrera A G, Herrera Viedma E, et al. An Approach for Detecting, Quantifying, and Visualizing the Evolution of a Research Field: A Practical Application to the Fuzzy Sets Theory Field[J]. Journal of Informetrics, 2011, 5(1): 146-166.

④ 程齐凯，王晓光．一种基于共词网络社区的科研主题演化分析框架[J]．图书情报工作，2013, 57(8): 91-96.

⑤ Scharnhorst, A, Börner, K, van den Besselaar, P. Models of Science Dynamics: Encounters between Complexity Theory and Information Sciences[M]. Springer, 2012: 18.

⑥ Small H G. A Co-citation Model of a Scientific Specialty: A Longitudinal Study of Collagen Research[J]. Social Studies of Science, 1977: 139-166.

研究对象，其所揭示的智力结构能够代表该领域的知识基础①。因此，文献共被引分析和作者共被引分析是研究学科知识基础的方法。陈超美认为："对于文献共被引分析和作者共被引分析，我们就像是戴了两副不同的眼镜，能够从不同的角度对同一个研究主题进行透视，进而去发现有意义的结果②。"从文献撰写的角度来讲，被引文献是由被引作者撰写而成的，二者是密不可分的学科知识单元，被引文献代表了被引作者当时的学术思想和学术成果。

①文献共被引网络分析。主要是发现文献共被引网络中的早期经典文献、高被引文献和关键节点文献，也就是从时间、被引频次和中心性三个方面进行分析。一是发现早期经典文献，早期奠基性文献是学科领域后期发展的坚实基础。二是发现高被引文献，文献的被引频次高低可以在一定程度上反映文献的学术影响力和经典程度。通常来讲，高被引文献中传递的知识易在某一时间段内获得较多研究者的认同，并且相关研究者往往将这些高被引文献内所包含的观点、知识作为开展下一步研究的知识基础③。三是发现关键节点文献，文献共被引网络中具有高中介中心性的节点文献可反映该文献对某学科研究领域的枢纽和桥梁作用，即它们处于网络中不同类型的连接路径上，是学科内部交叉或学科之间交叉的重要知识基础。比如，赵蓉英和王菊以 WoS 为数据源并借助 Citespace 对图书馆学领域的知识基础进行了系统的研究④。

②作者共被引网络分析。与文献共被引相似，这里的作者共被引网络分析主要是发现作者共被引网络中的早期奠基人、高被引作者和关键节点作者，也是从时间、被引频次和中心性三个方面进行分析的。一是发现早期奠基人，他们的开拓性工作为以后的研究打下基础。二是发现高被引作者，即他们的研究成果获得其他多数研究者的肯定和认同，这是目前主要的使用方式，比如 Persson 对 1986—1990 年 JASIS 中的高被引作者进行分析，认为他们是该领域

① Zhao D，Strotmann A. The Knowledge Base and Research front of Information Science 2006-2010：An Author Co-citation and Bibliographic Coupling Analysis［J］. Journal of the American Society for Information Science and Technology，2014，65(5)：995-1006.

② Chen，C. Mapping Scientific Frontiers：The Quest for Knowledge Visualization［M］. Springer，2013：180.

③ 邱均平，吕红 . 近五年国际图书情报学研究热点，前沿及其知识基础——基于 17 种外文期刊知识图谱的可视化分析［J］. 图书情报知识，2013（3）：10.

④ 赵蓉英，王菊 . 图书馆学知识图谱分析［J］. 中国图书馆学报，2011，37(2)：40-50.

的知识基础①；Zhao 和 Strotmann 以 2006—2010 年信息科学领域文献为研究对象，使用因子分析和作者共被引分析相结合的方法去发现该领域的知识基础②。三是发现关键节点作者，即他们处于作者共被引网络的枢纽位置，往往是本学科不同研究主题的交叉点甚至是学科潜在的生长点。

(4)学科研究前沿分析

与学科知识基础密切相关的概念是学科研究前沿(Research Front)，研究者经常把二者放在一起研究，根源在于学科研究前沿不是凭空出现的，是建立在已有的学科知识基础上。目前来看，研究前沿并未有统一的认识和定义，与研究前沿相似或相近的概念有新兴研究领域(Emerging Research Domain)、新兴趋势(Emerging Trend)、趋势(Trends)以及潜在研究领域(Latent Knowledge Domain)等。“研究前沿”这一概念最早由美国科学计量学家普赖斯提出，用来描述研究领域的动态本质，普赖斯观察到科学家似乎倾向于引用最新发表的文章，并将其称为即时因子(Immediacy Factor)，他认为某个学科领域的研究前沿由 30~50 篇最近发表的被科学家积极引用的文章组成，即科学引文网络中经常被引用且近期发表的文献集合③。后来，Small 和 Griffith 认为特定领域的共被引文献簇代表该领域的研究前沿④；Persson 认为特定领域的研究前沿就是该领域同被引文献簇的引证文献簇⑤；Garfield 认为特定领域的研究前沿是该领域共被引文献簇及其引证文献簇一起组成的文献集合⑥；Morris 等认为研究前沿指经常引用一组固定不变的基本文章的文献簇(即通过文献耦合去确定研究前沿)⑦；陈超美认为研究前沿是正在兴起的理论趋势和新主题的涌现

① Persson O. The Intellectual Base and Research Fronts of JASIS 1986-1990[J]. Journal of the American Society for Information Science, 1994, 45(1): 31-38.

② Zhao D, Strotmann A. The Knowledge Base and Research Front of Information Science 2006-2010: An Author Co-citation and Bibliographic Coupling Analysis [J]. Journal of the American Society for Information Science and Technology, 2014, 65(5): 995-1006.

③ Price D D. Networks of Scientific Papers[J]. Science(S0036-8075), 1965(149): 510-515.

④ Small H, Griffith B C. The Structure of Scientific Literatures I: Identifying and Graphing Specialties[J]. Science Studies, 1974: 17-40.

⑤ Persson O. The Intellectual Base and Research Fronts of JASIS 1986-1990[J]. Journal of the American Society for Information Science, 1994, 45(1): 31-38.

⑥ Garfield E. Research Fronts[J]. Current Contents, 1994, 41(10): 3-7.

⑦ Morris S A, Yen G, Wu Z, et al. Time line Visualization of Research Fronts [J]. Journal of the American Society for Information Science and Technology, 2003, 54(5): 413-422.

(通过检测同被引文献簇的引证文献簇中的专业术语突增去确定研究前沿)①。Scharnhorst 等持有综合性的观点，他认为：从狭义角度来讲，汤森路透的科学观察(Science Watch)网站将研究前沿界定为近五年的高被引论文簇；从广义角度来讲，无论高被引与否，某学科领域当前发表的文献或该领域的最新进展都看作研究前沿②。本书赞同广义角度的定义，学科研究前沿指科学研究中新兴的、先进的、具有很强发展潜力的研究主题或研究领域③。

研究前沿的出现往往依赖于新的科学理论、科学技术和科学发现。这些新的理论、技术和发现往往伴随着异常文献计量学特征的出现，跟踪和探测这些异变特征有可能揭示某学科领域的研究前沿。典型的异常特征包括：新主题词大量出现，而且增速很大；词间关系或主题关系受到其他学科的影响而发生变化；主题词由于新现象的出现而发生含义的变化；某主题的文章发表数量发生异常变化，可能突增或者突减；代表新领域的新期刊可能会出现；科学引文网络或期刊网络发生异常变化④。针对科学研究中的异常文献计量学特征，不同领域的科学家提出了不同的方法与技术用于探测和揭示研究前沿。从研究前沿的发展史可知，研究者主要从引文角度和主题词角度对研究前沿进行研究，即以引文分析法和主题词分析法为主，其中基于引文分析法探测研究前沿主要包括直接引用分析、同被引分析和耦合分析，基于主题词分析法探测研究前沿主要包括主题词突变和共词分析。随着网络科学、数据科学和可视化分析的普及，引文法分析法和主题词分析法有了新的发展，不同的社团检测算法被引入进来对引文网络和共词网络进行聚类。目前，学科研究前沿分析主要包括以下内容。

①直接引文网络分析。通过直接引文网络分析去探测学科研究前沿的研究成果不多，通常会引入复杂网络的社团结构探测算法进行分析，比如 Newman 算法⑤。Shibata 等利用 Newman 提出的社团结构探测算法对镓化氮(Gallium

---

① Chen C. CiteSpace II: Detecting and Visualizing Emerging Trends and Transient Patterns in Scientific Literature[J]. Journal of the American Society for Information Science and Technology, 2006, 57(3): 359-377.

② Scharnhorst, A, Börner, K, van den Besselaar, P. Models of Science Dynamics: Encounters Between Complexity Theory and Information Sciences[M]. Springer, 2012: 21.

③ 陈仕吉. 科学研究前沿探测方法综述[J]. 现代图书情报技术, 2009(9): 28.

④ 陈仕吉. 科学研究前沿探测方法综述[J]. 现代图书情报技术, 2009(9): 28-33.

⑤ Newman M E J. Fast Algorithm for Detecting Community Structure in Networks[J]. Physical Review E, 2004, 69(6): 066133.

Nitride, GaN)和复杂网络两个研究领域进行引文网络的聚类分析，并分析聚类结果中论文簇的平均年(Average Age)和不同时间段论文簇之间的父子关系(Parent-children Relationship)来确定研究前沿①；Takeda 和 Kajikawa 也使用 Newman 的算法探测光学领域的研究前沿②；后来，Shibata 等又以碳纳米管(Carbon Nanatube)、镓化氮以及复杂网络三个领域为例，使用 Newman 算法对文献的直接引用网络、共被引网络和偶和网络进行聚类分析，然后比较了不同网络探测研究前沿的效果，结果显示直接引用网络的效果最好，能更早地探测学科研究前沿③。

②同被引网络分析。主要是通过同被引文献的聚类分析来探测学科研究前沿，这是目前常用的做法，其中的关键点包括：一是给数据源限定一个时间范围，一般选择近十年来发表的高被引论文；二是采用不同的文献聚类算法，比如简单的共被引阈值设定法和单链接聚类法(Single-link Clustering Method④)等。

简单的共被引阈值设定法。汤森路透的 ESI，即基本科学指标将研究前沿定义为一系列高被引论文(核心论文)的聚类。具体来讲，ESI 对过去 11 年 WoS 中所有 SCIE 和 SSCI 论文的被引频次进行相应统计，将所有 22 个学科领域中被引频次最高的前 1%论文确定为高被引论文(Highly Cited Paper 或 Core Paper)。ESI 以近 6 年被 SCIE 和 SSCI 收录的高被引论文为基础，通过文献共被引分析和聚类分析产生一系列的论文集合作为不同学科领域的研究前沿。根据特定共被引的阈值，研究前沿可划分为不同的文献聚类类团，ESI 主要采用半自动的方法(分析高频单词短语和人工判别结合)对类团进行主题标识⑤。

---

① Shibata N, Kajikawa Y, Takeda Y, et al. Detecting Emerging Research Fronts Based on Topological Measures in Citation Networks of Scientific Publications[J]. Technovation, 2008, 28(11): 758-775.

② Takeda Y, Kajikawa Y. Optics: A Bibliometric Approach to Detect Emerging Research Domains and Intellectual Bases[J]. Scientometrics, 2009, 78(3): 543-558.

③ Shibata N, Kajikawa Y, Takeda Y, et al. Comparative Study on Methods of Detecting Research Fronts Using Different Types of Citation [J]. Journal of the American Society for Information Science and Technology, 2009, 60(3): 571-580.

④ Small H, Sweeney E, Greenlee E. Clustering the Science Citation Index Using Co-citations. II. Mapping Science[J]. Scientometrics, 1985, 8(5): 321-340.

⑤ Overview of Research Fronts[EB/OL]. [2014-03-06]. http: //esi. webofknowledge. com/help /h_datres. htm.

单链接聚类法。日本科学技术政策研究所沿用ESI的做法，使用单链接聚类法测度高被引论文两两间的共被引关系，并根据测度结果对高被引论文进行聚类，最终形成若干论文簇即研究前沿。不过，其在此基础上利用同被引关系对研究前沿再次进行聚类(与第一次聚类方法相同，只不过将每个研究前沿当作一篇“超级文献”)，得到的若干论文簇称为研究领域(Research Area，RA)，每个研究领域的命名主要采用关键词分析和专家判别相结合的方式①。此外，日本科学技术政策研究所还进行了热点研究领域(Hot Research Area)方面的研究，热点研究领域就是活动频度高的研究领域，其识别步骤如下：第一步是确定热点研究前沿，首先计算所有研究前沿的篇均被引频次及其年均增长率，其次计算ESI中22个学科类别的篇均被引频次和年均增长率，最后认定篇均被引频次及其年均增长率高于所属学科类别平均增长率的研究前沿为热点研究前沿；第二步是通过热点研究前沿的数量去判断热点研究领域，判断标准是该领域要包含四个及四个以上热点研究前沿②。

③耦合网络分析。虽然文献共被引方法是探测学科研究前沿的常用做法，但是将文献耦合方法与特定聚类算法结合起来去探测学科研究前沿是对文献共被引的有益补充，正引起越来越多的研究者的关注③。

文献耦合分析。文献耦合是指两篇论文同时引用一篇或者多篇论文的现象④。通过文献耦合分析能够探测学科研究前沿，比如，Morris等对WoS中1981—2001年炭疽病论文进行文献耦合分析，然后用层次聚类法进行聚类(共十个聚类，聚类的类名由相应领域的专家人工确定)，用时序树状图展示不同聚类随时间的演化情况，并从中识别该领域的研究前沿⑤；Jarneving将文献耦合方法与全链接聚类法(Complete Link Cluster Method)相结合去分析多个领域

① Igami, M. and A. Saka. Capturing the Evolving Nature of Science, the Development of New Scientific Indicators and the Mapping of Science[R]. OECD Publishing, 2007: 9.

② Igami, M. and A. Saka. Capturing the Evolving Nature of Science, the Development of New Scientific Indicators and the Mapping of Science[R]. OECD Publishing, 2007: 8-12.

③ Jarneving B. Bibliographic Coupling and its Application to Research-front and Other Core Documents[J]. Journal of Informetrics, 2007, 1(4): 291.

④ 马瑞敏，倪超群. 作者耦合分析：一种新学科知识结构发现方法的探索性研究[J]. 中国图书馆学报，2012(2)：4.

⑤ Morris S A, Yen G, Wu Z, et al. Time Line Visualization of Research Fronts[J]. Journal of the American Society for Information Science and Technology, 2003, 54(5): 413-422.

的研究前沿①。文献耦合有两个显著的特点：反映的是引证文献之间的静态结构，以及其耦合关系不会随时间的变化而变化。这种静态特征保证其在探测学科研究前沿时具有较强的可靠性。

作者耦合分析。作者耦合的提出受到文献耦合的启发。虽然它们的关系相似，但是作者耦合有自己独有的特点。作者耦合具有动态的特征，两个作者之间的关系并不是固定不变的，因为作者之间的耦合强度会随着时间的推移增强（至少保持不变），也就是只要他们不断地发表论文，他们之间的关系至少保持不变。目前，运用作者耦合去探测学科研究前沿的研究还不多，比如，Zhao 和 Strotmann 认为作者文献耦合分析直接研究某一学科领域的活跃研究者（Active Researchers），认为其所揭示的智力结构能够代表该领域的研究前沿②。本书认为，使用作者耦合去探测学科研究前沿是对文献耦合的一个有益补充，文献耦合反映的是作者已有成果，而作者耦合反映的是作者正在进行的研究，如果将二者结合去分析学科研究前沿，将会取得更加全面的结论。

④专业术语突变分析。英国华裔专家陈超美认为某一研究领域（Speciality）的发展演化基于两个概念——“研究前沿”（Research Front）和“知识基础”（Intellectual Base）间的时变对偶（Time-variant Duality）。他认为研究前沿可以定义为一个研究领域的发展状况（如研究思路），那么研究前沿的引文就形成了相应的知识基础。一个研究领域可以被概念化成一个从研究前沿 $\psi(t)$ 到知识基础 $\Omega(t)$ 的时间映射 $\Phi(t)$，即 $\Phi(t):\psi(t)\rightarrow\Omega(t)$

并且他提出了一种能够识别和显示 $\Phi(t)$ 随时间发展的新趋势和突变的普适方法。在这里，$\psi(t)$ 是一组在 t 时刻与新趋势和突变密切相关的词和短语（如专业术语），这些专业术语被称作研究前沿术语。$\Omega(t)$ 由出现前沿术语的文章引用的大量文章组成，它们之间的关系如下：

$$\Phi(t):\psi(t)\rightarrow\Omega(t)$$

$$\psi(t)=\{\text{term}\mid \text{term}\in \text{Stitle}\cup \text{Sibstract}\cup \text{Sdescriptor}\cup \text{Sidentifier}\wedge \text{IsHotTopic}(\text{term},\ t)\}$$

$$\Omega(t)=\{\text{article}\mid \text{term}\in\Psi_t\wedge \text{term}\in \text{article}_0\wedge \text{article}_0\rightarrow \text{article}\}$$

① Jarneving B. Bibliographic Coupling and its Application to Research-Front and Other Core Documents[J]. Journal of Informetrics, 2007, 1(4): 287-307.

② Zhao D, Strotmann A. Knowledge Base and Research Front of Information Science 2006-2010 an Author Co-citation and Bibliographic Coupling Analysis[J]. Journal of the American Society for Information Science and Technology, 2014.

S_{title}表示一系列标题专业术语，IsHotTopic(term，t)表示布尔函数，$article_0 \rightarrow article$ 表示 $article_0$ 引用 article①。那么，通过对共被引文章和引用这些文章的术语的复合网络进行研究，能够探测正在兴起的理论和主题发展新趋势，即研究前沿，可以用从题目、摘要中提取的专业术语和频率激增的专业术语进行标识。

Kleinberg 于 2002 年提出了考虑词频变化密度的跳跃检测算法(Burst Detection Algorithm)，辨识数据集合中具有高集中性、高密度性(即具有突然增长特性)的关键词，这一特性适用于辨别新兴研究前沿中的专业术语概念②。陈超美开发的 Citespace 软件就采用跳跃检测算法检测突变专业术语，对于识别出的突变专业术语，要经过相应领域专家的识别和确认，以验证其准确性。Mane 和 Börner 以 PNAS(*Proceeding of the National Academy of Sciences*)杂志 1982—2001 年论文为研究数据，使用 Kleinberg 跳跃检测算法选择高频词来做共词分析，探测其主要研究主题及发展趋势③。

(5)学科预测分析

从总体上讲，学科预测是指依据已有的经验知识和学科发展规律等并通过一定的方法技术对某一学科的总体发展趋势做出判断。具体到细节，指的是对潜在科学合作关系、潜在高水平作者、潜在高被引论文和潜在研究主题等做出判断。常用的学科预测分析方法包括定性方法和定量方法，前者主要包括专家意见法等，后者主要包括科学计量学方法、复杂网络分析法(比如 Link Prediction，链接预测法④)和机器学习法等，比如 Shibata 等使用机器学习法从文本语义特征(TF-IDT 向量的 Cosine 相似度)、拓扑特征(比如共同拥有的相邻节点数、中介中心性的不同和入链数的不同等)和属性特征(比如所拥有的共同作者数、是否自引和是否发表在相同杂志等)对引文网络进行研究，能够

① 陈超美，陈悦，侯剑华，等. CiteSpace Ⅱ：科学文献中新趋势与新动态的识别与可视化[J]. 情报学报，2009(3)：402-403.

② Kleinberg J. Bursty and Hierarchical Structure in Streams [J]. Data Mining and Knowledge Discovery，2003，7(4)：373-397.

③ Mane K K，Börner K. Mapping Topics and Topic Bursts in PNAS[J]. Proceedings of the National Academy of Sciences，2004，101(Suppl 1)：5287-5290.

④ Liben-Nowell D，Kleinberg J. The Link-prediction Problem for Social Networks [J]. Journal of the American Society for Information Science and Technology，2007，58(7)：1019-1031.

实现学者撰文时推荐引用哪些参考文献以及识别核心文献等功能①。

①学科合作预测。学科合作预测主要包括依据学科合作网络拓扑结构进行预测和依据学科合作的地域、社会、心理和认知特征等进行预测。目前来看，依据合作网络的拓扑特征易于操作，而从社会、地域或心理特征出发进行研究比较困难。比如，Yan 和 Guns 以图书情报学为例，从作者、机构和国家合作网络的八种拓扑结构特征(比如 Katz 系数、优先链接系数、Jaccard 系数和 SimRank 系数等)出发对潜在的合作关系进行预测②；Guns 和 Rousseau 以非洲国家在疟疾和结核病领域的作者合作网络为例，运用链接预测法和机器学习法通过一系列预测指标(比如加权 Katz 系数、加权图的距离和加权 SimRank 系数等)去预测潜在的作者合作关系③。

②高被引论文预测。在全文本引文分析中，考虑到全文环境，可以对引文在论文中被提及的次数来计算总被引次数，即对引文总被引次数进行全新的加权计算，这能比传统的方法更容易发现较新的高被引论文，或者说能更早更快地识别出高被引论文。因此，可以用来挖掘和预测新的高被引论文，在科学评价和科学预测等领域有着非常重要的应用价值。比如，胡志刚等以 *Journal of Informetrics* 为例对传统方法与新方法在确定高被引论文方面的结果进行了比较分析④。

此外，还有学科研究主题方面的预测，这与学科研究前沿几乎相同，即要揭示潜在的研究主题和研究趋势，可以通过关键词词频的历年变化和专业术语的突变分析检测到学科的新兴研究主题。

---

① Shibata N, Kajikawa Y, Sakata I. Link Prediction in Citation Networks[J]. Journal of the American Society for Information Science and Technology, 2012, 63(1): 78-85.

② Yan E, Guns R. Predicting and Recommending Collaborations: An Author-, Institution-, and Country-level Analysis[J]. Journal of Informetrics, 2014, 8(2): 295-309.

③ Guns R, Rousseau R. Recommending Research Collaborations Using Link Prediction and Random Forest Classifiers[J]. Scientometrics, 2014, 98(1): 1-13.

④ 胡志刚，陈超美，刘则渊，等. 从基于引文到基于引用——一种统计引文总被引次数的新方法[J]. 图书情报工作，57(21)：5-10.

4　文献型数据源与分析工具

“巧妇难为无米之炊”。信息计量分析亦如此：在信息计量研究过程中，确立好信息计量研究对象之后，却无法收集到所需要的数据源，从而无法进一步开展计量研究工作，那么这将被看作是一次不完美甚至失败的计量研究工作。由此可见信息源对信息计量研究工作的重要性。

在信息计量过程中，数据收集与分析工具的建立，为信息计量的数据源获取提供了便利条件。本章主要介绍几种常见的数据收集与分析工具：SCIE、Scopus、Springer、CNKI、CSSCI 和 CCD。

4.1　SCIE

4.1.1　SCIE 简介

科学引文索引扩展版(Science Citation Index Expanded，简称 SCIE)是 Web of Science 的大型引文数据库之一，由汤森路透公司在原有的 SCI 文摘版源刊基础上精选了另外的部分杂志所形成的网络版，并包括其全部的参考文献，是权威的科学技术文献检索工具，也是使用最为普遍的学术评价工具，有英文、中文、韩文等多语言数据库。

4.1.2　资源概况

SCIE 收录全球自然科学、工程技术、临床医学等领域内 170 多个学科的 8600 多种有影响力的学术刊物，数据可回溯至 1900 年。目前武汉大学图书馆订购的是 1979 年以来的数据。数据库每周更新。

在地址栏中输入网址 http：//www. isinet. com/cgi-bin/jrnlst/jloptions. cgi? PC=D，可以查看 SCIE 收录的期刊列表。

4.1.3 操作方法

4.1.3.1 数据检索方式

在地址栏中输入网址 http：///apps. webofknavledge. com，或点击武汉大学图书馆外文数据库中的 SCIE/SSCI/A&HCI 数据库，登录 Web of Science 数据库，界面如图 4-1 所示。数据库提供多种数据文献检索方式：基本检索(Basic Search)、作者检索(Author Search)、被引文献检索(Cited Reference Search)、结构检索(Structure Search)和高级检索(Advanced Search)。

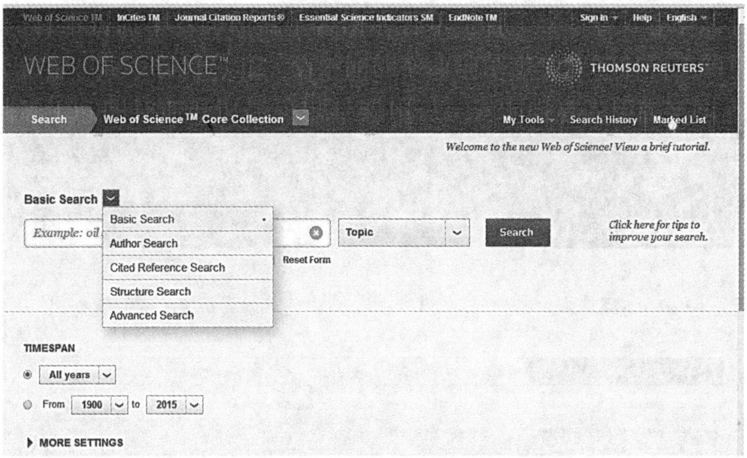

图 4-1 Web of Science 数据库登录界面

(1)基本检索

基本检索可以通过主题词、题名、作者、编辑、出版年份、文献编号、地址、参考文献、语言类型、文献种类等展开检索。在检索框中输入"Scientometrics"并进行检索，可以搜集到 941 条数据文献，检索结果界面如图 4-2 所示。

(2)作者检索

作者检索途径须经三步：第一步输入作者姓名，第二步选择研究领域，第三步选择组织机构，实现检索过程，如图 4-3 所示。

(3)被引文献检索

被引文献检索是 Web of Science 的一个强大检索方法，用于查询数据文献的被引情况，挖掘引证某篇数据文献的各种数据文献。被引文献检索界面如图

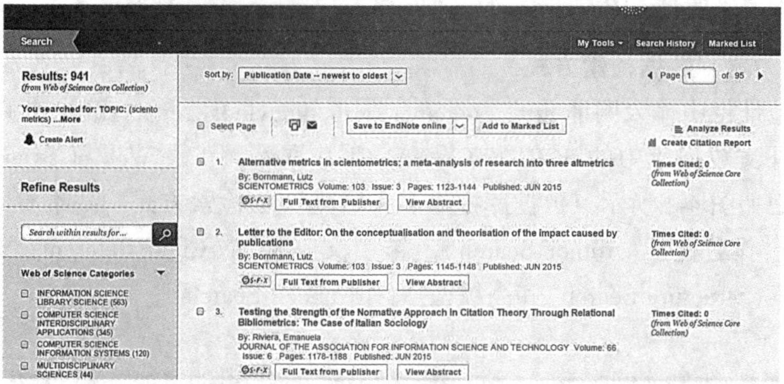

图 4-2 Web of Science 数据库检索结果示例

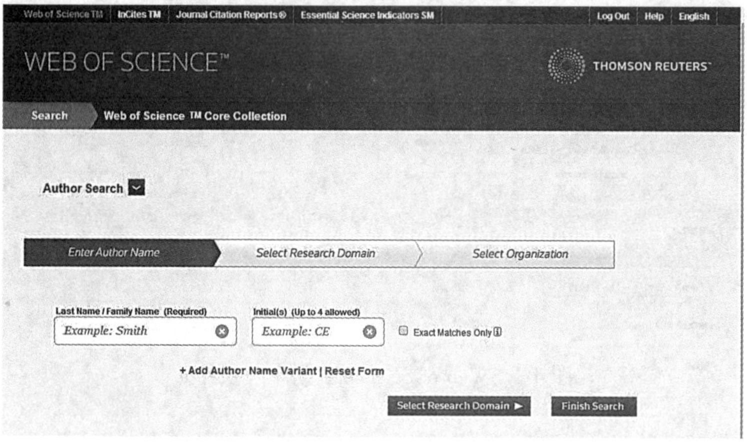

图 4-3 Web of Science 数据库作者检索

4-4 所示。被引文献检索分为两个步骤：第一步，输入检索被引著数据文献的信息，如被引作者(Cited Author)、被引著作(Cited Work)、引文年代(Cited Year)等；第二步，选择被引著的数据文献，点击完成按钮(Finish Search)，完成检索过程。

(4)结构检索

结构检索用于检索化学反应和化合物的化学结构。

(5)高级检索

高级检索用于更为复杂的数据文献的检索，并能进行检索系列组合，如图 4-5 所示。

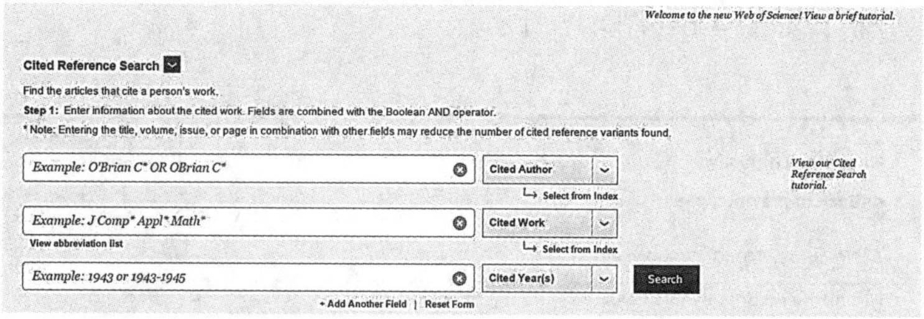

图 4-4　Web of Science 数据库被引文献检索

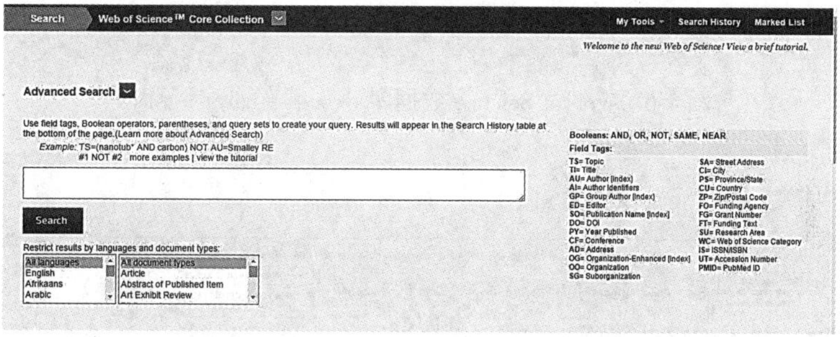

图 4-5　Web of Science 数据库高级检索

4.1.3.2　数据文献阅读与导出

(1)数据文献阅读

检索者可以按照检索研究，对所检索到的数据文献进行排序。点击“Full Text from Publisher”按钮可以查看数据文献的全部信息，点击“View Abstract”按钮查看数据文献的摘要部分。由“Time Cited”数据可知数据文献被引用的次数，如图 4-2 所示。

(2)数据文献导出

勾选获取的数据文献，输出数据文献的参考文献，如保存成 EndNote、ResearchID、InCites 或其他类型格式。

4.1.4　计量分析

在 Web of Science 数据库可以对作者(Authors)、丛书名称(Book Series Titles)、会议名称(Conference Title)、国家/地区(Countries/Territories)、文献类型(Document Types)、编者(Editors)、基金资助机构(Funding Agencies)等

16 个项目进行统计分析。检索者选择“Analyze Results”按钮实现对检索数据文献的计量分析，如图 4-6、图 4-7 所示。

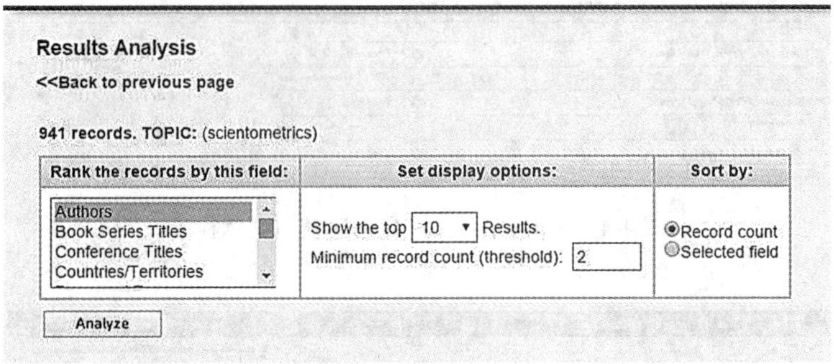

图 4-6　Web of Science 数据库 Results Analysis 界面

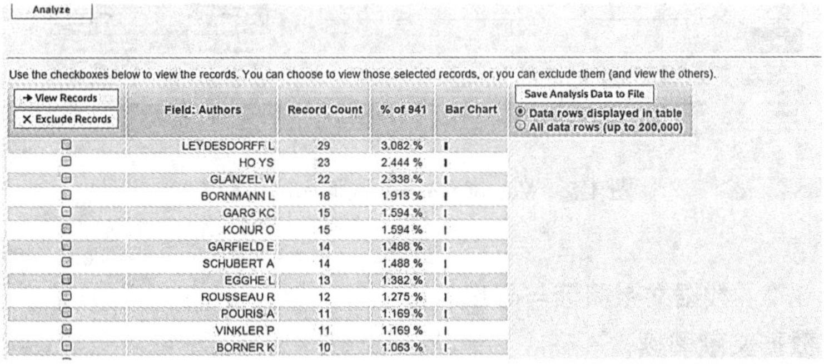

图 4-7　Web of Science 数据库分析结果示例

4.2　Scopus

4.2.1　Scopus 简介

Scopus 是全球最大的文摘和引文数据，包括科学期刊、书籍及会议记录，涉及科学、技术、医学、社会科学、艺术及人文科学等领域，具有数据文献跟踪、分析和可视化研究等智能化工具。随着研究的全球化、合作化，Scopus 数据库是一个不错的数据文献研究数据库。目前，国内仅有清华大学、复旦大学、南昌大学、中国科学技术大学和北京师范大学 5 家机构订购了该数据库①。网址：http：//www.scopus.com/。

4.2.2 资源概况

Scopus 数据库资源丰富，主要包括期刊、图书、会议记录及专利，如表 4-1 所示。

表 4-1 **Scopus 数据库资源**

数据类型	资　源
期刊	收录了超过 5700 万条期刊数据，其中包括 5000 多个国家出版商提供的期刊数据，21000 多种同行评议期刊，359 种贸易出版物
图书	收录了 86000 种图书，预计 2015 年年底会收录 12000 种，此外还收录了 500 多种系类图书
会议	来自 IEEE、美国化学学会(ACS)、美国计算机学会(ACM)等会议记录及 SPIRE 中的高能物理、DBLP 计算机科学参考书目中的计算机科学回忆和研讨会等 680 万篇会议记录
专利	来自美国专利商标局、欧洲专利局、日本专利局、世界知识产权组织、英国知识产权局的 2700 项专利

4.2.3 Scopus 功能

Scopus 为检索者提供了检索、发现、分析三大功能。

(1)检索

检索者可以通过作者、关键词、题名等进行检索，或者利用高级检索实现数据文献的检索过程；检索者可以利用文献类型、年份、语言等限定检索范围，提高数据文献检索的准确率；检索者可以利用 Quasa 文档下载管理工具批量下载所检索的数据文献，将数据文献导出为 Mendeley、RefWorks 和 EndNote 等样式的参考文献数据。此外，Scopus 为检索者提供 E-mail 快讯、RSS 订阅和 HTML feeds，让检索者及时了解感兴趣的研究领域所取得的研究成果、动

① Scopus 机构 [EB/OL]. [2015-06-10]. https：//www.scopus.com/customer/institution-choice.url.

态和趋势。

(2)发现

检索者可以通过参考文献、作者、关键词等发现相关的数据文献，利用属性标识识别或匹配某组织的科研产量，利用作者标识潜在合作者和领域专家，利用通用发现服务(EBSCOHost、Primo 和 Summon)从索引中获益。此外，Scopus 数据库具有与 ScienceDirect、Reaxys 和 Engineering Village 互操作性的优势。

(3)分析

检索者可以利用引文概览/跟踪器或设置引文跟踪来获取一段时间内的作者或数据文献集合；检索者利用分析结果工具，分析数据文献检索结果，评估发展趋势；检索者可以查看某位作者的 h 指数，评估作者的学术产出数量与学术产出水平；检索者利用作者计数器分析作者产出量。此外，还可以利用期刊分析工具和期刊代替指标 SNIP 和 SJR 深入研究期刊的重要性。

4.3　Springer

4.3.1　Springer 简介

德国施普林格(Springer-Verlag)出版社是世界上最大的科技出版社之一，它有着 175 年的发展历史，以出版学术性出版物而闻名于世，它也是最早将纸本期刊做成电子版发行的出版商。Springer 是 Springer-Verlag 的简称，其中 Springer Link 系统就是提供学术期刊及电子图书的在线服务。

Springer Link 通过国内的清华镜像站和德国站点提供服务，数据同步更新。任何用户均可登录 Springer Link 的国内外站点浏览和检索文献的卷期、文章题录和文摘。阅读全文需以团体用户身份订购 Springer 的产品和服务，获得通过 IP 控制的使用权。

4.3.2　资源概况

Springer Link 是全球第一个提供多语种、跨产品的出版服务平台，涵盖了 Springer 出版的所有在线资源，包括电子图书、电子期刊、电子丛书、电子参考书、回溯数据库和实验室指南等，如表 4-2 所示。

表 4-2 **Springer Link 数据库资源**

数据类型	资源
电子图书	收录了1840年以来涉及建筑与设计、天文学、生物医学科学、商业与管理、化学、计算机科学、地球科学与地理学、经济学、教育与语言学等23个学科的图书资源，可以访问并下载2008—2010版权年Springer出版的约11027种英文电子书
电子期刊	收录了1840年以来涉及建筑与设计、天文学、生物医学科学、商业与管理、化学、计算机科学、地球科学与地理学、经济学、教育与语言学等23个学科的期刊资源，可以访问、下载1997年至今的1375种Springer电子期刊全文
电子丛书	涵盖最新的科研专著，按题目编排，具有专著深度高、流通性高及实时性好、易携性和访问简易等特点
电子参考书	大多为大型多卷百科全书和手册
回溯数据库	回溯数据库包括回溯期刊库和回溯丛书库，为读者提供完整的Springer出版物系列
实验室指南	提供详细、精确的实验操作记录，主要面向生物科学、分子医学、化学、环境科学、农业等学科

4.3.3 操作方法

4.3.3.1 数据检索方式

在地址栏中输入网址 http：//link. springer. com/，登录 Springer Link 电子期刊及电子图书数据库，界面如图 4-8 所示。数据库提供多种方式来浏览或获取所需要的数据文献。

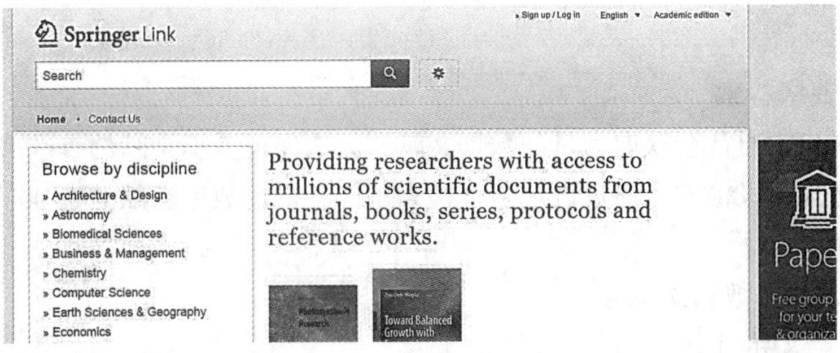

图 4-8 Springer Link 界面

(1)按学科浏览数据文献

Springer Link 数据库设置了按学科浏览数据文献的栏目，从而了解学科领域最新研究成果或动态。在“Browse by discipline”栏目中，Springer Link 数据库设置了 Architecture & Design(建筑与设计)、Astronomy(天文学)、Biomedical Sciences(生物医学科学)、Business & Management(商业与管理)、Chemistry(化学)、Computer Science(计算机科学)、Earth Sciences & Geography(地球科学与地理学)、Economics(经济学)、Education & Language(教育与语言学)、Energy(能源学)、Engineering(工程学)、Environmental Sciences(环境科学)等 23 个学科分类。

(2)一般检索

在搜索框中输入相应的检索词，点击搜索按钮，从而实现 Springer Link 数据库的一般检索过程。在检索框中输入“Scientometrics”并进行检索，可以搜集到 5603 条数据文献，检索结果界面如图 4-9 所示。

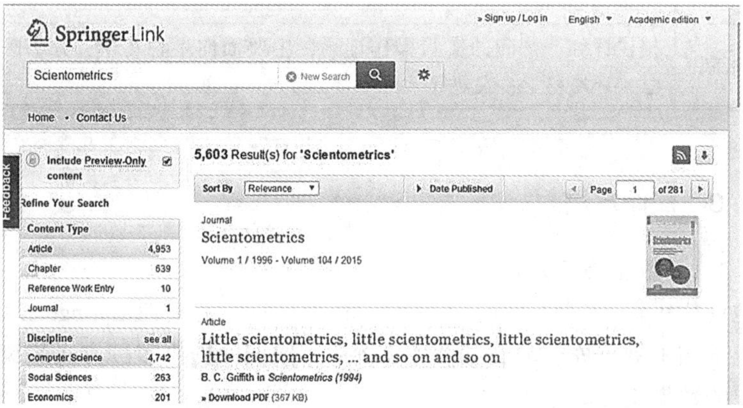

图 4-9 Springer Link 数据库检索结果示例

(3)高级检索

一般检索通常会获取大量的数据文献，无法保证数据文献的查准率。检索者可以选择高级检索，通过设定多种检索条件，提高数据文献的查准率，如图 4-10 所示。

4.3.3.2 数据文献导出

(1)全文导出

数据文献全文导出有两种方式，一是直接下载数据文献。在数据文献检索

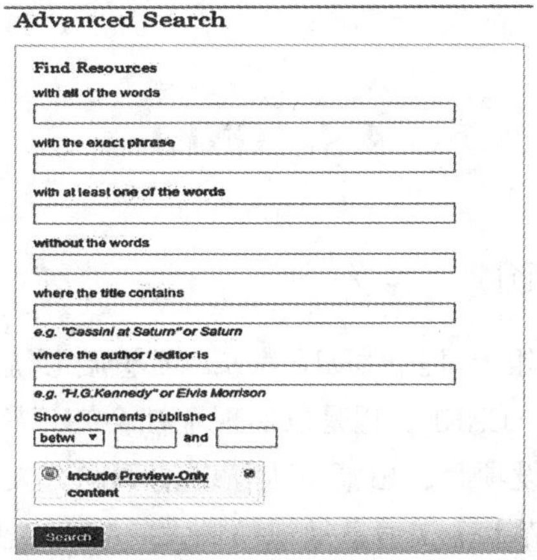

图 4-10 Springer Link 数据库高级检索界面

结果界面，直接点击“Download PDF”，打开网络版 PDF 文档，进行文献的阅读、保存或打印等操作。二是间接下载数据文献。点击所检索数据文献篇名，进入数据文献信息的详细界面，通过阅读数据文献信息，有选择地下载文献数据。

(2)参考文献导出

点击所检索数据文献篇名，进入数据文献信息的详细界面，点击“Export Citation”，选择导出参考文献的格式，格式类型如图 4-11 所示，从而将参考文献数据导出。

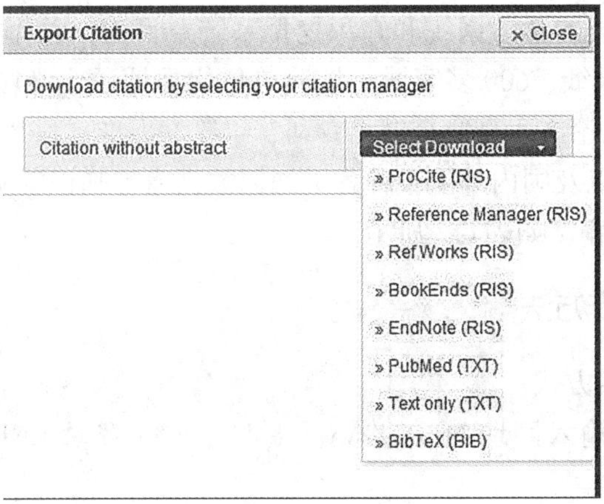

图 4-11 Springer Link 数据库参考文献导出类型

4.4　CNKI

4.4.1　CNKI 简介

在 1998 年世界银行提出了国家知识基础设施（National Knowledge Infrastructure，CNKI）。CNKI 工程是以实现全社会知识资源传播共享与增值利用为目标的信息化建设项目，由清华大学、清华同方发起，始建于 1999 年 6 月，并逐步建成了世界上全文信息量规模最大的“CNKI 数字图书馆”。所建设的中国知识资源总库及 CNKI 网格资源共享平台为全社会知识资源高效共享提供最丰富的知识信息资源和最有效的知识传播与数字化学习平台。

CNKI 工程的具体目标，一是大规模集成整合知识信息资源，整体提高资源的综合和增值利用价值；二是建设知识资源互联网传播扩散与增值服务平台，为全社会提供资源共享、数字化学习、知识创新信息化条件；三是建设知识资源的深度开发利用平台，为社会各方面提供知识管理与知识服务的信息化手段；四是为知识资源生产出版部门创造互联网出版发行的市场环境与商业机制，大力促进文化出版事业、产业的现代化建设与跨越式发展①。

4.4.2　资源概况

中国知识资源总库，是具有完备知识体系和规范知识管理功能的、由海量知识信息资源构成的学习系统和知识挖掘系统。目前，总库拥有国内 8073 种期刊、500 多种报纸、600 多家博士培养单位优秀博硕士学位论文、全国各学会/协会重要会议论文、百科全书、专利、年鉴、标准、科技成果、政府文件、互联网信息汇总以及国内外上千种各类加盟数据库等知识资源，主要包括三层“知识网络”数据库，如表 4-3 所示。

4.4.3　操作方法

(1)数据检索方式

在地址栏中输入网址 http：//www. cnki. net/，登录 CNKI 数据库，CNKI

① 中国知识基础设施工程[EB/OL]. [2015-06-10]. http：//www. cnki. net/gycnki/gycnki. htm.

数据库界面如图 4-12 所示。数据库提供多种方式来获取所需要的数据文献，常用的有一般检索、高级检索和专业检索。

表 4-3 **CNKI 数据库资源**

层次	数据类型	资　源
第一层 CNKI 系列源数据库	中国学术期刊全文数据库	收录 1994 年至今 8073 种期刊，按学科分为 168 个专题，现有全文文献总量 4300 多万篇，每日更新
	中国博士学位论文全文数据库	收录 1984 年至今 423 个博硕士培养单位的学位论文，现有论文 26 万多篇，覆盖基础科学、工程技术、农业、医学、哲学、人文、社会科学等各个领域，每日更新
	中国优秀硕士学位论文全文数据库	收录 1984 年至今 665 个博硕士培养单位的学位论文，现有论文 233 万多篇，覆盖基础科学、工程技术、农业、哲学、医学、哲学、人文、社会科学等各个领域，每日更新
	中国重要报纸全文数据库	收录 2000 年至今 500 多种重要报纸，至 2012 年 10 月，累积报纸全文文献 1000 多万篇，每日更新
	中国重要会议论文全文数据库	收录 1999 年至今 1200 多家学术团体的会议论文，已收录出版国内外学术会议论文集 26847 本，累积文献总量 242 多万篇，每日更新
第二层 CNKI 系列专业知识仓库	中国医院知识仓库	收录 1400 多种医学期刊，108 家医学博硕士培养单位学位论文，内容每日累增
	中小学多媒体数字图书馆	收录 500 余种教育类期刊，2000 多种相关期刊，400 余种相关报纸，以及多媒体教育教学素材、高初中同步教学辅导、高考中考名师辅导等，内容每日累增
	中国企业知识仓库	汇集企业所需期刊、优秀博硕士论文、重要会议论文、报纸全文、图书全文、新书目等数据资源。主要分钢铁冶金、铝业、石油化工、石油天然气勘探、电力、发电、电网、金融、保险、证券、基金等各个行业、企业知识库，内容每日累增

续表

层次	数据类型	资　源
第三层 CNKI系列知识元数据库	数值型知识元库	包括从各类统计年鉴及各种专业文献中抽取的统计数据和科学实验数据
	理论与方法型知识元数据库	包括从各种百科全书中抽取的专业术语解释及从各种专业论文中抽取的观点、理论、方法和技巧等知识元
	正在建设中的各类CNKI系列数据库	包括年鉴全文数据库、标准数据库、科技成果数据库、各行业百科数据库、地方志全文数据库等
	国内外各类加盟数据库	包括全球20000多个图书馆资料目录的OCLC数据库、美国专利库、美国地震局地震目录查询库、微生物物种编目数据库、农业生产资料数据库、影片资料库等400多个行业数据库，后续的加盟数据库将不断增加
	互联网信息数据库	包括利用清华同方互联网资源整合系统(3I)整合加工的互联网信息库和用Google、Yahoo、百度等网络搜索引擎搜索的互联网信息库

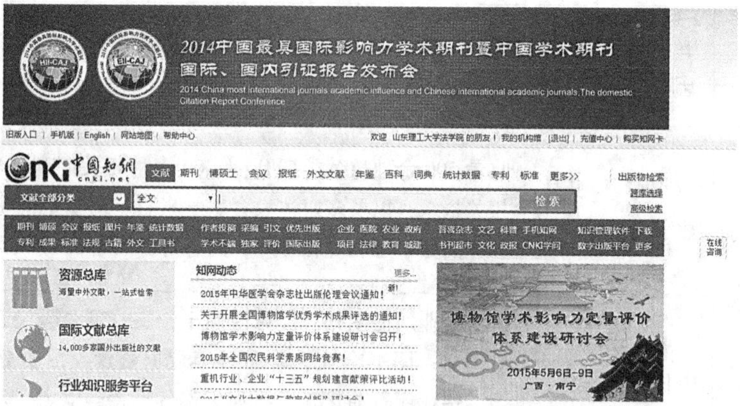

图 4-12　CNKI数据库登录界面

①一般检索。

CNKI数据库根据检索数据对象的特点，所提供的一般检索途径不同，如中国学术期刊全文数据库提供全文、主题、篇名、作者、单位、刊名、ISSN、CN、基金、摘要、参考文献和中图分类号等检索途径；中国博硕士论文数据库提供全文、主题、题名、导师、第一导师、学位授予单位、关键词、摘要、目录、参考文献、中国分类号和学业专业名称等检索途径。

检索者根据检索途径，在检索框中输入检索词，点击“检索”按钮，从而获取所需的数据文献。

②高级检索。

为了提高数据文献的检索查准率，检索者可以利用高级检索工具。中国学术期刊全文数据库的高级检索界面如图 4-13 所示。

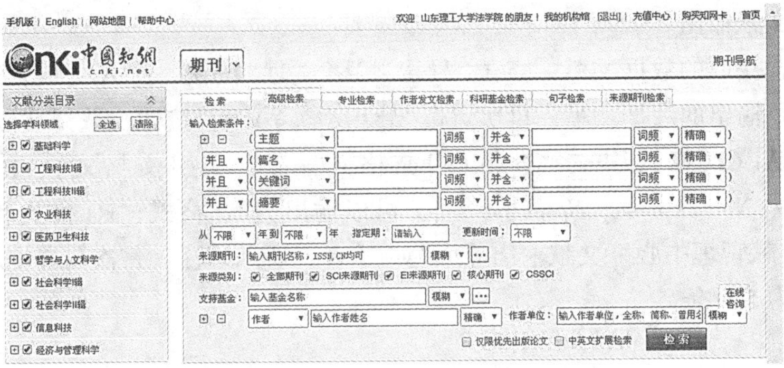

图 4-13　中国学术期刊全文数据库高级检索界面

检索者可以通过检索条件、时间、期刊来源、来源类别、支持基金等多个方面来提高数据文献的查准率。

③专业检索。

在 CNKI 中，还存在一种供图书情报学专业人士查新、信息分析的工具，即专业检索。专业检索通过使用逻辑运算符和关键词构造检索式进行检索，如何构造专业检索式和应注意事项，请点击“检索表达式语法”按钮，如图 4-14 所示。

(2)数据文献导出

通过检索后，可将获取的文献数据导出，常见的导出方式有：一是全文导出，二是文献输出。

①全文导出。

对于学术期刊数据文献来讲，有两种全文导出方式：一是直接点击“下载”按钮，再次点击“PDF 下载”按钮，实现数据文献的全文下载。

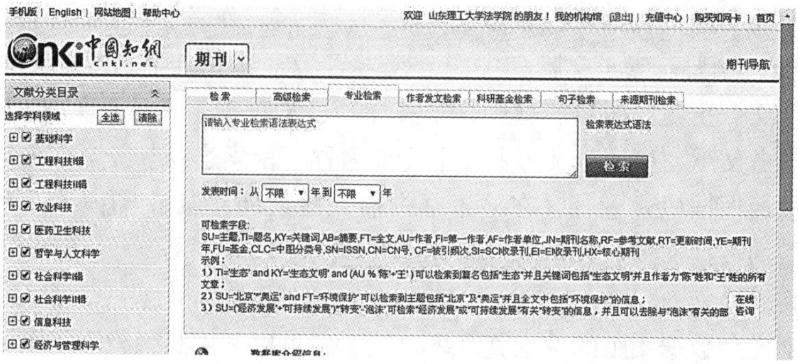

图 4-14　中国学术期刊全文数据库专业检索界面

②文献输出。

勾选获取的数据文献，点击“导出/参考文献”按钮，进入文献管理中心，选择需要输出的数据文献，再次点击“导出/参考文献”按钮，选择文献输出的格式[CAJ-CD 格式引文、查新(引文格式、自定义引文格式)、Refworks、EndNote、NoteExpress、NoteFirst 等]，可以输出为 txt 格式、xls 格式和 doc 格式，“文献管理中心—文献输出界面”如图 4-15 所示。注：每次可导出/参考文献数量为 500 条。

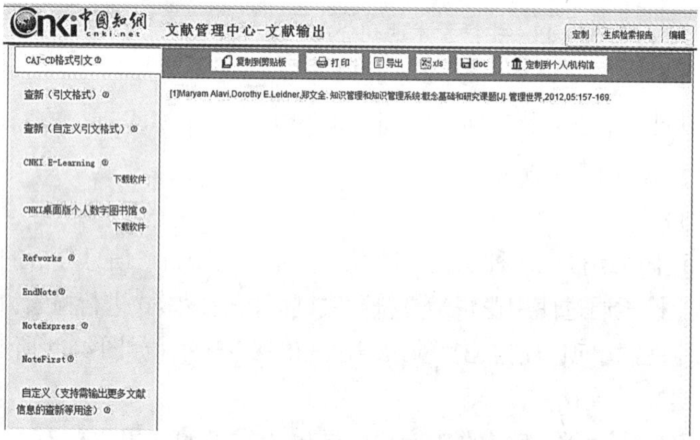

图 4-15　文献管理中心—文献输出界面

4.4.4　计量分析

信息计量的方式有多种，在 CNKI 中用的方式有数据文献统计和可视化图谱。

(1)数据文献统计

由图 4-16 可以看出，信息计量人员可以按照学科、发表年度、基金、研究层次、作者、机构等统计获取数据文献的分布，还可以按主题、发表时间、被引、下载排序发现最相关的、最具有影响力的学术期刊。

图 4-16 期刊数据文献检索结果示例图

(2)数据文献分析

勾选获取的数据文献，点击“分析/阅读”按钮，进入文献管理中心，选择需要分析的数据文献，再次点击“分析”按钮，从而分析或绘制数据文献的可视化图谱，如文献互引图、文献共引分析、文献共被引分析、读者推荐分析、H 指数分析和文献分布等。注：CNKI 数据库最多可分析 150 条数据文献，如图 4-17、图 4-18、图 4-19 所示。

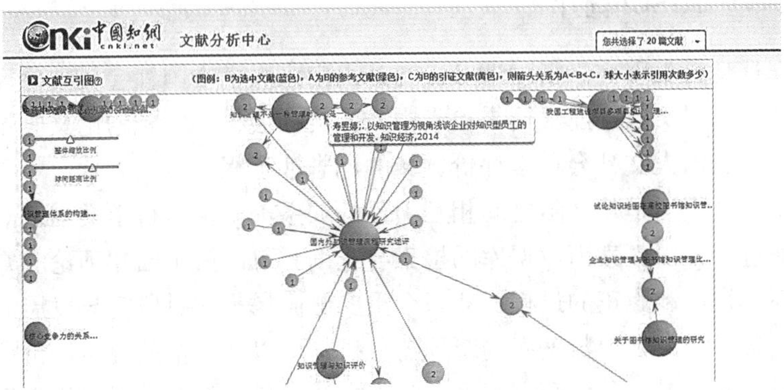

图 4-17 文献互引图示例

文献共引分析 <上一页 1 2 下一页>

本组文献	共引文献
王伟军;刘艳芬;王昱彬;李进华. 基于Web2.0的知识管理系统的设计. 情报理论与实践. 2009 孟丁磊;王宇. 国内知识管理理论的发展. 现代情报. 2007 左美云;许珂;陈禹. 企业知识管理的内容框架研究. 中国人民大学学报. 2003	陈泓洁. 利用在线评论获取酒店客户知识的研究. 华东师范大学. 2013
Maryam Alavi;Dorothy E.Leidner;郑文全. 知识管理和知识管理系统:概念基础和研究课题. 管理世界. 2012 王昊;谷俊;苏新宁. 本体驱动的知识管理系统模型及其应用研究. 中国图书馆学报. 2013	罗琛. 知识管理系统与信息管理系统关系辨析. 中国新通信. 2015
潘旭伟;顾新建;程耀东;李建明. 集成情境的知识管理模型. 计算机集成制造系统. 2006 储节旺;郭春侠;陈亮. 国内外知识管理流程研究述评. 情报理论与实践. 2007	黄园. 情境感知的移动个人知识管理系统的研究与开发. 浙江理工大学. 2013
潘旭伟;顾新建;程耀东;李建明. 集成情境的知识管理模型. 计算机集成制造系统. 2006 左美云;许珂;陈禹. 企业知识管理的内容框架研究. 中国人民大学学报. 2003	叶飞. 基于主题图的电子政务门户知识管理研究. 华中师范大学. 2011 陈兰杰. 国内知识管理模型研究综述. 科学与管理. 2010
储节旺;郭春侠;陈亮. 国内外知识管理流程研究述评. 情报理论与实践. 2007 盛小平;刘泳洁. 知识管理不是一种管理时尚而是一门学科——兼论知识管理学科研究进展. 情报理论与实践. 2009	闫士涛. 知识管理学学科体系构建研究. 安徽大学. 2011 储节旺;闫士涛;谈甄. 知识管理学产生、存在与发展的关键因素研究!. 情报杂志. 2012 吴价宝;卢珂. 层级视角下的组织学习知识场效应模型研究. 中国管理科学. 2013 吴价宝;卢珂. 层级视角下的组织学习知识场效应模型研究. 第十五届中国管理科学学术年会论文集（下）. 2013 寿昱婷. 以知识管理为视角浅谈企业对知识型员工的管理和开发. 知识经济. 2014

图 4-18 文献共引分析示例

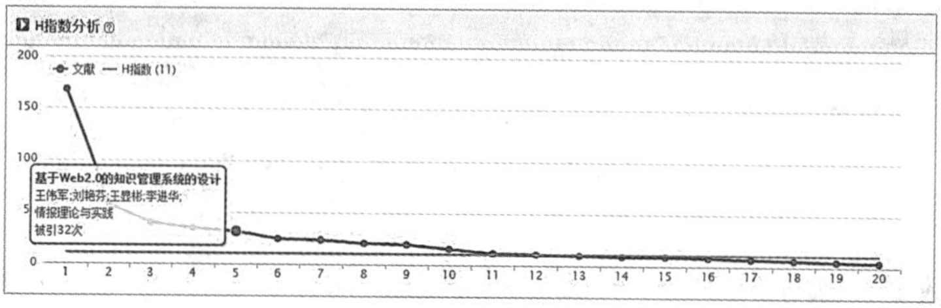

图 4-19 H 指数分析示例

4.5 CSSCI

4.5.1 CSSCI 简介

中文社会科学引文索引，即 CSSCI 是由南京大学中国社会科学研究评价中心开发研制的引文数据库，用来检索中文人文社会科学领域的论文收录和被引用情况，是我国人文社会科学评价领域的标志性工程。

科学引文索引是从文献之间相互引证的关系上，揭示科学文献之间的内在联系。通过科学引文索引数据库的检索与查询，可以揭示已知理论和知识的应用、提高、发展和修正的过程，从一个重要侧面揭示学科研究与发展的基本走向；通过科学引文索引数据库的统计与分析，可以从定量的视角评价地区、机构、学科以及学者的科学研究水平，为人文社会科学事业发展与研究提供第一手资料①。

4.5.2 资源概况

CSSCI 遵循文献计量学规律，采取定量与定性相结合的方法从全国 2700 余种中文人文社会科学学术性期刊中精选出学术性强、编辑规范的期刊作为来源期刊。目前收录包括法学、管理学、经济学、历史学、政治学等在内的 28 大类的 500 多种学术期刊，现已开发的 CSSCI(1998—2015 年)17 年年度数据，来源文献 100 余万篇，引文文献 600 余万篇。

4.5.3 操作方法

4.5.3.1 数据文献检索方式

从武汉大学图书馆中的数据库中，选择 CSSCI，登录中文社会科学引文索引数据库，界面如图 4-20 所示。CSSCI 常用的检索方式有一般检索和高级检索。

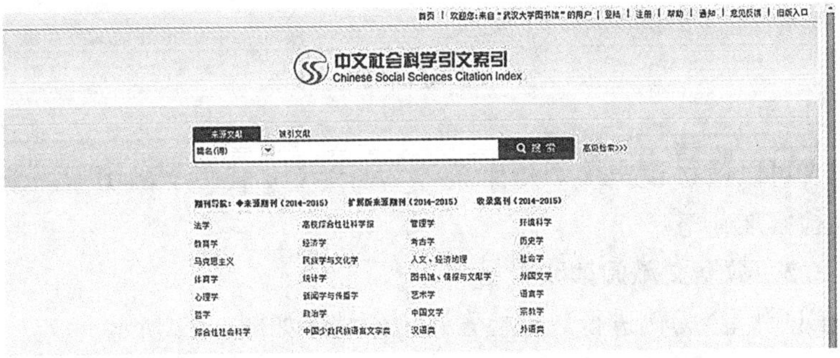

图 4-20 CSSCI 登录界面

(1)一般检索

CSSCI 数据库根据检索类型的不同，所提供的一般检索途径不同，如按来源文献检索提供篇名(词)、作者、作者(第一作者)、关键词、期刊名称、作者机构、中图类号、基金细节、所有字段及引文篇名等检索途径；按被引文献检索提供被引篇名(词)、被引作者、被引作者(删除自引)、被引期刊名称、被引文献细节等检索途径。

① 梁启东，叶继元 . CSSCI 及其评价作用[J]. 中国图书评论，2005(4)：21-23.

检索者根据检索途径，在检索框中输入检索词，点击“检索”按钮，从而获取所需的数据文献。

(2)高级检索

为了提高数据文献的检索查准率，检索者可以利用高级检索工具。CSSCI数据库的高级检索界面如图4-21所示。

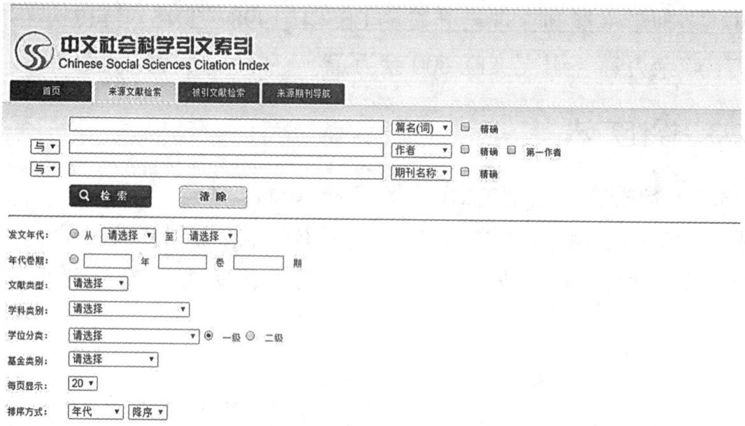

图4-21　CSSCI高级检索界面

检索者可以通过设定多个检索条件，如发文年代、文献类型、学科类别等，提高检索准确率。

4.5.3.2　数据文献阅读和导出

以“信息计量”为例进行数据检索，检索结果如图4-22所示。

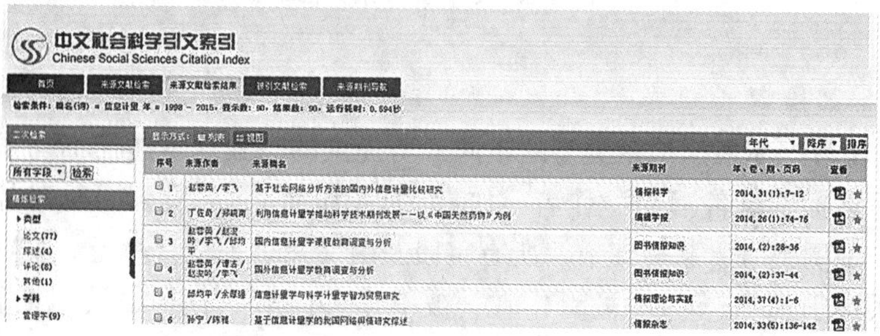

图4-22　CSSCI检索结果示例

(1)数据文献阅读

从检索结果界面中，可知数据文献检索结果有两种显示方式：列表式和视图式。检索者可以点击数据文献篇名，查看数据文献的详细信息，如篇名、英文篇名、作者及机构、文献类型、学科类别、中图类号、基金项目、来源期刊、年代卷期、关键词、参考文献。

(2)数据文献导出

在数据文献序号打勾，并选择“下载”按钮，从而可以将检索的数据文献信息导出，导出的格式为 txt，txt 文档所含的数据文献信息如图 4-23 所示。

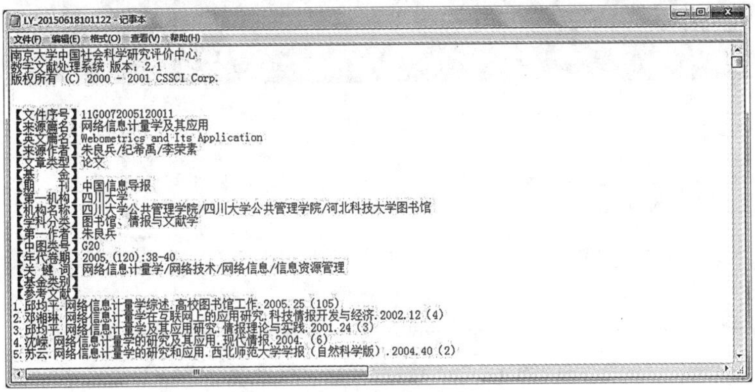

图 4-23　CSSCI 下载数据文献信息示例

4.6 CCD

4.6.1 CCD 简介

中国引文数据库，即 CCD 是 CNKI 数据库重要的组成部分之一。CCD 结合 CNKI 总库题录库及日志数据库(中心网站)，为用户提供了可以从发表文献数量、被引文献数量及下载文献数量等角度进行数据统计分析的基础。

中国引文数据库，来源于 CNKI 收录的全文数据库的参考文献，涉及期刊(中外文)、图书、学位论文、会议论文、专利、标准、报纸和年鉴等文献类型。用户可个性化地选择来源文献范围，可分析、导出引文检索结果，打印引证报告，也可利用可视化技术，分析和展示期刊共被引关系图谱，揭示期刊之间的互引、共被引关系。统计分析器可以针对期刊、出版社、学者、科研机构、科研基金、地域和学科等进行统计分析，揭示其产出及学术影响力。

4.6.2　检索方式

在地址栏中输入网址(http：//ref. cnki. net/ref)，登录中国引文数据库，中国引文数据库界面如图 4-24 所示。数据库提供 3 种方式来获取所需要的数据文献，一是一般检索方式，二是高级检索方式，三是专业检索。

图 4-24　中国引文数据库界面

(1)一般检索

在中国引文数据库界面的输入栏输入相应的检索词，点击检索按钮，完成数据文献的检索过程。

(2)高级检索

为了提高数据文献检索的准确程度，中国引文数据库提供了高级检索途径。检索者可以设定多个检索条件，实现数据文献的检索过程，如图 4-25 所示。

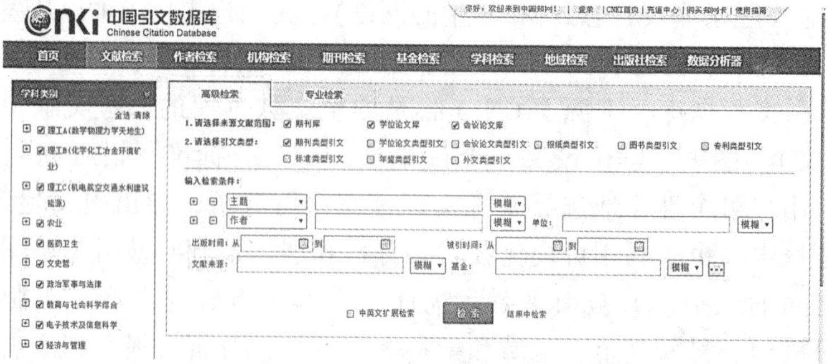

图 4-25　中国引文数据库高级检索界面

(3)专业检索

在中国引文数据库中，还存在一种供图书情报学专业人士查新、信息分析的工具，即专业检索。专业检索通过使用逻辑运算符和关键词构造检索式进行检索，如何构造专业检索式和应注意事项，请点击“检索表达式语法”按钮，如图 4-26 所示。

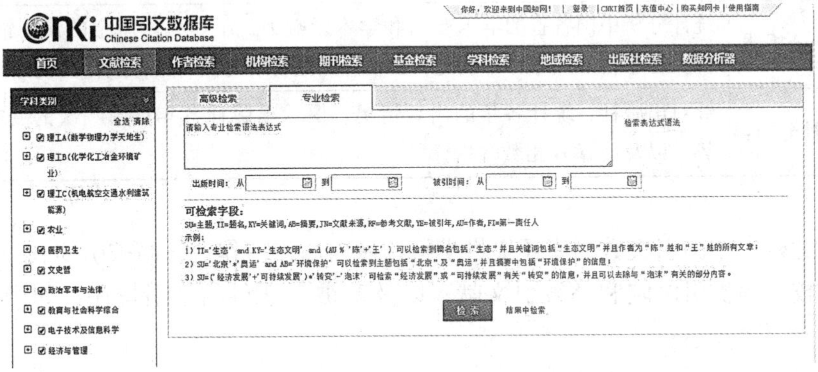

图 4-26　中国引文数据库专业检索界面

4.6.3　计量分析

中国引文数据库提供作者分析器、机构分析器、期刊分析器、基金分析器、地域分析器和出版社分析器 6 个数据分析器，以图像化直观展现了同类型对比数据，多维多角度客观揭示学术情况，如表 4-4 所示。

表 4-4　**中国引文数据库数据分析器**

数据分析器类型	分析内容及目的
作者分析器	统计学者的各年发文量、下载频次、被引频次和 H 指数等，分析作者间的合作和互引关系，揭示其研究热点和趋势
机构分析器	统计分析某一科研机构的学术产出和学术影响力，以及基金资助情况，也可与其他同行机构对同一指标进行比较分析
期刊分析器	统计分析一种或多种期刊的出版、基金资助和被引情况，跟踪影响因子等评价指标的变化趋势，揭示期刊间的互引关系，了解期刊的价值

续表

数据分析器类型	分析内容及目的
基金分析器	针对某一科研基金，统计其资助的论文产出和被引情况，分析基金资助的学科范围和各省分布情况，以及重点资助的科研机构等，认识基金的作用和价值
低于分析器	统计分析中国各省的学术产出和学术影响力，了解科研基金的使用情况，以及各学科的人才分布状况，也可与其他省份对同一指标进行比较分析
出版社分析器	针对出版社，统计各年的出版情况，揭示出版社各年被引频次的变化趋势，以及计算 H 指数等指标

此外，中国引文数据库还提供学科领域内高被引作者、高被引期刊、高被引院校、高被引医院和高被引文献，以及高被引学科的被引排序，如图 4-27 所示。

高被引排序　高被引作者　高被引期刊　高被引院校　高被引医院　高被引文献　高被引学科

作者	选择学科	发文量↓	核心期刊↓	SCI↓	EI↓	基金文献↓	被引↓	他引↓	他引率↓	H指数↓
邱均平，武汉大学	图书情报与数字图书馆	238	197	0	0	143	4256	4017	0.94	32
张晓林，中国科学院文献情报中心	图书情报与数字图书馆	84	75	0	0	12	4171	4091	0.98	29
范并思，华东师范大学	图书情报与数字图书馆	99	68	0	0	2	3435	3389	0.99	28
蒋永福，黑龙江省牡丹江市图书馆	图书情报与数字图书馆	104	91	0	0	24	2828	2774	0.98	31
肖希明，佛山科学技术学院	图书情报与数字图书馆	134	118	0	0	62	2577	2515	0.98	29
初景利，中国科学院文献情报中心	图书情报与数字图书馆	79	69	0	0	9	2554	2531	0.99	27
黄宗忠，武汉大学	图书情报与数字图书馆	87	60	0	0	0	2544	2494	0.98	27
柯平，郑州大学	图书情报与数字图书馆	171	124	0	0	41	2307	2231	0.97	27

图 4-27　中国引文数据库高被引排序示例图

5 网络数据计量分析工具

学术搜索引擎，顾名思义，就是搜索学术资源的引擎，资源以学术论文、国际会议、权威期刊、学者为主，随着新一代搜索引擎的快速发展，学术搜索引擎具备了个性化、智能化、数据挖掘分析、学术圈等特色。本章将对其中的几种主流的学术搜索引擎加以介绍，并通过演示让读者了解这些学术搜索引擎的使用过程。

5.1 网络日志分析

网络日志分析法①是网络信息计量学中的一种重要的研究方法。网络日志中蕴含着丰富的信息，通过有效的挖掘可以揭示隐含在日志数据背后的规律和模式，得到许多与用户行为相关的结论。

5.1.1 概念、意义

网络日志(Web Log)，是指在服务器上有关网络访问的各种日志文件，包括访问日志、引用日志、代理日志、错误日志等文件。这些文件里包含大量的用户访问信息，如用户的 IP 地址、所访问的 URL、访问日期和时间、访问路径等。

网络日志分析②(Web Log Analysis)，是指从网络的存取模式中获取有价值信息的过程，也就是对用户访问网络时在服务器留下的访问记录进行分析，寻找其中蕴含的规律。网络日志分析旨在通过网络日志进行有效的数据挖掘，发掘隐藏在日志数据背后的规律和模式。通过对 Web 日志的挖掘和对用户访问行为、频度、内容等分析，可以从大量的 Web 日志信息中提取

① 邱均平．网络计量学[M]．北京：科学出版社，2010：23.

② 孙建军．网络信息计量理论、工具与应用[M]．北京：科学出版社，2009：2.

所需的有用信息，并且由此可以得到用户的访问模式，从而改进 Web 站点设计。更重要的是，通过对用户特征的了解和分析，可以向用户提供个性化的服务。

5.1.2 分类和操作步骤

网络日志按其记录位置的不同可以分为 3 类：客户端网络日志、代理服务器端网络日志和 Web 服务器端网络日志。客服端网络日志记录了单用户访问多个网站的情况；代理服务器端网络日志跟踪记录了多个用户访问多个网站的情况；Web 服务器端网络日志则记录了多个用户访问一个网站的情况。

网络日志挖掘中使用和研究较多的是服务器日志挖掘，因此，本部分主要介绍服务器日志挖掘的步骤。服务器日志挖掘一般分为 4 个步骤：源数据收集、数据预处理、模式挖掘和模式分析。

(1)源数据收集

源数据的收集方法一般分为两种：服务器端数据收集和使用包检测技术收集。Web 服务器和代理服务器数据合称为服务器端数据。服务器端的数据收集可以使用网络日志收集工具，如 WebTrends、FastStats Analyzer 和 Happy Log 等，从 Web 服务器、代理服务器的 Web 日志文件中收集数据。包检测技术是指监视所有到达服务器的数据，提取其中的 HTTP 请求信息。此部分数据主要来自浏览者的点击流。

(2)数据预处理

数据预处理是在将日志文件转换成数据库文件之后进行的，其目的是把网络日志转化为适合进行数据挖掘的可靠的、精确的数据。因此，数据预处理是整个 Web 日志分析的基础，也是实施分析的前提，数据预处理的结果直接关系到整个 Web 日志分析的成败，在 Web 日志分析中有着相当重要的作用。该过程包括 5 个阶段：数据清洗(Data Cleaning)、用户识别(User Identification)、会话识别(Session Identification)、路径补充(Path Supplement)以及格式化(Format)。

(3)模式挖掘

模式挖掘是 Web 日志挖掘技术的核心部分，通过模式挖掘技术可以从经过预处理的日志数据中找出有价值的信息来生成模式。其所用的技术涉及人工智能技术、统计理论数据挖掘、信息论等，也可以采用数据挖掘中的一些技术，例如路径分析、关联规则、序列分析和分类聚类等。

(4)模式分析

基于以上所有过程，将挖掘出来的关联规则进行分析解释，将规则运用到服务器的日志分析中，并使其可视化，为决策提供依据。

5.1.3 主要分析工具

目前网络日志分析主要用于：为网络服务提供有效的决策依据、增加个性化服务、发现潜在的用户、用户群体分析和聚类、改进站点的设计、发现网络信息的传播交流规律等，国内外使用的日志分析工具有 Webalizer、AWStats、Weblog Expert。

5.1.3.1 Webalizer

(1) Webalizer 简介

Webalizer 是一个高效的、免费的 Web 服务器日志分析程序。其分析结果以 HTML 文件格式保存，从而可以很方便地通过 Web 服务器进行浏览。Internet 上的很多站点都使用 Webalizer 进行 Web 服务器日志分析。

Webalizer 具有以下一些特性：

①Webalizer 是用 C 语言写的程序，具有很高的运行效率。在主频为 1.4Ghz 的笔记本电脑上，Webalizer 每秒钟可以分析 70000 条记录，这意味着分析 200 万条数据只需要不到 30 秒。

②Webalizer 支持标准的一般日志文件格式(Common Logfile Format)；除此之外，也支持几种组合日志格式(Combined Logfile Format)的变种，从而可以统计客户情况以及客户操作系统类型。并且现在 Webalizer 已经可以支持 wu-ftpd xferlog 日志格式以及 squid 日志文件格式了。

③支持命令行配置以及配置文件。

④可以支持多种语言，也可以自己进行本地化工作。

⑤最大的缺陷在于：软件不提供 Windows 版本，只能在 UNIX、linux、NT、OS/2 和 MacOS 等平台运行。

(2) Webalizer 主要功能及演示

网站地址：http：//www.webalizer.org/。如图 5-1 所示，是 webalizer 生成的访问统计分析报表第一页的内容，这里包含每个月平均访问量的表格和条形图统计分析情况。

5.1.3.2 AWStats

(1) AWStats 简介

AWStats 是一款免费、功能强大、特性丰富的日志分析工具，它能分析由 WEB、STREAMING、FTP、MAIL 等服务器生成的日志，并生成先进的统计图

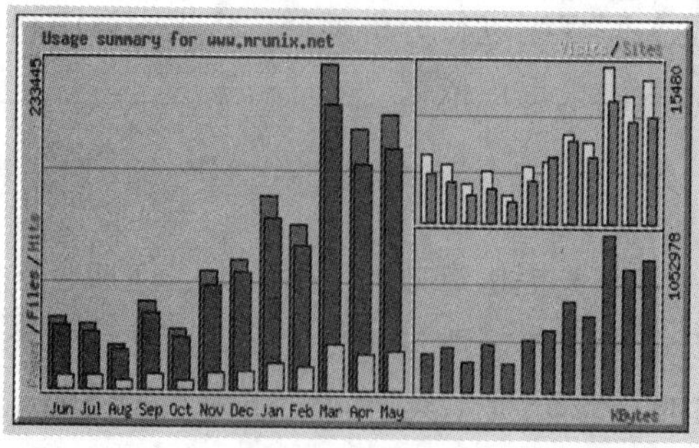

Summary by Month										
Month	Daily Avg				Monthly Totals					
	Hits	Files	Pages	Visits	Sites	KBytes	Visits	Pages	Files	Hits
May 1999	6377	5570	903	455	10484	884568	14119	28004	172671	197696
Apr 1999	6216	5394	858	419	10087	821968	12594	25758	161844	186504
Mar 1999	7530	6582	1046	499	12128	1052978	15480	32432	204059	233445
Feb 1999	4712	4128	656	321	6629	511793	8048	16419	103203	117816
Jan 1999	4470	3934	607	284	8079	605694	8808	18844	121980	138571
Dec 1998	2998	2673	411	197	6524	410110	6120	12769	82875	92951
Nov 1998	2910	2567	400	192	4260	346705	5588	11627	74468	84403
Oct 1998	3052	2668	457	202	2203	189253	2839	6399	37360	42738
Sep 1998	2072	1826	345	169	3475	314492	5075	10376	54807	62165
Aug 1998	1014	901	211	125	2693	196560	3890	6571	27958	31455
Jul 1998	1484	1325	302	184	4041	298225	5716	9383	41102	46019
Jun 1998	1707	1502	322	222	4809	251502	6675	9687	45077	51227
Totals						5883848	94952	188269	1127404	1284990

图 5-1 Webalizer 生成的访问统计分析报表

表。AWStats 作为 CGI(Computer Graphics Interface，电脑图像界面)或从命令行运行，在数个图形网页中显示你日志中包含的所有可能信息。它利用一部分档案资料就能很快地处理大量日志档案。它能分析的日志文件来自各大服务器工具，如 Apache 日志文件(NCSA combined/XLF/ELF 日志格式或者正常的 CLF 日志格式)、WebStar、IIS (W3C 日志格式)及许多其他 Web、Proxy(代理服务器)、Wap、流服务器、邮件服务器和一些 FTP 服务器。

AWStats 具有以下一些特性：

①界面友好，可以根据浏览器直接调用相应语言界面(有简体中文版)。

②基于 Perl 语言，很好地解决了跨平台问题，系统本身可以在 GNU/Linux 或 Windows 上(安装了 ActivePerl 后)运行；分析的日志直接支持 Apache 格式 (Combined)和 IIS 格式(需要修改)。

③配置/定制方便，系统提供了足够灵活的配置规则(其缺省也很合理)，仅需修改几项设置就可运行。

④AWStats 的设计者是面向精确的“Human Visits”设计的，很多搜索引擎的机器人访问都被过滤掉了。

⑤提供了很多扩展的参数统计功能。

(2)AWStats 主要功能及演示

网站地址：http：//www. awstats. org/。分析结果示例，如图 5-2 所示。

5.1.3.3 Weblog Expert

(1)Weblog Expert 简介

Weblog Expert 是一个快速且强大的访问日志分析器。它将提供网站访问者的相关信息，包括活动统计、访问文件、路径通过网站、有关网页的信息、搜索引擎、浏览器、操作系统等。该程序产生的报告易于阅读，包括文本信息(表格)和图表。

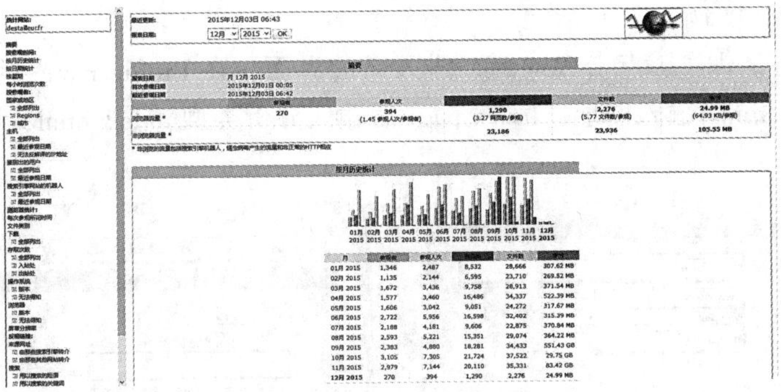

图 5-2　网站分析结果

Weblog Exper 具有以下一些特性：

①提供丰富的报告数据，包括概要、活动统计、访问统计、访问者的信息、引荐信息、浏览器及操作系统信息等。

②具备点击过滤的功能，可以通过文件、查询、主机、引荐、状态代码、方法、接口、操作系统、浏览器、设备类型等对日志进行过滤，此外还具有访客过滤，访问特定文件的访客，访客有指定的入境网页，访客有指定的退出页面，访客来自特定的网址，来自特定搜索引擎/短语的访客。

③软件可以在 Windows XP/2003/Vista/2008/7/8/2012/10 等系统下运行，使用方便。

(2) Weblog Expert 主要功能及演示

网站地址：http：//www. weblogexpert. com/。软件主界面如图 5-3 所示。

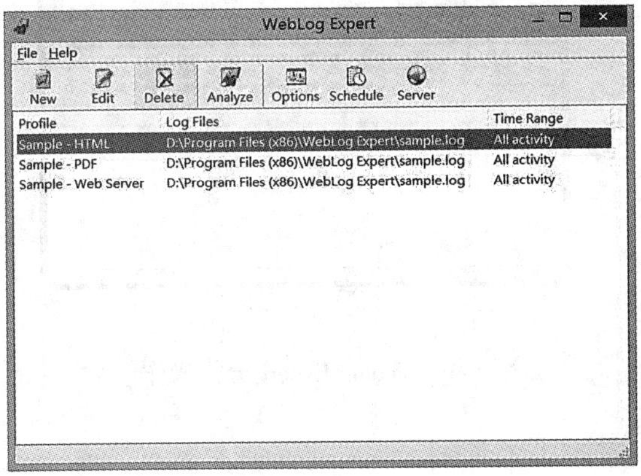

图 5-3　Weblog Expert

（3）操作实例

操作方法①：①点击 New 键，进入新的界面，在 Profile name 后输入工程名称，Domain 后输入网址，Index page 后输入分析类型 index. html，以下选项

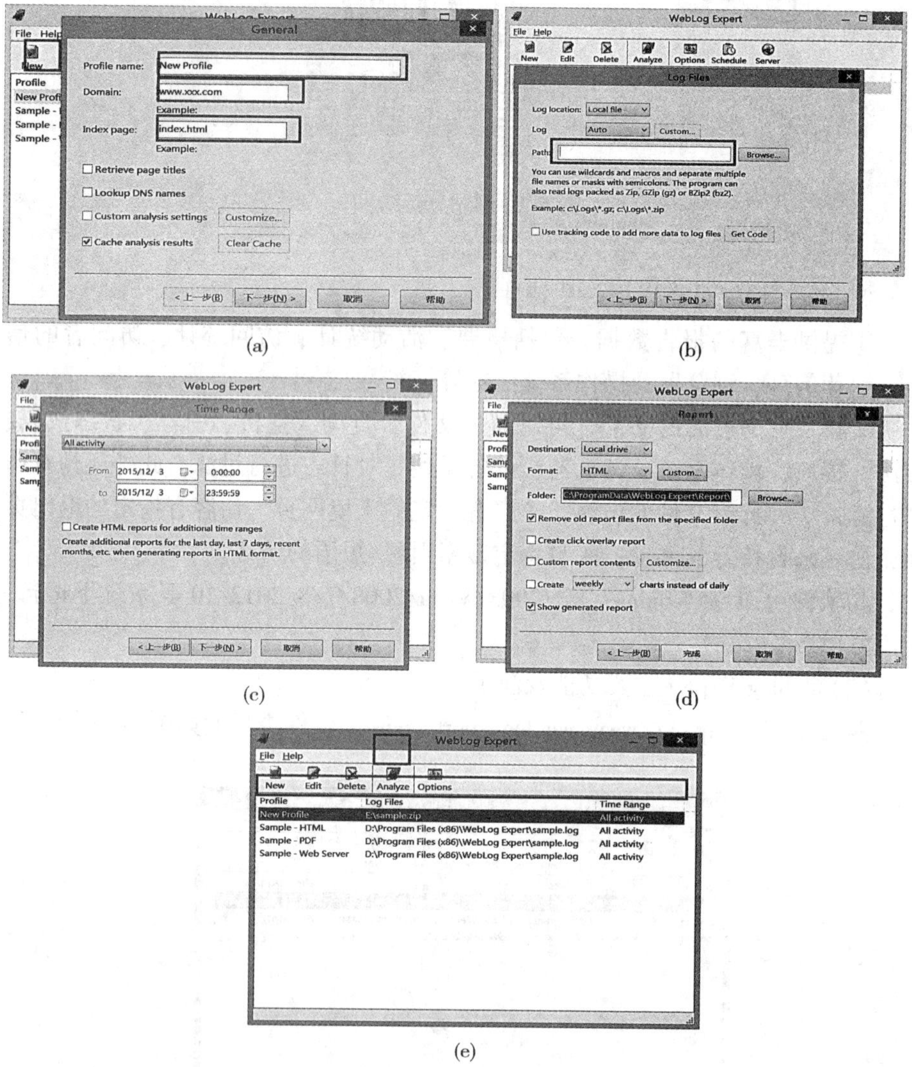

图 5-4　Weblog Expert 分析操作

① 网站日志分析工具：WebLog Expert Lite［EB/OL］.［2015-12-04］. http：//www. cnblogs. com/shanyou/archive/2012/09/06/2672797. html.

保持不变，点击下一步；②在 Path 后选择所需分析的日志文件包，点击下一步；③然后根据分析需要选择对应的选项，最后点击完成；④在主界面中会出现添加分析的工程 New Profile，点击 Analyze，程序自动对日志文件进行分析，结果将通过 HTML 页面输出。

(4)分析结果实例

它提供访问数据整体概况的描述，如图 5-5 所示，网站的全部点击量为 30474，平均每天的点击数量 4353，平均每位访问者的点击次数为 8.16，全部的页面访问量为 4435，全部访问人数为 3577，以及全部访问流量为 3038。

另外，访问人数变化趋势如图 5-6 所示；文件随时间变化访问人数如图 5-7所示；页面点击量排名如图 5-8 所示；IP 地址点击量排名如图 5-9 所示。

Summary

Hits	
Total Hits	30474
Visitor Hits	29191
Spider Hits	1283
Average Hits per Day	3809
Average Hits per Visitor	8.16
Cached Requests	3979
Failed Requests	233
Page Views	
Total Page Views	4435
Average Page Views per Day	554
Average Page Views per Visitor	1.24
Visitors	
Total Visitors	3577
Average Visitors per Day	447
Total Unique IPs	3038
Bandwidth	
Total Bandwidth	567.48 MB
Visitor Bandwidth	548.81 MB
Spider Bandwidth	18.67 MB
Average Bandwidth per Day	70.94 MB
Average Bandwidth per Hit	19.07 KB
Average Bandwidth per Visitor	157.11 KB

图 5-5 概况

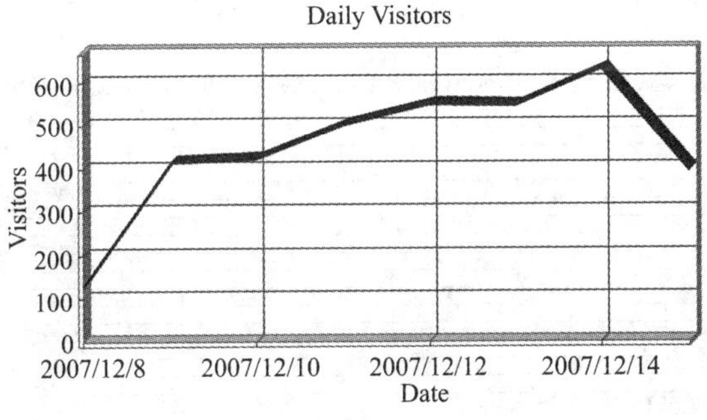

图 5-6 访问人数变化趋势

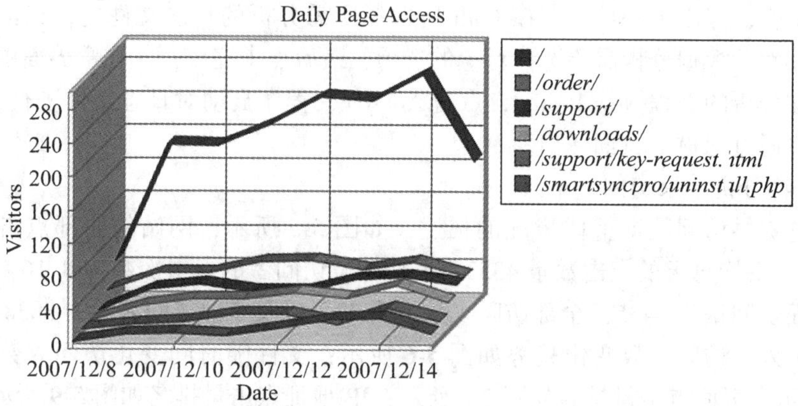

图 5-7 文件随时间变化访问人数

Most Popular Pages

	Page	Hits	Incomplete Requests	Visitors	Bandwidth (KB)
1	http://www.smsync.com/	1,973	0	1,554	10,401
2	http://www.smsync.com/ order/	507	0	373	2,147
3	http://www.smsync.com/ support/	395	0	280	2,106
4	http://www.smsync.com/ downloads/	310	0	255	1,318
5	http://www.smsync.com/ support/key-request.html	195	0	155	584
6	http://www.smsync.com/ smartsyncpro/uninstall.php	150	0	134	564
7	http://www.smsync.com/ smartsyncpro/	148	0	116	732
8	http://www.smsync.com/ smartsyncpro/how-to-backup.html	98	0	94	102
9	http://www.smsync.com/ smartsyncpro/registration.html	77	0	75	44
10	http://www.smsync.com/ smartsyncpro/whatsnew.html	51	0	50	343
11	http://www.smsync.com/ support/faq.html	48	0	40	218
12	http://www.smsync.com/ contacts/	46	0	37	125
13	http://www.smsync.com/ support/netgear.html	41	0	33	120
14	http://www.smsync.com/ downloads/additional-downloads.html	35	0	31	97
15	http://www.smsync.com/ smartsyncpro/lostkey.html	28	0	27	16
16	http://www.smsync.com/ smartsyncpro/uninstalled.php	23	0	22	62
17	http://www.smsync.com/ order/license-agreement.html	19	0	18	123
18	http://www.smsync.com/ order/reg-offline.html	20	0	18	65
19	http://www.smsync.com/ smartsyncpro/key-features.html	18	0	17	78
20	http://www.smsync.com/ smartsyncpro/screenshots.html	15	0	15	81
21	http://www.smsync.com/ partner-programs/	15	0	14	54
22	http://www.smsync.com/ order/competitive_upgrade.html	12	0	12	49
23	http://www.smsync.com/ smartsyncpro/languages.html	11	0	11	47
24	http://www.smsync.com/ smartsyncpro/scr.php	17	0	9	11
25	http://www.smsync.com/ contacts/subscribe.php	11	0	9	32
26	http://www.smsync.com/ smartsyncpro/add-testimonial.html	9	0	8	60

图 5-8 页面点击量排名

Top Hosts

	Host	Country	Hits	Visitors	Bandwidth (KB)
1	213.186.34.25	France	78	39	24
2	63.246.159.200	United States	20	20	142
3	76.110.215.106	United States	20	20	84
4	134.174.21.2	United States	26	19	109
5	63.246.159.197	United States	17	17	120
6	70.87.179.90	United States	16	14	187
7	82.146.53.28	Russian Federation	12	12	6
8	62.2.98.66	Switzerland	12	12	171
9	63.246.159.196	United States	12	12	85
10	64.233.166.136	United States	11	11	133
11	87.98.216.168	France	10	10	3
12	69.9.31.40	United States	9	9	37
13	81.57.109.132	France	229	9	150
14	68.5.250.41	United States	11	9	46
15	72.185.164.0	United States	14	9	58
16	71.114.21.3	United States	9	9	37
17	216.197.96.153	United States	28	7	113
18	71.120.25.4	United States	7	7	29
19	12.178.36.25	United States	14	7	22
20	62.245.107.162	Czech Republic	14	7	163
21	69.181.74.36	United States	34	7	101

图 5-9 IP 地址点击量排名

5.2 网络链接分析

链接分析(Link Analysis)在网络计量学中占据着重要地位，是网络计量学的核心研究内容之一。网络计量的初期研究几乎都是基于链接分析，链接分析在很大程度上借鉴引文分析的理论及方法，是引文分析在网络环境下的拓展。当前，链接分析法主要应用包括：算法改进、系统研发和数据过滤等。

5.2.1 概念

网络链接分析，也称链接分析，或称链接分析法、超链分析，是以链接解析工具、统计分析软件等为工具，用统计学、拓扑学、情报学的方法对链接数量、类型，链接集中与离散规律，以及共链现象等进行分析，用于 Web 网络中的信息挖掘及质量评价的一种方法。

网络计量学的链接分析主要包括：链接数量分析、链接类型分析、链接的集中与离散规律分析、共链分析等，主要用于提高网络信息检索效率、评价网络信息质量、发现网络社区等。①

链接分析发展的 20 多年里，代表性的理论成果主要有四个，一是 Sitation，1996 年，Mckiernan 首次提出了“Sitation”(=cited sites)这一新术语，用以研究网页之间的引用关系。二是共链分析(Co-link Analysis)，1996 年，Larson 利用共链分析对 34 个网站进行聚类，并说明了共链分析用于网站聚类的可行性。三是网络影响因子，1998 年，Peter Ingwersen 借鉴引文分析中的期刊影响因子的思想，提出了“网络影响因子”。四是 PageRank 和 HITS 算法，1998 年，Sergey Brin 和 Lawrence Page 提出了 PageRank 算法，Kleinberg 提出了 HITS 算法。

5.2.2 机理

相关性是链接分析的基础，任何一个网站都是由若干相互关联的网页组成的，网络上任何一台计算机都不是孤立存在的，而是与其他计算机存在着某种相关性。这种相关性包括：内容相关性——网络信息从某个局部讲是聚合的；结构相关性——将特定网页组织到一起，起纽带作用；功能相关性——通过

① 邱均平，李江．当前链接分析工具的缺陷及其解决方案[J]．情报科学，2007(5)，641-647.

它，站点可以和其他站点之间共享内容；附属相关性——内容、结构、功能可以说是一个网站的主题部分，相对于这些主体部分，网站上的广告、网站上的广告、网站上的友情链接以及目前还无法定义的链接等都暂且归为附属相关性。

按照链接的外部特征，刘雁书、方平把链接分为推荐链接、合作链接、相关链接、资源链接、通讯链接、广告链接等类型；袁毅等通过对学术网站的研究将链接分为推荐链接、相关链接、引用链接、扩展链接、评价链接、关系链接及其他；邱均平等通过对链接的内部特征和外部特征的研究，将链接分为网站结构链接、信息关联链接、信息推荐链接、信息来源链接、网络结构链接。正因为网页之间存在的链接往往是由于它们之间具有某种相关性，故可以通过分析链接的特性来得出一些有价值的结论。

5.2.3　主要分析工具①

早期的链接分析使用的搜索引擎工具如 AllTheWeb、Altavista 均先后被 Yahoo！收购，又分别于 2011 年 4 月 4 日②、2013 年 7 月 8 日③被 Yahoo！关闭。现在用于链接分析的工具有 Majestic、Alexa 等。

5.2.3.1　Majestic

(1) Majestic 简介

Majestic 是一款在线外链查询工具，可以索引相当多的链接，但不是免费的。自己管理的网站可以免费查询，不过需要上传一份文件进行校验。竞争对手的网站可以查询出链接总数和头五个链接，更多查询链接需要收费。

(2) Majestic 主要功能及演示

Majestic 网站地址为 https：//zh. majestic. com/，主页如图 5-10 所示。

(3) Majestic 应用实例

在站点浏览器中输入需要分析的 URL，以武汉大学网站 (www. whu. edu. cn) 为例进行分析，图 5-11 为 www. whu. edu. cn 网站链接分析的总概况，包括外部反向链接、引用域、引用 IP、引用子网对应的数目及外部反向

---

① 常用 SEO 搜索引擎优化工具[EB/OL].［2015-12-05］. http：//www. william-long. info/archives/2904. html.

② 百度百科[EB/OL].［2015-12-05］. http：//baike. baidu. com/link？ url = OxsVPrn6vV9gx9RxQxavipouRpz-4CJZBR _ GkcgIDpeu1xAhZ3ICwR55mHlkrTlPX _ wM8ZyjeE _ f-ztyiYfsdK.

③ 百度百科[EB/OL].［2015-12-05］. http：//baike. baidu. com/link？ url = ZP2Gm95bX1SzJuv7ZJpon3jXiy-7rKZxI5U5uXZxSnTuJmmagyDkJ5B2qFYLHQgYkmMCpG0rNe59rcs74I3-xa.

图 5-10 Majestic 界面

链接的链接分布。图 5-12 为网站分析结果，即 URL 反向链接历史、反向链接具体的链接及锚文件(锚文本又称锚文本链接，是链接的一种形式。和超链接类似，超链接的代码是锚文本，对关键词做一个链接，指向别的网页)分布情况。更加详细的信息需要付费订阅。

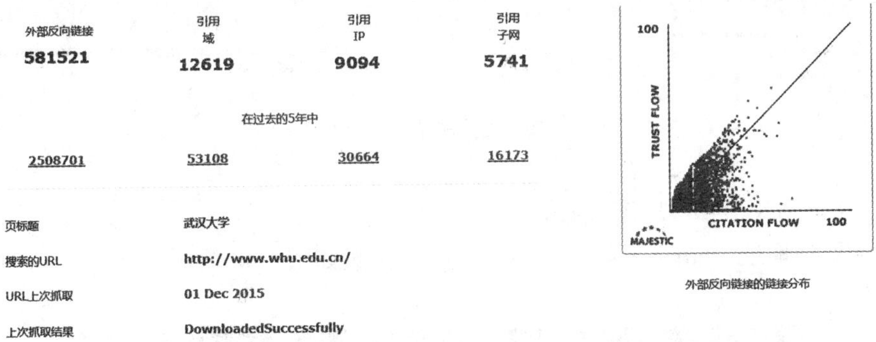

图 5-11 www.whu.edu.cn 网站链接分析的总概况

5.2.3.2 Alexa

(1) Alexa 简介

Alexa 平台是由 Alexa 公司提供的一款流量分析工具，目的是让互联网网友在分享虚拟世界资源的同时，更多地参与互联网资源的组织。作为较具权威性的排名统计平台，能够提供各个网站的排名信息、网络流量数据、关键词搜索分析、网站用户统计等功能。此软件需要收费，但提供 7 天的免费使用权限。

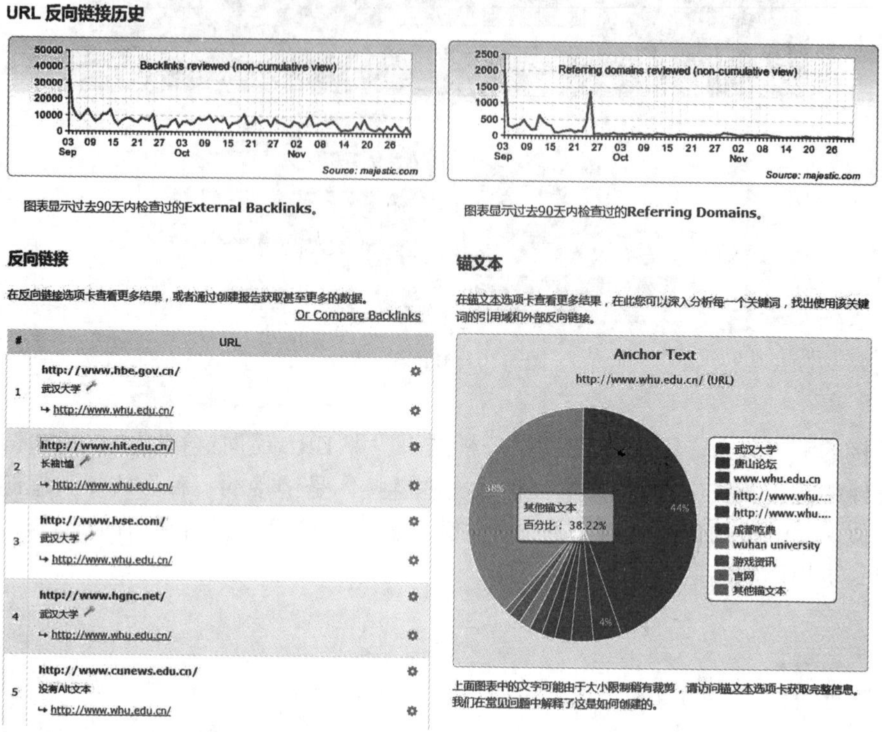

图 5-12 网站分析结果

(1) Alexa 主要功能及演示

网站地址：http://www.alexa.com/。主页如图 5-13 所示。

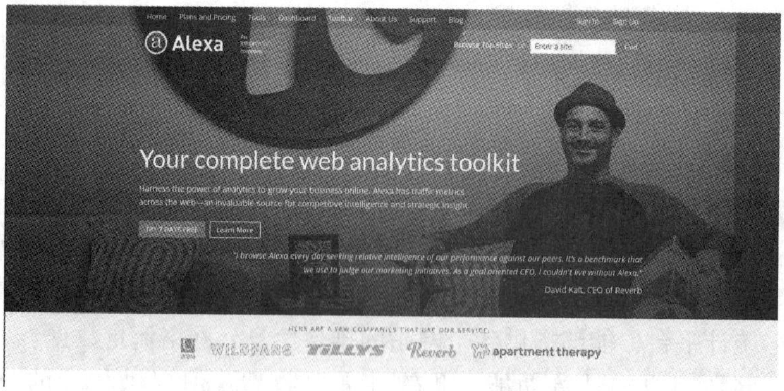

图 5-13 Alexa 主界面

Alexa 网站提供四个分析栏目，分别为站点概况(Site Overview)、站点对比(Site Comparisons)、站点链入(Site Linking In)、站点关键词(Site Keywords)，后两个付费后才可以使用。

下面以武汉大学网站为例，利用 Alexa 进行分析(分析日期为 2015/12/8)。对于站点概况(Site Overview)，工具给出了武汉大学网站访问量近三个月随时间变化的全球排名情况(网站排名高于 100000 的不做统计)，显示武汉大学网站的全球排名为 18649(排名是通过结合网站每日的平均访问量和网站在近 3 个月的综合访问量计算出来的)以及在所属国家中国的排名为 1611(排名依据与全球排名类似，仅将访问量的计量改为所属国网络访问量)，如图 5-14 所示。此外该工具还给出了网站访问者的国家分布图，以及在对应国家的排名，如图 5-15 所示。工具给出了通过搜索引擎进行检索时所选用的关键词的排名，武汉大学、Wuhan University 和武汉大学图书馆分别占 36.69%、20.93%和 14.83%，表明使用汉语的用户所占比重较大，如图 5-16 所示。图 5-17 显示的是用户访问武汉大学网站前访问的是哪个网站，前两位分别是百度和谷歌，主要原因可能是用户通过搜索引擎来检索武汉大学。图 5-18 显示了与武汉大学相关联的网站的排名，排名依据相关性排序，第一位的 www.hust.edu.cn 是华中科技大学的网站，说明武汉大学与华中科技大学的相关性最高，另外该图还给出了武汉大学所处的类目。图 5-19 是武汉大学主页访问者随后进行的页面访问，浏览主页相关内容的占 30.93%，访问图书馆的占 19.41%，浏览 bbs 的占 15.33%，这些占比相加结果可能超过 100%，原因是同一个用户可能一个月内访问了多个子域。

站点对比(Site Comparisons)，以武汉大学与北京大学的网站(www.pku.edu.cn)为例，武汉大学与北京大学网站的历史访问量的 Alexa 排名如图 5-20 所示，

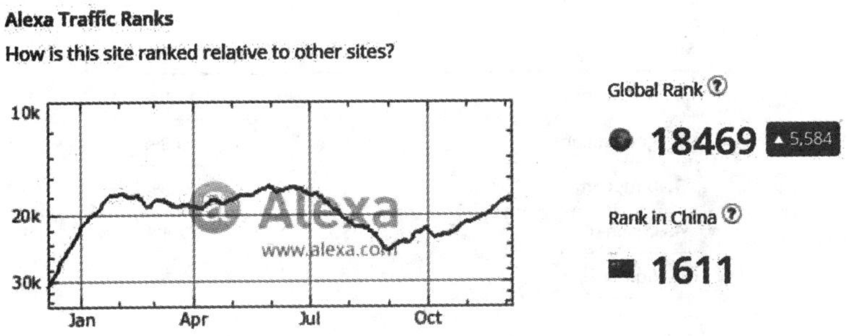

图 5-14 武汉大学网站排名

Audience Geography

Where are this site's visitors located?

Visitors by Country

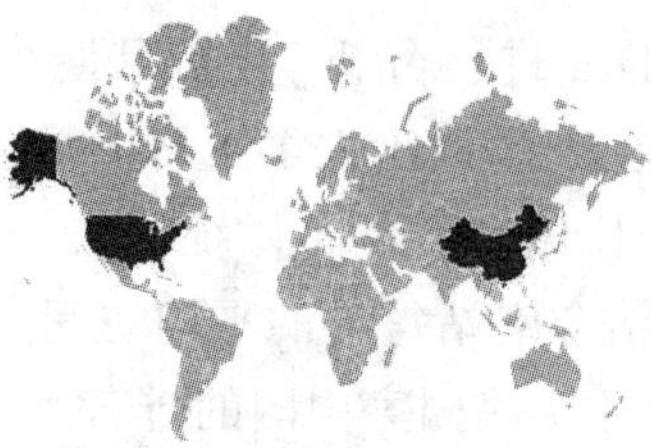

Country	Percent of Visitors	Rank in Country
China	93.0%	1611
United States	3.0%	75061

图 5-15　访问者地理分布

Top Keywords from Search Engines

Which search keywords send traffic to this site?

Keyword	Percent of Search Traffic
1. 武汉大学	36.69%
2. wuhan university	20.93%
3. 武汉大学图书馆	14.83%
4. wuhan	3.63%
5. 武汉大学本科生院	3.25%

Upgrade to View

图 5-16　检索关键词

Upstream Sites

Which sites did people visit immediately before this site?

Site	Percent of Unique Visits
1. baidu.com	16.9%
2. google.com	9.8%
3. bing.com	2.5%
4. cnki.net	2.5%
5. qq.com	2.5%

Upgrade to View

图 5-17　用户访问武汉大学网站前访问的网站

What sites are related to whu.edu.cn?

Related Links
1. hust.edu.cn
2. hubu.edu.cn
3. cug.edu.cn
4. znufe.edu.cn
5. ccnu.edu.cn
6. artschool.com.cn
7. yjxy.zsxx.e21.edu.cn
8. ctgu.edu.cn
9. znuni.cn
10. yytc.net.cn

Categories with Related Sites
Reference > Education > Colleges and Universities > Asia > China > Hubei
World > Chinese Simplified CN > 参考 > 教育 > 大专院校与研究所 > 湖北 > 武汉大学

图 5-18　与武汉大学相关联的网站的排名

Where do visitors go on whu.edu.cn?

Subdomain	Percent of Visitors
whu.edu.cn	30.93%
lib.whu.edu.cn	19.41%
bbs.whu.edu.cn	15.33%
ems.whu.edu.cn	14.20%
my.whu.edu.cn	13.70%

Upgrade to View

图 5-19　访问武汉大学主页后访问的子域

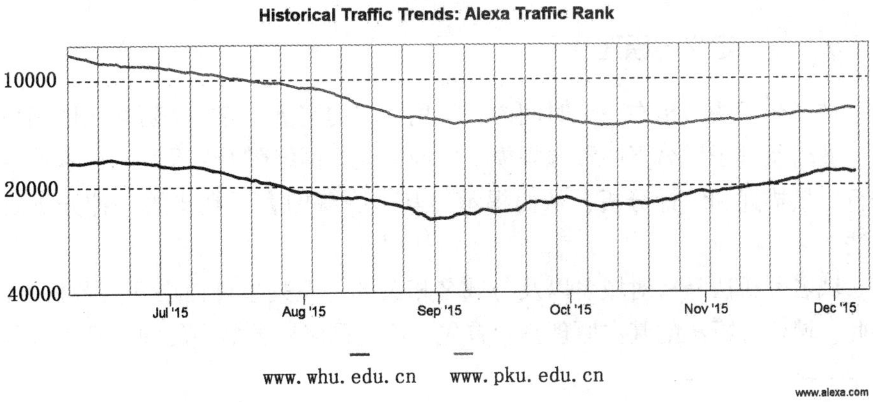

图 5-20　武汉大学与北京大学网站历史访问量的 Alexa 排名

北京大学网站的 AlexaRank 为 12248，比武汉大学高出 6221 个名次。如图 5-21 所示，武汉大学网站最近三个月的 Alexa 排名上升了 5584 名，北京大学网站上升了 996 名，武汉大学网站名次上升显著。

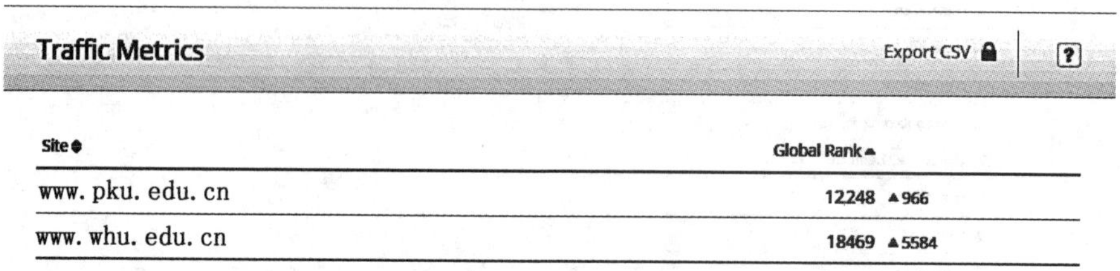

Traffic Metrics　Export CSV　?

Site	Global Rank
www.pku.edu.cn	12248 ▲966
www.whu.edu.cn	18469 ▲5584

图 5-21　武汉大学和北京大学网站全球排名变化

5.3　域名分析法

域名作为网络时代的产物，对它的分析由来已久，几乎伴随了整个网络时代的发展，与域名相关的理论、技术方法、应用研究也很多。然而，在国内将域名分析法①作为一种独立的方法进行研究的却很少，甚至关于域名分析法的这种提法都不多见，但由于这方面的研究的日渐成熟，有必要吸纳域名分析法作为网络计量学的一种特征研究方法，并对其进行系统的研究，有利于形成网络计量学真正意义上的特征研究方法。从网络计量学的角度出发，域名分析法应该包含网络日志、网络流量、网络引文等为主体的分析内容。

5.3.1　定义与原理

域名分析法是指在一定时间内，运用一定的定量研究方法对域名的用户广度、域名及其子域名下的资源规模、访问情况、网络影响力及技术因素等参数进行定量描述和统计分析，从而揭示出其中隐藏的客观规律的一种分析研究方法。

域名分析法是针对域名以及与域名相关的一系列事件而展开的分析方法，因此，域名分析法的基本原理是：首先，确定网络服务器中的网络日志、网络

① 邱均平．网络计量学[M]．科学出版社，2010：1；邱均平，宋艳辉．域名分析法的研究——概念、原理、内容与应用[J]．图书情报知识，2010(6)：72-79.

数据流量以及学术论文后面所附的其来源是以因特网资源的网络引文为中心的研究分析对象；其次，对所选取的对象进行数据的初步整理，主要工作是选取适合进一步分析的规范化数据，保证下一步分析处理结果的准确度和可信度；再次，运用统计分析、聚类分类、关联规则、序列模式识别等方法对上一步经过预处理的数据进行分析；最后，分析挖掘得到的规则和模式，提取有意义的、感兴趣的规则和模式作为分析结果。

5.3.2 域名分析法的流程

为有效地运用域名分析法进行分析研究工作，将域名分析法的基本操作流程分为如下几个步骤：

(1)选取分析对象

分析对象通常是由分析研究的目的而确定的，如果我们在网站建成后，为了了解网站的运行情况，发现网站存在的不足或者检测网络设备的工作状态，通常就会选取网络流量作为研究对象；而如果我们是要了解网站中各页面的访问情况，根据各页面的点击率来改善网页的内容和质量，提高内容的可读性，通常的做法是选取网络服务器的日志文件作为分析和统计的对象。

(2)预处理阶段

该阶段的主要工作是从选取的对象中获取规范化的数据，为进一步分析做好准备。

原始数据往往是无序的，而且存在许多与计量没有关系的数据，它们的存在会干扰分析的过程，影响分析的结果。因此，为了保证分析处理结果的准确度和可信度，完全有必要对原始数据进行识别和净化处理。

(3)统计分析

在上一步获取的数据的基础上，根据研究的目的，运用数学统计的计算机软件等各种有效的分析方法，从各种指标或其他不同的角度进行分析。

(4)作出结论

根据分析的数据，作出相应的结论。在域名分析法的基本步骤中，统计分析是最关键的一环，其中要用到各种定量的和定性的分析研究方法，也是最容易出现错误或者导致整个过程中断的环节。然而我们无论采用哪种类型的分析方法，都必须在占有翔实、可靠、准确的数据的基础上进行，因此预处理阶段是统计分析的前提。在进行统计分析之前，搜集数据时，首先必须选准统计对象，这也使得预处理阶段变得至关重要。从某种程度上说，它直接决定了整个分析过程的成败。

5.3.3 网络流量分析

从网络体系架构来说，网络流量是一切研究的基础。所有对网络应用和网络本身的行为特点都可以通过对网络流量的研究来获得。通过分析和研究网上所运载的流量特性，有可能提供一条有效的探索网络内部运行机制的途径。网络流量能直接反映网络性能的好坏。在网络中，如果网络所接受的流量超过它的实际运载能力，就会引起网络性能下降。吞吐量是表征网络性能的重要标志。一个理想的网络应该能够接受提供的所示流量，直至其最大吞吐量限额。

5.3.3.1 网络流量的分类

(1)网络节点端口流量

网络节点端口流量指的是网络节点设备端口流入和流出的数据包的信息统计。它包括数据包的个数、字节数、包大小分布、丢包数等非常多的统计信息。监视节点端口流量的典型工具是 MRTG(Multi Router Traffic Grapher)，另外，许多厂商的网管工具也提供这些功能，如 HP 公司的 Enview 平台，Agilent 公司的 Firehunter 等。MRTG 的功能单一，它使用 SNMP 协议访问网络节点获取 MIB 信息(包括网络节点端口流量)，然后通过 Web 方式输出结果。MRTG 是一个非常实用的免费软件，在各个运营商的网管中心都作为最常用的网络监视工具来使用其他类型的网管工具，如上文提到的用来监视网络节点端口流量的工具。因此，当需要监视或分析更多的网络性能参数时，可以考虑将这些工具的强大分析功能与 MRTG 相结合使用。

(2)端到端的 IP 流量

端到端的 IP 流量指的是在网络层从一个源到一个目的 IP 包的统计信息，通过对它的分析，可以了解网络中的用户都访问了哪些目的网络，这是网络分析、规划、设计和优化的重要依据。采集端到端的 IP 流量的典型工具包括 Sniffer、Netflow、EtherPeeK 和流量探针等，根据不同的特点，其分别适用于不同范围的流量采集。

(3)业务层流量

业务层流量除了包含端到端的 IP 流量信息之外，还包含了第四层(TCP 层)的端口信息。显而易见的是，它包含了应用服务的种类信息，利用这些信息可以进行更详细的分析。Sniffer、Netflow、EtherPeeK 和流量探针等工具也实现了这个层次的流量信息采集。

(4)完整的用户业务数据流量

完整的用户业务数据流量对于安全、性能等方面的分析非常有效。例如，捕获黑客的来访数据包可以制止某些犯罪行为或得到重要的证据；由于捕获完整的用户业务数据需要超高的硬盘存储速度和超大的容量，因此利用 Sniffer 和流量探针等都只能实现短时间内数据包的捕获和跟踪，某些软件如 Niksun 公司的 NetDetector 产品能实现长时间的、完整的用户业务流量采集①。

5.3.3.2　网络流量分析的基本内容

网站流量分析除了流量数据的收集和统计，更多的是对网站流量指标的科学分析，不同的人员从中获得的有效信息大不一样，这需要专业分析人员对数据进行深度挖掘，研究不同指标对网络价值的贡献，找出影响网站运营的因素。这些并不是一个综合的定量指标能够计算出来的，因此网站流量分析应当采用定量与定性分析相结合的办法。

(1)网络流量流向分析

网络流量流向分析通常部署在网络的各个接入点，如城域网/IDC 接入点、其他网络接入点，从而可以对所有接入网络中的流量进行分析。网络流量流向分析对网络优化具有极其重要的作用，通过流量流向分析，网管人员可以快速地对网络隐患进行分析处理，优化网络结构。

流量流向分析及应用是在近年发展起来的一项网络分析技术，目前使用到的分析方法种类较少，本书在流量流向分析方面进行了简单的端口流量统计分析，为网络架构优化提供依据。随着流量流向分析技术的发展，相信将会有更多的分析方法涌现，流量流向分析能在网络维护中起到更大的作用。

(2)网络流量特征分析及流量协议分析

通过 MRTG 流量监控软件，可以找出一个时间段内的网络流量分布规律，比如白天的流量从早上 8：30 开始持续走高，到 12 点左右达到一个比较高的水平；从晚上 10 点以后开始回落，在凌晨 2 点到早上 8 点之间形成一个波谷；在 11 点到 22 点的高峰期中流量起伏比较大，有两个明显的波峰，分别在 11 点到 14 点和 19 点到 22 点之间等，通过 RAM 监控软件，可以按用户流量大小提供 1~100 名的用户排名，了解现在的网络中那些协议占据了多大的网络带宽比例等。

Etherpeek 协议分析软件可以提供给我们网络端口流量中各协议和各协议端口的比例、流量包的大小等。

有了这些数据和规律信息，我们就可以制定一个网络流量的应用规划，比如 BT、eMule 等 P2P 协议软件什么时间开放，445、1433、1434 等协议端口需

---

① 石磊．网络流量分析与资源优化[D]．济南：山东大学，2008.

不需要打开，哪些 IP 地址流量过大、需要限速等，制定一个符合自己网络的详细规划，合理利用有限的网络资源。

(3)异常流量检测分析

该方法是通过记录一段时间内的网络正常流量数据，建立对应的数学模型，检测或者预测网络异常流量的发生，提醒网络管理人员及时处理。一般来说，通常流量检测分析是通过设定阈值来实现的，例如，当以太网中每秒内的非单播包数超过一个特定数目时，就会发出广播风暴的警报，可能在屏幕上显示用红色表示的消息，提醒网络管理人员采取恢复措施，这样可以为网管人员提供早期预警信息，从而使其有更多的时间来分析问题和采取措施。如果能够建立一个恰当的网络流量模型对将要发生的网络流量进行预测，则可以直接避免网络问题的发生，保证网络服务不受影响或者减轻影响的程度，为用户提供更好的服务。

5.3.4　网络引文分析

随着计算机网络技术的发展和互联网的深入普及应用，网络成为科学研究获取、交流信息的重要渠道与载体。对网上信息资源的利用与分布规律的研究无疑具有重要意义。网络引文又称网络(电子)参考文献或 Web 引文，是指学术论文后面所附的来源是因特网资源的参考文献，实际上是用作引文的网络信息资源，其突出特征是参考文献著录内容中含有网址(URL)，它是网络资源应用于学术研究最直接的表现，是学科专家对网上学术资源的一种变相的同行评议，说明了对网络资源学术价值的认可，反映了学者们利用网络信息的情况①，与访谈和问卷调查等方式相比，它具有客观实用性与针对性②。

目前网络引文研究内容主要分为网络引文的使用(是否可以使用、怎样进行使用)和网络引文分析(引文分布分析、可获得性分析、影响与应用分析)两方面。

5.3.4.1　网络引文分布分析

对网络引文分布分析的研究角度有很多，如时间地域期刊等研究较多的是网络引文的数量分布分析和域名分布分析。

---

① 王建芳. 基于计量方法的学科信息门户资源采选机制[J]. 大学图书馆学报，2006，24(3)：33-37.

② 袁毅，王大勇. 引文用于评价学术网站的可靠性及可行性研究[J]. 图书情报工作，2005，49(3)：72-75.

(1)网络引文数量分布分析

网络引文数量分布分析是网络引文分析的重要内容，最初网络引文分析也是从对数量进行统计分析开始的，国内外的很多学者都很热衷于对网络引文的数量进行研究。在网络流行之前，网络引文可以说是很少的，随着网络时代的演进，网络引文量呈现一种几何级数的递增趋势，通过对网络引文量的分析，不仅可以准确地得到每一年的网络引文量，还可以透过数字分析揭示网络引文的演化规律和分布规律。

不同学科对待网络引文的态度是不同的，有研究表明，信息学科由于本身的特点决定了它们的研究者对网络资源利用的绝对优势，并且研究者对待网络引文的态度也是积极的，网络引文在信息科学的论文中的分布明显比其他学科广泛得多，这也说明学者们对网络资源的利用意识。学者们吸收信息的能力与网络资源的利用有着直接的关系。网络引文在不同学科不同作者方面的分布也是网络引文数量分布分析的重要内容。

(2)网络引文域名分布分析

我们通过网络引文分析不难看出，有4个顶级域名(gov、org、com、edu)是经常在网络引文中出现的。事实上，不同的用户对网络信息资源的需求也不同，比如说，对学术界而言，有关科研、教育等学术性信息最重要。因此，学术界用户最看重的是edu、org、gov三个网站的信息。而将中英文核心期刊网络引文域名引用的情况进行对照可以发现，英文期刊网络引文地址的域名对org网站的信息引用得最多；而对中文期刊来说，引用得最多的是com网站的信息，而后依次是org、edu、gov类网站的信息①。以上信息都可以通过域名分布分析来获取，这也构成了网络引文域名分布分析的基本内容。

5.3.4.2 网络引文可获得性分析

网络引文可获得性(Availability)是一个较广的概念，包括持久性(Permanence)、稳定性(Stability)、持续性(Persistent)、可获取性(Accessibility)、重现性(Repeatability)、可追溯性(Taceability)等概念②，指对于学术论文的网络引文，根据引证文献的标注，经过不同的方法与途径，通过引文中的网址或其他信息可以真实、免费、可靠、快捷地得到其参考文献内容。

---

① 屈卫群，姚小娇，魏丹，等．网络引文量及其可获取性的调查与分析[J]．情报杂志，2008，27(12)：112-114.

② 杨思洛，仇壮丽．网络引文研究现状及展望[J]．图书情报工作，2009，53(10)：41-44.

一方面，与传统引文相比，网络引文的可获得性存在许多缺陷。传统文献比较稳定，对其的引用也发展得比较成熟。网络资源则可以很容易地被编辑或替换，有的甚至题名没变，但内容已经改变，而发现这些变化有时是很困难的。另外，图书馆档案馆等部门获取和存档传统文献已有数百年的历史，几乎可以找到所有已出版的书刊，保证了引文的回溯检索；而网络文献却得不到这种保证，尤其网络文献本身不具有稳定性，而且还缺乏科学统一的著录格式和权威的检索工具。另一方面，网络引文也有纸质引文所不具备的优点，如果使用得当，其可获得性将比纸质文献更好、更快捷、更便利。

根据以往的研究，网络引文的可获得性现状为：

(1)网络引文分布的广泛性

网络已经深入影响着人类生活和工作的各个方面，使存在了几百年的传统科学研究和学术交流方式发生巨大变革，学术论文越来越多地引用网络资源。E. Evangelu 对全世界最顶尖的 *Science*、*Nature*、*Cell* 等 6 种期刊的调查表明：4.7%~9.6%的论文使用了在线的补充材料①。Susan Davis Herring 在 2002 年的一项网络引文研究中，共统计了 175 篇文章，发现有 97 篇文章引用了网络文献，其比例高达 55.4%②。在国内，我们利用中国期刊全文数据库进行统计发现，图书情报和计算机软件及应用两门学科中引用网络资源的论文在 2007 年分别达到 15.17%和 11.57%③。

(2)网络引文可获得性水平低

从以往的调查研究来看，网络引文的可获得性处在较低水平，有的引文甚至在论文发表之前就已经不可获得了。Dellavalle 以 *Science* 等 3 种杂志在 2000—2003 年所载的 1000 篇论文为样本，发现仅仅 27 个月之后，就有 13%的网络引文打不开了，而能打开的网页中有许多已经改变，即并不是原先作者所看到的网页了④。Mary Rumsey 认为网络引文"就像远去的火车，一去不复

---

① Garfield E. Citation Analysis as a Tool in Journal Evaluation[J]. Science, 1972, 178(4060): 471-479.

② Herring S D. Use of Electronic Resources in Scholarly Electronic Journals: A Citation Analysis[J]. College & Research Libraries, 2002, 63(4): 334-340.

③ 邱均平，杨思洛．基于网络引文的网上学术资源利用规律研究——以图书馆学与情报学为例[J]．情报学报，2010，29(3)：497-505.

④ Bella S. Galil. Going Going Gone: The Loss of a Reef Building Gastropod (Mollusca: Caenogastropoda: Vermetidae) in the Southeast Mediterranean Sea[J]. Zoology in the Middle East, 2013, 59(2): 179-182.

返”，他利用 JLR(Journals and Law Reviews)数据库对法律领域的论文进行了统计，发现在经过 4 年后，仅仅 30%的引文可打开。Germai 以随机抽样方式选取 1995—1997 年出版的多门学科的期刊论文 31 篇(包含 64 条网络引文)，实验历时 3 年(1997—1999)，网络引文的可获取性每年下降 11%左右，3 年后近一半的引文不可获取①。Spinellis 验证了两种计算机领域的期刊，出版于 1995—1999 年的论文中有 4224 条网络引文，4 年后近 50%的网络引文不可追溯。在国内，杜云祥等以 3 种图书情报期刊为例，对网络引文著录格式进行了统计和验证，表明能查到原文的网络引文仅占 15.8%，且著录格式混乱，存在明显不足②。吴志强以《软件学报》和《中国图书馆学报》1999—2003 年所刊登学术论文中的网络引文为对象，考察了网络引文的可追溯性问题，得出以下结论：每年可追溯率递减约 9%~10%，发表 7 年后可追溯率接近于零③。安美荣从国内有代表性的 6 种图书情报学期刊中抽取了 300 篇网络引文，通过验证，最终仅可以找到 184 篇，所占比例为 61.3%④。

5.4 Altmetrics 及其研究工具

补充计量学(Altmetrics)，是基于社交网络对学术研究进行分析和传播的新型计量学的创造和研究⑤，弥补了传统计量学本身固有的时滞性，以及评价对象较狭窄(只关注期刊论文)，无法测度学者全面的影响力等问题。补充计量学给学术界带来了研究视角的转变，激发了学者们的研究兴趣，已经成为计量学研究的热点。

---

① Cronin B. Bibliometrics and Beyond: Some Thoughts on Web-based Citation Analysis[J]. Journal of Information Science, 2001, 27(1): 1-7.

② 杜云祥，王桂枝，郝俊勤．三种图书情报学期刊网络参考文献著录分析研究[J]. 图书馆论坛，2004，24(6)：96-98.

③ 吴志强．我国学术期刊上的网络参考文献可追溯性考察[J]. 情报学报，2006，25(1)：80-86.

④ 安美荣，姜仁珍，张翠英．Web 引文的可查证性分析[J]. 情报学报，2004，23(4)：480-483.

⑤ Priem J, Taraborelli D, Groth P, Neylon C. Altmetrics: A Manifesto[EB/OL]. [2010-10-26]. http://altmetrics.org/manifesto.

5.4.1 Altmetrics

5.4.1.1 概念提出

补充计量学，是由美国美国北卡罗来纳州立大学博士生 J. Priem 最先在推持(Twitter)上提出的，随后 J. Priem 联合 D. Taraborelli、P. Groth 和 C. Neylon 在网上建立了 Altmetrics 网站，并发表了联合宣言(*Altmetrics*：*A Manifesto*)，标志着 Altmetrics 术语的正式提出①。Altmetrics 术语是由刘春丽②、邱均平③最先引入国内的，刘春丽将“Altmetrics”译为选择性计量学；邱均平取其构词法(Altmtrics＝Alternative Metrics)将其译为替代计量学，认为 Altmetrics 的提出是为了给传统计量学提供替代性的方案。对 Altmetrics 内涵研究的深入，由庆斌将其译为补充计量学，认为 Altmetrics 不是替代传统科学计量学，而是结合原有评价体系再添加一些补充性指标去评价论文的影响力，是对传统科学计量学的继承和补充④；赵蓉英也认同补充计量学的译法，认为其是对现有学术评价体系的完善和补充⑤。从 Altmetrics 在学术评价上展现的作用来看，译为补充计量学更妥帖，首先，Altmetrics 的内涵是通过与传统计量学的比较得出的，其测度的影响力包含了学术影响力和社会影响力，学术影响力是传统计量学所测度的，而社会影响力是 Altmetrics 对传统计量的补充；其次，由于引文的时滞性，Altmetrics 利用社会媒体产生的数据使其天然具有及时性，弥补了传统计量学的不足；最后，Altmetrics 补充了传统计量学的评价对象，除论文外，还包括数据集、程序段、研讨视频等，数据类型更丰富，数据形式更多样。

5.4.1.2 研究现状

正如联合宣言所说，Altmetrics 带来了研究视角的改变，拓宽了人们对影响力的认识，是一场学者影响力评价的革命，国内外对其的研究十分活跃。

现在国内外主要的研究方向有：内涵的界定、指标的选择及相应的实证

---

① 刘春丽．Altmetrics：从理论假说、术语提出到内涵的重新界定[J]．图书情报工作，2015(06)：82-89.

② 刘春丽．Web 2.0 环境下的科学计量学：选择性计量学[J]．图书情报工作，2012，56(14)：52-56.

③ 邱均平，余厚强．替代计量学的提出过程与研究进展[J]．图书情报工作，2013，57(19)：5-12.

④ 由庆斌，汤珊红．补充计量学及应用前景[J]．情报理论与实践，2013(12)：6-10.

⑤ 赵蓉英，汪少震，陈志毅．补充计量学及其分析工具之探究[J]．情报理论与实践，2015，38(6)：29-34.

研究。

在国外，针对传统同行评议的弊端问题，Taraborelli① 认为建立软同行评议(Soft Peer Peview)才是有效途径，并指出社会书签、CiteUlike 以及 Connotea 的指标属于软同行评议的评价指标；Anderson② 指出了期刊影响因子在论文评价方面的片面性，认为应该利用推特、博客、维基百科等在线社交网络和学术社交网站中的讨论和引用等交流行为对其评价体系进行补充和完善；Patterson③ 认为对文献的评价应结合其自身的特点，相关的基本评价指标可以包含书签、评论等；Priem④ 对"科学计量学 2.0"的指标进行了全面总结，认为书签、文献管理工具、推荐系统、评论、微博、博客、维基百科、社交网络和开放数据平台等都可作为评价指标的来源。除了提出新的计量指标，对各项指标的比较研究尤其是同引文指标的相关性研究一直是补充计量学的研究热点。Thelwall M⑤、J. BarIlan 等⑥、D. Torres 等⑦分别利用相关分析法探究了 Mendeley 和 CiteULike 读者数与引文指标的相关关系，发现二者与引文都具有较强的相关性，但 Mendeley 读者数比 CiteULike 读者数的相关性要强。J. Bollen 等⑧对学术影响力现存的 39 个基于引文和用户日志数据的度量措施作了主成分分析，发现常用的影响因子并没有处于图的核心位置。M. Thewall 等⑨人将 11 种补充计量指标与 WOS 作对比，发现高补充计量指标与引文量高

① Taraborelli, Dario. Soft Peer Review: Social Software and Distributed Scientific Evaluation[R]. 2008.

② Anderson K. The Impact Factor: A Tool from a Bygone Era? [J]. The Scholarly Kitchen, 2009.

③ Patterson M. Article-level Metrics at PLoS—addition of Usage Data[J]. PLoS Blogs, 2009: 315-317.

④ Priem J, Hemminger B H. Scientometrics 2.0: New Metrics of Scholarly Impact on the Social Web[J]. First Monday, 2010, 15(7).

⑤ Li X, Thelwall M, Giustini D. Validating Online Reference Managers for Scholarly Impact Measurement[J]. Scientometrics, 2012, 91(2): 461-471.

⑥ Bar-Ilan J, Haustein S, Peters I, et al. Beyond Citations: Scholars' Visibility on the Social Web[EB/OL]. [2016-06-28]. http://arxiv.org/ftp/arxiv/papers/1205/1205.5611.pdf.

⑦ Torres-Salinas D, Cabezas-Clavijo Á, Jiménez-Contreras E. Altmetrics: New Indicators for Scientific Communication in Web 2.0[J]. Comunicar, 2013, XXI(41): 53-60.

⑧ Bollen J, Van de Sompel H, Hagberg A, et al. A Principal Component Analysis of 39 Scientific Impact Measures[J]. Plos One, 2009, 4(6): e6022.

⑨ Thelwall M, Haustein S, Larivière V, et al. Do Altmetrics Work? Twitter and Ten Other Social Web Services[J]. Plos One, 2013, 8(5): e64841.

之间有显著相关性，但 Linkedin、Pintrest、问答网站和 Reddit 却没有明显的相关性。

在国内，武汉大学的余厚强根据替代计量学发展过程的内容和特点，将其划分为酝酿阶段、提出与热议阶段和理论应用研究的深化这三个阶段并从主要学术活动主题、代表人物群体、代表作品内容等角度，综述了替代计量学的研究进展。此外他还从狭义、广义两个层面归纳了替代计量学的研究内涵，从规避数据操纵、数据严谨性和数据一致性三个方面，论证了替代计量指标具备实用的可信度①。刘春丽从时效性、覆盖面和科学交流过程这三个方面论述了选择性计量学的研究意义。并对在多种开放存取平台和学术社交网络中提取的评价指标进行了总结。由庆斌指出了补充计量学在评测分值界定、评价结果比较等方面仍存在的问题以及补充计量学在评估项目申请、分析学术网络等领域的应用前景。刘春丽以 PLOS API 平台提供的“论文层面计量”数据集为样本，通过对 20 个选择性计量指标的标准化处理和正态性检验，提出了选择性计量学指标的适用广度和分布密度②；并选取 Mendeley、F1000 和 Google Scholar 三种学术社交网络工具中不同类型的选择性计量方法对同一组论文评价结果的一致性进行了验证③。由庆斌对 PLOS 和 F1000 这两种不同类型指标间的相关性进行了检测，并探究了综合性指标 Altmetric Score 与引用指标之间的关系④；另外他还通过收集 Mendeley 平台提供的指标数据，构建了基于补充计量学的论文影响力评价模型，并对比引用评价模型的评价结果，发现两个模型对高学术影响力论文的评价具有一定的一致性⑤。黄芳将查找到的半年内影响力最大的期刊论文，使用 Altmetrics. com 得到了心脏病学的热点论文和期刊和分享了心脏病学文章最多的博客、新闻故事、同行评议，论述了补充计量学在生物医学

---

① 邱均平，余厚强．论推动替代计量学发展的若干基本问题[J]．中国图书馆学报，2015(1)：4-15.

② 刘春丽．基于 PLOS API 的论文影响力选择性计量指标研究[J]．图书情报工作．2013，57(7)：89-95.

③ 刘春丽，何钦成．不同类型选择性计量指标评价论文相关性研究——基于 Mendeley、F1000 和 Google Scholar 三种学术社交网络工具[J]．情报学报．2013，3(2)：206-212.

④ 由庆斌，汤珊红．不同类型论文层面计量指标间的相关性研究[J]．图书情报工作，2014(8)：79-84.

⑤ 由庆斌，韦博，汤珊红．基于补充计量学的论文影响力评价模型构建[J]．图书情报工作．2014，58(22)：5-11.

信息计量学研究中的作用①。

综合分析国内外补充计量学的研究现状，我们可以看到国内外的研究重点有所侧重。由于国外的相关理论研究较为成熟，不断有评价体系和评价工具诞生，由此国外学者将这些评价指标能否科学评价学术论文的影响力作为研究点，通过大量实证研究分析和总结各评价指标的可行性；相比之下，对于补充计量学这一由国外学者提出的新兴术语，国内学者还需要时间去理解，之后才是应用。不得不说，与国外相比，国内在补充计量学的研究上存在不小的差距，特别是在评价指标方面国内研究明显滞后于国外。虽然也有学者关注评价指标的研究，但大部分是在介绍和应用国外的研究成果。而且国外提出的评价指标建立在不同的数据源的基础上，且各个指标的权重并未清晰地界定。因此国内外在基于补充计量学的学术论文影响力评价研究上均存在完善和提升的空间。如何科学合理地选取评价指标并赋予适当的权重是补充计量学研究者有待解决的问题。

5.4.2 Altmetrics 工具

补充计量学研究的不断发展，由于对 Altmetrics 内涵的理解不一，且还未形成统一的指标体系，出现了多个 Altmetrics 研究工具：Altmetric. com、Plum Analytics、ImpactStory、PLOS ONE Altmetrics、ReaderMeter、PaperCritic；这些工具各具特色，适用于不同的用户进行数据分析。但是这些计量工具的功能仍局限于数据收集层面，并未对数据所反映的内涵及意义作出阐释和分析，因此目前还无法利用这些工具分析数据中隐含的信息②。

5.4.2.1 Altmetric. com

(1) Altmetric. com 简介

Altmetric 网站是 2011 年由 Euan Adie 开发的一款 Altmetrics 研究工具，它的公司总部设在伦敦，旨在追踪和分析学术文献的在线活动状况，通过提取单篇学术论文在不同社交网络和在线媒体上被提及的次数，来综合这些数据计算学术论文的影响力，从而使得单篇论文层面的计量更加容易。它是一款商业软件，用户要想使用其数据及服务，必须进行网上注册并付费。为了提高其竞争力，Altmetric 网站开发团队将其 App 嵌入 Elsevier's Apps for Science，从而使它

---

① 黄芳．补充计量学及其在生物医学领域的应用[J]．中华医学图书情报杂志．2014，23(7)：15-20.

② 由庆斌，汤珊红．不同类型论文层面计量指标间的相关性研究[J]．图书情报工作，2014(8)：79-84.

的影响力不断扩大。

Altmetric 网站的服务对象主要有四类人，分别是出版商、机构、图书馆馆员以及个人研究者。对于出版商而言，通过使用 Altmetric 网站，读者可以形象化地了解其期刊的影响力，可以监测自身以及竞争对手的在线交流情况，评价自身以及竞争对手的影响力；对于机构或者图书馆馆员来说，Altmetric 网站可以用来监测和评估机构成员或者图书馆的在线交流情况以及出版物的影响力；对于个人研究者而言，Altmetric 网站可以为其推荐或者发掘新的学术论文，监测个人学术成果的网上影响力。

(2) Altmetric 网站产品及应用

Altmetric. com 针对于它所服务的对象和分析功能开发了四种评价产品工具：Altmetric API、Altmetric Badges、Altmetric Explorer 和 Altmetric Bookmarklet。

①The Altmetric API。Altmetric 网站的 API 主要是为出版商提供商业服务。Altmetric 网站通过提取、消歧以及整理学术著作被在线提及的用户数据，从而让出版商可以更关注自己的核心产品。Altmetric 网站的 API 还能够为出版商提供论文层面数据的编程接口，通过 API 出版商能够获取到相关论文及其数据集，如下载量、社交媒体的讨论、新闻报道以及政策文件的引用，等等，这在很大程度上补充了传统的论文层面的计量，最大限度地释放了论文层面计量的潜力。例如，我们通过 Altmetric 网站的 API 看发表在 Nature. Com 上的一篇文章的数据，具体如图 5-22 所示。

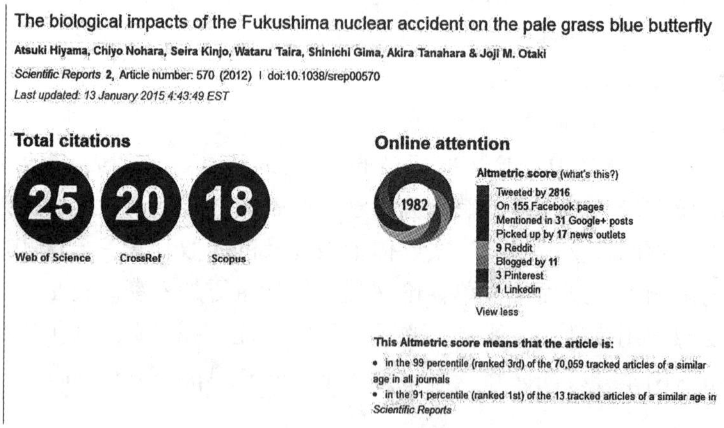

图 5-22　单篇论文影响力计量结果

此外，还可以获取这篇文章从出版之日至今的访问量，新闻(News)、博客(Blog)与 Google 的提及量以及 Twitter 的提及量，具体如图 5-23、图 5-24、图 5-25 所示。

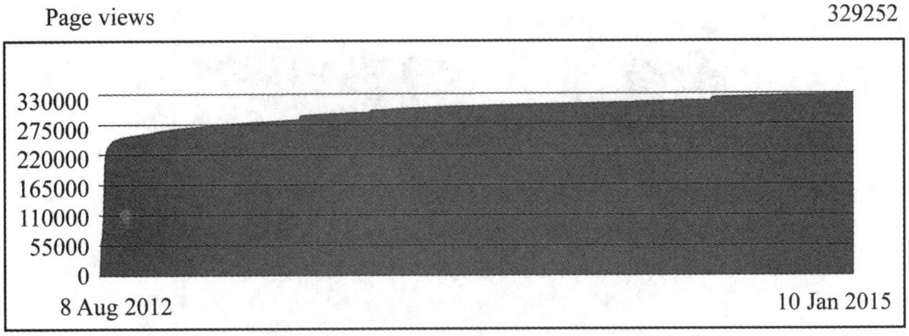

图 5-23　论文在线出版后的 Page View 量

图 5-24　论文在新闻平台、科学博客以及 Google+中的传播

Altmetric 网站为其 API 提供了非常人性化的规定。如果此 API 是为商业用途所用，则需要花钱购买该网站的相应服务，如果组织机构的科研人员想用其进行相关的项目研究，那么 Altmetric 公司可以免费地提供 API 服务。

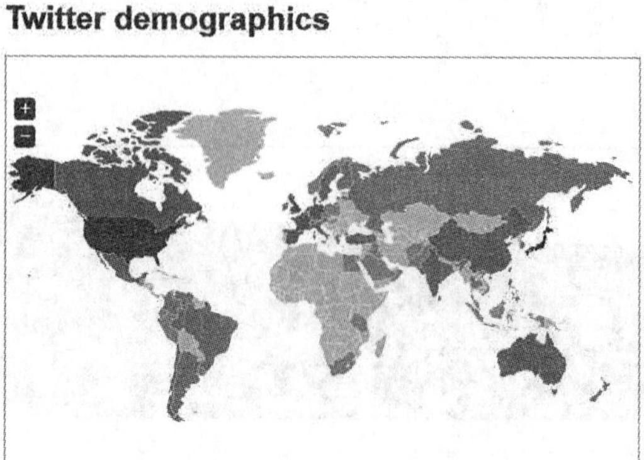

Country	Tweets	% of Tweets
Japan	936	33%
United States of America	153	5%
Germany	21	1%
Australia	21	1%
Spain	18	1%

图 5-25　论文在 Twitter 上影响力传播的地区分布

②The Altmetric Bookmarklet。The Altmetric Bookmarklet 是面向个人的免费工具，它能够分析具有 DOI 论文的在线社交数据，并实时、直观地反映出来。

③The Altmetric Explorer。The Altmetric Explorer 主要服务于图书馆等非营利性机构，同时提供了商业许可。图书馆用户通过发邮件申请账号后，才可以使用 Altmetric Explorer。它能够让用户灵活地对数据信息进行筛选以及排序，从而可以从多个维度观察、分析数据，并直接生成数据报告。

④The Altmetric Badges。Altmetric 公司基于自己的 API 设计网页应用，将 Altmetrics 指标可视化地展现在论文的页面上，其服务对象主要还是出版商，同样也需要申请商业许可，具体的使用步骤如下：

a. 选择徽章形式，图 5-26 是 Altmetric 工具所提供的徽章形式。

b. 在文章页面加入代码。

c. 定制登录页面，即点击徽章跳转页面，如图 5-27 所示。

Altmetric 网站作为 Altmetrics 的研究工具，对于单篇论文网络影响力的大小是通过 Altmetric score 来表示的，具体的图标是一个由不同颜色线条组成的圆环，通常人们称它为“甜甜圈”。在 Altmetric 网站的甜甜圈图标中，中间的数字代表的是文章的综合得分，周围的彩色线条代表的是该篇文章被各种资源

图 5-26 Altmetric 工具所提供的徽章形式

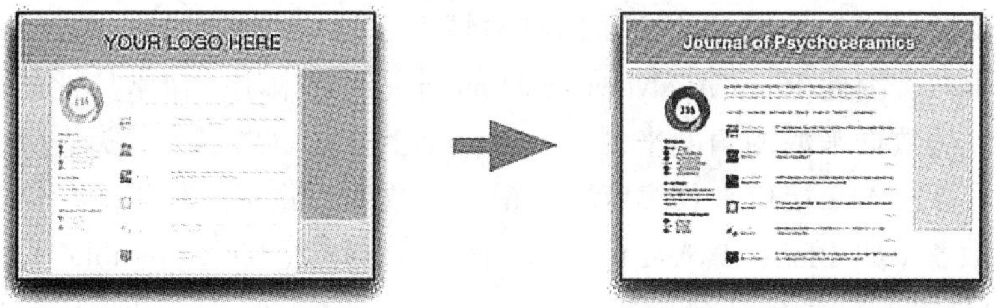

图 5-27 Altmetric 网站的跳转页面

转载或者阅览的次数，比如蓝色的代表 Twitter，黄色的代表博客，红色的代表主流媒体。

Altmetric score 的计算取决于三个方面：①数量，在一个社交媒体上一个人转载或者阅览一次计数为 1 次，如果一个人在该社交媒体上多次转载和阅览也是计数 1 次；②作者，Altmetric 公司根据被关注文章作者讨论学术文章的频率、对某个期刊或者出版社的偏向性以及该作者追随者的多少来赋予权重值，比如一个医生与同事分享一个链接的得分要高于一个期刊的日常化推送得分；③社交媒体影响力的大小，同一篇文章在不同社交媒体上被提及所赋予的得分是不同的，比如通篇文章在新闻报纸上被关注的得分要大于博客，而在博客上的关注得分要大于在 Twitter 上。

然而，任何一个工具都不可能是完美的，Altmetric 网站也不例外，也存在着自身的局限性。对于在 2011 年 7 月份以前出版的文章，其在社交媒体和在线网络上的(尤其是 Twitter)被关注情况就没有很好地反映。因此 Altmetric 网站只代表文章曾经被关注的最低程度。

5.4.2.2 Plum Analytics

(1)Plum Analytics 简介

Plum Analytics 于 2011 年创立于匹兹堡大学，其创始人是 Andrea Michalek 和 Mike Buschman，目的是为了突破传统评价体系对于引用次数和期刊影响因子的依赖性，从而为计量评价研究提供更为可靠的方法。Plum Analytics 的服务对象非常广泛，不仅仅包括个人研究，也可以为实验室、部门机构、组织团体的学术成果的全面性评价提供数据支持。从评价主体上来说，Plum Analytics 所追踪的大概有 20 余种。其中包括期刊论文、图书、学术视频、学术展示(如会议海报及 PPT 等)、会议论文集、数据集、源代码以及案例等。从中可以看出，Plum Analytics 的评价主体既有传统形式的学术成果，也有新形式的学术成果。Plum Analytics 通过收集相应的数据，来追踪传统形式学术成果以及新形式学术成果的全面影响力情况，这也正是 Altmetrics 所关注的问题之所在，因此 Plum Analytics 是 Altmetrics 研究中用处非常广泛的研究工具之一。从数据来源的角度来说，可以称得上是数量繁多、种类齐全。Plum Analytics 通过 API 接口来收集获取数据，其数据源除了其他工具应用比较多的博客数据(如 Blog、Twitter)、开放存取数据库(PLOS，Public Library of Science)以及文献管理社会标签工具(Mendeley、CiteULike)外，还包括一些不太常用的数据源，如数据机构库、代码机构库、学术成果展示分享网站以及基金数据库等。多样化的数据来源为研究结果的全面性和客观性提供了保障。

(2)Plum Analytics 指标和应用

Plum Analytics 的口号是构建新一代的学术研究评价的计量指标(它所认为的第一代指标是引证次数和期刊影响因子)。它所提供的指标数据总体可以分为五类，分别是使用(Usage)、获取(Capture)、提及(Mention)、社交媒体(Social Media)以及引用(Citation)。前四种计量指标是 Altmetrics 的研究重点，最后一种是传统的计量指标。具体说明如表 5-1 所示。

表 5-1 **Plum Analytics 所设置的指标及其详细说明**

一级指标	二级指标	数据源范例
使用(Usage)	摘要浏览量	dSpace，EBSCO，ePrints，PLOS
	点击	bit. ly，EBSCO，Facebook
	合作者	GitHub
	下载	Dryad，Figshare，Slideshare，Github，Institutional Repositories
	图表浏览量	Figshare，PLOS

续表

一级指标	二级指标	数据源范例
使用（Usage）	全文浏览量	EBSCO，PLOS
	持有量（针对图书）	WorldCat
	HTML 浏览量	EBSCO，PLOS
	PDF 浏览量	dSpace，EBSCO，ePrints，PLOS
	全部数据浏览量	Dryad，EBSCO
	支持数据浏览量	EBSCO，PLOS
获取（Capture）	社会标签	CiteULike，Delicious
	点赞	Slideshare，YouTube
	转发	GitHub
	复制（Forks）	GitHub
	阅读者（Readers）	Goodreads，Mendeley
	资源更新的提交者	Vimeo，YouTube
	资源更新的关注着（Watcher）	GitHub
提及（Mention）	评论次数（Comment）	Facebook，Reddit，Slideshare，Vimeo，YouTube
	论坛话题讨论量	Vimeo
	代码管理访问数（Gist）	GitHub
	链接数	StackExchange，Wikipedia
	评论人数（Review）	SourceForge
	博客数	Research Blogging，Science Seeker
	评论意见	Amazon，Goodreads
社交媒体（Social Media）	喜爱	Facebook，Vimeo，YouTube
	加 1	Google Plus
	平均使用率	SourceForge
	推荐	Figshare，SourceForge
	打分	Reddit
	分享	Facebook
	推特	Twitter via DataSift

续表

一级指标	二级指标	数据源范例
引用 (Citation)	引证次数	PubMed Central，Scopus，USPTO，CrossRef

除了上述特征外，Plum Analytics 还提供了一些非常人性化的个性服务，具体包括：

①Plum Analytics 提供一个开放的 API 供用户下载研究数据，此外该 API 的设计非常的人性化，用户可以从需求出发，选择自己所需要的数据。具体的界面如图 5-28 所示。

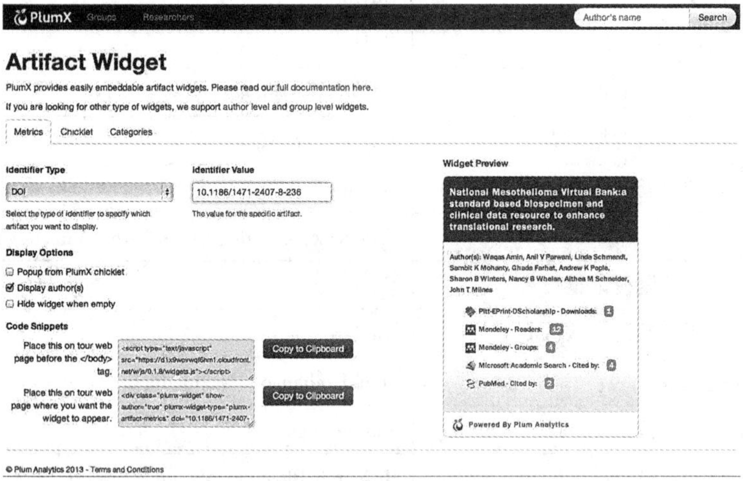

图 5-28　Plum Analytics 的下载页面

②Plum Analytics 还具有可视化的功能，可以将个人、组织机构、期刊等的影响力通过图谱方式展示出来，Plum Analytics 的创始人 Mike Pinsky 的个人影响力图谱如图 5-29 所示。

总体来说，Plum Analytics 的出现扩展了 Altmetrics 的研究途径，丰富了 Altmetrics 的研究资源，拓宽了 Altmetrics 的研究视野。

5.4.2.3　ImpactStory

(1) ImpactStory 简介

ImpactStory 是 Altmetrics 领域著名的专家学者 Jason Priem 与 Heather

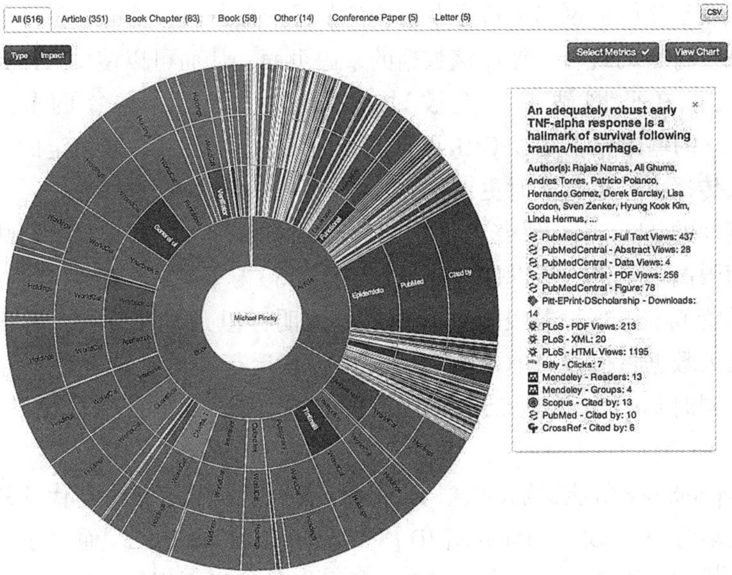

图 5-29　Plum Analytics 创始人 Michael Pinaky 的个人影响力图谱

Piwowar 开发的一款免费的开源网络应用工具，旨在帮助研究者们分享和评估其所有学术成果的影响力。被评估的学术成果除了传统形式的期刊论文以外，还包括博客文章、数据集以及软件等多种新形式的科研成果。ImpactStory 的前身被称为“Total-Impact”，它成功地将学者们的关注点从传统的学术评价体系转换到重视学术成果的网络影响力。

（2）ImpactStory 的优势和缺陷

作为 Altmetrics 领域影响力比较大的研究工具，ImpactStory 具有以下几个方面的优势和特征：

①数据来源广泛：ImpactStory 的数据来源十分广泛，不仅数量繁多，而且种类齐全。具体来说主要有 Twitter、Mendeley、Delicious、CiteULike、F1000 Reviews、SlideShare、GitHub，等等。多样化的数据来源使得 ImpactStory 的评价结果更加客观、真实，具有权威性。

②识别的数据格式多样：所要评估的学术成果在 ImpactStory 中可以通过多种数据格式被识别，如文献标识号 DOI、Pubmed ID 以及 SlideShare 的 URL 等。

③来源数据的透明度高，输出结果可以实时更新。ImpactStory 可以提供任

一学术成果的 Altmetrics 报告。这个报告可以清楚地显示该学术成果在开放存取网站以及社交媒体网络中被提及讨论的状况。此外，任意点击某一补充计量数据，系统将自动跳转到抓取该数据的来源页面，从而可以使用户清楚认识到该学术成果在此网站工具上被讨论、转发、使用、标签的具体状况。ImpactStory 的输出报告是以 URL 的形式出现的。这个 URL 是稳定的，因此它可以永久传播并且进行实时更新。

与其他的 Altmetrics 研究工具相同，ImpactStory 也存在着自己的缺陷和不足，从而限制了其进一步发展。

①尽管 ImpactStory 并没有明确地进行说明，但是实践证明，其一次所能分析的最大数据量仅仅只有 250 条；此外，其运行速度也比较慢。通常情况下，如果同时运行分析这 250 条数据的 Altmetrics 数据，往往要花费 3 ~ 4 分钟。

②ImpactStory 所能识别的学术成果标识符往往是具有唯一指代性的数据格式，如文献标识号 DOI、Pubmed ID 以及 SlideShare 的 URL。而对于学术成果中模糊指代的标识符，如作者、篇名、期刊名称、出版年等，ImpactStory 通常不能识别，无法给出其 Altmetrics 的数据报告。

总的来说，ImpactStory 在 Altmetrics 研究领域所处的地位是毋庸置疑的。目前，该工具仍处于发展试用阶段，要想发掘其存在的巨大潜力，仍需要 Altmetrics 研究的爱好者们共同努力。Altmetrics 领域的专家学者可以在 Github 上获取该网站的源代码，来对其进行进一步的开发和完善。

5.4.2.4　PLOS ONE Altmetrics (Article-Level Metrics)

(1) PLOS ONE Altmetrics 简介

众所周知，*PLOS ONE* 是世界上最著名的且具有很大影响力的开放存取期刊。它的特点莫过于三个方面：①它是开放的；②读者可以通过互联网进行即时免费的获取；③对于文章质量和影响力的评价引入了大众传媒和社交媒体。从其特点不难发现，*PLOS ONE* 的理念和 Altmetrics 的研究理念有着共通之处。在 2009 年 3 月，*PLOS ONE* 开发了一款新的应用，被称为“Article-Level Metrics Information”，旨在提供论文层面的计量数据或者信息。

(2) PLOS ONE Altmetrics 特征

PLOS ONE 的“Article-Level Metrics Information”应用呈现以下的特征和优势。

①计量数据的种类多样，覆盖面广。*PLOS ONE* 期刊可以为论文提供多种类计量数据，包括论文的浏览下载量（Viewed）、引用量（Cited）、保存量

(Saved)、讨论量(Discussed)以及推荐次数(Recommended)。其中论文的浏览下载量指的是 *PLOS ONE* 中论文的 HTML 格式访问量、PDF 格式下载量以及 XML 格式的浏览量。此外，为了使浏览访问数据更客观、更具有说明性，*PLOS ONE* 还对浏览访问量的数据进行了二次处理，生成了一个指标，称为浏览下载率(View-download Ratio)。论文的引用数据主要来源于以下几个数据库：Scopus、Web of Science、PubMed Central 以及 CrossRef。论文的保存量准确来说应该是论文被标记、标签的数量，主要从 CiteULike 与 Mendeley 两个网站上获取。论文的讨论量主要来自于社交媒体网站(Blog、Twitter)对于该论文的提及讨论量，此外，PLOS Publishing Platform 对于论文的讨论评论量也被考虑在内。而论文的推荐次数主要是通过在线推荐渠道来获取的，F1000Prime 是其主要的数据源。

②其所提供的数据具有免费性以及易获取性。作为在开放科学领域非常有影响力的期刊，*PLOS ONE* 所提供的数据也具有开放数据的特点，旨在鼓励研究者们更好地分析这些补充计量数据，从而突破传统评价体系的束缚，为论文影响力的评价提供新思路。因此，为了促进研究的开展，*PLOS ONE* 免费提供其所采集的数据。此外，*PLOS ONE* 还提供了相应的 API 接口，为研究者获取数据提供了便利，下载的数据可以保存在 Excel 文件中，这就降低了数据处理的难度，为研究分析提供了便利。

虽然 *PLOS ONE* 提供免费的、种类繁多及易分析获取的数据，但是值得说明的一点是这些数据所依存的论文都是在 *PLOS ONE* 上发表的，因此具有一定的局限性。

5.4.2.5 ReaderMeter

ReaderMeter 是 2010 年由 Dario Taraborelli 创立的，旨在通过科学论文在 Mendeley 论文中的 Reader 数来评估研究论文的影响力。ReaderMeter 对于科学论文的影响力主要是通过两个计量指标来衡量，分别为 H 指数和 G 指数。不同于对 H 指数和 G 指数的传统理解，ReaderMeter 利用书签而不是引文重新定义了这两个计量指标，在重新定义后又分别赋予其新的名称，被称为 H_R 指数和 G_R 指数，这其中的 R 是 Redefine 的缩写。此外，ReaderMeter 还对 Mendeley 中的阅读数据进行分析，这将在某一程度上反映学术论文的实时影响力状况，从而引用为基础的传统评价指标的时滞性缺陷。

同时值得一提的是，ReaderMeter 可以可视化地展示作者数据和论文层面的数据。其生成的影响力评估报告是可获得的，通常为 HTML 格式或者其他机读格式。

ReaderMeter 作为 Altmetrics 的研究工具之一，其数据来源比较单一，仅仅依靠 Mendeley，此外表示论文的 Altmetrics 指标也比较缺乏，主要依靠书签。但是它这种对于传统计量指标的改造和重新定义思路是非常可取的。如果 ReaderMeter 想在 Altmetrics 研究中占据一席之位，其要做的努力还有很多。现在其已经关闭。

5.4.2.6　PaperCritic

PaperCritic 的创始人认为科学研究环境应该是开放透明的，因此科学家们可以很自由地进行讨论、评判。PaperCritic 就为这个理念提供了一条途径，一方面科学家们可以监测、了解所有关于其科学研究的反馈和评论；另一方面他们也可以对他人的科学工作发表自己的看法。PaperCritic 的功能在某种程度上与 F1000 和 PeerEvaluation 有着很大的相似性。

PaperCritic 作为一种 Altmetrics 研究工具，具有以下特征：

①PaperCritic 是一个对于 Mendeley 非常依赖的系统，它的所有数据都来自于 Mendeley，包括社会标签、笔记、讨论等。由于它对 Mendeley 的强依赖性，所以研究者在 PaperCritic 上所能评论的论文必须是 Mendeley 上的。

②只有注册用户才能够评论和评价 Mendeley 上的论文。

③在 PaperCritic 上，要想对某一篇学术文献进行评论，必须要首先进行检索。但是 PaperCritic 所能够识别的检索条件只有作者或者文献的名称。而其他的检索项，如 DOI、期刊名称、出版年以及文献类型等都是不可用的。

④PaperCritic 上不存在任何关于数据下载的功能选项，换句话说，就是要对 PaperCritic 上的数据进行批量下载是不可行的。

⑤PaperCritic 提供的数据在标准化方面也存在着问题。

网站地址为 http：//www. papercritic. com/，主界面如图 5-30 所示。

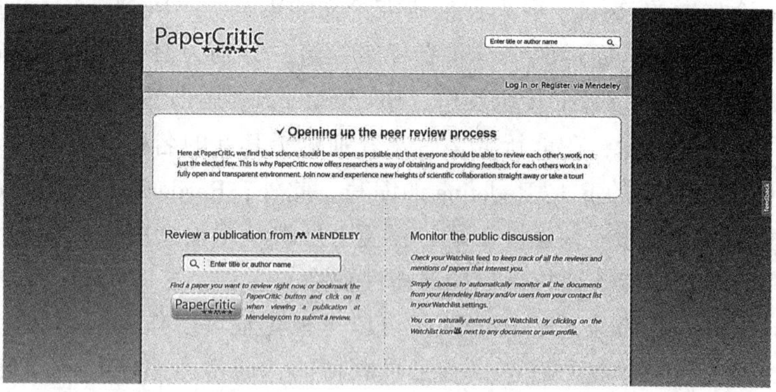

图 5-30　PaperCritic 主界面

5.5 百度学术及其功能

百度学术搜索是百度旗下提供海量中英文文献检索的学术资源搜索平台，涵盖了各类学术期刊、学位、会议论文，旨在为国内外学者提供最好的科研体验。在设计初始，就非常明确地将奋战在科研一线的老师和学生定位为目标用户。为使产品更贴合用户需求，百度在全国范围内的高校中发起了百度学术搜索体验计划，来自全国不同高校、不同专业的众多青年教师、博士和硕士研究生给出的积极反馈和建议，为百度学术搜索提供了进一步优化的最直接体验。

5.5.1 百度学术

2014年6月，百度集团推出了国内学术搜索领域重量级产品“百度学术”①，收录国内外学术站点超过70万家，如中文学术站点中国知网、万方、维普，外文学术站点ACM、IEEE、Springer等，学科领域覆盖了自然科学、医学、农业、工业技术、信息工程、人文科学、哲学等，共计收录中外文学术资源总量逾3亿，其中中文资源超1.5亿，外文资源超1亿，成为国内首个拥有亿级别索引量的互联网学术平台。

百度学术可检索到收费和免费的学术论文，并通过时间筛选、标题、关键字、摘要、作者、出版物、文献类型、被引用次数等细化指标提高检索的精准性②。此外，在百度搜索页面下，会针对用户搜索的学术内容，呈现出百度学术搜索提供的合适结果。如，用户可以选择查看学术论文的详细信息，也可以选择跳转至百度学术搜索页面查看更多相关论文。百度学术具有如下特点：

(1)快速直达

目前，国内大部分期刊、论文资源及海外文献集中在几大中文电子期刊数据库中，尚未有一个统一的平台实现资源共享。用户需要跳转于多个学术网站，在海量信息中查找文献，往往事倍功半。而通过和专业站点合作收录海量中英文学术论文，百度学术搜索几乎覆盖了所有能够查找到的学术数据，并且通过数据分析及人工智能技术对海量信息进行筛选、排重、结构化提取，以满

① 百度学术[EB/OL].[2015-06-16]. http://xueshu. baidu. com/.

② 百度百科. 百度学术搜索[EB/OL].[2015-06-16]. http://baike. baidu. com/view/5844732. htm? fromtitle=百度学术&type=syn.

足用户对学术资源的搜索需求。以往用户需要浏览多个学术网站才可查阅到的学术文献，现在都可以通过百度学术搜索的搜索框一键实现。

(2)个性化检索

百度学术搜索可以对检索到的收费及免费版学术论文进行结构化提取，通过时间筛选、标题、关键字、摘要、作者、出版物、文献类型、被引用次数等细化指标提高检索的精准性。

如，用户想查看与“知识管理学”相关的学术文献，便可在百度学术搜索框中输入“知识管理学”，页面将会按相关性展现文献名称，每篇文献下方还将配有作者名称、发表期刊、刊数、内容摘要、被引频次及文献来源。点击文献标题，即可跳入来源网站进行进一步阅读及操作。此外，用户除了按相关性、发表时间、被引频次等搜索指标查询外，还可以按时间段来查询，比如搜索“big data”相关学术文献，点击时间筛选即可按发表时间选取某一时间段自定义搜索。

5.5.2 主要功能

百度学术地址为 http：//xueshu. baidu. com/，或可通过百度产品大全进入百度学术访问。百度学术首页如图 5-31 所示。

图 5-31 百度学术首页

(1)简单检索

检索框中可直接输入关键词，或输入布尔逻辑运算符和检索命令组成的复杂检索式，如图 5-32 所示为输入检索词“Altmetrics”后的检索结果。图 5-32 中左侧为检索结果按出版时间、学科领域和文献载体期刊级别，进行二次筛选；右侧为相关热搜词推荐列表，可对相关检索热词进行检索；中间部分为检索结果列表，可分别按相关性、被引量和时间降序排列。点击检索结果的文献题名，可进入该文献收藏机构提供的题录信息页面，进而阅读题录信息或下载全文。对于免费文献，百度学术则直接给出了下载链接，如图 5-33 所示，用户可以根据需要进行下载。

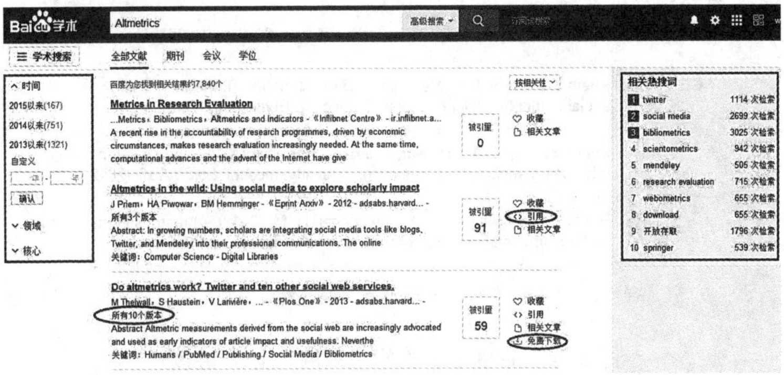

图 5-32　百度学术中“Altmetrics”的搜索结果(部分)

此外，检索结果的“引用”链接按钮，能够提供该篇文献的多种结构化引用格式，包括 GB/T 7714、MLA 和 APA 格式，以及提供 EndNote、RefMan、NoteExpress 等软件格式的导入文件，如图 5-34 所示，极大地方便了用户对检索结果的引用，这也最直观地体现了百度学术依据用户的产品体验进行产品设计的理念。

此外，通过点击检索结果条目中的检索结果的对应链接，可进入如图5-35 所示的百度学术检索结果知识链接界面，内容包括该文献的简要题录、原文的全部来源、相似文献和引证文献等内容，这与中国知网的“知网节”内容结构较为相似，为用户提供扩检等二次检索带来极大的便利。

(2)高级搜索

如图 5-36 所示，高级检索功能提供多条件检索字段，包括检索词、出现检索词的位置、作者、出版物和发表时间等，用户可根据自身的需求设定检索条件，已获得最佳的检索结果。

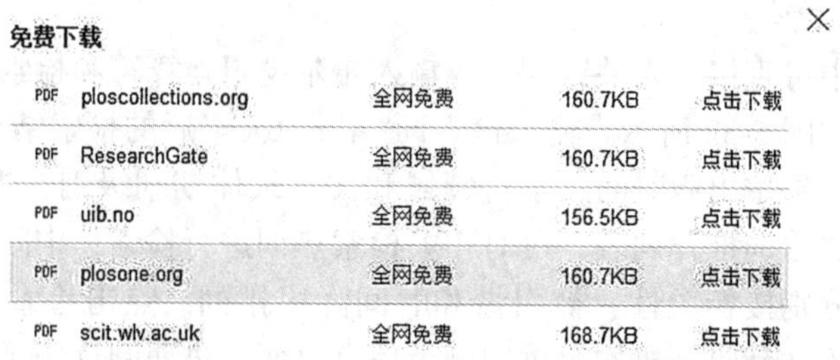

图 5-33 百度学术检索结果免费下载链接

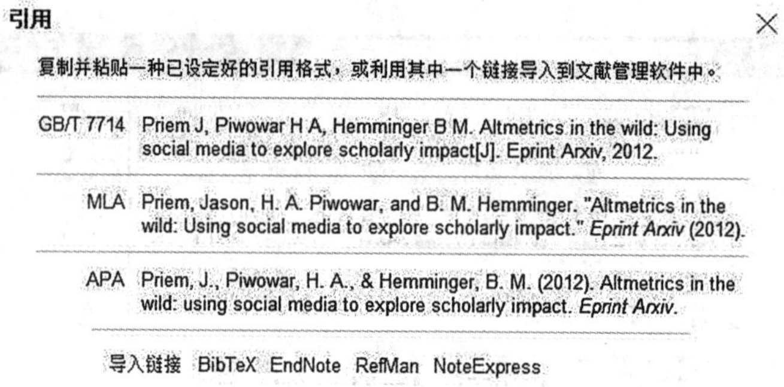

图 5-34 百度学术检索结果的“引用”链接

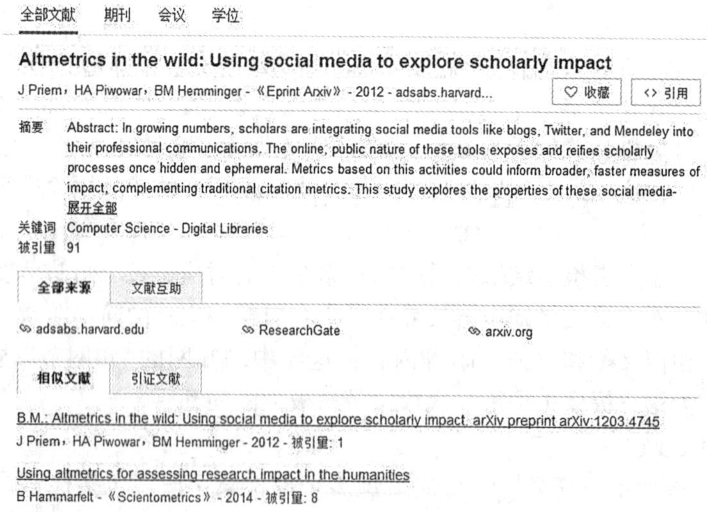

图 5-35 百度学术检索结果知识链接

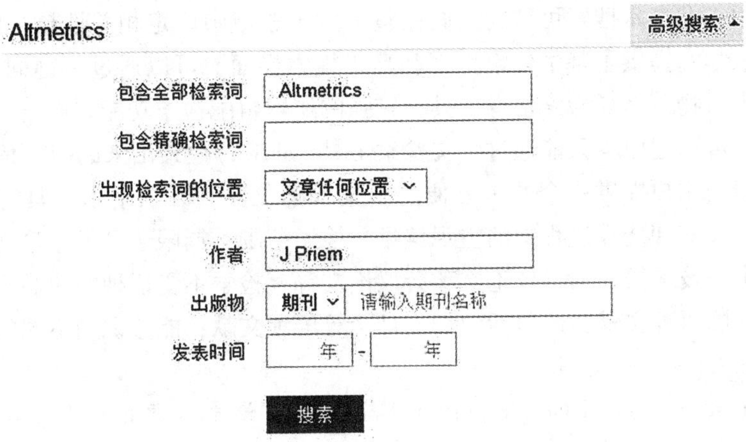

图 5-36　百度学术高级搜索界面

5.6　Google Scholar 及其功能

Google Scholar(谷歌学术搜索)是一个可以免费搜索学术文章的网络搜索引擎，其索引了出版文章中文字的格式和科目，能够帮助用户查找包括期刊论文、学位论文、书籍、预印本、文摘和技术报告在内的学术文献，内容涵盖自然科学、人文科学、社会科学等多种学科。

5.6.1　Google Scholar

谷歌学术搜索，是网络搜索领域的巨擘 Google 公司于 2004 年 11 月 18 日推出的一项新的搜索服务，它能帮助用户查找包括期刊论文、学位论文、书籍、预印本、摘要和科技报告等在内的学术文献，内容涉及诸多学科，并且经过了业内专家的评审，具有一定的权威性。它以“站在巨人的肩膀上”(Stand on the Shoulders of Giants)为服务理念，重点提供医学、物理、经济、计算机等学科文献的检索，还通过知识链接功能提供了文章的引用次数及链接，用户可以利用它查找文献的被引用情况。谷歌学术搜索是目前为止除 Web of Science 外的另一个可以检索英文文献被引情况的检索工具。谷歌学术搜索极具学术性和专业性，检索功能强大，搜索速度也比查询其他跨库检索系统要快；获得原始文献非常便捷，它能清楚地指明文献全文获取的地址，也能提供一些免费全文。

利用谷歌学术搜索可帮助我们在整个学术领域中确定相关性最强的研究。由于谷歌学术提供了基本检索界面和高级检索界面，可以通过关键词、题名、作者、出版物等途径检索信息，具有较强的逻辑组配检索功能。而通过知识链接功能，可以把原本只能通过引文检索工具(如 SCI)检索出来的引文信息显性化，从而为用户提供一个非常方便的引文检索工具。谷歌学术还具有许多优势：不存在期刊选择过程中的主观偏见，检索范围不局限于已发表论文，还包括预印本、技术报告、学位论文和会议论文等；检索不受语种的限制，不局限于欧洲各国语种文献，还包括中文、日文等语种文献；能够识别不同的引用形式，如图书、Word 文档。

2006 年 1 月 11 日 Google 推出了 Google 中文学术搜索 Beta 版，用于搜索网上的中文学术文献，同时它还具有检索中文文献被引情况的功能，为科学研究与学术共同体学术评价工作的开展提供了新的工具和途径。但也有人认为，谷歌学术搜索对英文等外文文献有很好的检索性能，而在中文学术文献检索中存在诸多问题，如检索结果的重复率较高、文献的漏检率较高等。

5.6.2　主要功能

谷歌学术搜索地址为 http：//xueshu. baidu. com/，或可通过 Google 主页进入访问。谷歌学术首页如图 5-37 所示。

图 5-37　谷歌学术搜索首页

(1)关键词检索

直接在输入框中输入关键词，可以给关键词加引号(精确检索)，也可以用空格将两个关键词连接并进行逻辑与组配检索，还可以用 OR 算符连接关键词进行逻辑或组配检索。例如，我们需要检索多媒体信息资源管理方面的信息，可以构造检索提问式如下："IRM" OR"Information ResourcesManagement"。其含义为检索"信息资源管理"且"多媒体"，或者"多媒体信息资源管理"的相关文献，检索结果如图 5-38 所示。

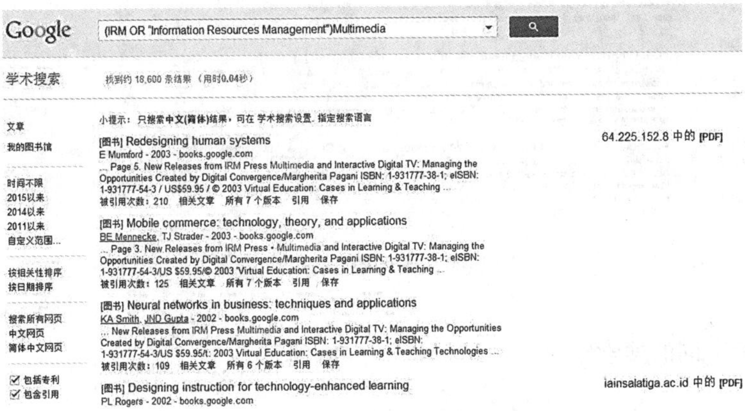

图 5-38　关键词检索结果页面

(2)作者检索

输入加引号的作者姓名："邱均平"或者"Junping Qiu"。如要增加结果的数量，请不要使用完整的名字，使用首字母即可，如"J P Qiu"。如果找到太多提及该作者的论文，则可以使用 "作者:"操作符搜索特定作者。例如，可以尝试［作者："邱均平"］、［作者："Junping Qiu"］或［作者："J P Qiu"］。检索结果如图 5-39 所示。

(3)组合检索

可以将作者与关键词、作者与出版物名称、关键词与出版物名称等组合起来进行检索，提高查准率。例如，搜索［Friedman regression］(弗里德曼回归)会返回以"regression"为主题的，由名为"Friedman"的人撰写的文章。

如果某个词既是人名也是普通名词，最好使用"作者:"操作符。该操作符只影响到紧挨其后的搜索字词，因此"作者:"和搜索字词之间不能有空格。例如，［作者：Flowers］(人名"弗劳尔"，也是"花"的意思)会返回由名为"Flowers"的人撰写的文章，而［flowers-作者：flowers］会返回关于花的文章，而忽略由名为"Flowers"的人撰写的文章，搜索字词之前的减号(-)会排除包含

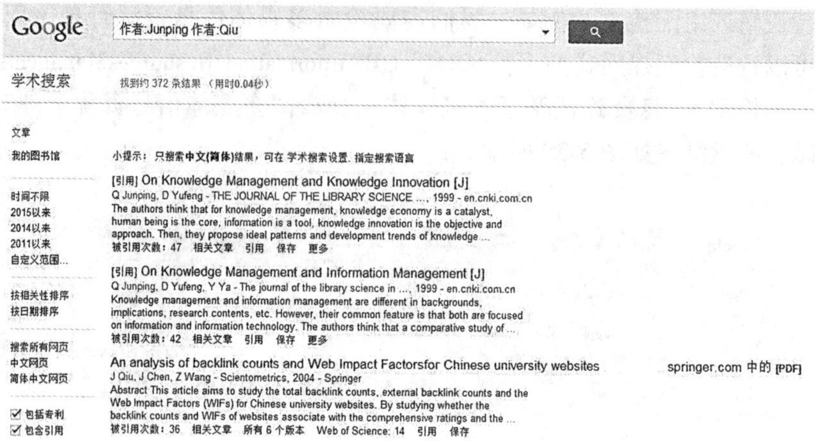

图 5-39 作者检索结果页面

这一搜索字词的搜索结果，其结果如图 5-40 所示。

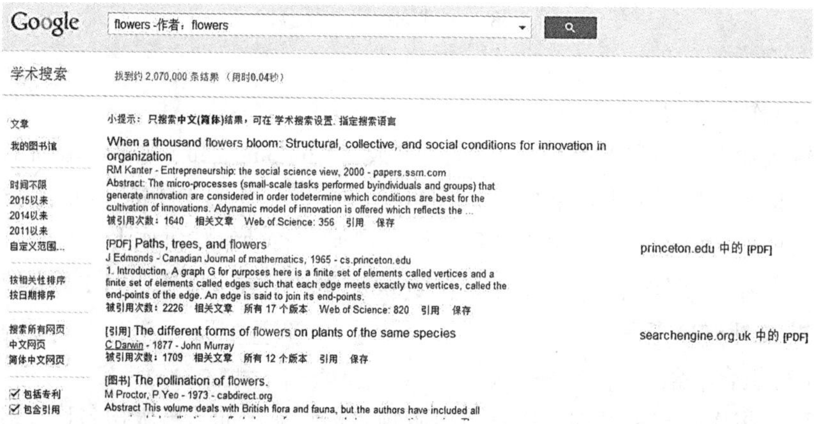

图 5-40 组合检索结果页面

(4)高级检索

通过添加优化搜索字词的“操作符”，可以提高在 Google 学术搜索上进行搜索的准确性和有效性。在某些情况下，可以直接在 Google 学术搜索的搜索框中添加操作符；有时，需要使用“高级学术搜索”页。

学术高级搜索具有较强的组配检索功能，可以根据需要选择使用：在查找文章时，可以限定检索词包含全部字词、包含确切的词语、包含至少一个字词、不包含字词以及出现搜索字词位置（文章中任何位置、位于文章标题），还可以限定作者、出版物和日期。例如，检索尤金·加菲尔德1955年发表在 *Science* 上的经典论文 *Citation Indexes for Science. A New Dimension in Documentation through Association of Ideas*，可以输入以下信息，如图5-41所示。

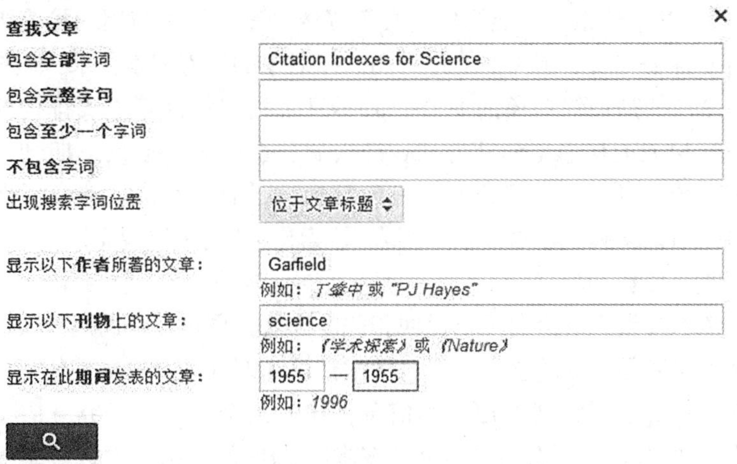

图5-41　高级检索界面

5.7 Microsoft Academic Search 及其功能

Microsoft Academic Search（微软学术搜索）是微软公司推出的，为研究员、学生、图书馆馆员和其他用户查找学术论文、国际会议、权威期刊、作者和研究领域等提供了一个更加智能、新颖的搜索平台，同时也是一个对象级别垂直搜索、命名实体的提取和消歧、数据可视化等许多研究思路的试验平台。

5.7.1 Microsoft Academic Search

微软学术搜索是微软研究院开发的免费学术搜索引擎，现在微软学术搜索自2013年后已未更新数据①。在微软学术搜索中，搜索结果的排序基于以下

① Enrique Orduna-Malea, Juan Manuel Ayllon et. al. Empirical Evidences in Citation-Based Search Engines: Is Microsoft Academic Search dead? [J]. Computer Science, 2014.

两个因素：搜索词的相关度和搜索对象在世界范围内的影响力。搜索词的相关度分数通过其属性计算得出；搜索对象在世界范围内的影响力分数则是通过它与其他对象之间的关系而计算得出。Microsoft Academic Search 的主要特点如下：

(1)垂直搜索技术

传统的学术搜索仅仅是根据用户需求，查询并排列出检索结果(相关论文)。而微软学术搜索不仅能提供论文等资源，还能提供与用户检索需求相关的学术研究各个方面的结果。通过采用基于对象的垂直搜索技术，微软学术搜索为用户呈现的是最终对象的集合，而不只是按相关性等方式排列的网页列表。与查询相关的信息通过多个 facet(出版物、作者、会议、期刊、组织机构、研究领域)，以 mashup 的方式呈现给用户。而这些信息涉及了做学术研究的众多方面，突破了学术搜索是用来"检索论文"的传统观念。

(2)推荐优秀

微软学术搜索不仅会向用户返回相关的论文，更可以帮助用户快速、准确地定位某个研究领域内的顶尖学者、学术会议和期刊。通过链接便可以利用图形化的方式直观地了解到多种有用信息，比如某个会议的研究方向、论文数量、引用次数以及该会议的论文(可以选择按照时间、引用次数等多种排序方式)，甚至可查询会议地址位置信息。还可以智能地帮用户找到这个领域的"Top"：Top paper，Top researcher，Top conference，帮助用户在即使没有很多经验和背景知识的情况下，也能最先接触到最好的学术研究成果等。

(3)学术专家信息全面

传统的学术搜索中，输入作者名字，能看到的只有该作者发表的论文列表，而在微软学术搜索中搜索，得到的结果内容全面、明了、直观，甚至胜过他本人的个人主页。这种返回结果可以帮助用户对被检索对象在学术方面的成就有一个清晰的思路，其基本学术资料、学术论文、合作者、人立方、经常参与的会议和期刊以及个人主页等最重要的信息准确、清晰地展现出来了。

5.7.2 主要功能

微软学术搜索地址为 http：//academic. research. microsoft. com/，或可通过微软搜索主页进入访问。微软学术搜索首页如图 5-42 所示。

(1)微软学术搜索功能简介

微软学术搜索共分成农业科学、艺术、化学、计算机科学等 15 个学科分类，为用户提供精确检索，如图 5-43 所示。高级搜索功能提供作者、会议、

图 5-42 微软学术搜索首页

期刊、机构、出版年和 DOI 等字段检索，如图 5-44 所示。

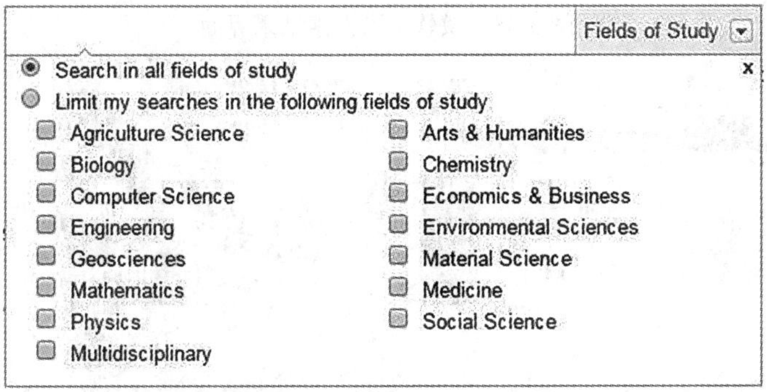

图 5-43 微软学术按学科搜索

图 5-44 微软学术高级搜索

(2)微软学术搜索实例

以检索“作者=邱均平”为例，检索结果如图5-45所示。左侧为作者合作网络、参考来源及关键词等内容，右侧为被检索作者基本信息、出版文献及被引文献等内容。其中，作者合作网络、作者合作路径和作者引文网络分别如图5-46、图5-47和图5-48所示。

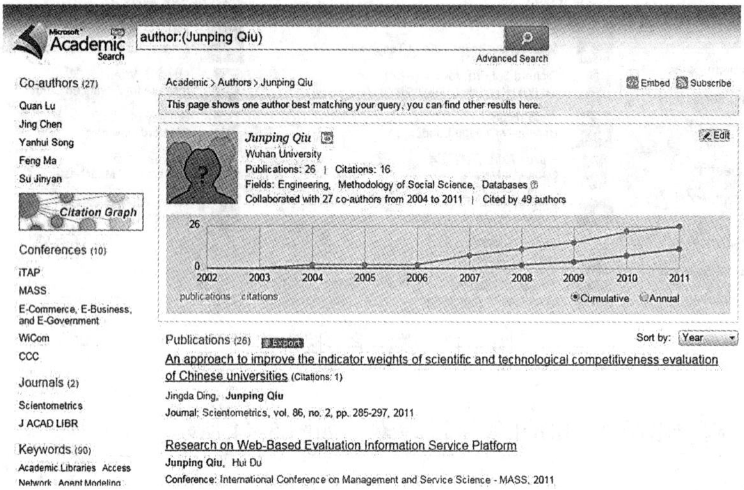

图5-45 微软学术搜索结果界面

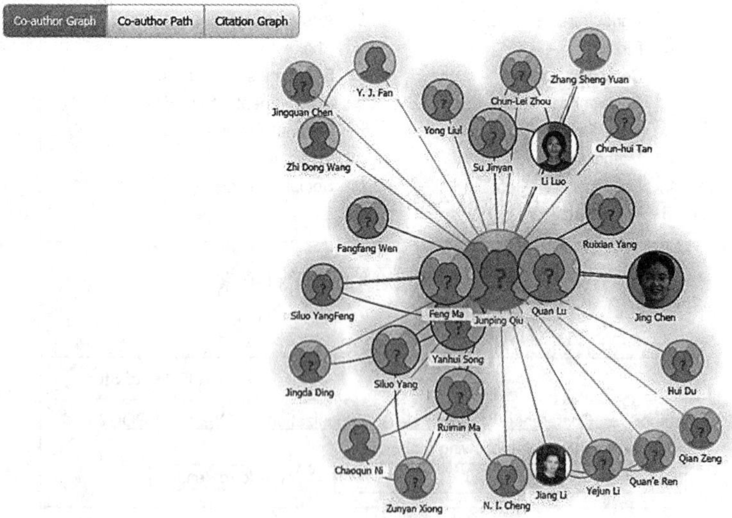

图5-46 微软学术搜索作者合作网络图

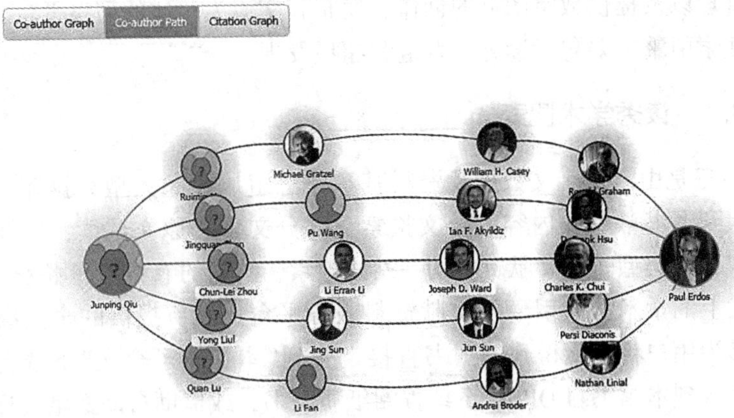

图 5-47 微软学术搜索作者合作路径图

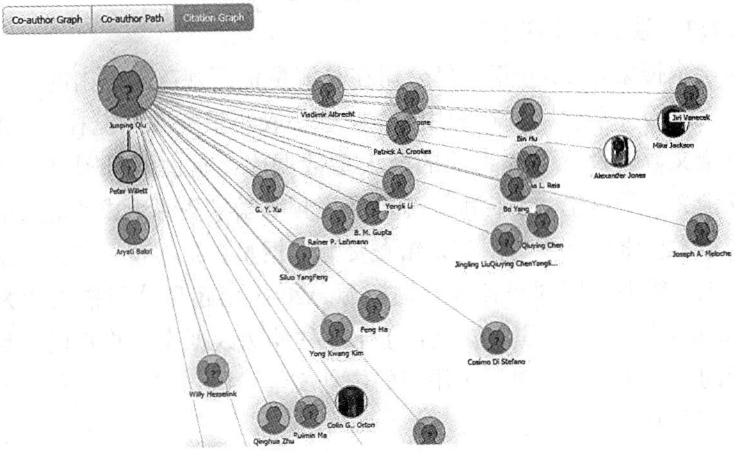

图 5-48 微软学术搜索作者引文网络图

5.8 超星系列学术搜索引擎

北京超星公司(全称：北京世纪超星信息技术发展有限责任公司)成立于1993年，是国内最早从事纸质资料数字化以及制作电子出版物的公司之一，是中国规模最大的数字图书馆解决方案提供商和数字图书资源提供商，拥有目前全国最大的图书数字化加工中心。业务范围包括数字图书资源加工、供应、采集、管理以及提供数字图书的创作、发布和交流为一体的完整平台。超星系列学术搜索引擎主要包括读秀、百链和超星发现。

5.8.1　读秀学术搜索

“读秀”是由海量全文数据及资料基本信息组成的超大型数据库，为用户提供深入到图书章节和内容的全文检索，部分文献的原文试读，以及高效查找、获取各种类型学术文献资料的一站式检索，周到的参考咨询服务，被称为真正意义上的学术搜索引擎及文献资料服务平台。其所提供的全文级检索服务，能够为用户将检索得到的图书直接定位到“本馆电子全文”下载至本地阅读，或链接到本馆书目 OPAC 系统查阅纸质图书，或借助自动文献传递功能通过个人邮箱获取图书的全文链接，实现知识搜索、文献服务。此外，读秀学术搜索还有期刊、报纸、学位论文、会议论文等频道，检索深度均可达到全文级别，借助自助全文传递系统可以在线查看全文信息。

5.8.1.1　读秀学术搜索简介

读秀学术搜索是 2006 年超星公司在其海量资源基础上推出的一个大型更新搜索及文献服务平台，旨在为用户“打造获取知识资源的捷径”。其后台是一个海量全文数据及元数据组成的超大型数据库，是由海量图书、期刊、报纸、会议论文、学位论文、标准、专利及视频等学术资源组成的庞大的知识系统。读秀学术搜索可实现与图书馆馆藏资源数据整合，实现一站式检索馆藏纸质图书、电子图书和期刊等各种异构资源。2008 年超星公司推出读秀的附属产品“Medalink”外文搜索引擎，整合了 125 种外文数据库，并实现了与中文学术搜索间的自由切换，同时满足用户的中外文学术信息需求。读秀学术搜索的主要特点如下①：

(1)海量学术资源库，为用户提供全面的学术资料

读秀学术搜索提供知识、图书、期刊、报纸、学位论文、会议论文、人物等主要检索频道。其所拥有的超过 300 万种中文图书资源，绝大部分已经过全文数字化处理，并提供深入全文的知识检索和全文阅读。同时还拥有期刊、报纸、学位论文、专利、标准等元数据，并通过 Medalink 提供外文文献搜索。

(2)整合馆藏学术资源，实现多角度搜索

通过集成业界领先的搜索引擎，读秀学术搜索突破传统检索模式，实现全文检索、图书、期刊、学位论文、会议论文、专利、标准等频道的垂直检索，

---

① 洪跃．读秀学术搜索系统述评[J]．新世纪图书馆，2010(3)：76-78.

并提供人物、网页、工具书解释、词条等多个相关检索。此外，读秀学术搜索将检索结果和馆藏各种资源库相连接，当用户检索任意一个知识点时，都能直接获取与其检索结果相关的图书馆馆藏资源。

(3)突破传统 MARC 模式，深度全面揭示文献内容

传统 OPAC 管理系统只能提供题名、著者、出版信息项、载体形态项和文在附录项等，并未能全面深入揭示文献信息内容。读秀学术搜索将文献揭示从传统 MARC 扩大到封面、版权页、目录和正文部分，帮助用户对某一主题内容的查找可以深入到图书章节和全文，检索结果包括了一个章节甚至是一段话。

(4)扩展参考咨询服务，为读者提供珍稀学术资源

读秀学术搜索提供的参考咨询服务，通过文献传递，可直接将相关学术资料发送到用户邮箱，使用户零距离获得珍稀学术资源。读秀图书部分试读和读秀参考咨询的传递文献既尊重了版权，又方便了用户，使用户在最短时间内获得最大信息量的文献资源，以促进知识和文化的传播。

5.8.1.2 读秀学术搜索主要功能及演示

读秀学术搜索地址为 http：//www. duxiu. com/，首页如图 5-49 所示。

图 5-49 读秀学术搜索首页

(1)读秀知识搜索

如前文所述，读秀知识搜索功能，能够为用户提供深入正文章节的全文搜索服务。选择知识检索频道，在检索框中输入检索词(如：洛特卡定律)，读秀将在海量数字资源中围绕该检索词深入到每页、每张、每段中进行深度查找。检索结果界面包含检索结果、相关词链接和相关人物等信息链接，极大程度地帮助用户进行扩检，如图 5-50 所示。点击检索结果相关链接即可下载全文或在线阅读全文。

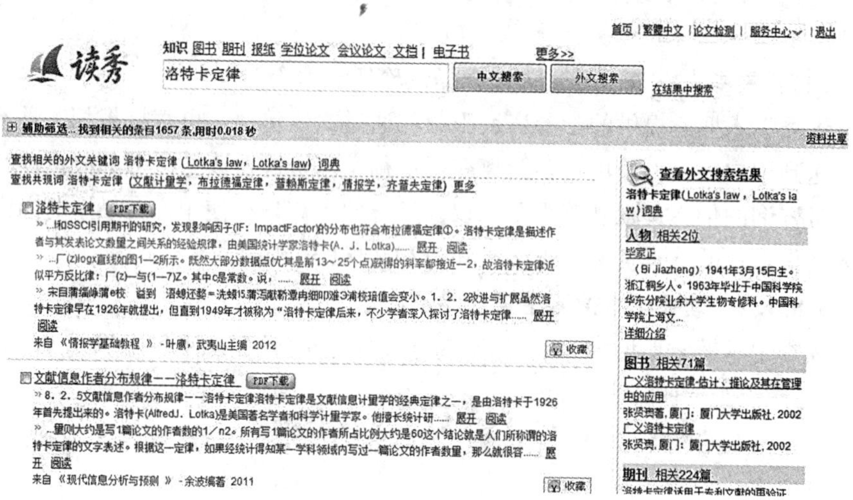

图 5-50　读秀知识搜索结果界面

(2)读秀期刊搜索

读秀期刊搜索提供标题、作者、刊名、关键词、作者单位及全部字段检索，高级检索功能则还包含有内容摘要的检索字段，为用户提供布尔逻辑组合检索。读秀期刊检索“洛特卡定律”的结果如图 5-51 所示，可对检索结果进行年代、学科和期刊刊种分类筛选，也可对检索词的相关图书、知识、学位论文进行扩检。

点击其中一条检索结果将显示该文献的题录信息，以及全文方式、相似文章、推荐文献等内容，如图 5-52 所示。

5.8.2　百链

百链是包含海量中外文文献元数据的数据库，利用这些元数据存储，将图

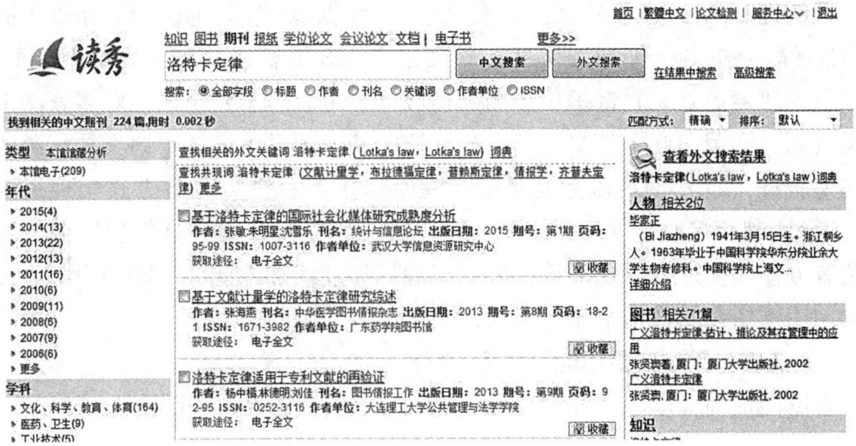

图 5-51　读秀期刊搜索结果界面

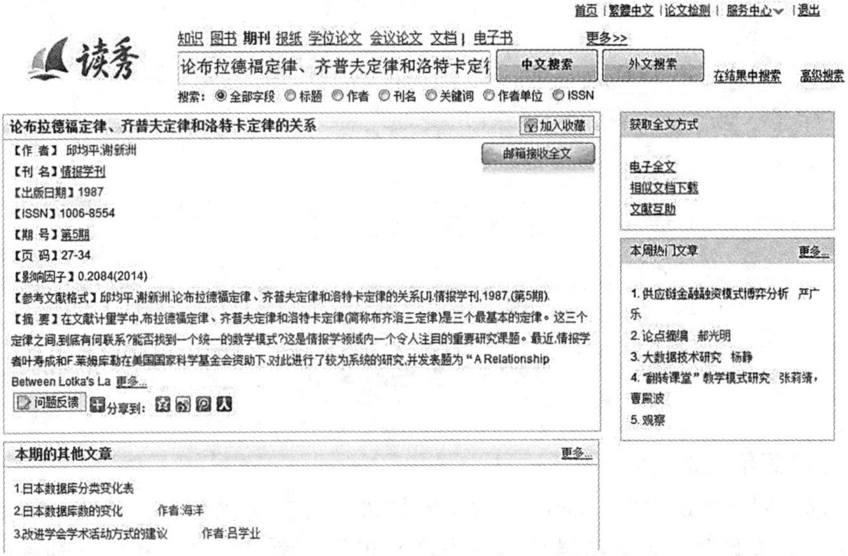

图 5-52　读秀期刊搜索文献信息界面

书馆接入云图书馆服务，实现查询和获取到全国其他图书馆的馆藏资源和服务。通过构建的基于元数据检索的搜索引擎，百链实现了各类型资源的一站式检索，可以对文献资源及其全文内容进行深度检索并提供文献传递服务的平台。

5.8.2.1 百链简介

百链拥有约 3 亿条外文文献的专业元数据数据库，其中包括外文期刊 10872 万篇、外文专利 3500 万篇、外文论文 700 万篇，并且平均每天以 10 万条索引的速度更新。百链提供云图书馆服务，可以搜索到全国 700 多家图书馆各类资源，涵盖 200 个外文数据库，并能向其他图书馆申请本馆稀缺资源的文献传递服务，24 小时内服务满足率在 90%以上。百链以联盟方式实现资源共享，通过"邮箱接收全文"的方式为读者提供免费的外文文献传递服务，以帮助读者方便快捷地找到想阅读的外文资源，让任何加入此体系的用户都可以查询和利用本馆及其他图书馆的馆藏。

5.8.2.2 百链主要功能及演示

百链地址为 http：//www. blyun. com/，首页如图 5-53 所示。

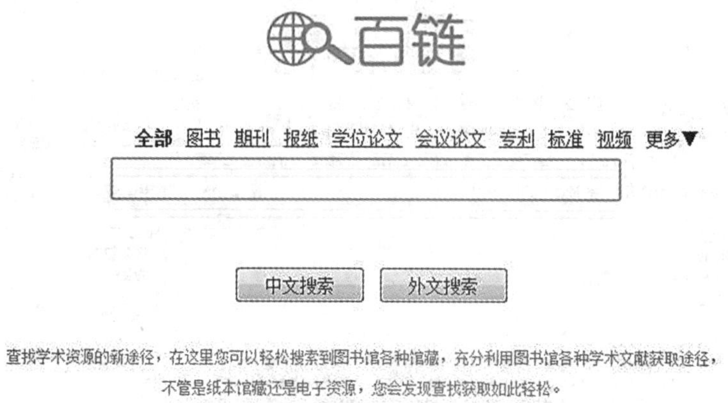

图 5-53 百链搜索首页

(1)简单检索

选择期刊频道以"Altmetrics"为检索词进行外文文献检索，其结果如图 5-54 所示。左侧是对检索结果从文献类型、年代、学科、来源和期刊刊种的分类，右侧是对检索词的外文图书和外文会议论文等相关检索结果。中间为检索列表，可选择默认排序、时间降序、时间升序、本馆优先和相关性等排序方式。

在搜索结果页面选择需要的文献，进入详细页面，查看文献详细信息，并从页面右侧"获取资源"栏目获取文献，如图 5-55 所示。获取资源的方式一般包含两种：一是通过"本馆全文链接"直接获取该文献的全文；二是利用"图书

图 5-54　百链外文搜索结果界面

馆文献传递”通过邮箱接收全文，如图 5-56 所示。

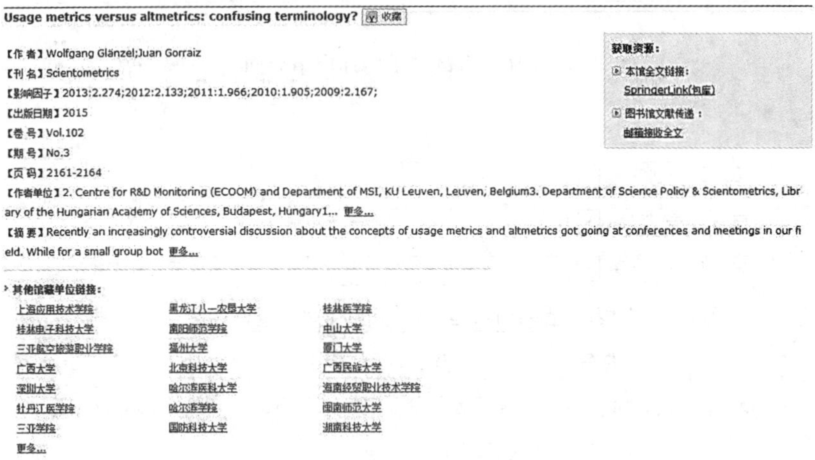

图 5-55　百链外文搜索结果详细信息界面

(2)高级搜索

百链高级搜索提供多条件的逻辑组合检索，如图 5-57 所示，可选择的检索字段主要包括：全部字段、标题、作者和关键词等，但依据选择的资源库(如期刊、学位论文、专利和标准等)，所提供的检索字段会有一定的变化。

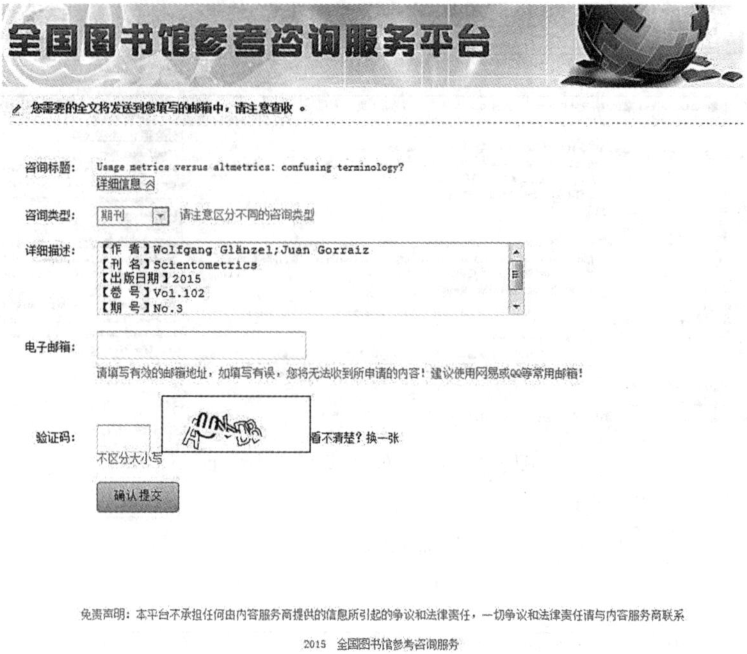

图 5-56　百链文献传递申请界面

图 5-57　百链高级搜索界面

5.8.3　超星发现

早期的 OPAC(联机公共查询目录)系统可以帮助用户发现馆藏资源及其物理所在地，21 世纪初出现的联邦检索，或称跨库检索，致力于整合异构、分布的资源，通过一个平台让用户发现资源。而新一代的网络级资源发现系统有助于解决联邦检索系统存在的检索效率低、返回结果有限、重复等问题①。

超星学术资源发现平台是超星公司推出的新一代中文网络级资源发现系统，其宗旨在于方便读者快速、准确地在海量学术信息中查找和获取所需信息，满足读者找到、得到所有可能存在的资源的需求。

5.8.3.1 超星发现简介

超星中文发现系统于 2013 年上线，该系统以近十亿海量元数据为基础，利用数据仓储、资源整合、知识挖掘、数据分析、文献计量学模型等相关技术，能够解决复杂异构数据库群的集成整合、完成高效、精准、统一的学术资源搜索，进而通过分面聚类、引文分析、知识关联分析等实现高价值学术文献发现、纵横结合的深度知识挖掘、可视化的全方位知识关联。超星发现核心功能包括：

(1)多维分面聚类

超星发现依托高厚度的元数据资源，通过采用分面分析法，可将搜索结果按各类文献的时间维度、文献类型维度、主题维度、学科维度、作者维度、机构维度、权威工具收录维度以及全文来源维度等进行任意维度的聚类。

用户可根据实际需要进行任意维度的组配检索、自由扩检和缩检，从而实现文献资源发现的精练聚类和精准化搜索，将最重要、最核心、最有价值的资源按相关度、被引频次、时间、影响因子等方式展现给用户。

(2)智能辅助检索

超星发现提供强大的智能辅助搜索功能。借助内置规范知识库与用户的历史检索发现行为习惯，自动判别并切换到与用户近期行为最贴切的领域和关注热点，同步显示与用户检索主题相应的解释，帮助实时把握所检索主题的内涵，并优先按用户筛选文献的喜好显示检索结果，提高发现精准度和检准率。

(3)立体引文分析

超星发现可实现图书与图书之间、期刊与期刊之间、图书与期刊之间，以及其他各类文献之间的相互参考、相互引证关系分析。

借助超星发现的文献引用频率分析研究，可有效测定与评价某一文献、某一学科、某一作者乃至某一机构的学术影响力。借助超星发现的文献间相互引证的逻辑关系，可分析获得某一学术思想的历史渊源、传承脉络以及演变规律。

---

① 洪坚．网络级资源发现系统与图书馆信息服务——基于超星中文发现系统的思考[J]．图书馆工作与研究，2014，1(6)：42-45.

(4)考镜学术源流

考镜学术源流可以把文献资源的研究单位从单一的文献深化到文献中存在的知识关联中。通过学术源流可以按照知识概念形成知识相关链。这些关联就是知识关联的基础。超星发现能够按照知识概念给出知识关联图谱，通过单向或双向线性知识关联构成的链状、网状结构，形成主题、学科、作者、机构、地区等关联图，从而反映学术思想之间的相互影响和源流。

(5)展示知识关联

超星发现集知识挖掘、知识关联分析与可视化技术于一体，能够将发现数据及分析结果以表格、图形等方式直观展示出来。

知识关联是我们从事知识活动和知识管理的基础，知识管理的目的是为了科学组织和有效利用知识，而知识关联是科学组织和有效利用知识的基本出发点和理论依据。因此，可以说知识管理的本质是知识关系的管理，通过知识关联为研究者从宏观角度直观地把握海量数据之间的规律和整体面貌，直观揭示人与人、人与机构、人与知识，以及知识与知识之间的关联，从而反映出不同学者、不同机构对某一领域的研究强度与贡献，反映出某一领域关联知识的相互交叉支持强度，为进一步追踪、拓展和创新该领域的研究提供思路。

(6)揭示学术趋势

超星发现具备对搜索结果进行年代分布规律分析的功能，可揭示出任一主题学术研究的时序变化趋势图，进而帮助研究者在大时间尺度和全面数据分析的高度洞察该领域研究的起点、成长、起伏与兴衰，从整体把握事物发展的完整过程和走向。无论是在上升或下滑趋势曲线中，当曲线在某一阶段处于上升或者处于波峰阶段时，即是在该时间段内学术研究兴盛的时段；当曲线在某一阶段处于下滑或者处于波谷阶段时，即是在该时间段内学术研究低迷的时段，同时也具有学术趋势发展的预判分析，为预测该学术未来发展的趋势提供帮助。

5.8.3.2 超星发现主要功能及演示

超星发现地址为 http://www.blyun.com/，首页如图 5-58 所示。在搜索框中输入一个检索词，点击“发现检索”，将为用户在多种文献的多个字段中进行搜索，包括题名、作者、摘要、关键词、出版社、出版物名称(如：刊名、书名)、期号、ISBN、标准号、专利申请号等。

(1)快速检索

通过内置元数据仓储，基于海量元数据索引，为读者提供简单方便的快速检索。读者可以根据需要对检索结果进行自由排序。

图 5-58 超星发现首页

(2)检索结果聚合

检索结果通过多种方式进行聚合，以聚类的方式展示。减轻读者在海量资源中挑选所需信息的工作量；同时，检索结果聚类提供复选的方式，方便读者更加准确地定位所需信息。图 5-59 显示了以"Altmetrics"为检索词检索后的结果显示界面，内容包括学术期刊、报纸文章、图片、外文期刊、机构知识库、学术趋势及学术发现等，图中所示已将学术趋势和学术发现的相关内容置顶显示。

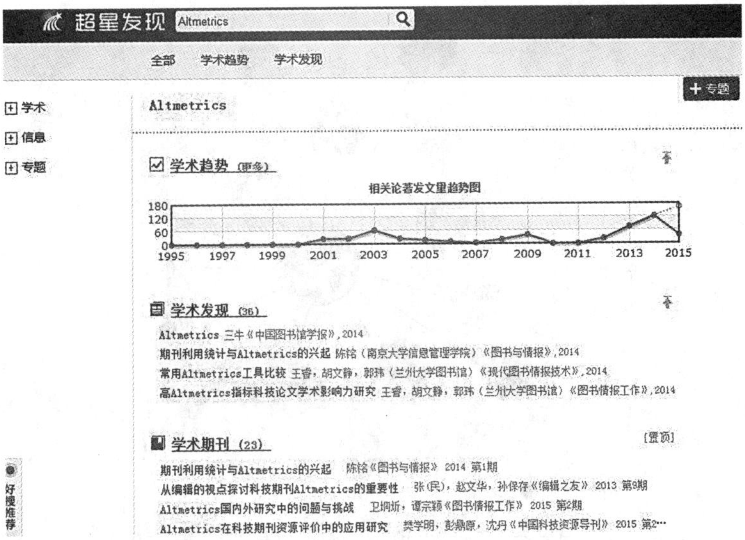

图 5-59 超星发现检索结果界面

学术趋势通过超星发现的学术辅助分析系统，可以进行相关知识点、相关作者、相关机构、期刊学术发展趋势曲线、作者统计、刊种统计等类目的可视化分析与展示。其中通过超星发现搜索“Altmetrics”的相关知识点、相关作者、相关机构和刊种统计的可视化结果分别如图 5-60、图 5-61、图 5-62 和图 5-63 所示。

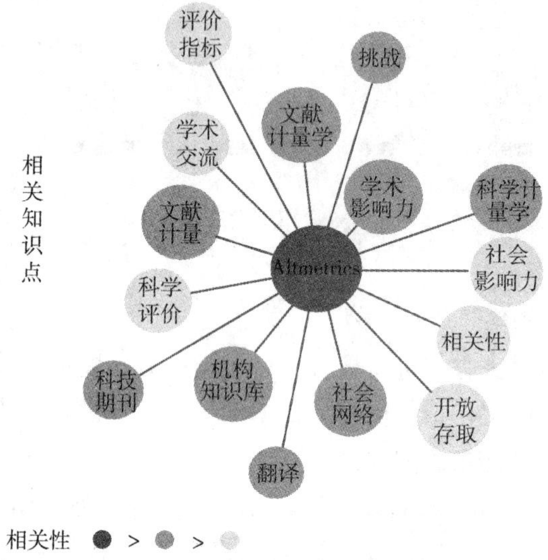

图 5-60　超星发现相关知识点可视化结果

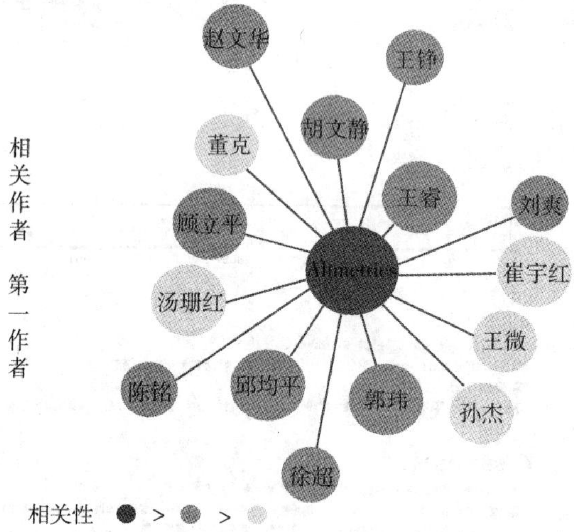

图 5-61　超星发现相关作者可视化结果

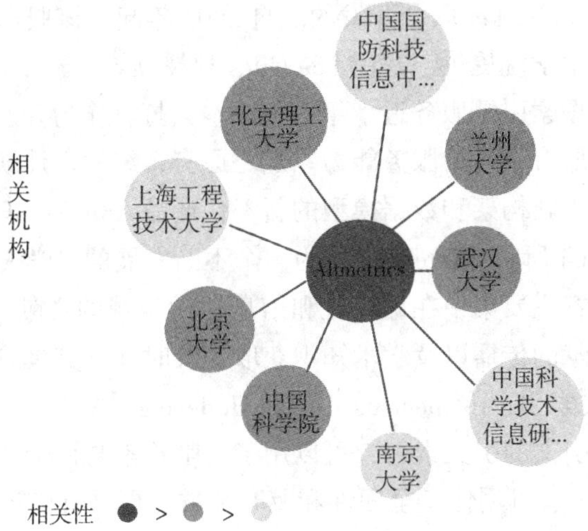

图 5-62 超星发现相关机构可视化结果

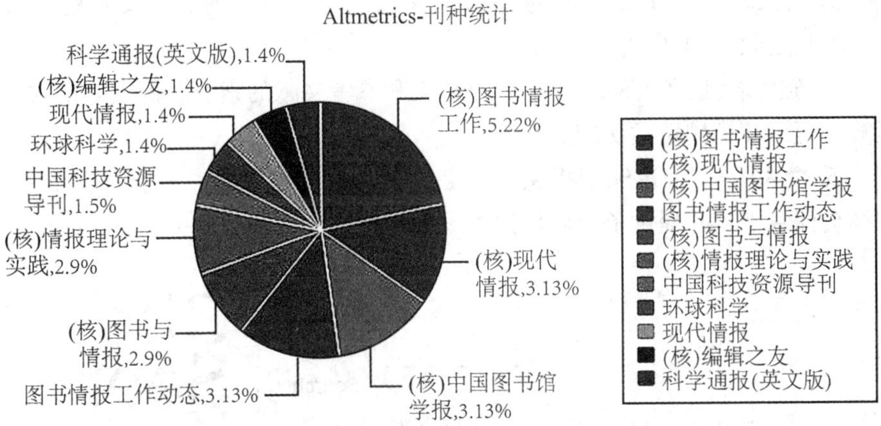

图 5-63 超星发现刊种统计可视化结果

5.9 其他学术搜索引擎

5.9.1 CiteSeer^X

CiteSeer 是第一个能够提供自动引文索引与引文链接服务的数字图书馆搜索引擎，于 1977 年在美国 NEC 研究院、普林斯顿、新泽西由 Steve Lawrence、

Lee Giles 和 Kurt Bollacker 联合开发的。自 2003 年起，该服务转由宾州州立大学信息科学与技术学院提供，并由 Lee Giles 教授领导。

在提供公共搜索引擎服务近十年后，原本只打算作为开发雏形的 CiteSeer，逐渐开始超越其原有设计的服务能力。加之原有系统的设计缺陷和用户对搜索引擎的需求，基于新构架和数据模型的新一代产品 CiteSeer^{x}正式上线为用户提供服务，如图 5-64 所示。CiteSeer^{x}作为一个不断发展的科学文献数字图书馆和搜索引擎，其内容主要集中在计算机和信息科学领域的文献。CiteSeer^{x}的目标旨在提高科技文献的传播以及学术知识获取的及时性，其具有以下主要功能：

① 自动引文索引(Autonomous Citation Indexing，ACI)。CiteSeer^{x}采用 ACI 自动提取和创建引文的引文索引，可以用于文献检索与评价。相比传统的引证指标，ACI 在成本、可用性、全面性和及时性方面更具有优势，且效率更高。

② 元数据自动抽取。CiteSeer^{x}能够自动提取作者，分析和查找文件的标题和其他相关的元数据。

③ 引文统计。CiteSeer^{x}能够统计引文数据库中引用的所有文章的相关文件，不只是收录的文章。

④ 全文索引。CiteSeer^{x}提供了对全文和参考文献的索引。提供完整的布尔运算、短语和模糊搜索功能。

⑤ 个人门户。CiteSeer^{x}提供了一定的个性化定制功能，如个人收藏、RSS 和社会标签等。并提供了个性化搜索设置和机构数据跟踪服务设置。

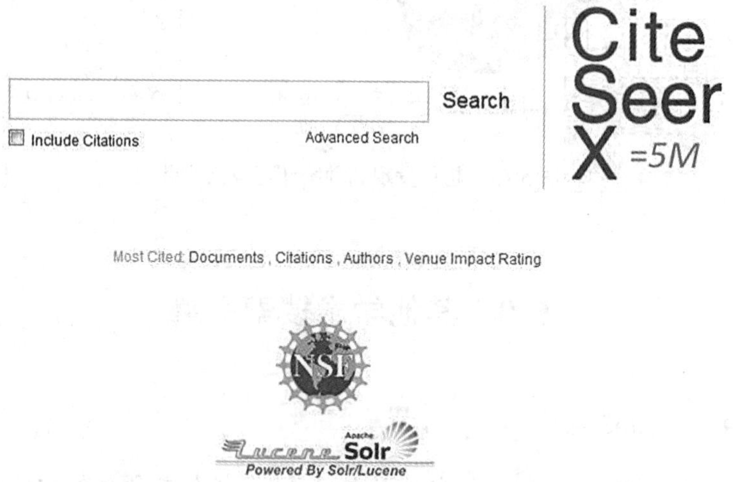

图 5-64　CiteSeer^{x}首页

5.9.2 OAIster

OAIster是由美国密执安大学数字图书馆制作服务部于2002年主办的。它收录了来自世界各地学术资源仓储库的元数据记录，将其索引进中央数据库并提供用户检索。2009年OCLC参与OAIster的建设维护，目前该系统可提供超过2500万条记录，描述、指向和链接到世界上1100家研究图书馆、学术机构创建和维护的开放资源。OCLC正致力于将OAIster建设成一个所有开放存取数字资源库的自助服务贡献模型，以确保其对丰富开放存取资源的存取能力具有可持续性。

OAIster提供资料包括数字化图书与期刊文章、原生数字文献、音频文件、图像、电影资料、数据集、论文、技术报告、研究报告、摄影图片等。可按点击率、作者、题名、时间进行排序浏览。检索结果含资源描述和该资源链接。标引对象包括美国国会图书馆美国记忆计划、各类预印本及电子本文献服务器、电子学位论文、机构收藏库等。OAIster首页如图5-65所示。

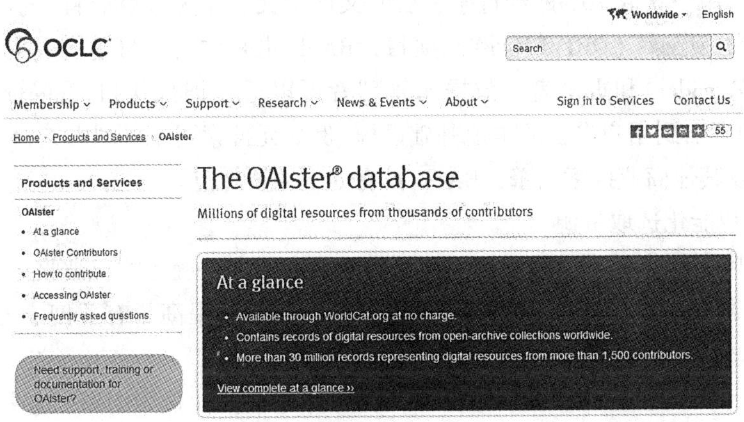

图5-65 OAIster首页

5.9.3 Base-Search

Base-Search(BASE)是德国比勒费尔德(Bielefeld)大学图书馆开发的一个多学科的学术搜索引擎，提供对全球异构学术资源的集成检索服务。BASE目前是世界级海量内容的搜索引擎之一，专注于学术开放获取网络资源，并提供中文检索界面，主页如图5-66所示。

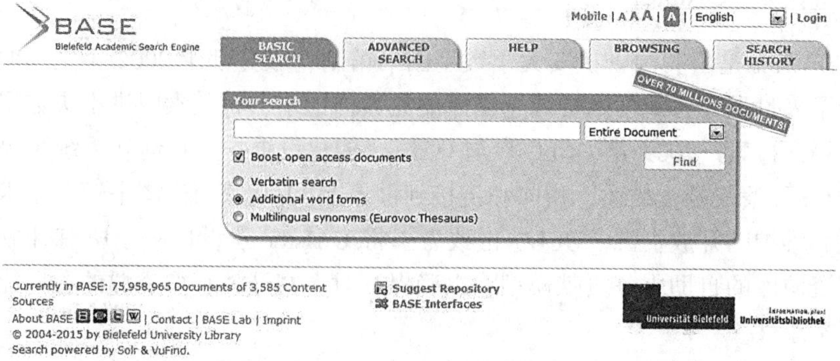

图 5-66　BASE 首页

随着开放获取运动的发展，越来越多的机构知识库服务器采取“开发存储元数据收割协议”(OAI-PMH)的方式提供内容。BASE 则采集、标准化和索引化了这些数据。BASE 提供了来自 3400 个信息源(Sources)的超过 7000 万份文献，帮助用户获取 70%的经过索引后的文件全文。作为“欧洲科研的数字知识库基础设施愿景”(DRIVER)欧洲项目，BASE 也是注册 OAI 服务提供者(OAI Service Provider)和贡献者。数据库管理者可以透过插件接口(Interface)整合 BASE 的索引到用户自己的本地基础设施(例如元搜索引擎、图书馆目录等)。

相较其他商业搜索引擎，BASE 具有如下主要特点：

① 智能化选取资源。

② 唯有符合学术质量和相关性等特殊要求的文件服务才会被收录。

③ 通过数据资源列表(Data Resources Inventory)提高了有关搜索方面的透明性。

④ 深入“底层网页”的网络资源，拥有那些被商业搜索引擎所忽视或者被牺牲的品质。

⑤ 具有“再定义您的搜索结果(通过作者、主题、杜威分类法、出版年、出版类型、语言和文件类型)”的选项。

⑥ 能够以 DDC(杜威十进分类法)和文件类型进行浏览(Browsing)。

5.9.4　cnpLINKer

中图链接服务平台(cnpiec LINK service，cnpLINKer)是由中国出版集团公司所属的中国图书进出口(集团)总公司开发并提供的国外期刊网络检索平台，于2002年年底发布并开始对外服务。目前，该系统已经是一个良好的国外电子期刊检索及服务平台，并提供查看部分国外期刊的全文服务，为国内客户提供了一个检索国外电子期刊的统一平台。平台现已收录50多个国家和地区的3000多家期刊出版公司出版的30000多种期刊信息，包括1200多万条目次文摘数据和全文链接资源。该系统与国外出版社的目次文摘数据保持时时更新。cnpLINKer主页如图5-67所示。

图5-67 cnpLINKer首页

6 通用与专用数据分析工具

阿基米德有句名言："给我一个支点，我可以撬动整个地球。"可见，借助于工具，我们可以利用杠杆力量，事半功倍。信息计量亦如此。信息计量分析工具是信息计量的基础，是获取"特定信息"的重要保证。

"工欲善其事，必先利其器。"随着信息技术的发展，一些新的研究工具或软件的出现，在深层次挖掘"特定信息"的同时，使信息计量分析过程更为简单化、人性化，信息分析结果更为直观化、形象化。

依据信息计量分析的范围，我们将信息计量工具分为两类：通用数据分析工具和专用数据分析工具。

6.1 通用数据分析工具

通用数据分析工具应用研究范围比较广泛，主要包括：经济学、教育学、工学、农学、医学、管理学等学科领域。典型的通用数据分析工具有 SPSS 和 Excel。

6.1.1 SPSS

6.1.1.1 SPSS 概述

统计产品与服务解决方案(Statistical Product and Service Solutions，简称 SPSS)是世界上最流行、应用最广泛的软件分析工具之一。自 1968 年问世以来，SPSS 软件在全球已约有 25 万家用户，广泛分布于通信、医疗、银行、证券、保险、制造、商业、市场研究、科研教育等多个领域和行业，全球 500 强公司中约有 80%的公司使用 SPSS 分析软件，而在市场研究和市场调查领域有超过 80%的市场占有率①。2011 年 8 月 IBM 公司推出了 SPSS20 版，SPSS20

① SPSS 软件历史[EB/OL]. [2015-05-09]. http://www.spss.com.cn/About/History.aspx.

中文版界面如图 6-1 所示。

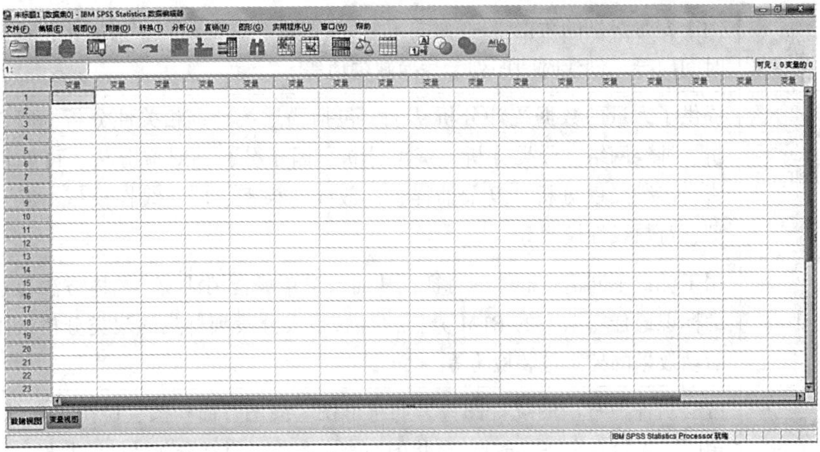

图 6-1 SPSS20 中文版界面

6.1.1.2 SPSS 菜单功能

SPSS 软件数据窗口常用的菜单有：文件、编辑、视图、数据、转换、分析、直销、图形、实用程序、窗口和帮助。各菜单功能如表 6-1 所示。

表 6-1 菜单与菜单功能

菜单	菜 单 功 能
文件	用于文件的管理，包括新建、打开、关闭保存、将文件标记为只读、重新命名数据集、显示数据文件信息、退出等
编辑	实现对已有数据进行剪切、复制、粘贴、清除、查找、替换，以及插入变量、插入个案、转向变量、转至归因等编辑操作
视图	实现对窗口视图显示切换，特别是用户可以根据个性分析需求，自行设定快捷工具栏和菜单栏
数据	用于文件级别的数据管理操作，如定义变量属性、日期、多重响应集；标识重复个案、异常个案，对个案排序；数据转置、重组、分类汇总；拆分文件等

续表

菜单	菜单功能
转换	用于变量级别的数据管理操作，如计算变量、重现编码、离散化；日期和时间向导、创建时间序列、替换缺失值等
分析	提供了大量的数据统计分析功能，包括描述统计、相关性分析、回归分析、神经网络、分类分析、聚类分析、因子分析、对应分析、可靠性分析、多维尺度分析、复杂抽样、一般线性模型、广义线性模型、混合模型、对数线性模型等
直销	用于标识不同消费群体的特征，从而改进市场营销活动，具体方法包括帮助标识最佳联系人的 RFM 分析，将联系人分段到群集的聚类分析，比较活动效果的控制包装检验等
图形	可绘制各种常用的统计图像，如条形图、线图、面积图、饼图、高低图、箱图、人口金字塔、散点/点状图、直方图等，直观全面地展示数据
实用程序	提供了部分界面编辑和数据文件管理功能，包括显示变量的基本信息，输出管理系统(Output Management System，简称 OSM)控制面板与标识符，定义/使用变量集，定制对话框，运行 Basic 脚本等
窗口	用于对各个窗口进行切换和管理，其中菜单中的"拆分"项将整个数据窗口拆分为 4 部分，从而达到查看某一部分的数据内容，而其他部分数据内容固定的效果
帮助	提供主题、教程、个案研究、统计辅导、指令语法、参考算法等不同类型的帮助内容，为不同层次的用户提供完整而系统的指导方案，及时解决用户在软件使用过程中所遇到的问题及疑惑

6.1.1.3 SPSS 特点

SPSS 公司致力于提供高效、易于统计分析软件和数据挖掘解决方案，解决数据获取和数据分析问题，从而使 SPSS 软件得到了各个领域和行业用户的认可。SPSS 软件具有功能强大、操作简便、兼容性好等特点。

(1)功能强大

SPSS 软件功能强大，提供了从简单的统计描述到复杂的多因素统计分析方法和模型，包括数据的 T 检验、描述统计、相关性分析、回归分析、聚类分析、因子分析、对应分析、可靠性分析、多维尺度分析、复杂抽样、一般线性模型、广义线性模型、混合模型、对数线性模型等，全方位涵盖了统计分析用户对数据处理的方法或模型需求。

(2)操作简便

SPSS 具有友好的人机界面，操作简单，除了数据录入等少数工作需要键盘键入外，大多数操作可通过鼠标点击“菜单”“按钮”和“对话框”来完成。同时，SPSS 也向用户提供了编程功能，熟练或精通 SPSS 的高级用户可以通过编程来实现更强大的功能。

(3)兼容性好

在数据录入方面，SPSS 软件不仅可以直接录入数据，还可以将 Systat(*.syd，*.sys)、Excel(*.xls，*.xlsx，*.xlsm)、Lotus(*.w*)、Sylk(*.slk)、dBase(*.dbf)、SAS(*.sas7bdat，*.sd7，*.sd2，*.ssd01，*.ssd04，*.xpt)、文本格式(txt，*.dat，*.csv)等类型的文件数据导入 SPSS 软件中进行分析，避免了因复制和粘贴导致的错误；在处理结果输出方面，SPSS 软件可以将表格、图形结果直接导出为 Excel、HTML、pdf、PPT、txt、Word、jpg 格式文档。

6.1.1.4 SPSS 在科研中的应用

在科研教育方面，SPSS 在医学、经济学、农学、统计学、计算机学、教育学、心理学、图书情报学等学科领域应用广泛。

(1)操作应用研究

SPSS 软件功能强大，操作简单。如何利用好 SPSS 处理分析数据，研究人员对软件的相应应用进行了研究或说明。姚汝铖等提出了利用 SPSS 卡方检验处理有序分类资料的简易统计分析方法①。朱红兵等在 SPSS 17.0 中正确实现正交试验设计及其数据分析，填补了 SPSS 教材中的一个空白②。

(2)软件比较研究

通过对比分析，发现该软件的应用功能及特点。MacCallum 从选用方法、计算精度和结果等方面比较了 SAS、BMDP 和 SPSS 中的因子分析程序③。廖胜姣从界面和数据处理功能、绘图功能以及所绘制的图谱特点三个方面出发，比较分析了 SPSS 和 TDA，为后人研究提供了借鉴和帮助④。谭志军等介绍了

---

① 姚汝铖，郑军，姚友平.SPSS 对有序分类资料的统计分析方法[J].现代预防医学，2013(16)：2972-2975.

② 朱红兵，席凯强.SPSS 17.0 中的正交试验设计与数据分析[J].首都体育学院学报，2013(3)：283-288.

③ Maccallum R. A Comparison of Factor Analysis Programs in SPSS，BMDP，and SAS[J]. Psychometrika，1983，48(2)：223-231.

④ 廖胜姣.科学知识图谱绘制工具：SPSS 和 TDA 的比较研究[J].图书馆学研究，2011(5)：46-49.

SAS 和 SPSS 在复杂抽样的应用，并对 SAS 和 SPSS 在处理复杂抽样数据上的准确性和一致性进行了比较①。

(3)数据统计分析

数据统计分析是 SPSS 应用的重点。沈红丽借助 SPSS 软件对高校图书馆读者满意度的影响因素进行分析，发现影响图书馆读者满意度的因素②。毕建武等运用 SPSS 对回采工作面瓦斯涌出量的影响因素进行多元回归分析，并建立回归方程来预测回采工作面瓦斯涌出量③。

6.1.2 Excel

6.1.2.1 Excel 概述

Excel 是微软办公套装软件(Office 软件)的一个重要组成部分，Excel 的功能非常强大、易于操作，用它可以制作电子表格，方便地输入数据、公式、函数等，实现数据的高效管理，数据的统计、计算与分析，以及运用图形或图表直观展现和显示数据处理分析结果，被广泛应用于日常办公、财务管理、市场营销、科研统计等事务中。Excel2013 中文版界面如图 6-2 所示。

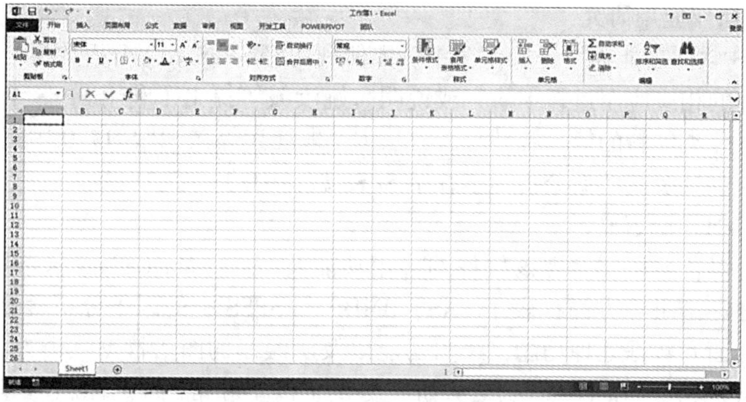

图 6-2 Excel2013 中文版界面

① 谭志军，徐勇勇，曹文君，等．应用 SAS 和 SPSS 进行复杂抽样[J]．中国卫生统计，2012(1)：145-146.

② 沈红丽．基于 SPSS 问卷调查的高校图书馆读者满意度影响因素分析[J]．图书馆工作与研究，2012(1)：58-62.

③ 毕建武，贾进章，刘丹．基于 SPSS 多元回归分析的回采工作面瓦斯涌出量预测[J]．安全与环境学报，2013(5)：183-186.

6.1.2.2 Excel 特点

(1)Excel 功能强大

在 Excel 中，可完成表格输入、统计、分析、储存等多项工作，可生成精美直观的表格、图表，并可以快速创建、分析和共享重要的数据。

在 Excel2010 中使用 SQL 语句，提高了对大数据量工作表的整理、计算、汇总、查询、分析等处理能力，能快速提高办公效率。

(2)操作简便

Excel 拥有良好的用户界，部分数据统计、分析处理可通过鼠标点击“菜单”“按钮”和“对话框”来完成。此外，Excel 支持 VBA 语言，VBA 程序使用者可以通过编程在 Excel 中实现对数据更为高级的处理。VBA 界面如图 6-3 所示。

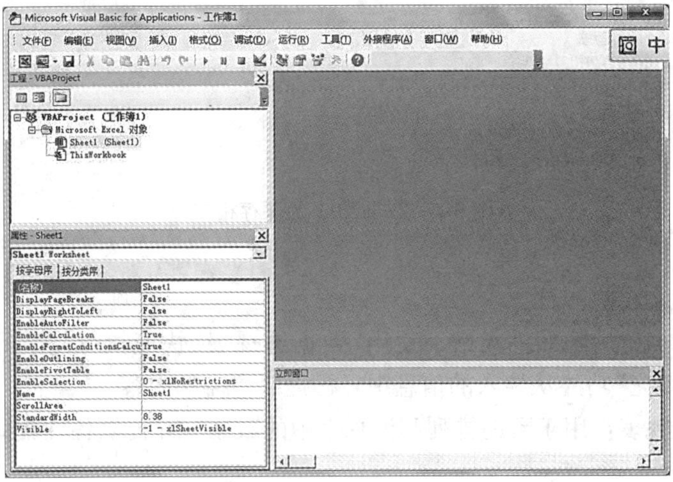

图 6-3　Excel2013 中的 VBA 界面

(3)兼容性好

Excel 中的数据可以保存成 XML 数据、网页、文本文件、CSV、DIF、SYLK、PDF、XPS 等数据格式，详情如图 6-4 所示。

6.1.2.3 Excel2013 新增功能

与 Excel2010 相比，Excel2013 使用户可以用更多的方式来探索和展示数据①。

① Office Excel2013 预览版[EB/OL].[2015-05-11].http://www.microsoft.com/china/office/preview/excel-2013-preview.

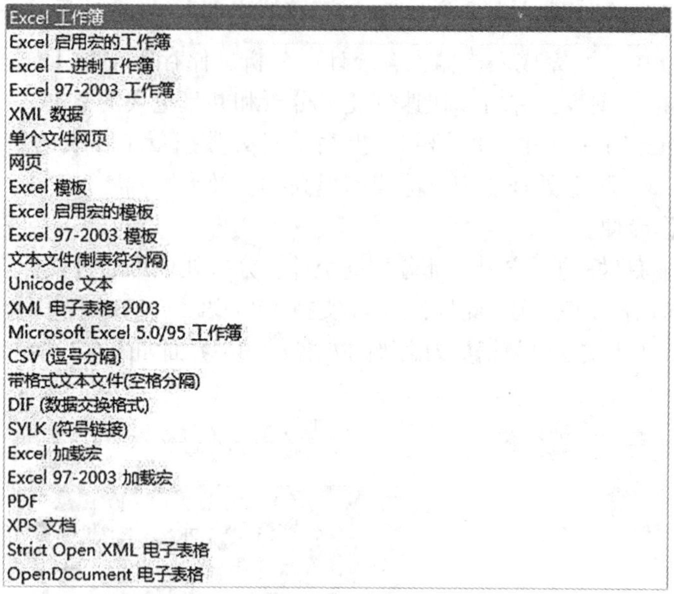

图 6-4　Excel2013 的保存格式

(1)数据探索

揭示数据背后隐藏的见解。使用“数据透视表”快速执行复杂的分析，并使用“快速填充”功能从导入的信息中轻松提取所需的内容。

数据透视表：用于帮助排列和汇总表中的数据，并提供各种数据透视表选项的预览。

快速填充：这是重新设置数据格式并重新整理数据的简单方式。Excel 可学习并识别操作模式，然后自动填充剩余的数据。

(2)数据展示

通过新的分析工具，只需点击一下鼠标，即可轻松直观地展示数据。

图表组合：将两种或多种数据图表类型组合为一个图表，实现在一个图表中展现多种数据属性。

图表格式设置控件：快速简便地优化图表，在一个交互性更佳的界面上更改标题、布局和其他图标元素。

PowerView 报表：帮助用户做出更好的业务决策并创建漂亮的交互式报表。

6.1.2.4 Excel 实例应用

本章以情报学专业的博硕士论文为研究实例，运用 Excel2013 完成对情报学专业的博硕士论文的统计工作。

(1)数据来源

本章以 CNKI 博硕士论文数据库为数据检索来源，检索条件选择的“学科专业名称”为“情报学”，检索时间为 2015 年 5 月 13 日，共检索出 3153 篇博硕士论文。

(2)机构(授予单位)数据汇总

提取数据中的“机构”数据；在“开始”选项卡中，点击“排序和筛选”按钮，选择“升序”排列，将机构按照汉语拼音顺序进行排序；在“数据”选项卡中，点击“分类汇总”按钮，汇总方式选择“计数”，从而获取 CNKI 收录各个机构的计数情况。如截至 2015 年 5 月 13 日，CNKI 数据库收录了安徽财经大学情报学专业的博硕士论文共 13 篇，如图 6-5 所示。

图 6-5　CNKI 收录机构“计数”汇总

(3)机构论文数量展示

为了形象直观地比较 CNKI 收录各机构情报学专业的博硕士论文数量，本章用图表来进行直观展示，如图 6-6 所示。

(4)CNKI 历年收录各机构博硕论文统计

通过 VBA 程序实现 CNKI 历年收录各机构博硕士论文数据的矩阵的构建，采用的 VBA 程序：

```
Sub Statistics( )
    For i = 2 To 3154 '机构-年份共现数据在 Sheet1 中取值范围
        For m = 2 To 59 '机构在 Sheet2 中取值范围
            For n = 2 To 16 '年份 Sheet2 中取值范围
                If Sheet1. Cells(i, 1)= Sheet2. Cells(m, 1) Then '判断 Sheet1 中的机构数据是否与 Sheet2 中的数据相同
                    If Sheet1. Cells(i, 2)= Sheet2. Cells(1, n) Then '判断 Sheet1 中的年份数据是否与 Sheet2 中的数据相同
                        Sheet2. Cells(m, n)= Sheet2. Cells(m, n)+ 1 '历年收录各机构博硕论文计数
                    End If
                End If
            Next
        Next
    Next
End Sub
```

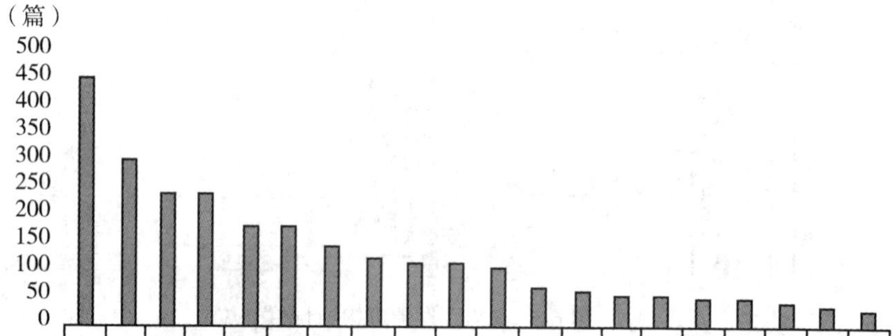

	华中师范大学	吉林大学	黑龙江大学	华东师范大学	天津师范大学	西安电子科技大学	安徽大学	东北师范大学	武汉大学	南京理工大学	郑州大学	西南大学	山西大学	南京大学	南京农业大学	军事医学科学院	华中科技大学	南昌大学	山东理工大学	湘潭大学
■博硕论文量	443	300	237	234	178	177	144	124	116	112	107	70	63	59	55	53	48	41	36	33

图 6-6 20 个机构情报学专业博硕士论文数量(按数量排列)

运行上述 VBA 程序后，完成 CNKI 历年收录各机构博硕论文统计工作，如表 6-2 所示。

表 6-2　　　　**CNKI 历年收录各机构博硕论文统计(部分)**

	2001年	2002年	2003年	2004年	2005年	2006年	2007年	2008年	2009年	……
华中师范大学		45	13	59	12	35	27	43	31	……
吉林大学				13	14	13	55	54	38	……
黑龙江大学		2	7	8	12	13	19	27	28	……
华东师范大学	20	9	9	17	18	24	20	18	24	……
天津师范大学		1		47	8	13	16	17	12	……
西安电子科技大学		2		6	14	17	20	20	24	……
安徽大学							9			……
东北师范大学				1	10	18	9	13	12	……
武汉大学				25	58		1		9	……
南京理工大学		3	4	13	14	10	13	10	11	……
……	……	……	……	……	……	……	……	……	……	……

6.2 专用数据分析工具

专用数据分析工具应用研究范围较为狭窄，主要应用在文献数据库的研究过程中，其中较为典型的专用数据分析工具有 Bibexcel 和 Bicomb。

6.2.1 Bibexcel

6.2.1.1 Bibexcel 概述

Bibexcel 是由 Olle Persson 开发的文献计量学软件，用于分析文献数据或者具有类似格式的任何文本数据①。该工具可以生成可导入 Excel 的数据文件或任何采用标签数据记录的程序，并可以进一步处理可视化的数据文件。

① Olle Persson. BibExcel [EB/OL]. [2015-05-11]. https://bibliometrie.univie.ac.at/bibexcel/.

Bibexcel 是 Olle Persson 对信息计量学的重要贡献之一，Olle Persson 于 2011 年获得了普赖斯奖(Derek de Solla Price Award)。Bibexcel 可对科学引文索引、社会科学引文索引数据进行处理。Bibexcel 界面如图 6-7 所示。

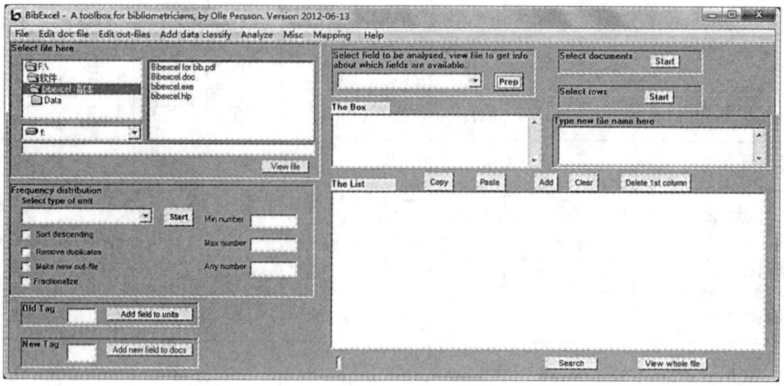

图 6-7　Bibexcel 界面

6.1.2.2　Bibexcel 基本功能

Bibexcel 是文献数据信息计量分析中常用的工具之一，在数据处理过程中，涉及的文件类型有 txt、doc、out、cit、coc、ccc、ma2 等，如表 6-3 所示。

表 6-3　**Bibexcel 文件类型及说明**

文件类型	说　明
txt 文件	从 WOS 中导出的数据文件
txt2 文件	转化 txt 文件格式第一步生成的文件
doc 文件	生成的 Bibexcel 可处理的文件格式
out 文件	抽取文献数据中只含所需分析的知识单元记录信息的文件
outx 文件	对 out 文件中重复出现的知识单元去重后的文件
cit 文件	对 out 文件或 outx 文件中的知识单元按频数或频率进行排列的文件
coc 文件	统计知识单元记录共现次数的文件
ccc 文件	统计 coc 文件中知识单元出现次数的文件
ma2 文件	知识单元共现矩阵文件

Bibexcel 常用的功能包括知识单元统计、共现矩阵构建、数据接口的多样

式导出。

(1)知识单元统计

抽取文献数据中的作者、关键词、机构、参考文献、被引期刊等知识单元，选择“Sort descending”，将知识单元按频次或频率排序，从而为评价知识单元的相关内容提供数据支持。

(2)共现矩阵构建

用户根据科学研究需要，可以利用 Bibexcel 构建作者、关键词、机构等文献知识单元的共现矩阵，以便进行下一步研究工作，如表 6-4 所示。

表 6-4　　共现矩阵①

共现类型	out 文件基于的知识单元	Bibexcel 菜单	特色
共引矩阵	CR 或 CD	Analyze → Co-occurrence → Make pairs via listbox 处理结果：coc 文件	关注参考文献之间的映射关系
引文耦合矩阵	CR 或 CD	Analyze→Shared units 处理结果：cou 文件(类似 coc 文件)	关注引用文献之间的映射关系
作者共现矩阵	AU	Analyze → Co-occurrence → Make pairs via listbox 处理结果：coc 文件	
关键词共现矩阵	TI、AB、DE、SC	Analyze → Co-occurrence → Make pairs via listbox 处理结果：coc 文件	每一个字段，如果有研究意义，都可以使用；按照数据格式“自制”的数据也可以应用②

注：在 Bibexcel 中，CR 或 CD 表示引文，AU 标识作者，TI 标识标题，AB 标识摘要，DE 表示关键词，SC 标识主题类别。

① Persson O, Danell R, Schneider J W. How to Use Bibexcel for Various Types of Bibliometric Analysis[J]. Celebreating Scholarly Communication Studies. Leuven, Belgium: ISSI, 2009: 9-24.

② Schneider J W. Verification of Bibliometric Methods' Applicability for Thesaurus Construction[J]. Acm Sigir Forum, 2004, 39(1): 63-64.

(3)数据接口的多样式

Bibexce 可以将数据处理结果转化成 net 文件(供 Pajck、VOSviwer、Mapequation、NetDraw、Ucinet 等使用)、vec 文件、clu 文件等格式文件，以借助其他软件进行数据的进一步分析研究。

6.2.1.3 Bibexcel 应用

Bibexcel 在图书情报与数字图书馆、科学研究管理、企业经济、宏观经济管理与可持续发展、工业经济、计算机软件及计算机应用等学科研究过程中应用广泛。

(1)应用范围研究

Bibexcel 主要处理英文数据库，实现中文数据库的处理，极大地增加了软件的适用性。姜春林等结合中文社会科学引文索引数据库格式特点，通过 Java 编程，将 CSSCI 数据格式转换为 SCI 数据格式，从而解决了 Bibexcel 不能处理中文文献的瓶颈问题①。

(2)软件比较研究

对不同类型的数据处理软件进行比较分析，可发现该软件的应用特点。肖明等从数据格式、数据预处理、构建矩阵关系、数据标准化处理以及所支持的知识图谱分析方法 5 个方面对比了包括 Bibexcel 在内的 12 种软件的差异②。周晓分等从软件运行平台、数据来源、数据文件格式要求、数据导入规模与处理规模等角度对包括 Bibexcel 在内的 10 款科学计量软件的数据预处理要求进行比较，发现了计量软件数据处理的差异③。

(3)数据统计分析

数据处理是数据分析工具的重要功能。邱均平等运用 Bibexcel 构建 *Scientometrics* 期刊的作者共被引矩阵④。李长玲等运用 Bibexcel 统计科学学的

① 姜春林，陈玉光. CSSCI 数据导入 Bibexcel 实现共现矩阵的方法及实证研究[J]. 图书馆杂志，2010，29(4)：58-63.

② 肖明，邱小花，黄界，李国俊，冯召辉. 知识图谱工具比较研究[J]. 图书馆杂志，2013(3)：61-69.

③ 周晓分，黄国彬，白雅楠. 科学计量可视化软件的对比与数据预处理研究[J]. 图书情报工作，2013(23)：64-72.

④ 邱均平，吴慧. 基于 SNA 的国际科学计量学作者共被引关系研究——以 *Scientometrics* 期刊 2000—2010 年数据为例[J]. 情报科学，2012(2)：166-172.

作者、关键词、机构出现频次，并构造共现矩阵①。Anuradha 以 Web of Science 为数据来源，Bibexcel 为数据分析工具，研究了印度机构科学研究机构学术出版物的科研合作网络②。

6.2.2 Bicomb

6.2.2.1 Bicomb 概述

书目共现分析系统(Bibliographic Items Co-occurrence Matrix Builder，简称 Bicomb)在中国卫生政策支持项目(HPSP)和“‘十二五’医学教育科学研究课题”资助下，由中国医科大学医学信息学系开发，用于对文献数据库中的书目信息进行快速读取，准确提取字段并归类存储、统计，并生成共现矩阵，为进一步的科学研究提供全面、准确、权威的数据基础。Bicomb2.0 的启动界面如图 6-8 所示，系统界面如图 6-9 所示。

图 6-8 Bicomb 启动界面

① 郭凤娇，李长玲，刘非凡．基于 SNA 的我国科学学潜在合作情况分析[J]．科学学研究，2013(2)：184-190.

② KT Anuradha，SK Ramya. Scientific Collaboration in Academic Institutions：A Case Study with Indian Institute of Science Publications [J]. SRELS Journal of Information Management. 2008，45(2)：181-196.

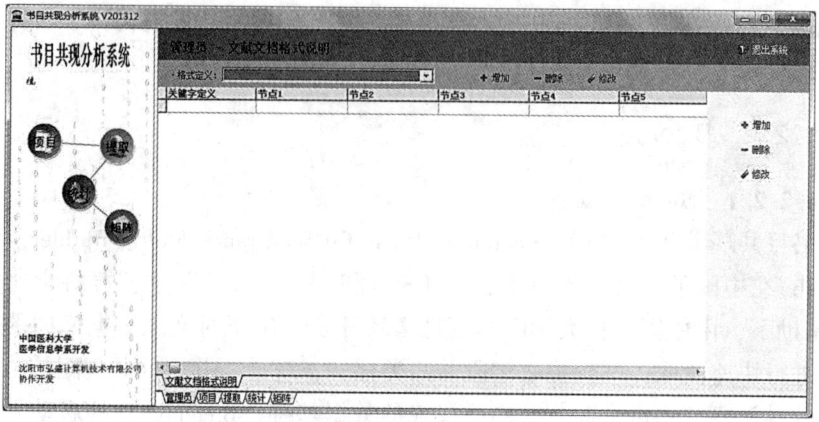

图 6-9　Bicomb 系统界面

6.2.2.2　Bicomb 功能

作为文本挖掘的基础工具，Bicomb 可对国际上权威的生物医学文献数据库 PubMed、引文数据库 Science Citation Index(SCI)、中国知网(CNKI)和万方数据等数据库的文献记录进行读取分析，并允许用户对系统功能进行修改、增加等拓展①。具体功能包括：

①提取书目信息中的特定字段，包括作者、作者单位、标题、年代、关键词、期刊等。此外，Bicomb 还可以定义设置字段，增加了系统的适用性。

②字段频次统计。对文献字段频次统计，定量揭示文献所具有的特征和规律，如对作者进行统计，为科研人才的评价提供数据理论支持。

③形成矩阵。用户可以按照研究需要，对字段条目在文献中的分布情况或共现情况进行搜索统计，生成矩阵(词篇矩阵、共现矩阵)，并导出为 txt 文档，用于进一步的聚类分析和网络分析研究。

6.2.2.3　Bicomb 操作流程

Bicomb 操作非常简单，具体流程如图 6-10 所示。

(1)建立项目

在 Bicomb 中，要建立一个新的项目：首先，如图 6-11 所示，在项目管理界面中点击“+增加”按钮；其次，填写项目编号，选择格式类型(如 CNKI 的

① Bicomb. BICOMB 使用说明书[EB/OL]. [2015-05-11]. http://www.cmu.edu.cn/bc/menu2.html.

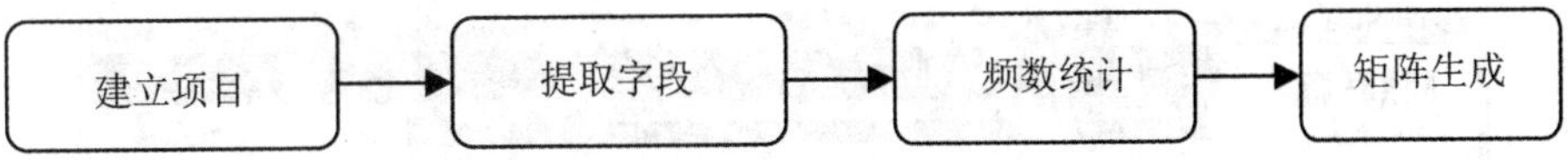

图 6-10 Bicomb 操作流程

<xml>类型、PubMed 的<xml>类型、WOS 的<txt>类型、万方的<xml>类型)，并填写项目说明。

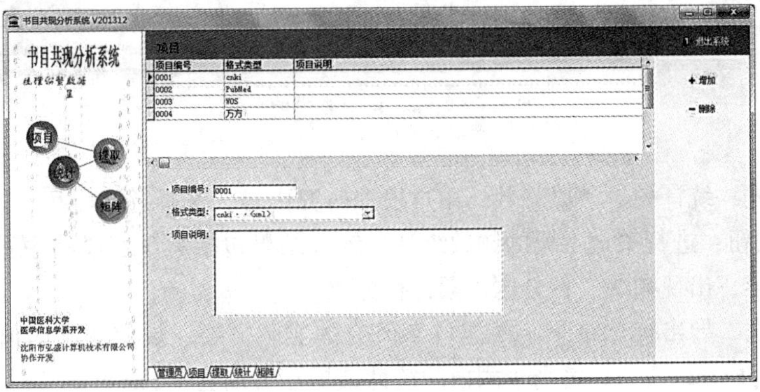

图 6-11 Bicomb 项目管理界面

(2)提取字段

建立项目后，就可以将下载的文献文档导入到系统中，并完成提取字段过程。如图 6-12 所示。

首先，文献文档导入。当有一篇文献文档需要导入系统时，可以选择“选择文档”按钮，将文档导入；当有多篇文献文档需要导入系统时，可以选择“选择目录”按钮，将多篇文档导入。

其次，提取字段。将文献文档导入系统后，点击“提取”按钮，完成文献文档的字段提取工作。选择“选关键字段”，系统将显示从相应文献文档中所提取的相应关键字段的全部数据内容。选择“修改”按钮，对关键字段数据进行批量清洗，如中文关键词同义现象、外文数据中作者姓名的多种写法等。

(3)频数统计

Bicomb 系统可以将提取的所有关键字段数据进行汇总统计，并将其统计结果全部或部分数据(阈值设定)导出至 Excel 表中，如图 6-13 所示。

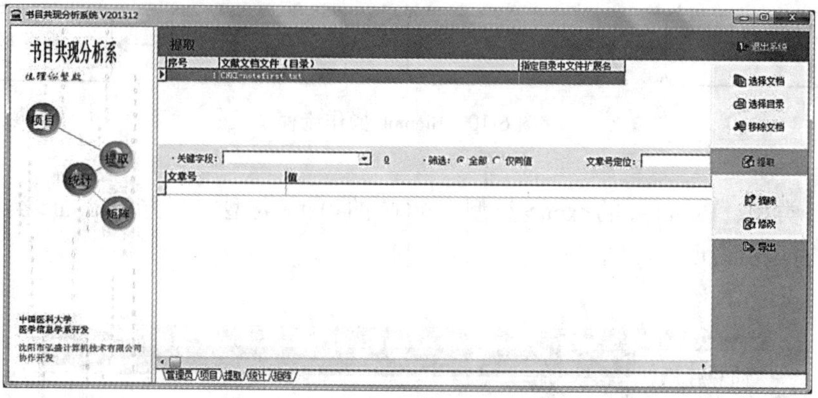

图 6-12　Bicomb 字段提取界面

首先，统计关键字段频数。用户根据研究内容，选择关键字段，选择“Σ 统计”按钮，进行关键字段的频数统计。统计结果包括关键字段的序号、关键字段内容、出现频次、百分比、累计百分比。

其次，导出统计结果。根据科学研究的实际需要，设定频次阈值，点击“导出至 Excel”按钮，将高于阈值的统计结果导出，生成 Excel 文档。

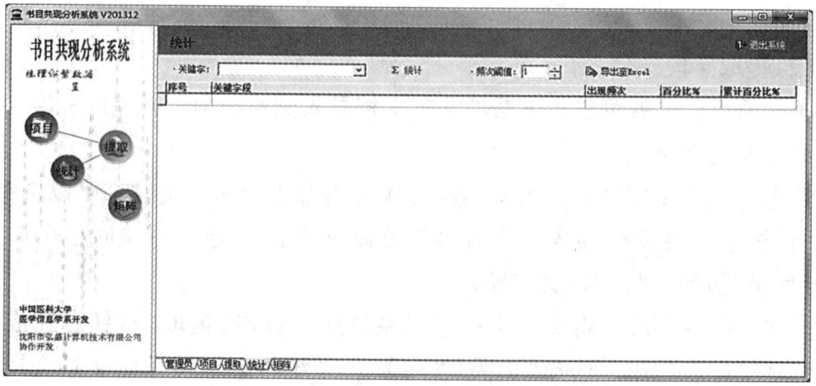

图 6-13　Bicomb 频数统计界面

(4)矩阵生成

用户根据关键字段统计结果，生成矩阵，以供下一步研究使用。

首先，生成矩阵。用户根据研究需要，选择相应的关键字，并确定频次阈值范围，选择词篇矩阵或共现矩阵，点击“生成”按钮，生成相应的矩阵。

其次，导出矩阵。点击“导出矩阵至 txt”按钮，将生成的矩阵保存为 txt 文档，如图 6-14 所示。

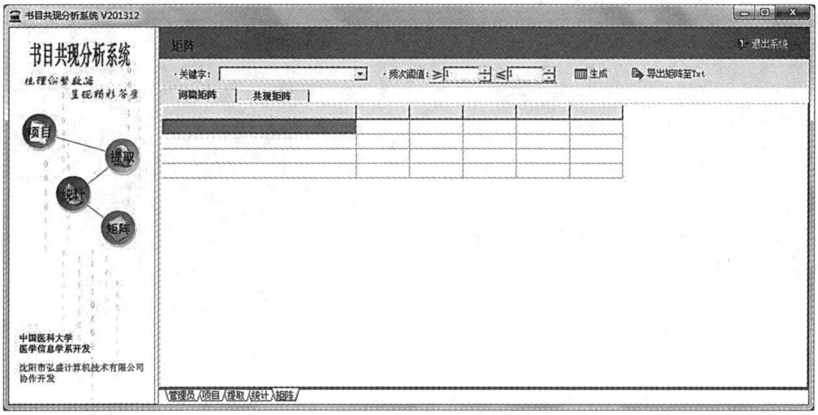

图 6-14　Bicomb 矩阵生成界面

6.2.2.4　Bicomb 在科研中的应用

2008 年，崔雷等介绍了一个基于文献数据库中书目信息共现关系进行文本挖掘的系统①，并经过一系列的添加和修复，形成了最终的 Bicomb 软件。应用领域由起始的生物医学，逐步扩展到图书情报学、教育学、心理学、区域环境规划与管理学科等领域。

(1)软件比较研究

通过比较，发现 Bicomb 软件的特点，增加软件的适用性。周晓分等从软件运行平台、数据来源、数据文件格式要求、数据导入规模与处理规模等角度对包括 Bicomb 软件在内的 10 款科学计量软件的数据预处理要求进行比较，发现计量软件数据处理的差异②。

(2)数据统计分析

Bicomb 软件提取研究领域或研究主题的文献文档数据，生成矩阵，并结

---

① 崔雷，刘伟，闫雷，等．文献数据库中书目信息共现挖掘系统的开发[J]．现代图书情报技术，2008，24(8)：70-75.

② 周晓分，黄国彬，白雅楠．科学计量可视化软件的对比与数据预处理研究[J]．图书情报工作，2013(23)：64-72.

合相应数据分析软件(如SPSS、Ucinet等)对数据进行研究分析，从而发现研究领域或研究主题的现状、特点及未来的发展趋势，如图书情报学领域的参考咨询服务研究①，医学界的肿瘤姑息治疗领域研究②，教育学界的高校成人教育研究③等。

① 薛调，张馨荷．国内参考咨询服务研究现状与发展趋势分析[J]．图书馆工作与研究，2014(1)：12-15.

② 王耀，华海清．肿瘤姑息治疗领域PubMed数据库文献计量学与可视化分析[J]．中华肿瘤防治杂志，2014(14)：1113-1118.

③ 杜友坚．近年来我国高校成人教育研究热点知识图谱及发展趋势研究——基于成人教育研究文献的共词分析[J]．中国高教研究，2014(4)：78-82.

7 可视化分析工具

知识图谱(Mapping Knowledge Domain)也被称为科学知识图谱，即知识域可视化或知识领域映射地图，是显示知识发展进程与结构关系的一系列不同的图形，用可视化技术描述知识资源及其载体，挖掘、分析、构建、绘制和显示知识及它们之间的相互联系。知识可视化作为一个新兴研究领域，是指应用视觉表征手段促进群体知识的传播和创新，其实质将人们的个体知识以图解的手段表示出来，形成能够直接作用于人的感官的知识的外在表现形式，从而促进知识的传播和创新①。在知识可视化的分析中需要借助各种工具，其中最具代表性的有 CiteSpace、Ucinet、Pajek 等，其中 CiteSpace 是目前国内学者在知识图谱绘制中最常使用的工具，Ucinet 和 Pajek 是目前最流行的社会网络分析工具。

7.1 CiteSpace

7.1.1 CiteSpace 简介

CiteSpace 是文献计量学方面最先进的分析工具之一，其独到之处在于，用 CiteSpace Ⅱ 绘制的知识图谱能够显示一个学科或知识领域在一定时期的发展。CiteSpace 是由美国德雷塞尔大学的陈超美教授开发的一款可视化文献分析软件，能够显示一个学科或知识领域在一定时期发展的趋势与动向，形成若干研究前沿领域的演进历程。简单来说，就是找出学术文献中文字(包括作者、杂志、关键词、被引用词汇等)的关系，并可视化地表示出来。CiteSpace

① 赵国庆，黄荣怀，陆志坚. 知识可视化的理论与方法[J]. 开放教育研究，2005，11(1)：23-27.

在知识图谱和知识计量的发展中起到了积极的促进作用。最初的版本被命名为 CiteSpace I，经过大量改进之后的新版本被命名为 CiteSpace Ⅱ。CiteSpace Ⅱ 围绕突变探测、中间中心性和异质网络这三个中心概念，在 n-gram 专业术语提取、研究前沿、引文年环可视化、Pub Med MeSH 题头网络、时区视图、并行 Pathfinder 等方面做出了极大的改进。CiteSpace 支持结构和时间的各种来自科学出版物的网络分析，包括协作网络、作者共被引网络与文献共被引网络。

7.1.2 CiteSpace 的基本原理

陈超美教授①认为"研究前沿"和"知识基础"之间的时变对偶关系可以显示一个研究领域的状况。"研究前沿"和"基础知识"作为信息科学中的两个基本概念，可以通过对二者随着时间的相应变化的分析实现一个研究领域的可视化，如图 7-1 所示。

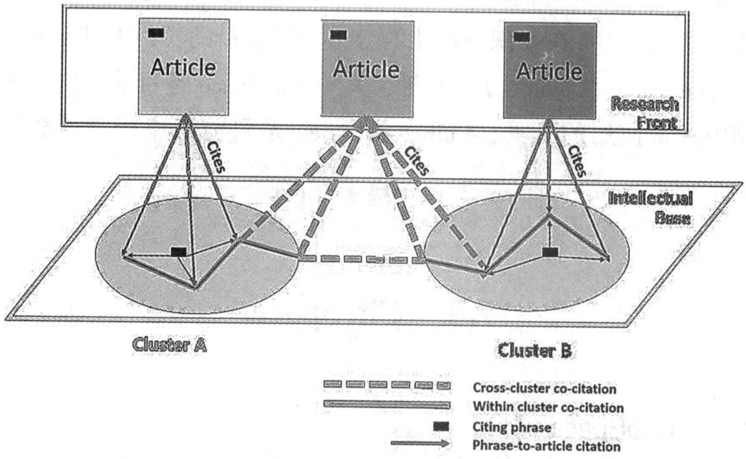

图 7-1 CiteSpace Ⅱ 概念模型图

在 CiteSpace II 中，研究前沿是基于"突变专业术语"而确定的，"突变专业术语"是从相关领域论文的题目、摘要、描述符和文献记录的标识符中提取的，然后根据这些术语和文章异质网络中的聚类分析进行聚类标注。陈超美教

① Chen C. Searching for Intellectual turning Points: Progressive Knowledge Domain Visualization[J]. Proceedings of the National Academy of Science, 2004, 101(Suppl 1): 5303-5310.

授认为如果把研究前沿定义为一个研究领域的发展状况(如研究思路)，那么研究前沿的引文就形成了相应的知识基础。知识基础由共引聚类来表示，它反映的是研究前沿中的概念在科学文献中的吸收和利用的情况。

CiteSpace II 将研究前沿和知识基础完全整合在同一个可视网络中，这有几个突出的优点。第一，使用激增的专题术语要比使用高频次的主题词更适合于探测学科发展的新趋势和突变，在可视化分析中，CiteSpace II 的这种设计能显示出研究前沿和知识基础间的紧密关系。第二，研究前沿和知识基础紧密地整合在同一个可视网络中，这样研究前沿术语可以用来标注学科领域。第三，也是 CiteSpace II 最突出的特点，通过筛选出现频次突然激增的专业术语来标示当前的研究前沿，这样克服了先前基于词集标注方法的一般缺点①。

7.1.3 CiteSpace 的操作步骤

CiteSpace 的操作步骤比较简单，主要有 9 个基本步骤，根据不同的研究目的会有相应的增减。第一，应用尽可能广泛的专业术语来确定研究的知识领域。这是为了后续的分析能涵盖一个领域的全部内容，例如：恐怖主义研究。第二，数据搜集。CiteSpace 目前使用的数据主要来源于 Web of Science 数据库，同时也能处理从 PubMed 数据库下载的数据。第三，提取出研究前沿术语。出现频次增长率快速增加的专业术语将被确定为研究前沿术语。第四，时区分割(Time Slicing)。在 CiteSpace II 中，用户要明确整个时间跨度和单个时间分区的长度。第五，阈值选择。CiteSpace Ⅱ允许用户在引文数量、共引频次和共引系数三个层次上，前、中、后三个时间分区中分别设定阈值，其余的由线性内插值来决定。第六，精简和合并。在 CiteSpace II 中，Path Finder Network Scaling 方法是对网络精简的默认选项，用户可以选择是否精简图形。第七，显示。CiteSpace II 生成显示标准视图和时区视图。第八，可视检测。CiteSpace II 能使用户以多条途径同这个可视化系统进行交互。第九，验证关键点。突出的关键点的作用可以通过咨询该领域的专家(例如，关键点文章的作者)，或是查阅文献(比如包含关键点文章引文的段落)来得以验证。

下面是根据 CiteSpace 的 Example 里面提供的 Terrorism Research 的数据检索的内容，如图 7-2 所示。

按照上图的标示设置好后，点击绿色的“GO”。稍等片刻后，点击便可得

① 陈超美，陈悦，侯剑华，等. CiteSpace Ⅱ：科学文献中新趋势与新动态的识别与可视化[J]. 情报学报，2009，28(3)：401-421.

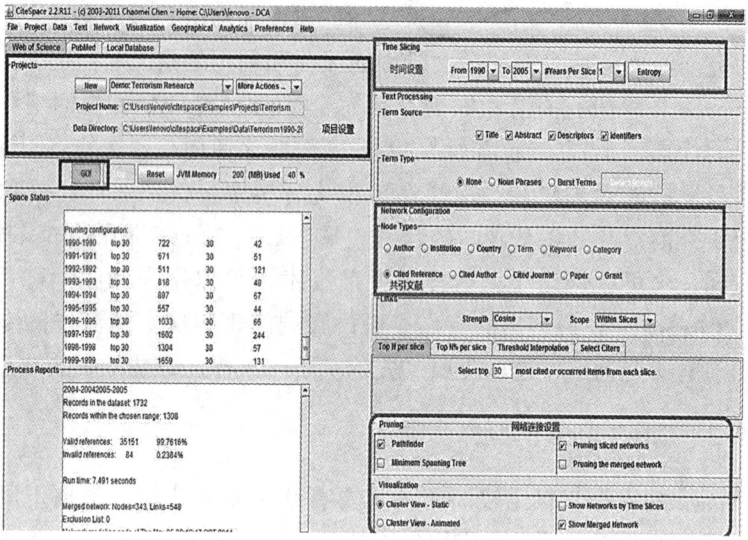

图 7-2 CiteSpaceII 主界面

到可视化数据，如图 7-3 所示。

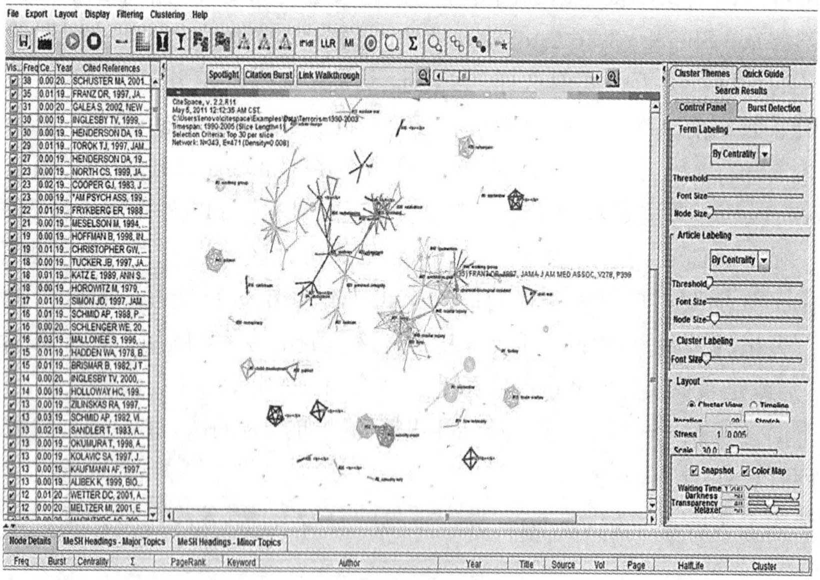

图 7-3 CiteSpaceII 进行的 Terrorism Research 数据可视化

CiteSpaceII 还可以和 Google Earth 结合使用。如图 7-4 所示，点击 Geographical 菜单。

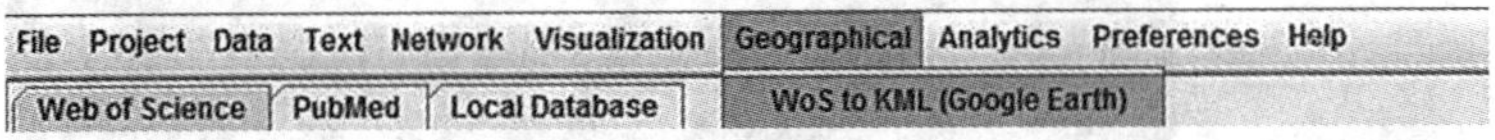

图 7-4　Geographical 菜单

第一步，在对话框中设置年限，示例中设置的是从 2006 年到 2010 年。第二步，设置数据库来源(这里使用的是默认数据，也就是 Example 里面的)。第三步，设置 Map Scale 和 Show Links 等，点击 Make Map，如图 7-5 所示。

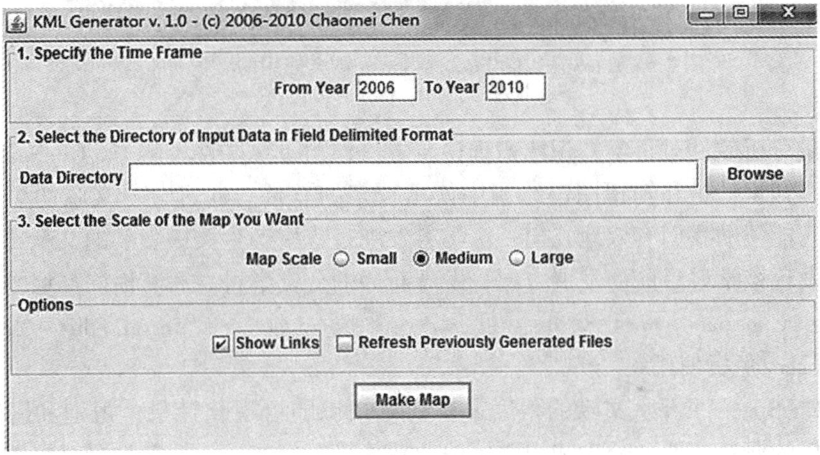

图 7-5　CiteSpaceII 和 Google Earth 结合使用界面

稍等片刻，弹出对话框后，表明生成了 .kmz 文件，再打开 Google Earth，打开该文件。

图 7-6 中，红点的地方(注：集中于图片中央区域)代表发表和 Terrorism Research 相关的文献的地理位置。从图中可以直观地看出美国和欧洲在 2006—2010 年，对恐怖主义相关问题的研究非常活跃，其他地区则相对较少。

7.1.4　CiteSpace 在知识计量中的应用

陈超美教授创造性地将信息可视化技术和科学计量学结合起来，开创了以知识领域为分析单元的可视化综合性学术与应用领域，他开发的 CiteSpace 文

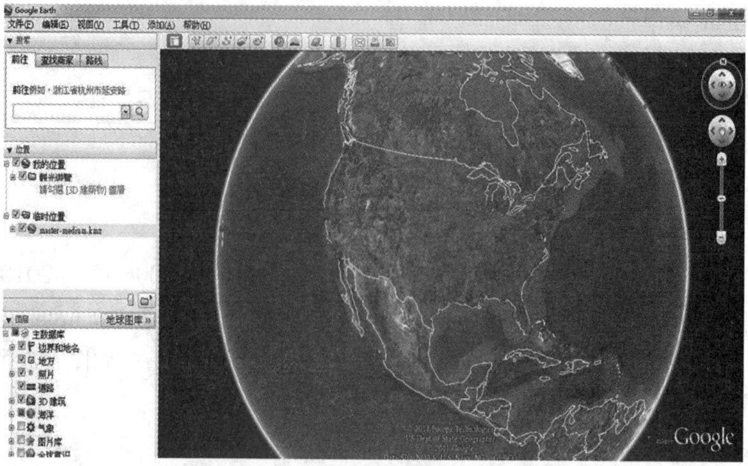

图 7-6 CiteSpaceII 和 Google Earth 结合使用的数据可视化

献计量分析软件对科学知识图谱理论与方法作出了奠基性贡献①。CiteSpace 是一款在知识计量和知识图谱绘制中使用较多的软件。通过分析文献的引用关系，它能帮助我们有效地找出一个学科发展过程中产生关键影响的文献，并且能够发现该学科目前的发展方向，发现新兴的分支学科。和其他同类型的软件相比，CiteSpace 易于获取，可以登录到 cluster. cis. drexel. edu/~ cchen/CiteSpace/免费使用。

CiteSpace 主要从文献的角度来实现对知识的可视化计量，识别和跟踪研究领域的演变，帮助分析知识领域中的新趋势。例如，陈超美教授对大规模生物种群灭绝研究(1981—2004 年)文献的知识计量，如图 7-7 所示。陈玉光等利用 CiteSpace Ⅱ软件，并以德温特专利数据库中的数字通信技术为例，分别进行了发明者合作网络分析、专利权人合作网络分析和手工代码共现分析，实现了专利知识可视化的应用②。吴彩丽利用 Citespace Ⅱ可视化分析工具，以从 Web of Science 中下载的 1997—2008 年 11 年的数字图书馆方面的数据为样

① 肖明，陈嘉勇，李国俊．基于 CiteSpace 研究科学知识图谱的可视化分析[J]. 图书情报工作，2011，55(6)：91-95.

② 陈玉光，丁堃，刘盛博．基于 CiteSpace Ⅱ的专利知识可视化的实现机制及其应用[J]. 情报学报，2010，29(4)：663-670.

本，分别进行主题、国家、机构和作者分析①。卫军朝等利用 Citespace II 软件，从研究热点分析、研究热点时间分析、关键点分析三个方面对数字图书馆领域研究热点进行了揭示②。

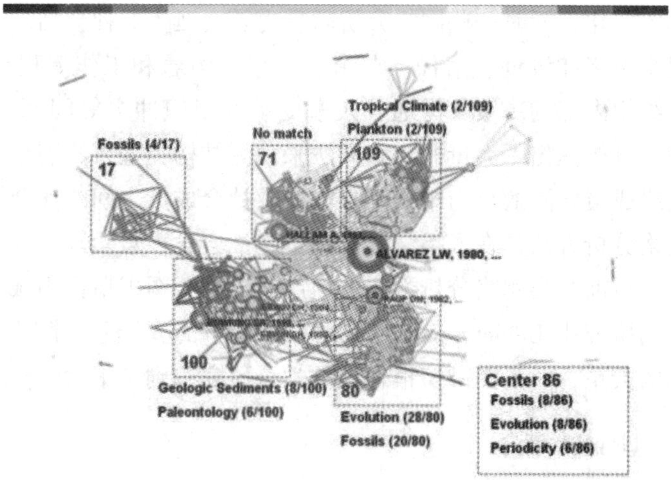

图 7-7　关于生物种群灭绝的 515 篇文章共引网络时区视图

虽然近年来国内学者在科学知识图谱的研究中广泛使用 CiteSpace，但是通过检索发现大部分的可视化研究是针对 Web of Science 数据进行的，基于 CSSCI、CSCD、CSTPC 等中文引文数据进行的可视化研究却只占非常小的比例。这和 CSSCI、CSCD、CSTPC 等中文引文数据库的数据在录著格式上不能直接转换成所需的格式以及 Web of Science 数据库强大的论文数据导出量不无关系。

7.2 Ucinet

Ucinet 和 Pajek 是两款目前应用十分广泛的社会网络分析软件。社会网络

① 吴彩丽．国内外数字图书馆研究演进的可视化分析[J]．图书馆理论与实践，2009(6)：5-8.

② 卫军朝，蔚海燕．基于 CiteSpace Ⅱ 的数字图书馆研究热点分析[J]．图书馆杂志，2011(4)：70-77.

分析（Social Network Analysis，SNA）是西方社会学的一个重要分支，是国外自20世纪30年代末出现并在最近20多年得到重要发展的研究社会结构的最新方法和技术，也是一种全新的社会科学研究范式。1978年，国际网络分析网组织宣告成立，这标志着网络分析范式的正式诞生。此后，网络分析的一些重要概念得到了深化，同时一些网络分析软件也随之诞生。社会网络分析方法一般是研究组织中诸如咨询、信任、友谊、情报、沟通和工作流程等关系的网络，以解释组织内部的决策、沟通、人事变动和组织冲突等问题。在过去30年，社会网络分析提出了大量概念和方法来观测结构类型，鉴别相互关系的类型，分析网络成员之际的行为结构的内涵以及社会成员之间的社会结构①。

社会网络分析方法是在人类学、心理学、社会学、数学以及统计学等领域发展起来的，目前社会网络分析方法已经广泛应用于图书情报领域，特别是在知识可视化的研究中 Ucinet、pajek 等软件的使用十分广泛，常用来分析和展示知识之间的关系，对于图书情报领域的学科研究起到了很大的作用。

7.2.1 Ucinet 简介

Ucinet 最初是由加州大学尔湾分校（University of California at Irvine）的 L. Freeman 编写，后来主要由美国波士顿大学的 S. Borgatti 和英国威斯敏斯特大学（University of Westminister）的 M. Everett 维护更新②。

Ucinet 是社会网络分析的通用软件包，是目前最流行的社会网络分析软件之一。Ucinet 集成了包括 Netdraw 在内的多个可视化软件，它主要用于社会科学的社会调查数据的分析。它具有大量的指标，可以用来描述整个网络和网络节点的位置。它还具有一些分析技术，如发现凝聚子群（聚类）性和多元统计分析。

Ucinet 中包含大量的网络分析指标，如中心度、二方关系凝聚力测度、位置分析算法、派系分析、随机二方关系模型（Stochastic Dyad Models）以及对网络假设进行检验的程序，还包括多元分析统计工具，如多维量表（Multidimensional Scaling）、对应分析（Correspondence Analysis）、针对矩阵数

① 裴雷，马费成. 社会网络分析在情报学中的应用和发展[J]. 图书馆论坛，2006，26(6)：40-45.

② 刘军. 整体网分析讲义[M]. 上海：格致出版社，2009.

据的多元回归(Multiple Regression)等①。此外。Ucinet 还提供数据管理和转换的工具，可以从图论程序转换成矩阵代数语言，特别是在 Ucinet 6 中，全部数据都是用矩阵数据形式来存储、展示和描述的。

7.2.2 Ucinet 的使用

实例中使用的是 Ucinet 6.216，即经过了 216 次修改的 Ucinet 6 版本，最新版本的界面可能有些不同，但主体思路是一致的。

①导入数据，保存以后得到的是后缀名为 .##h 的文件，如图 7-8、图 7-9 所示。

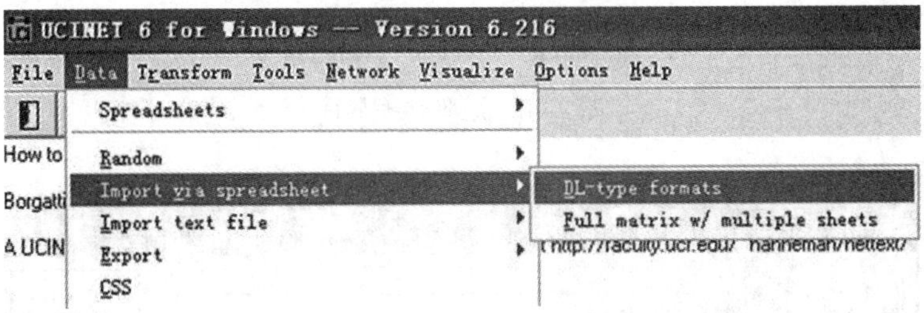

图 7-8　Ucinet 数据导入

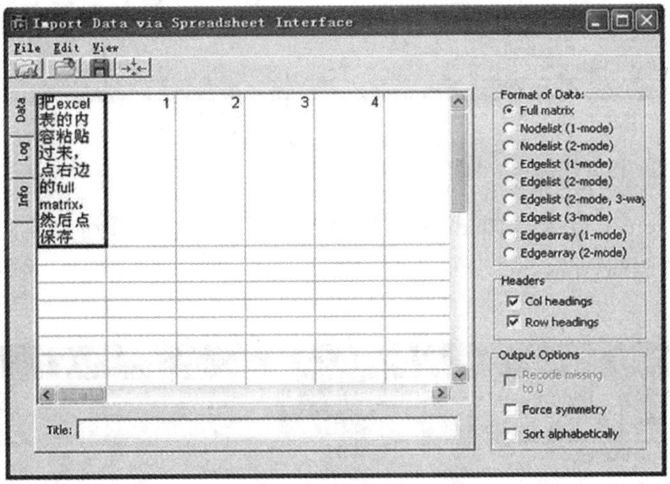

图 7-9　Ucinet 数据保存

① Borgatti SP, Everett MG, Freeman LC. Ucinet for Windows: Software for Social Network Analysis[M]. Harvard, MA: Analytic Technologies, 2002: 1-25.

② 把矩阵换成 0-1 矩阵，图中的 10 表示表中大于 10 的都换为 1，否则为 0，如图 7-10、图 7-11 所示。

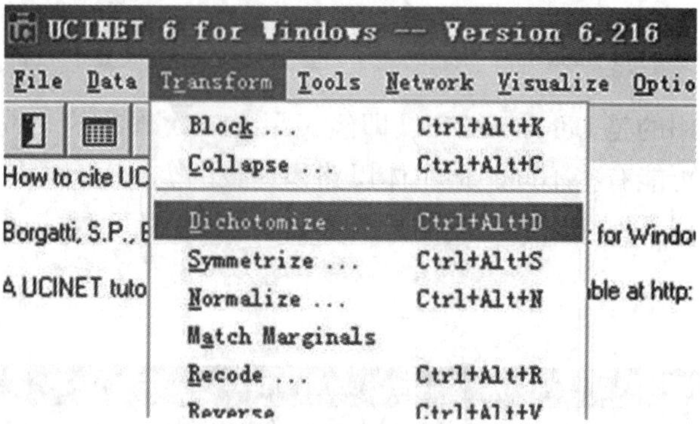

图 7-10　矩阵转换界面

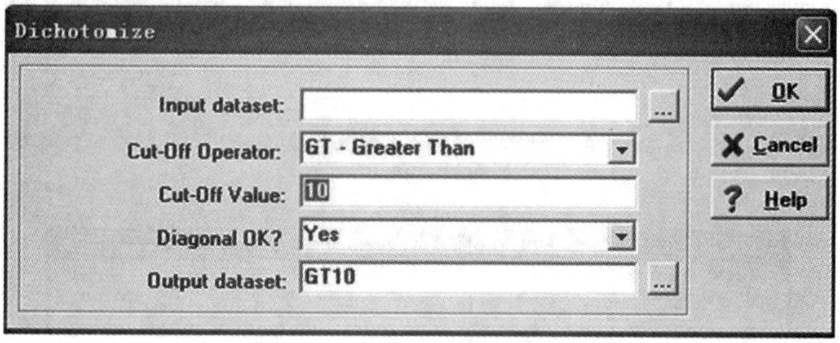

图 7-11　矩阵转换设置

③ 用 Ucinet 自带的 Netdraw 软件绘图，导入第三步得到文件，如图 7-12、图 7-13、图 7-14 所示。

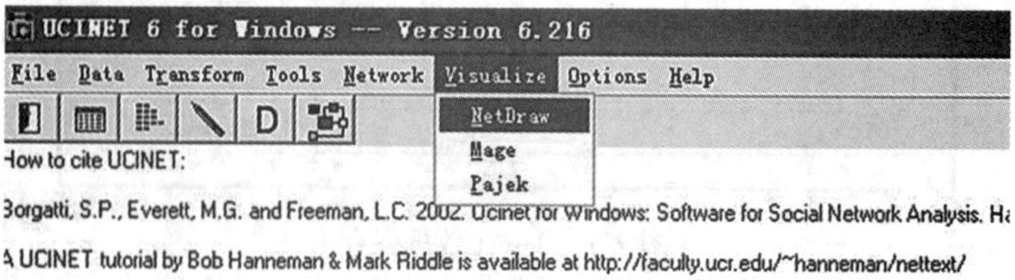

图 7-12　Netdraw 绘图软件

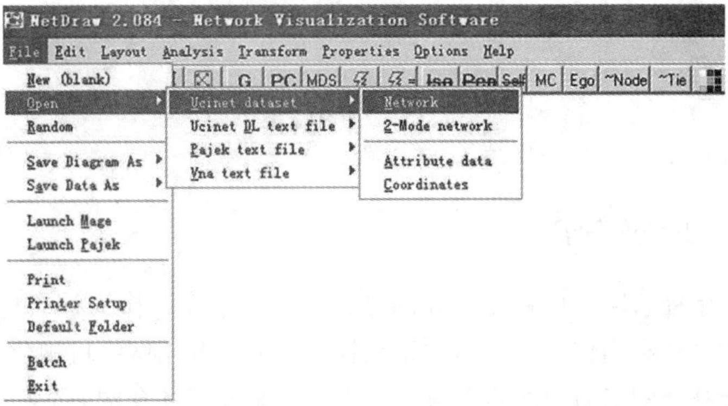

图 7-13　打开 Netdraw 软件

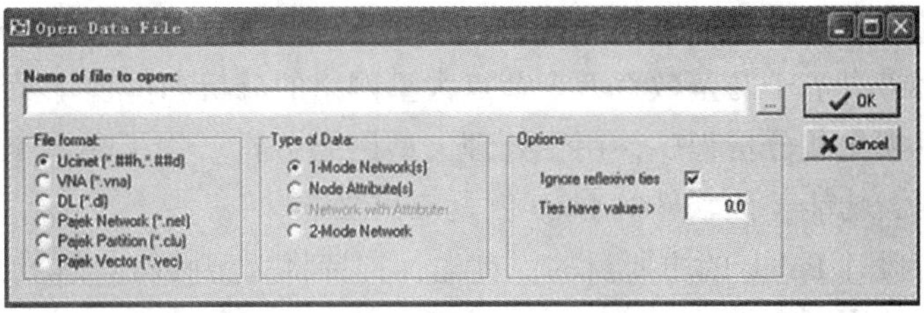

图 7-14　数据导入 Netdraw 软件

④导出结果，对于得到的图形可以进行适当调整，让图形更美观，如图 7-15 所示。

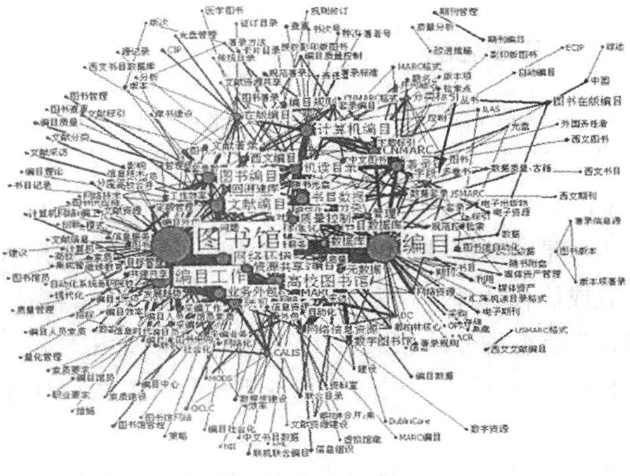

图 7-15　Ucinet 对图书馆相关数据可视化

7.3 Pajek

7.3.1 Pajek 简介

最初开始社会网络可视化研究的是社会计量学家，作为社会科学的分支，社会计量学将社会当作一种人际关系结构来研究。利用网络可视化技术绘制网络图是进行社会网络研究的重要方法。下面就来介绍社会网络分析方法中的一种重要的可视化软件——Pajek。

Pajek(斯洛文尼亚语中“蜘蛛”的意思)，是大型复杂网络分析工具，是用于研究目前所存在的各种复杂非线性网络的有力工具。Pajek 在 Windows 环境下运行，用带有上千乃至数百万个节点大型网络的分析和可视化操作，是一个大型网络可视化和分析程序，用于处理大型网络分析。为了显示 Pajek 在网络绘制上的强大功能，该软件的 Logo 就是一只蜘蛛。

设计者设计 Pajek 的主要目的：首先，支持将大型网络分解成几个较小的网络，以便使用更有效的方法进一步处理；其次，向使用者提供一些强大的可视化操作工具；最后，执行分析大型网络有效算法。

Pajek 可以在一个网络中搜索类(组成、重要节点的邻居、核等)；获取属于同一类的节点，并分别显示出来，或者反映出节点的连接关系(更具体的局域视角)；在类内收缩节点，并显示类之间的关系(全局视角)。

7.3.2 Pajek 主要功能

Pajek 中有 Files 和 Net 选项，与 Ucinet 软件中的 Data 和 Transform 选项对应。其中 Files 菜单还有一些常用功能，如 Read(读取)、Edit(编辑)或者 Sort(分类)等。Pajek 文件与 Ucinet 数据文件在格式上类似，在形式上可以是邻接矩阵本身，也可以是对数据进行分区或聚类分析的结果。使用 Net 选项，可以对网络进行转置或简化处理。因为 Pajek 包括很多用来检测成分的命令，其他菜单选项也可以进行各种分区和聚类，它们是专门设计用来减少巨型网络的规模的。Pajek 可以对一个巨大的网络进行分析和分区，然后对每个分区进行更细致的分析。

Pajek 主菜单的各项菜单项分别为文件(File)、单网(Net)、复网(Nets)、操作(Operation)、单分区(Partition)、复分区(Partitions)、单矢量(Vector)、

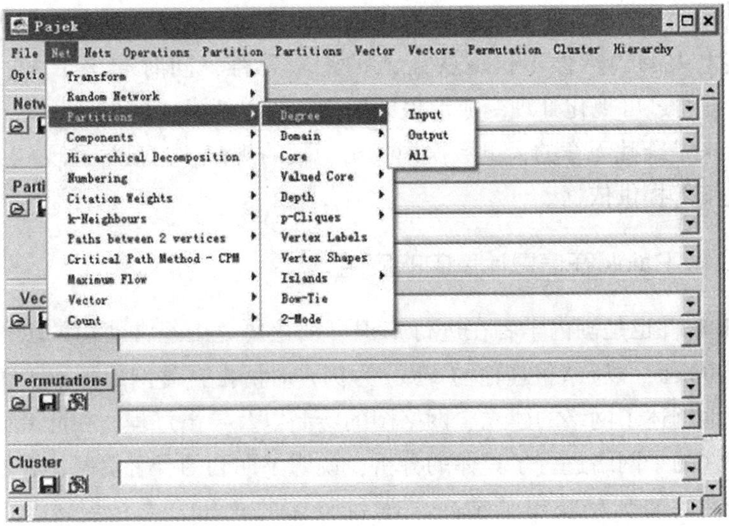

图 7-16 Pajek 主界面

复矢量(Vectors)、单置换文件(Permutation)、复置换文件(Permutations)、簇(Cluster)、层级文件(Hierarchy)等。Pajek 可以用来分析大型网络，其中包含的 6 大主要参数有：网络(Networks)、分类(Partitions)、排序(Permutations)、类(Clusters)、层次(Hierarchies)、向量(Vectors)。这 17 个主菜单说明了 Pajek 可以进行的所有操作。包括网络、分类、向量和绘图。具体来说，“网络”菜单包括网络变换、生成随机网络和层次分解等功能；“分类”菜单则包括生成随机分类、规范化分类以从分类中生成网络等操作；“向量”菜单，包括生成选定维数的识别向量、从给定向量中抽取子向量和将给定向量变形等与向量相关的内容；“绘图”菜单在进行绘图操作时，屏幕上会弹出一个独立的绘图窗口，其中有很多关于绘制、修改和导出网络图的详细操作，可以帮助我们绘制出所需的网络图并导出为多种格式的文件。

7.3.3 Pajek 的特点

Pajek 能对大型网络进行有效分析，利用该软件进行知识可视化分析可以绘制二维的、三维的甚至动态的社群图，并且具有强大的图形生成和导出能力，Pajek 也可以使用弹性嵌入程序对结果图进行着色处理，确定标签，以便直观地突出网络关系的核心特征，还可以利用选项功能对社群图进行平面旋转或空间旋转，以便从不同的角度观察图形，同时也提供鼠标自由移动所生成的网络节点①。它的特点是将信息可视化。它允许人们对大量抽象的数据进行分析。事实上人的创造性不仅取决于人的逻辑思维，同时取决于人的形象思维②。数据通过可视化处理变成形象的图谱，更能激发人的形象思维，才能在表面上看来是杂乱无章的大量数据中找出隐藏的规律，为科学发现、工程开发和业务决策等提供依据。

7.3.4　Pajek 在信息计量中的应用

Pajek 软件也是国内学者在进行知识可视化研究中经常使用的软件，例如孟微使用 Pajek，以《情报理论与实践》为例，对情报合著网络进行了可视化研究，系统地阐述了网络的建立、网络图的绘制以及导出过程。在此基础上对其中有代表性的子网络进行了具体的分析，说明了期刊的合著情况，并通过这一具有代表性的期刊反映出了情报学学科整体的科研合作情况③。熊军利用 Pajek 绘制了公共卫生和预防医学学科领域的作者关系图谱，从而探讨了信息可视化技术在医学情报领域的应用④。赵蓉英通过对文献的关键词进行共词分析并使用 Pajek 生成网络图，得出近十年我国信息可视化研究热点为：与地理信息系统相结合的应用研究；信息可视化在图书情报学领域的应用研究（如数据挖掘）；通过绘制知识图谱等方法进行可视化分析⑤。

下面将结合具体的链接分析研究实例，来详细介绍 Pajek 在信息计量研究中的应用。实例中我们选取大学网站之间的学术信息交流。大学之间的学术信息交流情况是学术研究情况评估、大学科研情况评估，以及大学之间的交流活跃情况评估的一个重要考察指标。因此，选择大学网站之间的互链情况作为实际研究具有非常重要的意义。

---

① Batagelj V, Mrvar A. Pajek—Analysis and Visualization of Large Networks[C]// Graph Drawing Software, 2003: 77-103.

② Batagelj V, Mrvar A. Pajek—Analysis and Visualization of Large Networks[M]// Graph Drawing. Springer Berlin Heidelberg, 2002: 477-478.

③ 孟微，庞景安. Pajek 在情报学合著网络可视化研究中的应用[J]. 情报理论与实践，2008，31(4)：573-575.

④ 熊军，邱晓. 信息可视化技术在医学情报分析中的实证研究[J]. 情报学报，2011，30(7)：776-784.

⑤ 赵蓉英，郭月培. 近 10 年我国信息可视化研究的计量分析[J]. 情报科学，2014(5)：3-6.

本实例选取中国管理科学研究院武书连等人发布的《2014 中国大学评价》中排名前 50 的大学网站作为研究对象。图 7-17 为 Excel 格式的部分链接数据。

	A	B	C	D	E	F	G	H	I	J	K	L	
1		www.tsinghua.	www.pku.e	www.zju.e	www.sjtu.e	www.nju.edu.	www.fudan	www.ustc.e	www.hust.e	www.whu.e	www.xjtu.e	www.jlu.ed	w
2	www.tsinghua.edu.cn												
3	www.pku.edu.cn	216											
4	www.zju.edu.cn	211	124										
5	www.sjtu.edu.cn	112	41	48									
6	www.nju.edu.cn	21	51	41	27								
7	www.fudan.edu.cn	158	549	146	90	23							
8	www.ustc.edu.cn	11	12	13	5	8	10						
9	www.hust.edu.cn	34	131	21	21	17	19	8					
10	www.whu.edu.cn	132	67	50	13	30	23	4	186				
11	www.xjtu.edu.cn	35	27	40	268	14	13	4	21	10			
12	www.jlu.edu.cn	20	1321	1307	1313	14	1303	2	11	8	7		
13	www.sysu.edu.cn	81	99	4	6	9	12	8	3	6	1	4	
14	www.scu.edu.cn	28	32	19	4	6	6	2	12	9	5	3	
15	www.hit.edu.cn	18	19	18	20	9	7	1	13	16	16	5	
16	www.sdu.edu.cn	37	56	39	48	12	22	4	37	22	11	11	
17	www.nankai.edu.cn	38	37	24	15	28	26	10	19	14	13	9	
18	www.tju.edu.cn	28	22	19	14	9	6	4	15	10	8	6	
19	www.bnu.edu.cn	26	37	35	17	12	22	3	14	15	10	11	
20	www.csu.edu.cn	40	42	9	5	5	1	0	4	4	30	3	
21	www.seu.edu.cn	19	20	94	10	23	10	1	11	9	5	3	
22	www.xmu.edu.cn	16	24	28	11	9	13	0	13	10	10	6	
23	www.ruc.edu.cn	688	1089	8	4	8	13	6	9	18	8	8	
24	www.buaa.edu.cn	465	369	10	7	5	3	0	9	4	3	5	
25	www.dlut.edu.cn	11	13	7	8	9	3	0	10	7	8	2	
26	www.nwpu.edu.cn	34	35	7	8	4	3	0	8	3	32	2	
27	www.tongji.edu.cn	5	11	93	21	9	61	0	14	6	4	6	

图 7-17　Excel 格式的部分链接数据

```
*Vertices 50
     1 "www.tsinghua.edu.cn"      0.6909     0.4970
     2 "www.pku.edu.cn"      0.4180     0.3950
     3 "www.zju.edu.cn"      0.4987     0.3780
     4 "www.sjtu.edu.cn"      0.5225     0.5140
     5 "www.nju.edu.cn"      0.6815     0.4144
     6 "www.fudan.edu.cn"      0.5990     0.4278
     7 "www.ustc.edu.cn"      0.1000     0.5455
     8 "www.hust.edu.cn"      0.5931     0.5722
     9 "www.whu.edu.cn"      0.5591     0.3197
     10 "www.xjtu.edu.cn"      0.4163     0.6548
     11 "www.jlu.edu.cn"      0.3925     0.7398
     12 "www.sysu.edu.cn"      0.3193     0.8308
    ............
*Arcs
      1       2   216.0000
      1       3   211.0000
      1       4   112.0000
      1       5    21.0000
      1       6   158.0000
      1       7    11.0000
      1       8    34.0000
      1       9   132.0000
      1      10    35.0000
      1      11    20.0000
      1      12    81.0000
      1      13    28.0000
      ............
```

图 7-18　Pajek 文件部分大学的 . net 格式数据

如图 7-18 所示，Pajek 可识别的 .net 文件由两部分组成：Vertices(顶点)部分和 Arcs(弧)部分。第一部分以“ * Vertices”开头，“50”表示顶点数，以下依次为各顶点的信息。下面我们以第一条记录为例，详细解释 Pajek 文件中顶点信息的记录格式：“1”和“www. tsinghua. edu. cn”表示该顶点的编号为 1，名称为 www. tsinghua. edu. cn；“0. 6909 0. 4970”表示该顶点在可视化图中 x、y 轴的坐标值，该值可以由使用者自行设定或者省略。第二部分以“ * Arcs”开头，表示各顶点之间的关系。我们仍然以第一条记录为例：“1 2 216. 0000”表示编号为 1 与编号为 2 的顶点之间的链接数为 216 次。

接下来就可以在 Pajek 中读取该文件。在菜单中选择 File(文件)>Network(网络)>Read(读取)，或者直接在窗口界面的左侧点击 Networks(网络)栏中最左侧的“打开”按钮。如图 7-19 所示。

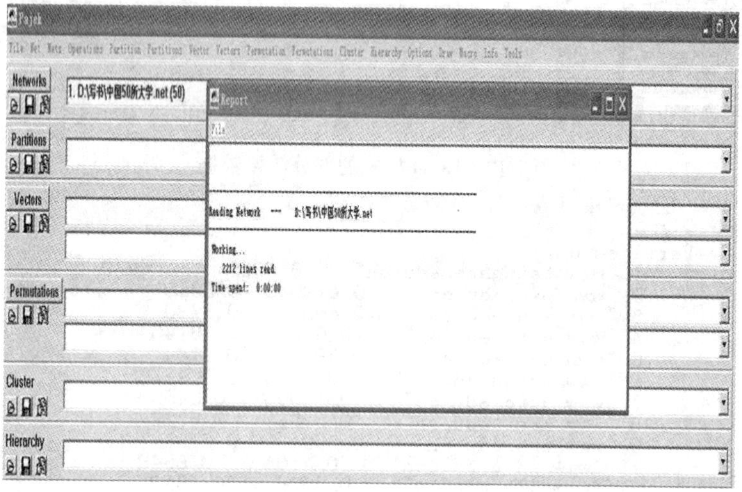

图 7-19 在 Pajek 中读取 50 所大学的 . net 数据

如图 7-20 所示，Pajek 默认的成图方式是环形算法(Circular)。除此之外，常用的成图算法还有 Kamada-Kawai 算法，Fruchterman-Reingold Spring Embedder 算法。Fruchterman-Reingold Spring Embedder 算法由 Fruchterman 和 Reingold 提出，将一个无向连通图看作一个力学系统，其最终目的是要使力学系统达到平衡。

可以在 Draw(绘图)>Draw(绘图)>Layout(布局)中进行调整。在 Layout(布局)菜单中选择 Layout>Energy>Free>Kamada-Kawai，得到 Kamada-Kawai 算法的成图，如图 7-21 所示，选择 Layout>Energy>Free>Fruchterman-Reingold，

得到 Fruchterman-Reingold 算法的成图，如图 7-22 所示。

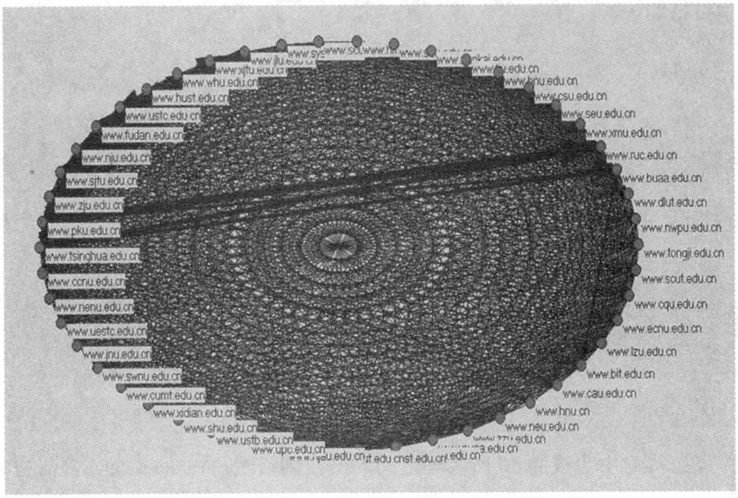

图 7-20　在 Pajek 中生成的 50 所大学之间的链接网络图(环形算法)

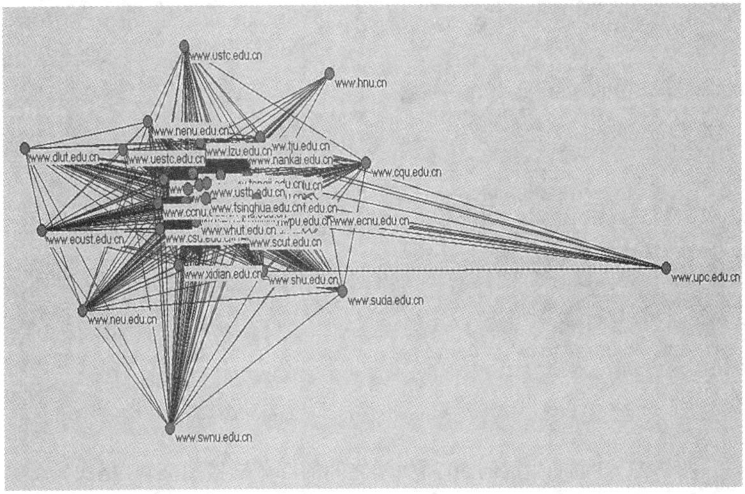

图 7-21　在 Pajek 中生成的 50 所大学之间的链接网络图(Kamada-Kawai 算法)

此外，Pajek 还能将网络图输出成为可缩放的矢量图形——SVG 格式(Scalable Vector Graphics)、EPS 格式以及 3D 格式，如 X3D、VRML、MDL MOLfile 等。

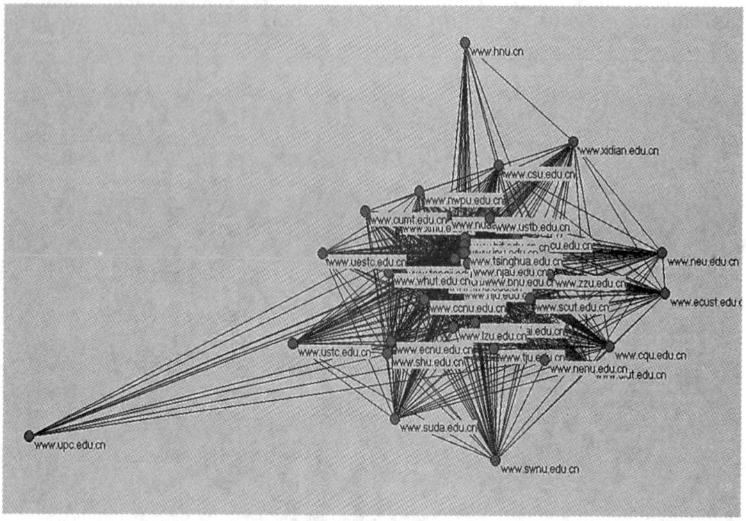

图 7-22　在 Pajek 中生成的 50 所大学之间的链接网络图(Fruchterman-Reingold 算法)

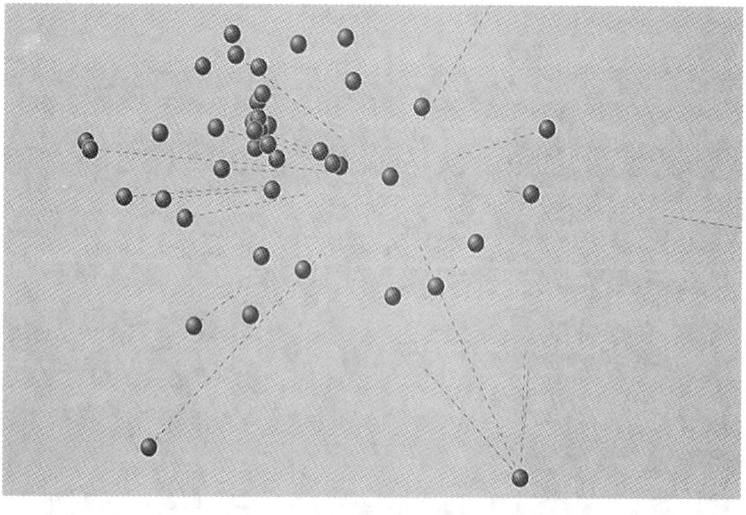

图 7-23　Pajek 生成的 50 所大学之间的部分链接图(SVG 格式)

7.4 其　他

科学知识图谱的绘制工具可分为通用软件和专门软件两大类，其中通用软件，例如在知识图谱研究中常常用到 SPSS 软件中的多维尺度分析因子分析和聚类分析；Ucinet 和 Pajek 是经常使用的社会网络分析软件；Bibexcel、Thomson Data Analyzer 和 HistCite 常用于引文分析；还有常用词频分析软件 Wordsmith Tools 和 WordStat。专门用于知识图谱绘制的软件，也有许多类型，例如 CiteSpace，有些软件是针对某些特定领域而研发的，还有些是个人开发并未公开的。

7.4.1 Bibexcel

Bibexcel 是由瑞典科学计量学家 Persson 开发的专门文献计量免费软件。其分析功能强大，可从 WOS、Scopus 等众多数据库中读取数据，提取多种知识单元及关系数据，并通过不同方法简化和规范化数据。但是它的可视化功能弱，常常用于知识可视化前期的数据预处理①。Bibexcel 可以从 ISI WOS、Scopus、Procite Export Format 中读取数据，Bibexcel 允许对文本数据进行不同的预处理。然后将数据输出到 Pajek NetDraw 或者 SPSS 进一步可视化分析。Bibexcel 是一个用于文献计量分析，特别是引文分析的完美工具。用户可以在 www. umu. se/inforsk 网站上免费获得最新版本。

7.4.2 ColPalRed

ColPalRed 是由西班牙 Granada 大学的 EC 研究团队开发的商业软件，使用共词分析来分析科学文档中的关键字。它收集包含在数据库中的知识，并将其转化为新的知识。在数据预处理中能将关键词语规范化(例如一义多词情况)。ColPalRed 可以进行三种数据分析：结构分析、战略分析和动态分析。结构分析：在主题网络中展现知识，包括词语及其关系。战略分析：通过中心度和密度，在全局主题网络中为每个主题定位。动态分析：分析主题网络随时间的演变，可以鉴别出主题的路径、分支、出现和消失②。ColPalRed 使用战略图、主题和主题网络对结果进行可视化，每个主题有一个标签，该标签的名称是相关主题网络中最中心的节点(词汇)的名称。此外，每个主题在战略图中用球表示，球的大小和其中包含的文档数成正比。同样，主题网络中的关键词也可以表示为一个球，球的大小和关键字的频率成正比。

---

① 姜春林，陈玉光. CSSCI 数据导入 Bibexcel 实现共现矩阵的方法及实证研究[J]. 图书馆杂志，2010(4)：58-63.

② 科学地图和 9 种代表性软件[EB/OL]. [2017-07-11]. http：//blog. sina. com. cn/s/blog_4c9dc2a10100ul2n. html.

7.4.3 IN-SPIRE

IN-SPIRE 具有通过揭示文献间的联系、趋势与潜在主题来获取新知识和新认知的能力，使用地形图来使用户便利地发现文献间的关系和相似文献集。该工具使用统计词汇模式基于上下文来描述文档，可读取常见的数据格式，可读取非格式化文档(ASCII 码)和 HTML/XML 等格式化文档，以及 MS-EXCEL 和 CSV。它使用向量空间模型来计算文档间相似度，也就是说不从指定列中抽取文献计量网络，它使用自己的文本引擎来通过一列或者几列来计算文档之间的相似度；常通过词语来构建图谱，具有关键词自动抽取、突变术语检测和主题聚合等新算法。它提供两种可视化：Galaxies 是模仿星空的星星分布；ThemeScape 是在星际可视化中文档的分布基础上构建的，形成三维图，将主题看成沉积层，形成自然地貌图。它也提供了系列工具来发现隐藏的知识，例如时间功能(Timeslicer)可发现某个主题的增长、萎缩和融合情况。

7.4.4 Leydesdorff

Leydesdorff 系列软件是由荷兰阿姆斯特丹大学阿姆斯特丹传播研究学院的著名科学计量学家、普赖斯奖获得者 Loet Leydesdorff 开发的①。该软件允许共词、共作者、作者文献计量耦合、期刊文献计量耦合、作者共引等文献计量分析方法，结果可以通过外部可视化软件如 Pajek、Ucinet、Network Workbench Tool、Sci2 展现出来；擅长分析国际和大学的合作、城市间的合作，以及对各文献数据库批量数据的组织，并设计专门程序。

7.4.5 Network Workbench

Network Workbench 是由美国印第安纳大学开发的免费软件，可对大规模知识网络进行分析、建模和可视化。它提供特殊的算法来处理文献数据，可以读取几乎所有常见的数据格式，例如 ISI WOS、Scopus、Bibtex、Endnote Export Format、NFS 和其他 CSV 格式的数据，来构建和分析知识网络和图谱。它可以完成数据预处理、不同类型的网络构建、知识网络的分析，可以知识可视化整个流程②；能为生物学家、物理学家、计算机科学家、社会和行为科学

① http://www.leydesdorff.net/.

② Pullen J M. The Network Workbench: Network Simulation Software for Academic Investigation of Internet Concepts[J]. Computer Networks, 2000, 32(3): 365-378.

家、工程师等提供数据分析的科研社区；它可以建设不同的网络，如文档共引、共作者、共词、文献计量耦合。此外，还可以通过直接连接来构建网络，例如，可以创建作者—文档网络，或者直接引用网络。

7.4.6 Science of Science(Sci2)Tool

Science of Science(Sci2)Tool 软件是美国印第安纳大学开发的一款免费可视化分析软件，它是专门用于研究科学结构的模块化工具，可从时间、空间、主题、网络分析和可视化等多角度，分析微观(个体)、中观(局部)和宏观(整体)、水平的知识单元，它可输入常见格式数据①；可以构建常见的知识单元网络，还能形成作者引证、论文引证、作者论文等直接关系网络，它可通过多种算法可视化地实现学术团体检测和骨干鉴定；历时分析可对数据进行时间段分割并进行突变检测；空间分析通过地理编码和地理空间主题图完成；主题分析通过对词语的突变检测和共词分析来执行；网络分析则可进行统计分析和在网络上应用不同算法②。

7.4.7 Gephi

Gephi 是一款免费的基于 JVM 的跨平台复杂网络分析软件，其主要用于各种网络和复杂系统，动态和分层图的交互可视化与探测开源工具。可用作探索性数据分析、链接分析、社交网络分析、生物网络分析等。其由来自各国的工程师和科学家联合研发，于 2008 年开始使用，并成立了非营利机构 Gephi 联盟以支持、保护和促进 Gephi 项目，像 Photoshop 软件一样，Gephi 注重用户的交互操作表示、结构、形状和颜色揭示隐藏的属性③。开发者对它寄予的希望是成为“数据可视化领域的 Photoshop”④。

Ucinet 和 Gephi 是目前在图书情报领域使用较多的两款社会网络分析工具，两款工具各有优势，在功能与软件操作中也有诸多相通的地方。首先，在数据处理方面，Ucinet 在对纯粹数据和多重关系复杂问题数据的运算与处理，

① http：//sci2. wiki. cns. iu. edu/display/SCI2TUTORIAL/1+Introduction.

② 杨思洛，韩瑞珍 . 国外知识图谱绘制的方法与工具分析[J]. 图书情报知识，2012，6(6)：101-109.

③ http：//gephi. github. io/features/.

④ Bastian M，Heymann S，Jacomy M. Gephi：An Open Source Software For Exploring And Manipulating Networks[C]// International AAAI Conference on Weblogs and Social Media；Third International AAAI Conference on We，2009.

以及静态数据的处理方面要强于 Gephi，Gephi 则更适用于对动态数据的追踪与表现。在图像处理方面，由于 Ucinet 融合了多种可视化工具，其综合性、分析功能都强于 Gephi，虽然 Gephi 的综合性功能不足，但其在图像分析中对用户的动态指示性、对数据的自动化调试及可视化效果要强于 Ucinet。在存储管理方面，Ucinet 更适合处理多重关系复杂问题的中大型数据，其综合性较强，运算功能强大，兼容性较强；Gephi 更适合处理用于观测性分析的动态大数据，其可视化功能强大，动态分析性较强①。

7.4.8 VOSViewer

VOSViewer 是专门用来构建和对文献计量地图可视化的，在对图形展现方面有所侧重，所以可以通过放大功能来表现大地图，特定标签算法、密度表达方式也得到了应用，VOSViewer 不能从文献计量数据中抽取共现矩阵，如果要这样做，需要外部过程，同样，不能对数据进行预处理。为了展现地图上的元素，VOSViewer 地图技术使用相似性度量从共现矩阵中创建了相似矩阵，VOS 地图技术创建一个二维地图，元素之间的距离反映其相似性。尽管 VOSViewer 实现了 VOS 地图技术，这个程序可以使用其他技术来观察地图。VOSViewer 允许我们使用 VOS 聚类技术进行社区探测②。这个技术和基于颗粒的聚类技术有关，一旦地图建立起来，VOSViewer 允许通过下列四个视图进行检查③：

①标签视图：使用一个圆圈和标签来代表一个元素，圆圈大小代表重要性的高低。它有一个智能程序，我们可以根据地图放大的程度展现最重要的标签。拥有相同颜色的圈圈属于同一个聚类。

②密度视图：地图上的每一点会根据该点项目的密度来填充颜色，密度依赖于周围区域的项目和这些项目的权值。VOSViewer 根据 Van Eck、Waltman 提供的等式(Gaussian Kernel 公式)来计算每一点的密度，密度被转化为一个颜色表。

③聚类密度视图：只有每个项目之前被分配到一个聚类中，这个视图才可

---

① 邓君，马晓君，毕强．社会网络分析工具 Ucinet 和 Gephi 的比较研究[J]．情报理论与实践，2014(8)：133-138.

② Van Eck N J，Waltman L. Software Survey：VOSviewer，a Computer Program for Bibliometric Mapping[J]．Scientometrics，2010，84(2)：523-538.

③ 廖胜姣．科学知识图谱绘制工具 VOSviewer 与 Citespace 的比较研究[J]．科技情报开发与经济，2011，21(7)：137-139.

以使用，该视图和密度视图大致一样，区别是项目密度对每个聚类的项目分别进行展现。

④分散视图：这是一个简单视图，用小圆圈代表项目，没有展现标签。

8 应用案例分析

8.1 Visualizing the Research on Pervasive and Ubiquitous Computing

Pervasive and ubiquitous computing is an emerging field of research that brings in revolutionary paradigms for computing models in the twenty-first century. It is the third wave in computing after distributed systems and mobile computing. In effect, pervasive and ubiquitous computing is a post-desktop model of human-computer interaction in which information processing has been thoroughly integrated into everyday objects and activities.

Historically, pervasive computing has its roots in ideas first coined by the term ubiquitous computing. Ubiquitous computing (ubicomp) as envisioned by Weiser in his seminal paper is a computing environment where computing systems weave themselves in the fabric of everyday life and vanish into the background (Weiser, 1991). Its initial incarnation is in the form of "tabs" "pads" and "boards" built at Xerox PARC, 1988-1994. The terms ubiquitous computing and pervasive computing are often used interchangeably (Saha and Mukherjee, 2003), but they are conceptually different (Lyytinen and Yoo, 2002). Ubiquitous computing combines the advances in mobile computing and pervasive computing to present a global computing environment to a human user as she/he moves from one location to another. Pervasive computing, on the other hand, aims to acquire context from the environment and dynamically build computing models dependent on context. It is invisible to human users and yet provides useful computing services. In this article, we treat them as two equivalent terms and pay no attention to their difference.

Pervasive and ubiquitous computing is a cross-disciplinary area with tremendous potential where new computing models and associated applications and usage scenarios have driven a broad set of research topics such as low power, integrated technologies, embedded systems, mobile devices, wireless and mobile networking, middleware, user interfaces, applications, services, security, privacy and so on. After many years' development, it has made rapid progress in theories and practical applications. Based on prior studies, however, there are few studies having examined the research status quo of pervasive and ubiquitous computing in a comprehensive and integrated approach, so it is necessary for us to carry out an analysis of papers on pervasive and ubiquitous computing from the WoS over the last 15 years in order to learn about its development process as a whole.

8.1.1 Background

The study of information visualization starts with computer graphics and its goal is to represent abstract information spaces intuitively and naturally. Domain visualization is one of the new research fronts resulted from the proliferation of information visualization, aiming to reveal the essence of a knowledge domain (Chen et al., 2000). The domain analysis is a functionalist approach, attempting to under the implicit and explicit functions of information and communication and to trace the mechanisms underlying informational behavioral from this insight (Hjørland and Albrechtsen, 1995). The objects of domain visualization not only involve the entire science but also a specific discipline (Garfield, 1998; White and McCain, 1998).

The combination of information visualization techniques and co-citation analysis greatly accelerate the development of co-citation study. Co-citation analysis is taken as a measure of proximity between documents for the mapping of scientific specialties. It mainly includes the journal co-citation analysis, the author co-citation analysis and the document co-citation analysis. The journal co-citation analysis can be used to identify the core journal set. The author co-citation analysis offers a new technique that might contribute to the understanding of intellectual structure in the sciences (White and Griffith, 1981) and the co-cited author maps can represent the intellectual structure of a field (McCain, 1986). The document co-citation analysis can be used to map out in great detail the relationships between the key concepts, methods, or experiments in a field. It offers a more objective way of modeling the intellectual structure of scientific specialties (Small, 1973). The co-citation cluster analysis of documents can display the macro-structural evolution of scientific knowledge (Small, 1992).

In this article, we will present a systematic and visual domain analysis of the emerging interdisciplinary field-pervasive and ubiquitous computing-in terms of various co-citation networks in order to explore the intellectual structure evolution of this knowledge domain over time.

The objectives of this study are:

· To examine the distribution of subject categories involved in the research of pervasive and ubiquitous computing;

· To identify the most productive research work forces at the country, institute and individual levels;

· To identify the distribution of core journals related with pervasive and ubiquitous computing;

· To study the document co-citation network for identifying the ground-breaking papers and exploring the main research themes in the field of pervasive and ubiquitous computing;

· To detect the research hotspots in the field of pervasive and ubiquitous computing over the entire span 1995-2009.

8.1.2 Data and Methodology

The input data for CiteSpace were retrieved from SCI databases via the Web of Science based on a topic search for "pervasive or ubiquitous computing" papers published during the period of 1995-2009. The search was limited to articles and proceedings papers. The resultant dataset contains a total of 5914 records. A bibliographic record in SCI contains fields such as author, title, abstract, and references.

This paper chooses CiteSpace as the research method to assist analysis in this study. CiteSpace is a java application developed by Dr. Chaomei Chen for analyzing and visualizing emerging trends and changes in scientific literature. It can produce co-citation or c networks consisted of nodes and links. Created nodes may present institutions, articles, authors, terms, keywords and so on. Created links may represent co-citation or co-occurrence between them. We use it to carry out a multiple-perspective co-citation analysis with the purpose of highlighting the intellectual base and the research fronts of pervasive and ubiquitous computing and detecting its emerging trends and patterns.

The general procedure of visualization analysis with CiteSpace is outlined as follows:

①identify a knowledge domain; ②data collection; ③extract noun phrases from titles, abstracts, descriptors and identifiers of citing articles in the dataset; ④ time slicing; ⑤threshold selection; ⑥pruning and merging; ⑦select the layout styles; ⑧visual inspection; ⑨verify pivotal points; ⑩reach the corresponding conclusions (Chen 2006).

8. 1. 3 Results

8. 1. 3. 1 Analysis of Publication Output

Figure 8-1 depicts the distribution of bibliographic records from the WoS between 1995 and 2009. The first data curve represents the total publication output of pervasive and ubiquitous computing, the second data curve indicates the number of proceedings papers and the third data curve describes the number of articles. According to the document type statistics from the WoS, proceedings paper was the most-frequently used document type comprising 83% (4907) of the total production, followed by article occupying 17% (1007) in the total publication, suggesting that this research field has pained more attention to codify its scientific concerns and share its research fruits by use of conferences. Further analysis shows that the second data curve as a whole is on the rise during the period 1995-2009, while the third data curve is consistent with the first data curve in terms of the variation trend, suggesting that the total output on pervasive and ubiquitous computing mainly depends on the number of proceedings papers.

According to Fig. 8-1, during the period of 1995-2000, the number of papers on pervasive and ubiquitous computing increased slowly, in 1995, the number of papers was 1 and in 2000 the number was 75. During the year 2001-2007, the number of papers began to grow continuously with the speed of more than 100 papers per year and reached its peak in 2007, in 2001, the number of papers was 112 and in 2007 the number was 1015, suggesting that the research had aroused more and more concern all over the world and a considerable amount of research achievements were published in the form of papers. Since 2007, the publication output began to decline greatly, mainly due to the reduction of proceedings paper output.

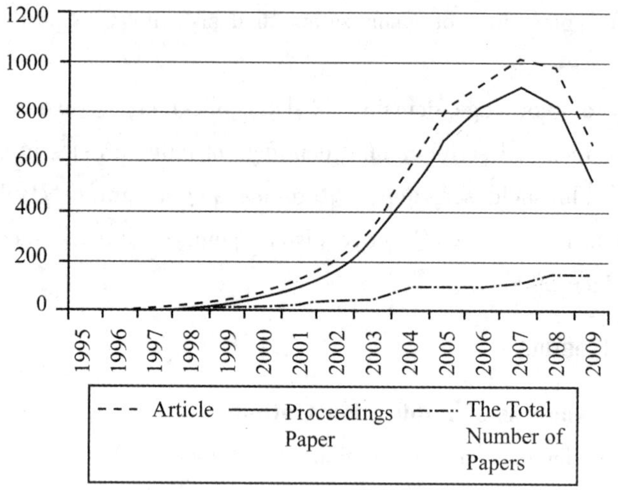

Fig. 8-1 Distribution of Bibliographic Records of Pervasive and Ubiquitous Computing Papers

8.1.3.2 Analysis of Subject Category

CiteSpace can intuitively display the subject category distribution of papers. On the graphical user interface of CiteSpace, we selected the subject category as the type of network nodes. The time scaling value was set to 1, namely the entire time interval of 1995-2009 was divided into fifteen 1-year slices for processing. In each time slice, the top 30 most cited or occurred items were selected out for constructing the co-citation or co-occurrence network. These individual networks led to an integrated network of multiple types of nodes and links.

Table 8-1 clearly specifies the top ranked research fields with the most publications. Figure 8-2 visually displays the distribution network of the subject category with 71 nodes and 101 links on pervasive and ubiquitous computing. Computer science is the leading subject category involved in the research of pervasive and ubiquitous computing. According to the subject category statistics from the WoS, papers mainly distribute in its six branches, including theory and methods, information systems, artificial intelligence, hardware and architecture, interdisciplinary application and cybernetics. Engineering is the second largest subject category having done a considerable amount of research on pervasive and ubiquitous computing, and then followed by telecommunications ranking the third. Both of them contributed 1554 and 1323 papers respectively. Automation and control systems ranks fourth with 197 papers. Other subjects with publication frequencies varying from 30 to 84 also have made outstanding progress in this field, including robotics, computer, image science and photographic technology, education and educational research, mathematics, health care sciences and services, ergonomics, and medical informatics and so on. As is indicated from the results, there exist strong interdisciplinary relations and the rapid diffusing and sharing of scholarly knowledge within the research network. This might have been due to the characteristics of the field of pervasive and ubiquitous computing, which can be applied to various research fields and requires multidisciplinary capabilities from these areas to address various research challenges at the same time. Pervasive and ubiquitous computing will thus be the crucible in which many disjoint areas of research are fused.

Table 8-1 **Publications of the Top Ranked Subject Categories**

Frequency	Subject Category	Frequency	Subject Category
4896	Computer Science	46	Health Care Sciences and Services
1554	Engineering	44	Ergonomics
1323	Telecommunications	40	Medical Informatics
197	Automation and Control Systems	38	Optics
84	Robotics	38	Operations Research and Management Science
68	Computer	37	Remote Sensing
66	Imaging Science and Photographic Technology	37	Business
59	Education and Educational Research	34	Imaging Science and Photographic Technology
53	Mathematics	30	Information Science and Library Science

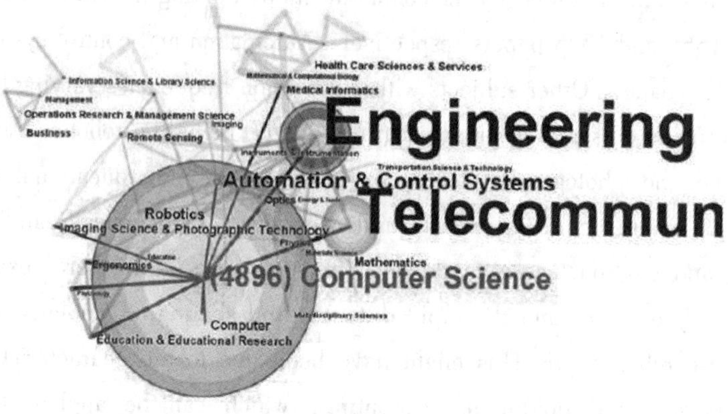

Fig. 8-2 A Subject Category Network with 71 Nodes and 101 Links

8.1.3.3 Analysis of the Research Work Forces

CiteSpace also can vividly show the distribution of papers among various countries. A comprehensive network consisting of nodes on behalf of the collaborating countries and institutes between 1995 and 2009 was shown in Fig. 8-3. If researchers from different countries coauthored published papers on pervasive and ubiquitous computing, these countries would be connected in the visualization map.

Figure 8-3 shows that papers on pervasive and ubiquitous computing were contributed by many countries spread over the entire globe, while the major contribution of the total output on pervasive and ubiquitous computing mainly came from eight countries. The frequency distribution of papers in Table 8-2 indicates that America is not only the original participating country but also the largest contributor publishing 1083 papers in the field of pervasive and ubiquitous computing. Asian countries also are active in the research of pervasive and ubiquitous computing. South Korea's publication counts are 820 times and ranks second. The other two prominent nodes coming from Asian countries are China and Japan respectively with 626 and 450 times, ranking the third and fourth in terms of publication counts. The contribution of European countries is very significant and its representative nodes mainly include Germany (365), England (335), Italy (189) and France (157). There are still other countries participating in the research of pervasive and ubiquitous computing, such as Canada, Switzerland, Spain, Italy, Australia,

Taiwan and so on.

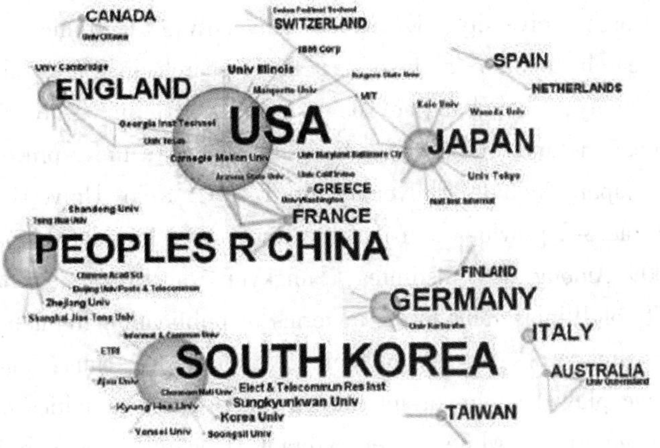

Fig. 8-3 A Research Power Network of 135 Nodes and 110 Links over the Past 15 Years

Table 8-2 **The Top-8 Most Productive Countries and Institutes**

Frequency	Country	Frequency	Institute
1083	USA	77	Sungkyunkwan University
820	South Korea	59	Korea University
626	The People's Republic of China	57	University of Illinois
450	Japan	52	Kyunghee University
365	Germany	51	Electronics and Telecommunications Research Institute
335	England	47	University of Tokyo
189	Italy	45	Zhejiang University
157	France	42	Georgia Institute of Technology

Figure 8-3 also identifies the distribution of institutes from the above countries. Institutes in the map are located in the straight lines connected with circular nodes representing their corresponding countries. Obviously, America, South Korea, China and Japan possess a stronger research power in the field of pervasive and ubiquitous computing than other countries. The important research institutes in America include IBM Corporation, University of Illinois, Georgia Institute of

Technology, Carnegie Mellon University, Marquette University, University of Texas and so on; the prolific institutes in South Korea mainly include Sungkyunkwan University, Korea University, Kyunghee University, Electronics and Telecommunications Research Institute and so on; the research institutes in China include Zhejiang University, Shanghai Jiao Tong University, Beijing University of Posts and Telecommunications and Chinese Academy of Sciences; the representative research institutes in Japan include University of Tokyo, Keio University and Waseda University. Table 8-2 provides a list of the top 8 most productive institutes between 1995 and 2009. Among these institutes, Sungkyunkwan University, Korea University and University of Illinois rank top 3 in terms of publication frequency and they are important research work forces in their own countries. Thus, major universities worldwide have played an important role in the research activities of pervasive and ubiquitous computing, while other vibrant research communities also have accelerated the efforts of a rapidly growing of pervasive and ubiquitous computing.

8.1.3.4 Analysis of the Cited Journals

CiteSpace can plot the journal co-citation network of every subject domain. Figure 8-4 presents a time-zone view of the journal co-citation network of 192 nodes and 397 links in the field of pervasive and ubiquitous computing. The node size in the map represents the overall citation frequency of journals. The temporal distribution of journals with citations of over 100 times corresponds to three periods: ①before 1995; ②1995-2000; ③2001-2005. The journals with most cited frequencies belong to the earliest period, which include Lecture Notes in Computer Science with a total of 1119 citations, Communications of the ACM with 949 times (Table 8-3).

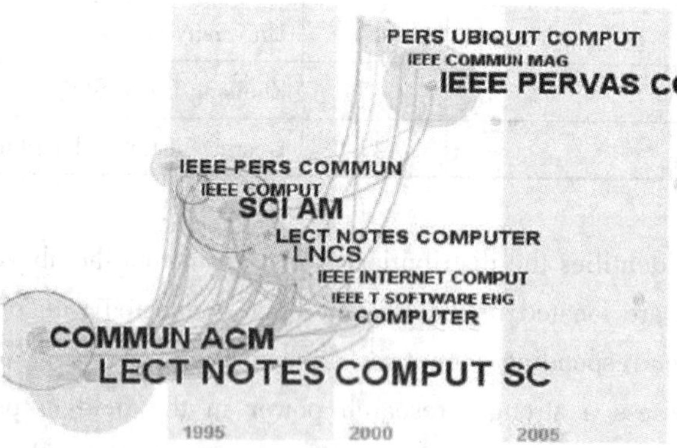

Fig. 8-4 A Journal Co-citation Map of 192 Nodes and 397 Links on Pervasive and Ubiquitous Computing

Table 8-3 **Distribution of Core Journals on Pervasive and Ubiquitous Computing**

Frequency	Centrality	Journal Title	Abbreviation	Year
1119	0.07	Lecture Notes in Computer Science	Lect Notes Comput Sci	1994
949	0.39	Communications of the ACM	Commun ACM	1991
813	0.05	Scientific American	Sci Am	1993
813	0.08	IEEE Pervasive Computing	IEEE Pervas Comput	2002
545	0.04	Lecture Notes in Computer Science	LNCS	1997
434	0.17	IEEE Personal Communications	IEEE Pers Commun	1998
403	0.00	Computer	Computer	1997
398	0.05	Personal and Ubiquitous Computing	Pers Ubiquit Comput	2003
312	0.02	IEEE Computing	IEEE Comput	1996
299	0.00	IEEE Internet Computing	IEEE Internet Comput	1997
263	0.00	IEEE Transactions on Software Engineering	IEEE Trans Software Eng	1998
258	0.00	IEEE Communication Magazine	IEEE Commun Mag	2001

During the period of 1995-2000, the important journals include Scientific American ranking the third with 813 citations, Lecture Notes in Computer Science at the fifth place with 545 occurrences, IEEE Personal Communications with 434 times, IEEE Computing with 312 times, IEEE Transactions on Software Engineering with 263 times, IEEE Internet Computing with 299 times, and Computer with 403 times and so on.

The core journals during the third period focus on IEEE Pervasive Computing, IEEE Communication Magazine, and Personal and Ubiquitous Computing. IEEE Pervasive Computing takes the third place with 813 citations in the network.

In addition, Communications of the ACM and IEEE Personal Communications had higher levels of centrality than other journals, suggesting that they serve as an intermediary or a broker bridging the adjoining journals in the cited journal network. Communications of the ACM is the leading print and online publication for the computing and information technology fields, encompassing the broad scope of computing such as artificial intelligence, computer applications, computer systems, communications and networking, human-computer interaction, personal computing and so on. IEEE Personal Communications was renamed as IEEE Wireless Communications in 2002 and it deals with all technical, policy and standard issues related to wireless communications in all media. Its papers highlight such topics as wireless or mobile communications, networking, computing and services.

8.1.3.5 Analysis of the Author Co-citation Network

The author co-citation analysis focuses on authors' impact in terms of citations. It aims to provide a useful glimpse of the dynamic structure of the contributing research community. In every subject, authors with most citations tend to be those scholars carrying out the fundamental research tasks and these scholars have made a profound and fundamental impact on the development and evolution of this subject. Table 8-4 lists the most cited pioneers in the field of pervasive and ubiquitous computing.

Figure 8-5 shows an author co-citation map of 233 authors and 1155 co-citation links. A line connecting two items in this visualization map represents a co-citation link. The thickness of a line is proportional to the strength of co-citation. The most prominent author in Fig. 8-5 is Weiser with 1236 citations. He is widely considered to be the father of ubiquitous computing. Additional highly cited scholars include Dey (494), Satyanarayanan (307), Want (307), Abowd (281), Roman (244), Chen (226), Kindberg (207), Ranganathan (194), and Garlan (182) and so on. These names are usually associated with research on human—computer interaction, mobile and pervasive computing, context-aware computing, and ubiquitous computing spaces and so on.

Table 8-4 **The Top 10 Most Cited Authors in the Author Co-citation Network**

Frequency	Author	Frequency	Author
1236	Weiser	244	Roman
494	Dey	226	Chen
307	Satyanarayanan	207	Kindberg
307	Want	194	Ranganathan
281	Abowd	182	Garlan

Figure 8-6 depicts a minimum spanning tree derived from the author co-citation network and makes manifest the principal component of the author co-citation patterns. This network underlines the small-word phenomena as the six-degree association. Weiser had the direct co-citation relationship with many scholars such as

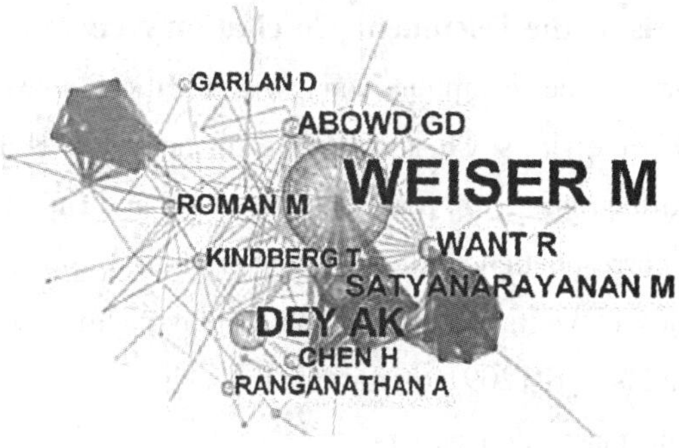

Fig. 8-5 A Author Co-citation Map of 233 Authors and 1155 Co-citation Links (1995-2009)

Satyanarayanan, Norman, Kindberg, Roman, Dey, Abowd, Skillit, Hokimoto and so on; apart from Weiser, the other co-citation authors for Dey included Nakajima, Beigl, Ranganathan and Henricksen; while Satyanarayanan only had the co-citation relationship with two authors, namely Weiser and Garlan; the degree of the node for Want is 14, indicating that he and 14 other authors were once co-cited; Abowd, Chen, Kindberg, Ranganathan and Garlan were in the co-citation relationship with 14, 5, 10, 6, 4 authors respectively. In addition, the co-citation information about other nodes also can be obtained from Fig. 8-6.

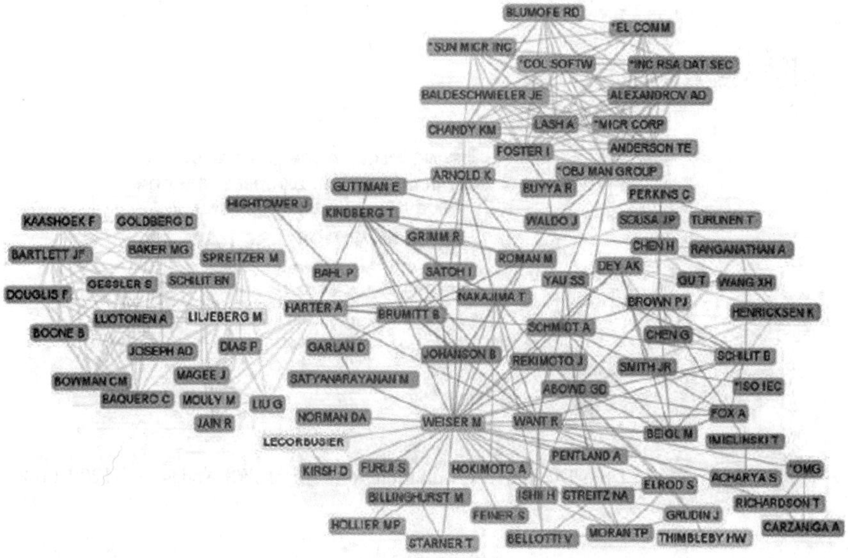

Fig. 8-6 A Main Component Map of the Author Co-citation Patterns

8.1.3.6 Analysis of the Document Co-citation Network

CiteSpace supports three complementary visualization views: cluster views, timeline viewsand time-zone views. Cluster views show networks as the commonly seen types of node-and-link diagrams, whereas timeline views and time-zone views arrange articles and terms in correspondence to the time of their publication or their peak time. The first two kinds of views were used for displaying the document co-citation network of 298 documents and 1209 co-citation links.

(1) Analysis of the most cited papers

The document co-citation analysis can help us find out not only the initial but also the highly cited and most influential research documents to learn about the intellectual base of each research domain. In Fig. 8-7, each node represents one cited document and has been labeled with the representative author of the cited document, year of publication and publication magazine. Moreover, each node is depicted as circles filled with citation rings and the thickness of every ring is proportional to the amount of citations received in that time slice. Thus, a large-sized circle denotes a highly cited reference. The highly cited papers in the visualization are Weiser's (1991) paper, Satyanarayanan's (2001) paper, Weiser's (1993) paper, Want's (1992) paper, Dey's (2001) paper and so on.

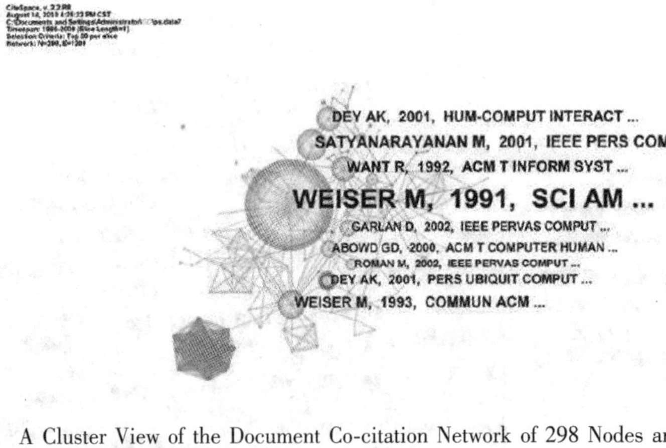

Fig. 8-7　A Cluster View of the Document Co-citation Network of 298 Nodes and 1209 Links

Table 8-5 summarizes the top-9 most cited papers and their structural, temporal, and saliency metrics such as citation frequency (u), citation burstness (s), betweenness centrality (r), and sigma (R). Citation frequency shows the counts of other papers citing to one paper, and Citation burstness determines whether the citation frequency of this paper has significant fluctuation during a short time interval within the overall time period. With regard to betweenness centrality, it measures the extent to which the node is in the middle of a path that connects other nodes in the network. Sigma is used for measuring the scientific novelty of one paper (Chen et al., 2010).

Table 8-5 **Top 9 Highly Cited Papers with Co-citation Frequency of over 70 Times**

φ	τ	σ	Σ	Cited Reference	Source
455	2.89	0.06	1.20	Weiser(1991)	Scientific American
158	—	0.01	1.00	Satyanarayanan(2001)	IEEE Personal Communications
142		0.18	1.00	Weiser(1993)	Communications of the ACM
136		0.10	1.00	Want's(1992)	ACM Transaction on Information System
133		0.03	1.00	Dey et al.(2001)	Human-Computer Interaction
104	8.31	0.01	1.13	Dey(2001)	Personal and Ubiquitous Computing
94	—	0.04	1.00	Abowd and Mynatt(2000)	ACM Transactions on Computer—Human Interaction
93	—	0.20	1.00	Garlan et al.(2002)	IEEE Pervasive Computing
73	—	0.00	1.00	Roman(2002)	IEEE Pervasive Computing

In terms of citation frequency, Weiser's (1991) paper takes the first place with the mostcitations of 455 times, suggesting that it is the most influential paper in the emerging field. Satyanarayanan's paper has been cited 158 times since its publication in 2001 and ranks second. Weiser's(1993) paper and Want's(1992) paper are at the third and fourth place respectively with 142 and 136 citations. Dey'stwo papers in 2001, Abowd and Mynatt's(2000) paper, Garlan et al. 's(2002) paper and Roman's (2002) paper are also the important documents and have made great contribution to the research on pervasive and ubiquitous computing. From the perspective of citation burstness (s), Dey's (2001) paper and Weiser's (1991) paper separately gain the values of 8. 31 and 2. 89. According to their citation history shown in Fig. 8-8, the first paper'scitation counts abruptly declined from 2008 to 2009, while the second paper had a stronger citation increase from 2003 to 2004. In addition, Weiser's (1993) paper and Want's (1992) paper have high betweenness centrality value of more than or equal to 0. 1, suggesting that both of them are hub articles and occupy important positions in connecting different theme clusters on pervasive and ubiquitous computing. As seen from the novelty metric of highly cited papers, Weiser's(1991) paper and Dey's(2001) paper are the two articles with relatively higher innovational charac-teristic than others.

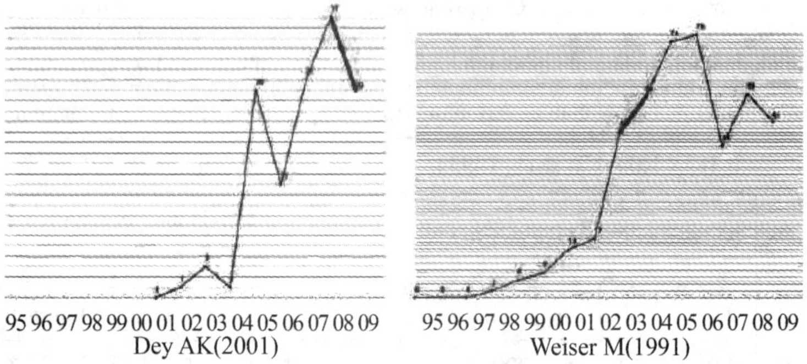

Fig. 8-8 The Citation History Maps from Dey's (2001) Paper and Weiser's(1991) Paper

According to the publication time, the highly cited papers are listed as follows:

The opening paper is Weiser's(1991) paper in Scientific American. His article, entitled "The computer for the 21st century", introduced the area of ubiquitous computing and put forward a vision of integrating computers seamlessly into the natural human environment.

The second paper is Want's(1992) paper on the PARCTAB system serving as a preliminary testbed for ubiquitous computing. The third paper is entitled "Some computer science issues in ubiquitous computing". Weiser provided a valuable introduction to some computer science issues involved in this area in 1993.

The fourth paper took a prominent historical perspective in depicting the development of ubiquitous computing. Abowd and Mynatt's (2000) article is entitled "Charting past, present and future research in ubiquitous computing". They reviewed the research accomplishments on interaction themes and posited a new area of applications research: everyday computing.

Although both the fifth and sixth papers were written by Dey (2001) and had connections to context, they addressed different topics. The former, entitled "Understanding and using context", developed the specific definition of context, whereas the latter, entitled "A conceptual framework and a toolkit for supporting the rapid prototyping of context-aware applications", focused on designing a context toolkit for supporting the rapid development of a rich space of context-aware applications.

The title of the seventh paper is "Pervasive computing: vision and challenges". Satyanarayanan (2001) first examined the relationship of this new field with distributed systems and mobile computing, and then identified four new research topics and sketched a couple of hypothetical pervasive computing scenarios.

The eighth paper is Garlan et al.'s (2002) paper on Aura. The project Aura was specifically intended for creating an environment that adapts to the user's context and needs to minimize distractions on a user's attention. The ninth paper by Roman (2002) is associated with an experimental middleware called Gaia. Gaia provided the user-oriented interfaces for helping manage various computing resources distributed in physical spaces.

Through the detailed content analysis of the highly cited papers, it can be inferred from it that this collection of key documents constitute a solid research foundation for other scholars exploring such related themes continuously.

(2) Analysis of co-citation clusters

Co-citation cluster analysis is one of the quantitive techniques. Co-citation cluster analysis for highly cited documents could reflect evolution process of scientific activity and reveal the underlying intellectual structure of a given scientific field. The interpretation of these clusters is augmented by automatic cluster labeling. CiteSpace provides three different algorithms to rank cluster labels, namely tf * idf, log-likelihood ratio tests and mutual information. This study chooses the tf * idf weighting algorithm to characterize the most salient aspect of each co-citation cluster.

Figure 8-9 shows a screenshot of the timeline visualization, in which 43 co-citation clusters are displayed horizontally alone timelines. In timeline visualization, the legend above the display area marks every 5 years. Cluster labels are automatically generated from title terms of citing papers of specific clusters and they are shown at the end of the cluster's timeline. In addition, this co-citation network's overall modularity score and mean silhouette score are 0. 7966 and 0. 8318 respectively, suggesting that this network is structured well and every cluster has a satisfactory partition from each other. The modularity Q measures the extent to which a network can be divided into independent blocks, while the silhouette metric tends to estimate the uncertainty involved in identifying the nature of every cluster.

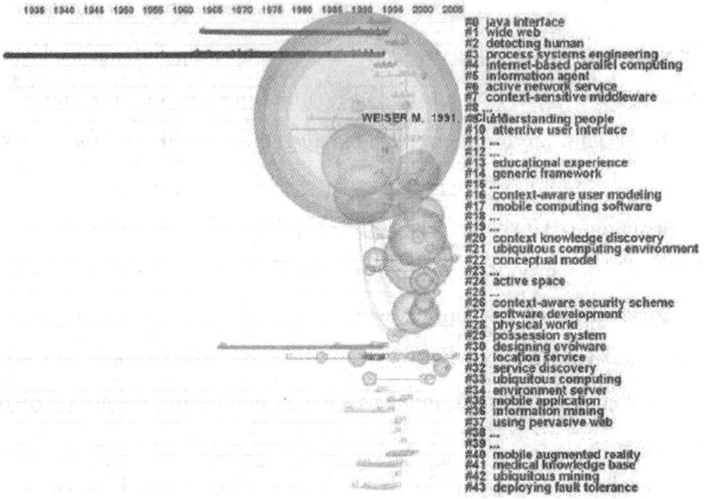

Fig. 8-9 A Co-citation Timeline Visualization of 43 Clusters
(1995-2009, time Slice Length = 1 year, modularity−0. 7966, mean silhouette −0. 8318)

Table 8-6 lists the six largest document co-citation clusters on pervasive and ubiquitous computing along with cluster ID, size, silhouette value and one of the most representative citing papers in each cluster (except from clusters without labels). Size measures the number of members contained in a given cluster. The citing papers in each cluster are representative of research front of this cluster.

Based on the analysis of Fig. 8-9 and Table 8-6, the largest cluster "location service" (#31) with 52 members is one of the most interesting research directions in the field of pervasive and ubiquitous computing. Its lower Silhouette value of 0. 269 suggests that it has a much higher connectivity with other clusters because a diverse and complex range of research fronts may have drawn upon the knowledge of this cluster. Location service also is named "location-based service" and it mainly provide targeted information to individuals based on their geographic location in real or near-real time, typically through wireless communication networks and clients such as portable computers, personal digital assistants, mobile phones, and in-vehicle navigation systems. Leonhardt has a prominent role in the research front of this cluster and he cited 11 references of the cluster in his paper named "location service in mobile computing environments".

Table 8-6 **The Six Largest Document Co-citation Clusters on Pervasive and Ubiquitous Computing**

Cluster	Size	Silhouette	Label(tf * idf)	One of the Most Representative Citing Papers
#31	52	0.269	(16.59) Location Service; (16.18) Mobile Computing Environment	(11) Leonhardt (1996)
#4	19	0.999	(16.59) Internet-based Parallel Computing; (15.26) Parallel Computing	(12) Christiansen et al. (1997)
#1	16	1	(16.59) Wide Web; (16.59) Connected Access	(12) Schilit et al. (1996)
#13	12	0.578	(9.65) Educational Experience; (9.65) Digital Library; (8.06) Making Sharing	(4) Abowd et al. (2000)
#5	11	0.841	(6.85) Information Agent; (6.79) Pervasive Environment	(2) Finin et al. (2001)
#9	9	0.702	(9.99) Understanding People; (8.62) Augmented Reality; (8.06) Military Environment; (6.12) Interaction Concept; (6.12) Input Device	(5) Schmalstieg et al. (2000)

Cluster ID #4 is the second largest cluster with 19 members. It has a high silhouette value of 0.999, which represents a perfect differentiation from other clusters in the network. Its labeling term is called "internet-based parallel computing". One of its citing papers called "Javelin: internet-based parallel computing using java" written by Christiansen et al. (1997), mainly used java to construct the internet-based parallel computing and complete application service.

The third largest cluster (#1), with 16 members, is labeled as "wide web" and one of its active citers designed a system called "teleweb" for people to have access to the World Wide Web anytime and anywhere with the purpose of getting work done. "Educational experience" (#13) consisting of 12 members, is about researching the application of ubiquitous computing technology to support the automatic capture of live university lectures. Cluster ID #5 contains 11 members with emphasis on information agent in the pervasive environment. Cluster ID #9 focuses on "understanding people" and its other candidate labels for this cluster include augmented reality, military environment, interaction concept and input device. Augmented reality as the second candidate label is a combination of context-aware and natural interaction. So this cluster is also concerned with context. The detailed information about the remaining clusters is shown in Table 8-6.

An examination of the mean year suggests the temporal distribution of the co-citation clusters (Table 8-7). The mean year is an estimation of the time the cluster was formed according to the average age of co-citation papers in every cluster. It ranges from 1988 to 2005. The earliest cluster formed in 1988 is labeled as "designing evolware" or "cellular programming" (#30) and it reveals the fact that researchers brought in the idea of the cellular programming algorithm to perform useful computations.

The clusters over the period of 1991-1995 include attentive user interface (#10), wide web (#1), information mining (#36), understanding people (#9), deploying fault tolerance (#43), environment server (#34), medical knowledge base (#41), internet-based parallel computing (#4), Educational experience (#13), java interface (#0).

There are 15 clusters formed during the time span of 1996-2000. They are: location service (#31), detecting human (#2), possession system (#29), generic framework (#14), ubiquitous mining (#42), using pervasive web (#37), information agent (#5), mobile computing software (#17), context-aware user modeling (#16), mobile application (#35), mobile augmented reality (#40), active network service (#6), context-sensitive middleware (#7), context knowledge discovery (#20) and physical world (#28).

The research clusters during the time interval of 2001-2005 include software development for ubiquitous computing environments (#27), conceptual model for context-aware adaptive services (#22), context-aware security scheme (#26), active space (#24), ubiquitous computing environment (#21) and service discovery (#32).

Table 8-7 **The Document Co-citation Clusters Sorted by the Mean Year**

Mean Year	Cluster ID	Cluster Labels	Mean Year	Cluster ID	Cluster Labels
1988	#30	Designing Evolware	1997	#37	Using pervasive Web
1991	#10	AttentivE User Interface	1998	#5	Information Agent
1992	#1	Wide Web	1998	#17	Mobile Computing Software
1993	#36	Information Mining	1998	#16	Context-aware User Modeling
1994	#9	Understanding People	1998	#35	Mobile Application
1994	#43	Deploying Fault Tolerance	1998	#40	Mobile Augmented Reality
1994	#34	Environment Server	1998	#6	Active Network Service
1995	#41	Medical Knowledge Base	1998	#7	Context-sensitive Middle Ware
1995	#4	Internet-based Parallel Computing	2000	#20	Context Knowledge Discovery
1995	#13	Educational Experience	2000	#28	Physical World
1995	#0	Java Interface	2001	#27	Software Development
1997	#31	Location Service	2001	#22	Conceptual Model
1997	#2	Detecting Human	2002	#26	Context-aware Security Scheme
1997	#29	Possession System	2002	#24	Active Space
1997	#14	Generic Famework	2004	#21	Ubiquitous Computing Environment
1997	#42	Ubiquitous Mining	2005	#32	Service Discovery

In summary, the formation process of clusters suggests that the research tasks on pervasive and ubiquitous computing have gone towards from the fundamental theory exploration to technical implementation to practical application and service.

Moreover, the scope of the research topics has become more and more widespread, yet more and more deeply.

8.1.3.7 Analysis of Research Foci

An analysis of terms such as keywords can help us identify hot topics of pervasive and ubiquitous computing research. Figure 10 shows a hybrid network of keywords and noun phrases with 241 nodes and 988 links. Keywords are shown as triangles, whereas noun phrases are shown as circles. Triangle shapes in the map indicate fast-rising terms in titles and abstracts. Table 8 lists the top 26 terms with co-occurrence frequency of over 60 times. From Fig. 8-10 and Table 8-8, we can clearly see that the most-frequently used terms are ubiquitous computing with 1306 times and pervasive computing with 906 times. Ubiquitous computing environment and pervasive computing environment are the second largest hotspot in pervasive and ubiquitous computing and appear 710 and 494 times respectively. So it can be learned that with the advent of ubiquitous computing, most researchers have focused on the study of ubiquitous computing environment. Pervasive and ubiquitous computing aims to create smart environments that embed computation and communication in a manner that contextually interacts with users to ease their daily life. Ubicomp environment involves the interaction, coordination, and cooperation of numerous, casually accessible, and often invisible computing devices.

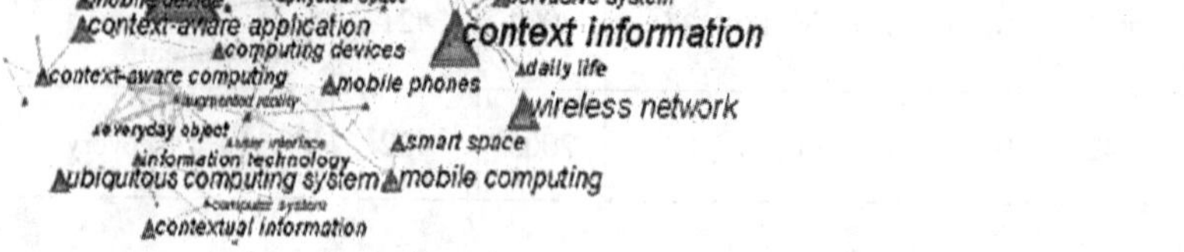

Fig. 8-10 A Hybrid Network of the High-frequency Keywords and Noun Phrases

Table 8-8 **Keywords \ Noun Phrases with Frequency More than 60 Times in Pervasive and Ubiquitous Computing Documents**

Frequency	Keywords \ Noun Phrases	Frequency	Keywords \ Noun Phrases
1306	Ubiquitous Computing	95	Context-aware Application
906	Pervasive Computing	91	Mobile Computing
710	Ubiquitous Computing Environment	88	Pervasive Computing System
494	Pervasive Computing Environment	86	Ubiquitious Computing System
287	Mobile Devices	84	Service Discovery
196	Ubiquitous Environment	76	Mobile Agent
183	Context Information	71	Smart Space
154	Pervasive Environment	70	Context-aware Service
133	Wireless Network	69	Mobile Device
118	Web Service	67	Grid Computing
116	Mobile User	66	Prototype Implementation
105	Ubiquitous Computing Technology	65	Context-aware Computing
102	Ubiquitous Computing Application	64	Pervasive System
99	Ambient Intelligence	63	Computing Devices

The term "mobile devices" is the third largest hotspot with 287 occurrences. Mobile devices make up the personal pervasive computing environments and are playing an important role in our daily lives. The other similar high-frequency terms include mobile user, mobile agent and mobile computing. In Ubicomp, a mobile user is the center of computing, and services need to be delivered to the user adaptively according to the variation of context. Mobile agents are programs that can freely migrate from node to node in a network, acting on behalf of their users to employ knowledge and reasoning to understand the local context and share this information in support of intelligent applications and interfaces. Mobile computing is one of the two distinct earlier steps in the evolution process of pervasive and ubiquitous computing, whereas, pervasive and ubiquitous computing helps kick off the recent boom in mobile computing research.

Context information is the fourth active topic of research and its occurrence is 183 times. Other related hot topics on "context" in Table 8 include context-aware application, context-aware service and context-aware computing. These related terms originated in the first introduction of "context aware" by Schilit and Theimer (1994) to address the ability of systems to discover and react to changes in the environment. Context-aware computing actually intends to make computers more aware of the physical and social worlds we live in. Since the introduction of context-aware computing, many studies have been carried out and many researchers have attempted to define the term "context". An accepted definition is proposed by Abowd et al. (1999) and so-called "context" meant any information that can be used to characterize the situation of an entity. The research themes about it have been expanding, including context-aware access control model, context reasoning, intelligent context-aware system, and context-aware active task discovery and so on.

The high-frequency keywords also show other hotspots on pervasive and ubiquitous computing, including wireless network, ubiquitous computing technology, ubiquitous computing application, ambient intelligence, ubiquitous computing system, service discovery, smart space, grid computing, prototype implementation, pervasive system, computing devices and so on.

Among these hot spots, ambient intelligence is a recent paradigm in information technology. It can be defined as the merger of two important visions and trends: ubiquitous computing and social user interfaces. It place strong emphasis on the fact that interaction takes place through natural interfaces, in such a way that people can perceive the presence of smart objects only when needed.

Service discovery aims to efficiently leverage the computational resources available of mobile devices. It covers many hot topics such as service discovery mechanisms, service discover models, service discover system and protocols, web service discovery, semantic web service discovery, grid service discovery and so on.

Smart space is an important research area which integrates the physical world and the information space. A smart space is a smart environment that has commuting embedded into it and can provide information that can be used to model the real world into the virtual computing world. In order to help users accomplish tasks in a highly effective manner, it places emphases on natural human computer interaction, and adapts well to the dynamitic evolvement of users and devices. The several practical examples on it include Smart Space by National Institute of Standards and Technology, Aware Home by Georgia Institute of Technology, Intelligent space by the University of Tokyo.

The term "grid computing" was coined in the middle 1990s to denote a proposed distributed computing infrastructure for advanced science and engineering (Foster et al. 2001). The essential of grid computing is coordinating heterogeneous computing resources across a networked environment and complete tremendous computational task. The SETI@ home may be the best known grid computing project. Actually there are at least five categories of grid computing applications, namely distributed supercomputing, high throughput computing, on-demand computing, data intensive computing and collaborative computing.

8. 1. 4 Conclusion

This paper takes advantage of CiteSpace to conduct a comprehensive analysis of pervasive and ubiquitous computing. CiteSpace is a powerful information visualization tool to help us uncover the structural and temporal patterns of various co-citation networks. For pervasive and ubiquitous computing, yearly publications sustained a notable growth as a whole from 1995 to 2007 and then showed the ascending trend in recent 2 years. Pervasive and ubiquitous computing is developed from Computer Science and Computer Science remains its major research area. Such subjects as Engineering and Telecommunications also are engaged in research activities related to it. The contributing research community to pervasive and ubiquitous computing distribute over various countries and USA, South Korea, People'sof China and Japan are the most productive countries. Lecture Notes in Computer Science, Communications of the ACM, Scientific American and IEEE Pervasive Computing are the representative journals in the field of pervasive and ubiquitous computing. The most influential scholars include Weiser, Dey, Satyanarayanan, Want, Abowd, Roman, Chen, Kindberg, Ranganathan and Garlan. The co-citation cluster analysis for highly cited documents in terms of the mean year reveals the evolution pattern of research themes over the past 15 years. Furthermore, our analysis has identified a diverse and dynamic landscape of research foci that peaked in the past, such as ubiquitous computing environment, mobile devices, context, wireless network and ambient intelligence.

As an exploratory study, this research has limitations. We have only collected bibliographic records on pervasive and ubiquitous computing from one database—the WoS. Also, the WoS did not begin to collect papers on pervasive and ubiquitous computing until 1995, so the research missed a small amount of papers that had been published before 1995. The two cases described above could result in the number limitation of papers on pervasive and ubiquitous computing. Future studies may carry out a broader study based on other databases to complement the preliminary results with the current study. In addition, it is necessary for us to analyze important domestic and international conferences and large-scale projects from every country involved in this field. Qualitative methods also should be used in the future for in-depth examination with other aspects such as the collaboration patterns of researchers in the field of pervasive and ubiquitous computing.

8.1.5 References

Abowd, G D, Dey, A K, Brown, P, Davies, N, Smith, M, Steggles, P. Towards a Better Understanding of Context and Context-Awareness. Lecture Notes in Computer Science, 1999, 1707: 304-307.

Abowd, G D, Harvel, L D, Brotherton, J A. Building a Digital Library of Captured Educational Experiences. Kyoto International Conference on Digital Libraries, 2000: 395-402.

Abowd, G D, Mynatt, E D. Charting Past, Present and Future Research in Ubiquitous Computing. ACM Transactions on Computer—Human Interaction, 2000, 7(1), 29-58.

Chen, C M. CiteSpace II: Detecting and Visualizing Emerging Trends and Transient Patterns in Scientific Literature. Journal of the American Society for Information Science and Technology, 2006(57): 359-377.

Chen, C M, Ibekwe-SanJuan, F, Hou, J H. The Structure and Dynamics of Co-citation Clusters: A Multiple Perspective Co-citation Analysis. Journal of the American Society for Information Science and Technology, 2010, 61(7): 1-33.

Chen, C M, Paul, R J, O'Keefe, B. Fitting the Jigsaw of Citation: Information Visualization in Domain Analysis. Journal of the American Society for Information Science and Technology, 2000, 52(4): 315-330.

Christiansen, B O, Cappello, P, Ionescu, M F, et al. Javelin: Internet-

Based Parallel Computing Using Java. Concurrency-Practice and Experience, 1997, 9(11): 1139-1160.

Dey, A K. Understanding and Using Context. Personal and Ubiquitous Computing, 2001(5): 4-7.

Dey, A K, Abowd, G D, Salber, D. A Conceptual Framework and a Toolkit for Supporting Rapid Prototyping of Context-aware Applications. Human-Computer Interactions Journal, 2001, 16(2-4): 97-166.

Finin, T, Joshi, A, Kagal, L, Ratsimore, O, Korolev, V, Chen, H. Information Agents for Mobile and Embedded Devices. Lecture Notes in Computer Science, 2001(2182): 264-286.

Foster, I, Kesselman, C, Tuecke, S T. The Anatomy of the Grid. International Journal of High Performance Computing Applications, 2001, 15(3): 200-222.

Garfield, E. Mapping the World of Science. In Proceedings of the 150 Anniversary Meeting of the AAAS, Philadelphia, PA, 1998: 1-19.

Garlan, D, Siewiorek, D P, Smailagic, A, Steenkiste, P. Project Aura: Toward Distraction-free Pervasive Computing. IEEE Pervasive Computing, 2002, 1(2): 22-31.

Hjørland, B, Albrechtsen, H. Toward a New Horizon in Information Science: Domain Analysis. Journal of the American Society for Information Science and Technology, 1995, 46(6): 400-425.

Leonhardt, U. Location Service in Mobile Computing Environments. Computer & Graphics, 1996, 20(5): 627-632.

Lyytinen, K, Yoo, Y. Issues and Challenges in Ubiquitous Computing. Communications of the ACM, 2002, 45(12): 63-65.

McCain, K W. Co-cited Author Mapping as a Valid Representation of Intellectual Structure. Journal of the American Society for Information Science, 1986(37): 111-122.

Roman, M. Gaia: A Middleware Infrastructure to Enable Active Spaces. IEEE Pervasive Computing, 2002, 1(4): 74-82.

Saha, D, Mukherjee, A. Pervasive Computing: a Paradigm for the 21st Century. IEEE Computer, 2003(36): 25-31.

Satyanarayanan, M. Pervasive Computing: Vision and Challenges. IEEE Pervasive Computing, 2001, 8(4): 10-17.

Schilit, B N, Douglis, F, Kristol, D M, et al. Teleweb: Loosely Connected Access to the World Wide Web. Computer Networks and ISDN Systems, 1996, 28(7-11): 1431-1444.

8.2　文献计量学发展演进与研究前沿的知识图谱探析

早在20世纪初，人们已经开始对文献进行定量化研究，但是当时文献计量学并没有作为一门独立的学科而存在。直到1969年，英国著名情报学家阿伦·普理查德(Alan Pritchard)首次提出用术语"Bibliometrics"取代统计目录学的名称。这一术语的出现标志着文献计量学的正式诞生①。

从人们开始对文献进行定量研究到现在，经历了将近一百年的时间。在这将近一百年的时间内，文献计量学由萌芽走向了成熟。文献计量学无论是理论还是应用都得到了充分的研究，取得了很大的成就，诞生出一系列的代表人物和代表作品。然而随着网络和网络相关技术的发展，文献计量学的研究发生了巨大变化，其研究的热点领域也有所改变。

本书旨在对文献计量学的代表人物、代表作品、研究热点与前沿进行定量考察和可视化分析，即通过词频分析方法确定文献计量学研究的热点领域；通过检测词频变动趋势显著的主题词确定文献计量学研究的前沿领域和发展趋势；并利用信息可视化软件 CiteSpace II，绘制出文献计量学代表人物、代表作品、热点领域与研究前沿的知识图谱，形象地展示文献计量学的代表人物、代表作品、研究热点与前沿，使广大学者更直观地了解文献计量学的研究内容。

8.2.1　数据来源与研究方法

本书通过主题词检索的方式确定数据源，分析的数据均来自美国的科学情报研究所(Institute for Scientific Information, ISI)开发的 Web of Knowledge。每一条数据记录主要包括文献的作者(Authors)、题目(Title)、摘要(Abstract)和文献(Descriptors and Identifiers)的引文。检索方式是在 Web of Knowledge 的主题词检索栏以 Bibliometric *（文献计量学）为主题词进行检索，时间范围为1986—2010年，共检索到1459篇文献，分布在1995年到2010年间。采集数

① 邱均平．文献计量学[M]．北京：科学技术文献出版社，1988：1.

据时间为 2010 年 1 月 30 日。

本书是以定量分析为主的科学知识图谱的绘制方法，借助陈超美博士开发的信息可视化软件 CiteSpace II，形象地展示出文献计量学研究的热点领域与研究前沿。绘制科学知识图谱，是旨在将知识和信息中令人瞩目的最前沿领域或学科制高点，以可视化的图像直观地展现出来的一种研究手段。本书采用的具体方法是词频分析，即通过主题词出现的频率，确定文献计量学的研究热点；通过主题词的变动趋势，确定文献计量学的研究前沿与发展趋势。

8.2.2 文献计量学发展演进的知识图谱

我们将 1995—2010 年 ISI Web of knowledge 收录的与 Bibliometric * 相关的文献数据(共 1459 篇)输入到 CiteSpace II 软件中。网络节点确定为被引文献(Cited Reference)，选择适当阈值，运行 CiteSpace II 软件。运行得到的文献计量学领域代表人物与代表作品时间序列图谱，如图 8-11 所示。图 8-11 中，共包含了 553 个节点，3948 条连线。

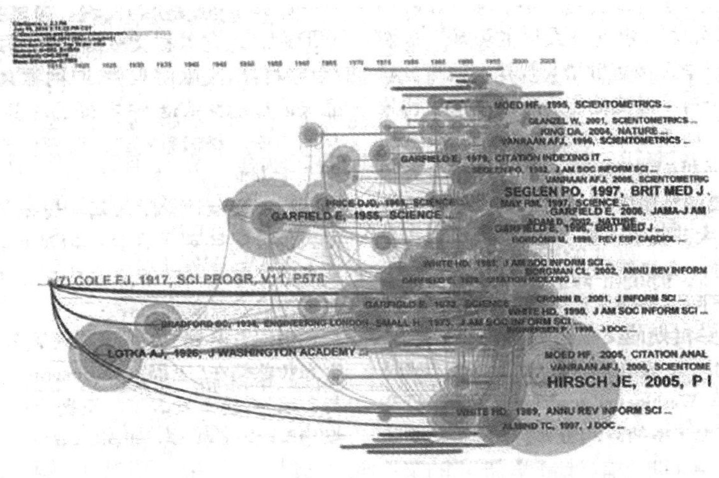

图 8-11 文献计量学领域代表人物与代表作品时间序列图谱

图 8-11 中每个节点代表一篇文献，节点的大小代表该文献被引用次数的多少，节点越大，则该文献被引用次数越多。节点间的连线代表文献间的引用关系，连线的粗细代表文献间的相互引用次数，连线越粗，代表文献间相互引用次数越多。

由图 8-11 可见，虽然作为一门学科来研究的文献计量学只有 50 多年的历史，但是文献计量的研究却已经走过了将近 100 年的历史。回顾文献计量学的发展历史，我们发现文献计量学大致经历了三个阶段。

8.2.2.1 文献计量学的萌芽阶段(1917—1933 年)

由图 8-11 我们惊喜地发现，文献计量学的思想可以追溯到 1917 年。在这一初始阶段，文献计量学的研究比较分散，规模不大，涉及的主题也不多，大多是进行某一领域的文献统计的基础工作。尽管如此，这一阶段的研究却拉开了文献计量学的序幕，具有重要的开创性意义。在这一阶段出现的主要研究者与其作品有：

(1)科尔与科学进展

由图 8-11 我们发现，1917 年以科尔为第一作者发表在《科学进展》上的《比较解剖学的历史对文献的统计分析》(*The History of Comparative Anatomy a Statistical Analysis of the Literature*)是文献计量学研究的最早期作品。这是现代意义上第一项较完备的科技史计量研究。它将 1543—1860 年欧洲各国关于动物解剖学方面的出版物(6436 种)进行了统计，并据此绘制了出版物数量的时间分布曲线，从该曲线可较为清楚地看出比较解剖学的发展进程；根据该曲线比较和分析了欧洲各国在此期间对比较解剖学的贡献及不同时期的各种研究、论文和研究者对解剖学发展的影响。该曲线与后来的科学发展指数增长规律曲线十分吻合①。这次分析不但使他们系统地了解了比较解剖学在这一时期的研究重点及发展变化，而且掌握了这一时期的文献在世界各国的分布情况。更为重要的是用事实说明了文献统计的方法及意义，大大开阔了人们的眼界，为文献计量学研究开创了一条崭新的路子。

(2)洛特卡与科学生产率的频次分布

从图 8-11 可知，萌芽时期的文献还有 1926 年洛特卡(Lotka A. J.)发表在《华盛顿科学院会刊》(*Journal of the Washington Academy of Science*)杂志上的《科学生产率的频次分布》(*The Frequency Distribution of Scientific Productivity*)。这篇文献是这一时期文献计量学研究的又一重大成果。文中，洛特卡从科学文献作者与其撰写的论文的纷乱现象中首先发现了平方反比的数量关系，提出了至今被人称为经典的洛特卡定律，从而成为文献计量学中最早的一个著名定律，为

① Cole F J, Hulme E W. The History of Comparative Anatomy a Statistical Analys is of the Literature[J]. Science Progress, 1917 (11): 578-596.

文献计量学的诞生奠定了一定的基础①。由 CiteSpace Ⅱ 导出的数据，发现该篇文献在所有文献中的被引频次为第三。这充分地说明了该篇文献在文献计量学研究领域的地位。

(3)格鲁斯与大学图书馆与化学教育

另外由 CiteSpace Ⅱ 导出的数据可知，发表的较早的文献还有格鲁斯(Gross P. L. K.)等人 1927 年发表在《科学》上的《大学图书馆与化学教育》(*College Libraries and Chemical Education*)。他们统计了化学专业的一些期刊论文的参考文献并进行了分析，得出了化学教育方面的核心期刊②。这是文献学史上第一次引文分析，为文献计量学后期的研究奠定了基础。

从上面的文献，我们看到在这一时期文献研究人员首创文献统计方法，并在一些学科领域进行了文献计量分析的大胆尝试，取得了一定的成果。这些研究都为文献计量学的诞生与后期的发展奠定了基础。

8.2.2.2　文献计量学的奠定阶段(1934—1960 年)

由文献计量学领域代表人物、代表作品时间序列图谱，可以看出这一时期的研究比较注重理论研究与规律的发现。同时我们发现，这一时期的研究者在文献统计调查的基础上，尝试地发掘出文献的规律，归纳出具有普遍指导意义的理论性结论，并取得了许多重要的成果。从图 8-11 中，我们看到这一时期的成果主要有以下几个方面：

(1)文献计量学的基本规律

文献计量学的大部分规律都是在这一时期提出的，其中包括著名的文献计量学的三大基本定律中的布拉德福定律以及齐普夫定律。

由图 8-11 看到，1934 年英国著名文献学家 S.C. 布拉德福在《工程》(*Engineering*)周刊的图书与文献栏目上发表了一篇题为“专业学科的情报源”(*Sources of Information on Scientific Subjects*)的论文。作者在做了大量的统计研究工作以后，发现尽管学科不同，但它们的论文在相应的期刊中有着同样的分布规律，即 n1∶n2∶n3=1∶a2∶a3，这就是著名的布拉德福定律③。这一定律的确立，奠定了文献计量学的理论基础，对文献计量学的形成和发展起了极

① Lotka A J. The Frequency Distribution of Scientific Productivity[J]. Journal of the Washington Academy of Sciences, 1926, 16(12): 317-323.

② Gross P L K, Gross E M. College Libraries and Chemical Education[J]. Science, 1927, 66(1713): 385-389.

③ Bradford S C. Sources of Information on Specific Subjects[J]. Engineering, 1934, 137: 85-86.

其重要的作用，是文献计量学史上具有划时代意义的里程碑。

同时我们也看到了美国学者 G. K. 齐普夫 1949 年首次出版的《人类行为与最省力法则——人类生态学引论》专著。这部专著引用了大量的数据和事实，对最省力法则作了精辟的论述，这一法则较好地解释了齐普夫定律的内在成因和机制，是齐氏定律的理论基础。

(2)文献计量学其他规律的研究

在这一阶段，除了文献计量学基本规律的研究以外，还有一些其他规律的研究。如文献引用规律、文献增长规律以及文献老化规律。对这些规律的研究在这一时期都取得了可喜的进展。

在图 8-11 中我们清晰地看到由美国情报学家加菲尔德 1955 年在《科学》上发表的《科学引文索引：一个新维度的文献》(*Citation Indexes for Science：A New Dmiension in Documentation through Association of Ideas*)一文。在该篇论文中，作者系统地提出了用引文索引检索科技文献的新方法，从而打破了分类法和主题法在检索方法中的垄断地位，打开了从引文角度来研究文献及科学发展动态的新领域，为文献计量学的发展开辟了道路①。

综上所述，在这一时期，文献计量学的很多定律或规律的研究都取得了很大的发展，这些定律或规律共同构成和奠定了文献计量学的理论基础，为文献计量学后期的研究提供了很好的理论指导。

8.2.2.3 文献计量学的全面发展与分化阶段(1960 年至今)

由图 8-11 我们可知，这一时期文献计量学已由狭隘的理论研究发展到了广阔的应用研究，同时涉及的领域和主题也越来越多。在这一时期涌现了一大批优秀的研究者和经典文献。在图 8-11 中，我们可以看到 12 个比较大的节点，这些节点代表作品的详细信息如表 8-9 所示，其中有 9 个节点是这一时期的作品。主要的作品有：

(1)《一个量化个人研究产出的指标》

由图 8-11 与表 8-9 可知，被引用频次最多的作品是 2005 年美国加州大学圣迭哥分校的物理学家 Hirsch J. E. 教授发表于美国科学院院刊(*P NATL ACAD SCI USA*)的《一个量化个人研究产出的指标》(*An Index to Quantify an Individuals Scientific Research Output*)。利用 CiteSpace II 的 Google Scholar 链接，导出该文的被引频次为 101 次，可见该文章在文献计量学中有重要的影响力。该篇文章

① Garfield E. Citation Indexes for Science：A New Dmiension in Documentation through Association of Ideas[J]. Science，1955，122 (3159)：108-111.

首次提出了一个量化个人研究产出的指标 H 指数，对 H 指数进行了定义，并给出了这一指数的计算方法。他将 H 指数定义为当且仅当某科学家发表的 N_p 篇论文中有 H 篇论文每篇至少获得了 H 次的引文数，其余的 N_p-H 篇论文中各篇论文的引文数都为 H 时，此 H 值就是该科学家的 H 指数①。

表 8-9　文献计量学领域的代表作品信息统计(被引频次 40 的节点信息)

序号	被引频次	节点作者	发表年份	发表刊物
1	101	Hrsch J. E.	2005	*P NATL ACAD SCI USA*
2	67	Seglen P. O.	1997	*BRIT MED J*
3	58	Garfiel D. E.	1955	*SCIENCE*
4	53	Lotka A. J.	1926	*J WASHINGTON ACADEMY*
5	45	Smal L. H.	1973	*J AM SOC INFORM SCI*
6	43	Moed H. E.	2005	*CITAT ION ANAL RES EV*
7	43	Garfiel D. E.	1996	*BRIT MED J*
8	41	White H. D.	1989	*ANNU REV INFORM SCI*
9	41	Garfiel D. E.	1972	*SCIENCE*
10	41	Garfiel D. E.	2006	*JAMA-J AM MED ASSOC*
11	40	Vanraan A. E. J	2006	*SCIENTOMETRICS*

(2)《为什么期刊的影响因子不应该用于评价研究成果》

SEGLEN P. O. 1997 年发表于英国医学杂志(*BRIT MED J*)的《为什么期刊的影响因子不应该用于评价研究成果》(*Why the Impact Factor of Journals should not be Used for Evaluating Research*)被引频次为 67 次，位于第二。文中描述了影响因子(IF)在科研评价研究中的局限性，分析了影响因子不能用于评价研究的原因。他认为，期刊影响因子隐藏了文章引用率的不同，一种期刊中部分文献的被引频次是另外一部分文献的 10 倍；定义期刊的影响因子时只考虑技术性问题，而没有考虑到文章的科学质量；高影响因子可能会包含迅速增长的

① Hirsch J E. An Index to Quantify an Individuals Scientific Research Output [J]. The National Academy of Sciences of the USA, 2005, 102 (46): 16569-16572.

基础研究①。该篇文献为人们有效地使用影响因子提供了一定的指导。

(3)《科学文献的共被引：两篇文献之间的一种新的测度方法》

1973 年由美国费城科学信息研究所的 H. Small 撰写并发表于《美国信息科学技术学会学报》的《科学文献的共被引：两篇文献之间的一种新的测度方法》(*Co-citation in the Scientific Literature：A New Measure of the Relationship between Two Documents*)一文，是文献计量学领域的另一篇重要文献，其被引频次为 45。文中对共被引(Co-citation)作出定义，指出共被引文献网络可以对某个具体的科学学科进行分析，被引文献集群对科学构成提供了一种新的研究思路②。

由图 8-11 和表 8-9 可知，文献计量学在这一阶段的研究在进一步完善基础理论之上，较侧重于文献计量学的应用以及指标的研究。同时我们也看到文献计量学在这一阶段，特别是到 20 世纪 80 年代之后，开始分化出一些新的学科和研究方向。20 世纪 80 年代，信息计量学从文献计量学中分离出来成为一门独立的学科，到目前已经发展得比较成熟。20 世纪 90 年代中期，文献计量学开始出现对网络信息的研究，并提出了网络计量学的名词。到目前，网络计量学也成为一门独立的学科，而从文献计量学中脱离出来了。

如今，文献计量学经历了由萌芽、发展到成熟与分化阶段。它作为一门学科，无论是理论还是应用都取得了很多成果，已经得到广大学者的认可。随着社会的发展，在不同的阶段，文献计量学产生了一些适应当时社会的分支学科。随着这些分支学科的不断发展，到一定阶段便从文献计量学中脱离开来。当然，文献计量学在以后的发展中还会出现一些新的学科分支，并分离出一些新的学科。这是社会的需要，同时也是文献计量学学科的需要。

8.2.3 文献计量学研究热点与前沿的知识图谱

8.2.3.1 文献计量学研究热点的知识图谱

利用文献题录中的关键词，并借助 Citespace II 软件，来确定文献计量学研究的热点领域。关键词在一篇文章中所占的篇幅虽然不多，往往只有 3～5

① Seglen O. Why the Impact Factor of Journals should not be Used for Evaluating Research[J]. BMJ, 1997, 14(7079): 497-502.

② Small H. Co-citation in the Scientific Literature: A New Measure of the Relationship bewteen Two Documents [J]. Journal of the American Society for Information Science and Technology, 1973, 24 (4): 265-269.

个，但是作者对于文章核心的概括和精炼，是一篇文章的精髓。因此对文章的关键词进行分析，频次高的关键词常被用来确定一个研究领域的热点问题①。另外从文章中提取的名词短语也可以在一定程度上代表某学科的研究热点。

我们将 ISI Web of knowledge 收录的 Bibliometric * 相关文献数据(共 1459 篇)输入到 CiteSpace II 软件中。网络节点确定为关键词(Keyword)，并选定名词短语(Noun Phrases)。同时选择适当阈值，运行 CiteSpace II 软件。运行得到由关键词和名词短语生成的一个混合网络时间线图谱，如图 8-12 所示，导出 CiteSpace II 中的数据整理出文献计量学研究领域和研究热点的信息，如表8-10 所示。

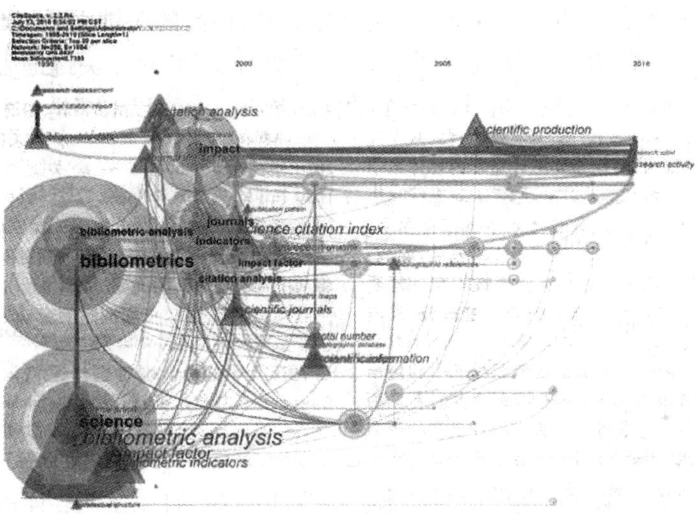

图 8-12　文献计量学的主要研究领域和研究热点知识图谱

图 8-12 中每个圆形的节点代表关键词，节点的大小代表该关键词出现的频次，节点越大这个关键词出现的频次越多，表明其为文献计量学的热点领域。每个三角形的节点代表一个名词短语，节点的大小代表该名词短语出现的频次，出现频次较多的名词短语也在一定程度上代表该领域的研究重点。

① 栾春娟，赵呈刚．基于 SCI 的基因操作技术国际前沿分析[J]．技术与创新管理，2009，30(1)：11-13.

表 8-10 文献计量学研究领域和研究热点信息统计(频次>50 的热点词汇)

序号	频次	热点词汇	序号	频次	热点词汇
1	283	Bibliometric	7	106	Citation Analysis
2	256	Science	8	91	Impact Factor
3	138	Impact	9	71	Citation
4	129	Journals	10	64	Publications
5	113	Indicators	11	64	Bibliometric Indicators
6	110	Bibliometric Analysis			

由图 8-12 和表 8-10 可以清晰看出，出现频次最高的关键词是“文献计量学”(Bibliometric)，出现频次高达 283 次。“文献计量学”这一关键词表征文献计量学的理论研究。理论研究作为一个学科的基石，一直以来都是一个学科的研究核心，文献计量学也不例外。

高频关键词反映出文献计量学研究的其他主要热点领域还包括科学(Science)、影响力(Impact)、期刊(Journals)、指标(Indicators)、文献计量分析(Bibliometric Analysis)、引文分析(Citation Analysis)、影响因子(Impact Factor)、引文(Citation)、出版物(Publications)、文献计量指标(Bibliometric Indicators)等，其具体出现的频次如表 8-10 所示。我们知道，科学是文献计量学内容体系中的理论部分；影响力、指标、文献计量指标和影响因子是文献计量学内容体系中的指标测度；引文分析是文献计量学研究的分析方法；期刊、引文、出版物是文献计量学的研究对象。这些都是文献计量学内容体系中的主要部分，理应成为文献计量学研究的热点与核心。

图 8-12 中的名词短语是从数据样本的每一篇文章中提取出来的，出现频次较多的名词短语也可以在一定程度上代表文献计量学的研究热点。由图 8-12 中看到，出现频次较多的名词短语有文献计量分析、影响因子、科学引文索引(Science Citation Index)、文献计量指标、引文分析等，出现比较多的名词短语与出现较多的关键词有一些是相同的，这足以说明名词短语可以在一定程度上代表文献计量学的研究热点。其中科学引文索引这一名词短语出现得也比较多，可见其也是文献计量学的研究重点。科学引文索引是文献计量学的研究工具，而研究工具是一个学科研究的前提，有关工具的研究在文献计量学研究中占有举足轻重的地位。由图 8-12 可知，有关文献计量学研究热点涵盖了该学科的理论、方法和应用三个方面。

8.2.3.2 文献计量学研究前沿的知识图谱

同样将 ISI Web of Knowledge 收录的 1995—2010 年的 Bibliometric * 相关文献数据(共 1459 篇)输入到 CiteSpace II 软件中，并利用 CiteSpace II 软件中提供的膨胀词探测(Burst Detection)技术和算法，通过考察词频的时间分布，将其中频次变化率高的词(Burst Term)从大量的主题词中探测出来，依靠词频的变动趋势而不仅仅以频次的高低来确定文献计量学的前沿领域和发展趋势。同时选择适当阈值，运行 CiteSpace II 软件。通过运行 CiteSpace II 软件，一共探测出 656 个膨胀词，得到文献计量学研究前沿与发展趋势图，如图 8-13 所示。

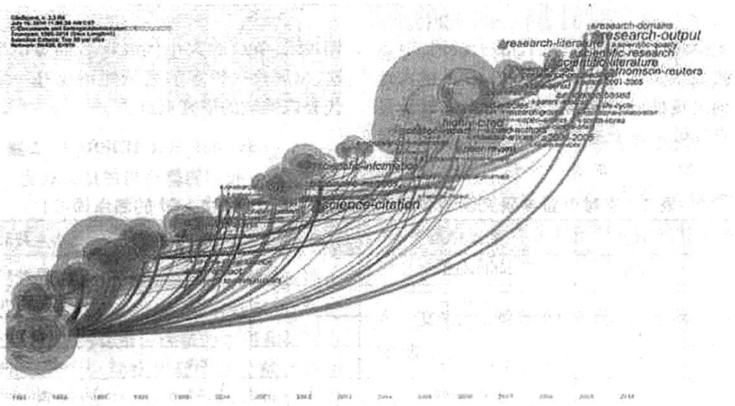

图 8-13 文献计量学研究前沿与发展趋势

由图 8-13 可以看出，主题词变化率较高的词有科学引文(Science-citation)和研究产出(Research-output)，说明科学引文和研究产出的研究是今年来重要前沿领域之一。特别是科研产出，其位于文献计量学研究前沿与发展趋势图的前端，可见科研产出是近些年文献计量学重要的前沿研究。随着科学技术与推动社会进步和发展所起作用的日益加强，人们越来越清楚地意识到科学技术与经济发展、国际竞争力等的关系也越来越密切。而某一科研机构或学科的研究产出成为人们主要关注的对象。论文是研究机构科研产出的重要表现形式，使用文献计量学的原理及方法，对研究机构所发表的论文进行评价，可以充分反映出科研机构的产出情况。这就使得利用文献计量学的方法对科研产出的研究成为文献计量学的研究前沿。因此利用文献计量学的方法对某一特定的研究机构或国家进行测量与评价是文献计量学重要的前沿研究。

此外，科学文献(Scientific-literature)、汤姆森-路透公司(Tomson-reuters)、

科学研究(Scientific-research)、文献研究(Research-literature)、高被引(Highly-cited)、科学信息(Scientific-information)、同行评议(Peer-review)、引文影响(Citation-impact)、研究域(Research-domains)、高影响力(High-impact)、循证医学(Evidence-based)、被引作者(Cited-authors)、被引作品(Cited-articles)、文献计量学研究方法(Bibliometric-methods)等也是文献计量学领域的研究前沿。有关影响力和科学的研究可以代表文献计量学的前沿领域。目前无论是对影响力计算的研究还是对提高影响力方法的研究，均是文献计量学的研究前沿。有关科学的研究也如此，无论是对科学文献还是科学的研究都是文献计量学领域的专家们关注的对象，是文献计量学的研究前沿。需要指出的是，循证医学也日益成为文献计量学研究的前沿，可见文献计量学研究的内容跨度很大，不仅涉及普通的情报与图书馆学，还涉及医学领域，并成为其研究的前沿。

另外，我们在文献计量学研究前沿与发展趋势图中看到若干与网络有关的膨胀词，如万维网 World Wide Web、网络站点 Web-site(s)、网络爬虫 Web-crawling、网络引用 Web-citation(s)、Web-based-survey 等。虽然有关网络膨胀词出现的频次并不是太多，但是这些膨胀词出现的个数较多，可见有关网络的研究也是文献计量学重要的前沿领域。同时我们在文献计量学研究前沿与发展趋势图中还发现一些与医学、健康有关的膨胀词，如循证医学、公共健康研究(Public-health-research)、临床实验(Clinica-ltrials)、医学信息(Medical Informatics)等。可见有关医学的研究也是文献计量学重要的前沿领域。

8.2.4 结论

本书对从 ISI Web of Knowledge 中检索到的与 Bibliometric * 相关的 1459 篇文献题录进行分析，得出以下结论，第一，文献计量学从产生到现在，经历了由萌芽到成熟的发展过程。在这一时期，诞生了多部经典著作，推动了文献计量学的迅猛发展；出现了一批杰出的学科带头人和骨干力量，形成了一支优秀的研究队伍，为文献计量学的发展作出了杰出的贡献。文中通过动态网络分析的信息可视化工具，绘制出文献计量学领域的文献共被引图谱，追溯文献计量学的思想源泉以及文献计量学领域的经典著作。最早的文献计量学研究始于20 世纪初，一般认为 1917 年以 Cole F. J. 为第一作者发表在《科学进展》上的《比较解剖学的历史对文献的统计分析》一文是文献统计研究的起点，是文献计量学研究的萌芽之作。在文献计量学的发展过程中出现了一系列的经典著作，其中以 Hirsch J. E. 发表的《一个量化个人研究产出的指标》、Seglen P. O.

发表的《为什么期刊的影响因子不应该被用于评价研究成果》等为代表，这些文献大部分主要侧重于对文献计量学领域的指标的研究。

第二，随着信息技术的发展以及信息的网络化，文献计量学研究的主要领域发生了很大的变化。文中借助文献题录中的关键词和名词短语，并通过CiteSpace II 信息可视化软件，利用词频分析方法，确定了文献计量学研究的若干热点领域，如文献计量学、科学、影响力、期刊、指标、文献计量分析法、引文分析、影响因子、科学引文索引等，这些研究热点大多是针对文献计量学理论、方法和应用的研究。

第三，通过 CiteSpace II 信息可视化软件的主题词探测技术，探测出若干文献计量学研究的前沿领域和发展趋势，其中以科学引文和研究产出等为代表。由探测出的主题词，我们发现文献计量学呈现三大发展趋势：网络和网络计量的研究日益成为文献计量学的研究前沿；文献计量学内容体系中的指标，从提出到现在一直都是文献计量学研究的热点，目前有关指标的研究是文献计量学研究前沿，且以指标的应用为主要的研究前沿；文献计量学呈现与其他学科相结合的趋势，特别是医学。通过以上研究表明，文献计量学研究日益呈现应用化、综合化和网络化的态势。

8.3　基于知识图谱的国内外企业知识共享比较研究

“知识就是力量”，300 多年后的今天，培根的经典名言在愈见清晰的知识经济中更显实用价值。20 世纪 90 年代，随着知识经济全球化的到来，知识成为企业获得利润的重要资源和手段，知识的生产、加工、创新和应用日益成为推动经济增长和社会发展的主导力量，作为社会经济的细胞，企业正用知识管理演绎着生存与发展。知识共享是知识管理的核心，是要打破不同所有者之间的壁垒，实现知识在一定范围内的自由流动和使用，促进知识的创新。

管理大师德鲁克认为：21 世纪的组织，最有价值的资产是组织内的知识和工作者的生产力。① 信息时代知识已成为重要的财富来源，要掌握竞争优势

① Drucker P. Managing for the Future：The 1990s and Beyond［M］. New York：Sage Publications，1993：11.

必须先掌握知识，并对知识进行有效的管理，知识共享是知识管理的核心环节①。国内外有关企业知识共享的研究越来越多，与日俱增的文献让人们对它的核心知识难以把握，也无从对其进行深入的研究。“百闻不如一见”“一图胜千言”，信息可视化利用计算机对抽象信息进行直观表示，借助科学知识图谱客观、科学、形象地展示企业知识共享的结构特征、发展态势与前沿进展，追踪企业知识共享的潜力所在，对人们把握正确的研究方向，找准研究的切入点，提高研究水平，提升企业竞争力，具有重要的理论意义与实践价值。

8.3.1 数据来源和研究方法

本书中的国际研究数据来源于美国科学情报研究所的科学引文索引扩展，在 Web of Science 中用主题词进行检索，共得到 1201 条文献，经分析它们的发表时间分布在 1990—2010 年，采集时间为 2010 年 11 月 10 日；国内数据来源于数字出版平台中国知网，共检索出 3742 条文献，分布在 1998—2010 年，采集时间为 2010 年 11 月 12 日，对下载的数据进行了必要的清洗与处理。本书借助知识图谱展示企业知识共享的研究热点及前沿，具体方法包括共引分析和词频分析，借助 CiteSpace 软件绘制共引图和主题词图，对国内外企业知识共享的热点和前沿领域进行探讨。

8.3.2 国内外有关企业知识共享的对比研究

8.3.2.1 发文量比较分析

由检索结果可列出年度发文量，如表 8-11 所示。

表 8-11 年度发文量(篇)

时间	国内	国际	时间	国内	国际
1990 年	0	1	1994 年	0	1
1991 年	0	0	1995 年	0	8
1992 年	0	3	1996 年	0	10
1993 年	0	3	1997 年	0	17

① Zhao R, Xu L, Zhao Y. From the Knowledge Management to Knowledge Management Science [C]//Management and Service Science (MASS), 2010 International Conference on. IEEE, 2010: 1-4.

续表

时间	国内	国际	时间	国内	国际
1998 年	10	24	2005 年	325	88
1999 年	59	21	2006 年	417	107
2000 年	195	38	2007 年	542	158
2001 年	123	42	2008 年	565	183
2002 年	159	57	2009 年	582	184
2003 年	235	78	2010 年	345	113
2004 年	285	65			

由表 8-11 可见，国际企业知识共享的研究始于 1990 年，1996 年以前发文量不大，随后稳步增长；国内研究始于 1998 年。两者文献增长的趋势(本书只对 1998—2010 年进行研究)，如图 8-14 所示。

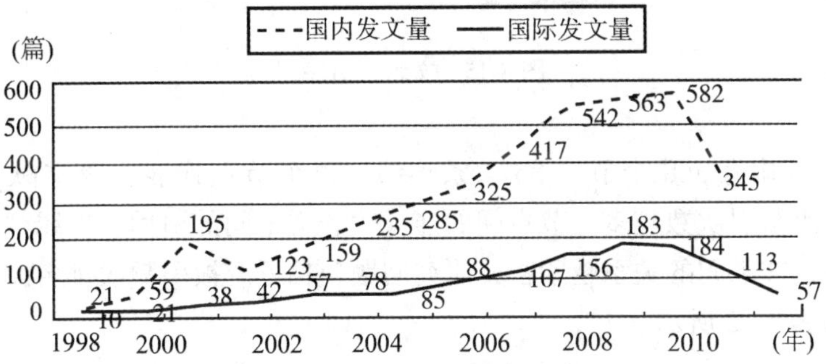

图 8-14　年度发文量对比

由图 8-14 可见，国内外企业知识共享的发文量总体呈上升的态势，只是国际增长的幅度没有国内的大。国际在 2009 年达到最大文献量 184 篇；国内文献高速增长，2000 年达到第一个峰值 195 篇，2001 年有所下降，其原因可能是我国刚加入 WTO，经济体制改革的全面深入为企业发展带来新的压力，有关企业知识共享的研究处于徘徊迷茫期，第二年发文量又迅速增长，并于 2009 年达到峰值 582 篇，说明经过徘徊期，学者们找到了企业研究的方向，较快进入知识共享研究的轨道。综上可见：国内有关企业知识共享的研究起步虽晚于其他国家，但其总体趋势与国外基本一致，且其较高的增长速度使得国内研究大有后来者居上之势。

8.3.2.2 高被引文献比较分析

(1)国外文献分析

将检索结果输入 CiteSpace，得到企业知识共享高被引文献图，如图 8-15 所示。

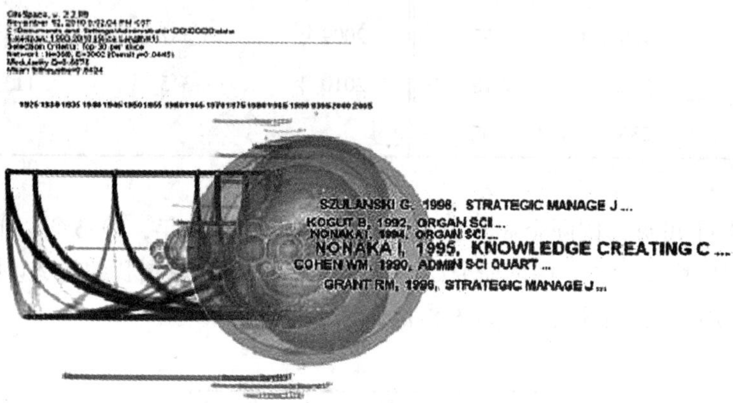

图 8-15 文献共引序列

图 8-15 中有 368 个节点 3574 条连线，每个节点代表一篇文献，节点越大，该文献被引次数越多；节点间的连线代表文献间的引用，连线越粗，共引次数越多，文献间的关系越紧密，研究问题越相近。被引频次排名前 5 的节点信息，如表 8-12 所示。

表 8-12 国外高被引文献(频次>100)

序号	频次	题名	作者	时间
1	201	The Knowledge-creating Compay	Nonaka I Takeuchi H	1995 年
2	114	Exploring Internal Stickiness: Impediments to the Transfer of Best Practice within the Firm	Szulanski G	1996 年
3	110	Toward a Knowledge-based Theory of the Firm	Grant R M	1996 年

续表

序号	频次	题　　名	作者	时间
4	107	Absorptive Capacity: A New Perspective on Learning and Innovation	Cohen W M	1990 年
5	103	Knowledge of the Firm, Combinative Capabilities, and the Replication of Technology	Kogut B	1992 年

频次排第 1 的是 Nonaka I 等人的 *The Knowledge-creating Compay*，讲两位日本商界专家首次把企业绩效与知识创新/创新产品和技术的能力联系起来，阐述了隐性和显性知识之间的转换即 SECI 模型①。Szulanski G 的 *Exploring Internal Stickiness: Impediments to the Transfer of Best Practice within the Firm* 排第 2，该文通过对知识共享代表性词汇的定义，将谓词演算翻译成专门的陈述实现知识共享②。Grant R M 的 *Toward a Knowledge-based Theory of the Firm* 排第 3，讲述了通过整合员工的隐性知识达到知识共享，指出基于知识运用为机构创新和科学管理的进一步提升产生重大影响③。*Absorptive Capacity: A New Perspective on Learning and Innovation*④ 和 *Knowledge of the Firm, Combinative Capabilities, and the Replication of Technology*⑤ 被引频次依次居后。

(2)国内文献分析

将检索结果按被引频次排序，得到排名前 5 的文献信息，如表 8-13 所示。

由表 8-13 可见，国内被引频次最高的为严浩仁、贾生华的《试论知识特性与企业知识共享机制》，探讨了实现知识共享的各种主客观障碍，提出构建企

① Nonaka I. The Knowledge-creating Compay[J]. Hawarel Business Review, 1995, 85(7/8): 162-171.

② Szulanski G, Szulanski G. Exploring Internal Stickiness: Impediments to the Transfer of Best Practice within the Firm[J]. Strategic Management Journal, 1996: 27-43.

③ Grant, Robert M. Toward a Knowledge-based Theory of the Firm [J]. Strategic Management Journal, 1996, 17(S2): 109-122.

④ Cohen W M, Levinthal D A. Absorptive capacity: A New Perspective on Learning and Innovation[J]. Administrative Science Quartery, 1990: 128-152.

⑤ Kogut B, Zander U. Knowledge of the Firm, Combinative Capabilities, and the Replication of Technology[J]. Organization Science, 1992.

业知识共享的机制①。陈菊红、林聪的《虚拟企业知识共享的过程及其博弈分析》排名第2，分析了虚拟企业知识共享的特征、过程及博弈模型②。范黎波的《企业知识共享网络的创建和管理——以日本丰田公司的实践作为案例》③，朱庆、张旭梅的《供应链企业间的知识共享机制研究》④，邓建友、周晓东的《企业文化对知识共享的影响分析》⑤被引频次依次居后。

表 8-13 **国内高被引文献**

序号	频次	题　名	作者	时间
1	100	《试论知识特性与企业知识共享机制》	严浩仁、贾生华	2002 年
2	40	《虚拟企业知识共享的过程及其博弈分析》	陈菊红、林聪	2005 年
3	37	《企业知识共享网络的创建和管理——以日本丰田公司的实践作为案例》	范黎波	2003 年
4	32	《供应链企业间的知识共享机制研究》	朱庆、张旭梅	2005 年
5	30	《企业文化对知识共享的影响分析》	邓建友、周晓东	2005 年

对比国内外有关企业知识共享的高被引文献可看出：高被引文献中，国外文献被引频次远远大于国内，国外被引频次前5都大于100次，排名第1的达201次之多，仅有1篇被引频次等于100，其余被引频次均远小于50次。据统计，我国很大一部分的论文在低被引和零被引之间，并没有引起同行关注，我国发表论文质量的提升明显滞后于论文数量的增加，其原因固然与国外平台发表的文献质量有关，但也与国外文献由于语言原因更容易被广泛关注和引用有关。从发表时间来对比这些文献，国外高被引文献发表时间较早(1990年)；

① 严浩仁，贾生华．试论知识特性与企业知识共享机制[J]．研究与发展管理，2002，14(3)：16-20.

② 陈菊红，林聪．虚拟企业知识共享的过程及其博弈分析[J]．情报杂志，2005，24(2)：47-49.

③ 范黎波．企业知识共享网络的创建和管理——以日本丰田公司的实践作为案例[J]．当代财经，2003(5)：70-73.

④ 朱庆，张旭梅．供应链企业间的知识共享机制研究[J]．科技管理研究，2005(10)：69-71.

⑤ 邓建友，周晓东．企业文化对知识共享的影响分析[J]．科学学与科学技术管理，2005，26(9)：82-85.

而国内由于有关企业知识共享的研究起步较晚，高被引文献发表的最早时间为2002年，比国外整整晚了12年。从文献内容对比这些高被引文献，国外高被引文献研究的内容主要有：企业绩效、知识(技术、产品、机构等)创新、共享单元、隐性知识、知识转移及企业外部知识的共享；国内研究内容主要有：主客观障碍、知识共享的特征、过程、模型、企业间网络关系、共享模式、重要性及企业文化。由此可见，国外更注重对知识共享创新性和实用性的研究，而国内则较多地注重对影响共享的因素、特征、重要性等方面，仅有少量文献对知识共享在企业的具体应用进行了研究，当国外把知识共享应用到企业中时，国内仍在重要性、特征及实现障碍的论证上，导致了国内对实践的深入研究与国际差距进一步加大。

8.3.2.3 研究热点比较分析

研究热点是某一时期人们普遍关注、较多文献探讨的问题或专题，是研究者关注的焦点，从文献计量学角度看，被引频次最高的文献通常是该领域的研究热点①。

(1)国外热点

将检索的数据按被引频次排序，得到大于50的43篇高被引文献，将其作为数据源得到关键词共现图，如图8-16所示。

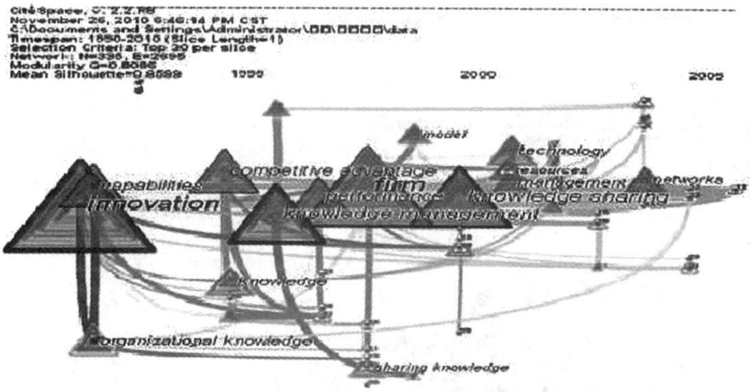

图8-16 主题词共现

图8-16中每个三角形代表一个名词短语，节点大小代表该短语出现的频

① 赵蓉英，许丽敏．文献计量学发展演进与研究前沿的知识图谱探析[J]．中国图书馆学报，2010(5)：60-68.

次，出现次数较多的可认为是该领域的研究热点，可见国外研究热点主要有创新、竞争优势、企业绩效评价、知识管理、知识管理技术等。频次大于 5 的主题词如表 8-14 所示。

表 8-14　　**主题词列表(频次>5)**

序号	频次	主题词	序号	频次	主题词
1	18	Innovation	7	8	Performance
2	16	Firm	8	7	Technology
3	12	Knowledge Sharing	9	7	Organizational Knowledge
4	11	Knowledge Management	10	7	Knowledge
5	9	Competitive Advantage	11	6	Management
6	9	Capabilities	12	6	Networks

(2)国内热点

将检索的文献输入 CiteSpace，得到国内研究的主题词共现图，如图 8-17 所示。

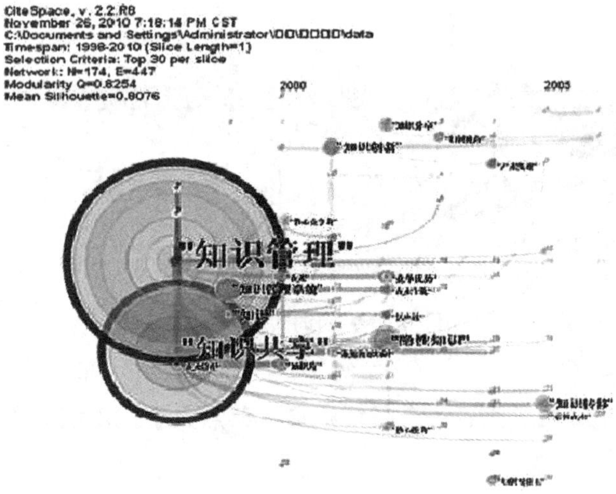

图 8-17　主题词共现

图 8-17 中共现频次较多的主题词(频次>5)可整理成表，如表 8-15 所示。

由表 8-15 可见国内研究热点主要有知识管理、竞争优势、知识和知识库等，由于检索时主题词包含知识共享，知识共享及知识管理出现的频次会明显大于其他主题词，因此分析时不将其作为分析的重点。

表 8-15 **主题词列表(频次>5)**

序号	频次	主题词	序号	频次	主题词
1	81	知识管理	8	8	知识分享
2	59	知识共享	9	8	知识转移
3	16	隐性知识	10	7	竞争优势
4	12	知识	11	6	显性知识
5	9	知识管理系统	12	6	企业内部知识
6	9	知识创新	13	6	企业管理
7	8	知识库	14	6	企业文化

对比国内外出现的热点词汇，可见两者之间存在着很大的相似性，当然也有各自独特的研究领域；相同的热点领域反映了国内外对企业知识共享研究的交集，也是国内外研究的主流领域，这也反映了国内外对研究内容的重视程度不同。通过对相同研究内容的分析，笔者发现企业知识共享目前及未来的主要研究内容有创新、竞争优势、知识、企业管理及知识管理系统等，但要清醒地看到，交集中的某些热点词汇由于得到的重视程度不同，它们的热度会有所差别。如对于创新的研究，国际出现频次最多高达 18 次，而国内出现频次为 9 次，由此可见国际对知识创新的高度重视，创新是企业发展的“加速器”，也是核心竞争力的源泉，关系着企业的生存与持续发展，可见国内对创新性研究的不足，以及加大研究力度的重要性和必要性。对于知识的研究，国内的频次为 12 次，而国外仅为 7 次，且国内又将知识加以细化，研究的角度较多，说明了国内对于知识的研究关注程度比国际大，这是国内研究的特色和优势，应加以保持和发扬。由于国内研究起步时间与国际的较大差距及对研究内容的不同侧重，造成了国内外对该领域的研究热点及风格存在着较大的不同点，总体而言，国内研究内容较细化，具体不同表现在：国外特有的热点词汇如绩效评价、网络等国内没有，且国外对它们的重视度较高，绩效评价高达 8 次；国内特有的热点词汇如知识库、企业文化等国外没有。这些不同点更应该引起人们

的关注，要积极从不同角度对其进行分析，国内不同于国外的热点凸显了国内研究的特色，而国外不同于国内的热点则是国内研究者们努力的方向。

综合以上对比分析可见，我国有关企业知识共享的研究虽然有不及国际的方面，如对企业创新性的研究究力度不够，存在一些没有深入研究的领域，缺乏对具体措施、实践的应用研究；但国内也有自己独特的研究领域，如对知识、企业文化的研究。通过对比分析，要明确研究的方向，在积极研究两者共同领域的同时，进一步加强对独有领域研究的深度和广度，同时在借鉴国外热点词汇的基础上，开拓有利于国内企业走向国际市场的相关领域的研究。

8.3.2.4 研究前沿分析

利用 CiteSpace 的突变词探测技术和算法，结合词频时间分布，将频次变化率高的词从主题词中探测出来，根据词频变动趋势而不仅仅是频次的大小，来确定研究前沿领域和发展趋势。将检索结果输入 CiteSpace，可探测到 521 个突变词，运行得到它们的时区视图，如图 8-18 所示。

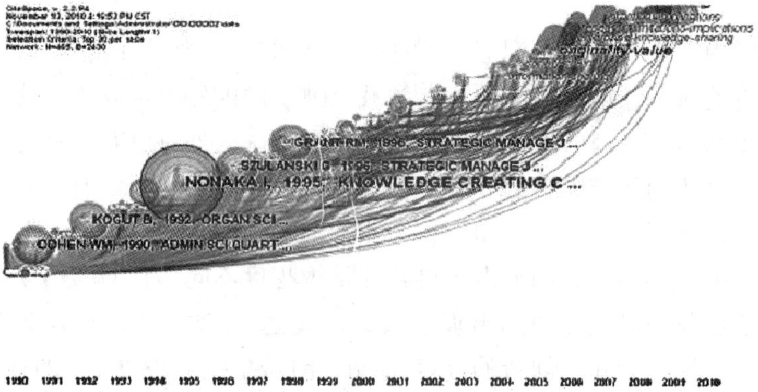

图 8-18 研究前沿时区

图 8-18 显示了 1990—2010 年国际企业知识共享的知识基础、研究前沿和发展趋势，可见国际有关企业知识共享的研究基于 5 篇高被引文献，这些文献可认为是近年来研究的知识基础，国际研究的前沿词汇大多基于它们，其中频次变化率较高的主题词如表 8-16 所示。

结合图 8-18 和表 8-16，可以看出国际有关企业知识共享的前沿词汇较多地集中在原创性价值、创新方法、实践意义、知识共享和共享障碍等方面。

表 8-16　　前沿词汇表

序号	突变率	频次	主题词
1	8.23	15	Originally-value
2	7.68	14	Design-methodology-approach
3	5.48	10	Practical-implications
4	5.06	9	Enterprise-knowledge-sharing
5	4.98	8	Information-sharing
6	4.98	9	Research-limitation-implications

通过进一步的分析发现，这些前沿词汇与上文中的热点词汇有一定的相关性，如对创新性等的重视，但同时这些前沿词汇更注重理论的应用与实用性。这也反映了国际平台上对企业知识共享研究的大致趋势，从开始的注重对知识共享理论研究迈向对与企业更相关的知识共享的应用研究方向发展，以更好地为企业内外部的知识管理实践服务，使得知识更好地直接为企业创造价值及利润，这些都是国内应该特别重视的问题。由于国内有关这方面的研究起步晚于国际，在研究内容上，国内的研究还较多地集中在国际上对该领域曾经历过的理论研究阶段，而国际却开始转入大规模的对实践应用领域的研究。因此，在注重知识共享理论研究的同时，我国研究者们还要大力关注并重视共享在企业中的实践与应用，注意知识创造价值与知识创新，注意解决企业在知识共享中遇到问题，这些方面将是国内外尤其是国内在未来研究中急需探讨和解决的问题。

8.3.3 结论

通过以上对国内外有关企业知识共享的年度发文量、高被引文献(热点)的对比分析及前沿的分析研究，大致可得出以下几方面的相关结论：

①通过国内外文献的对比分析发现：国内有关企业知识共享的研究起源滞后于国际，但由于各种原因，如加入 WTO，我国加快了研究的步伐，使得国内企业知识共享的发文量快速增长，大有后来者居上之势，为我国提升企业综合竞争力奠定了坚实的理论基础和科学的指导方向。

②通过高被引文献的对比分析发现：国内外企业知识共享的研究形成了以

野中郁次郎、Szulansk I、严浩仁、贾胜华等为代表的研究队伍；通过对高被引文献的被引频次分析发现，国际平台上出版的文献质量普遍高于国内，说明国内文献的质量有待进一步提升。

③通过国内外热点词汇图谱的对比分析发现：国内外有关企业知识共享的研究热点有很大的相似性，如对隐性知识、创新、竞争优势等重要领域的研究，说明当前我国对企业知识共享的研究方向和国际大体一致，基本把握了其研究的实质内容；同时也存在着各自独有的研究内容，如国外对绩效评价等的研究，国内对企业文化等的研究，对于这种差别，国内在明确自己的研究特色的基础上，探求与国外研究相比还未曾涉及或深入研究的领域，以进一步推进国内企业知识共享的研究。

④通过国际研究前沿图谱的分析发现：未来一段时间内企业知识共享研究的趋势在对企业创新、知识共享和竞争优势等方面的研究，这些前沿词汇为国内指明了研究的方向。即，应注重对企业知识共享创新性(实践与应用)的研究，对企业在知识共享中遇到的问题的分析及解决办法的研究。

回顾国内企业，为什么只有少数得到持续发展，多数在惨淡经营中归于沉寂？归根结底是没有形成自己的竞争优势，而其中最主要的原因是没有实现企业内外知识的共享。通过以上研究可以看出，应通过加强企业内外知识的交流共享，把各种有利于企业发展的因素整合起来，实现资源的积累和创新，通过提高企业的决策力、执行力等来提供企业的核心竞争力，为我国企业早日迈向国际企业行列增添资本。

8.4 Exploring Scientists' Working Timetable: Do Scientists Often Work Overtime

8.4.1 Introduction

In the science community, achievements always correlates with hard work. Motivated by the pressure of competition from all over the world, more and more scientists today are living and breathing their work.

When does a scientist begin to work, and when does he/she leave his/her table to go to bed? It is hard to know a scientist's working timetable, and there seems to be no good ways except questionnaire survey (Petkova & Boyadjieva, 1994) or follow-up research (Ledford, 2011). As a result, few previous studies are conducted about this topic.

In this research, we find a novel way to explore scientist's working timetable. Since December 2010, in order to "provide the scientific community with valuable information about how the literature is being used right now" (http://realtime.springer.com/about), Springer has launched a new free analytics tool, namely realtime.springer.com. According to the function of this Realtime platform (http://realtime.springer.com/map), every time one journal article or book chapter is downloaded from Springer, the location (as determined by IP-to-city matching) of downloads is depicted on a world map in real time.

Admittedly, working involves many kinds of behaviors, but it is certain that if someone is downloading literatures, he is definitely working at the table. Thus, to explore scientists' working habits reflected by working hours, we have been conducting this research on the downloads of scientific literatures.

8.4.2 Data and Methods

Our data are retrieved from http://realtime.springer.com/map. From the Realtime platform, two kinds of data are recorded real-timely for 24h a day, which are the downloading location and downloading time. City names are displayed and refreshed momently on the map at exactly the time items are downloaded by someone from this city. In other words, we need to record what cities are downloading items from Springer in every second. There may be tens of downloads all around the world in one single second, so the real-time data need to be recorded at high speed. Another problem is that the webpage of http://realtime.springer.com/map sometimes interrupts the information updating process (maybe in every tens of minutes), as shown in Fig. 8-19. We need to refresh the webpage ever and again to get fresh data. Here we refresh the page every 15 min.

We process data of 5 weekdays (April 10, April 11, April 12, April 13, and April 16) and 4 weekends (April 14, April 15, April 21 and April 22). We try to monitor and record data in every minute, every second, and even every centisecond completely. Finally, more than 1800000 records are processed and imported into our designed database in SQL Server.

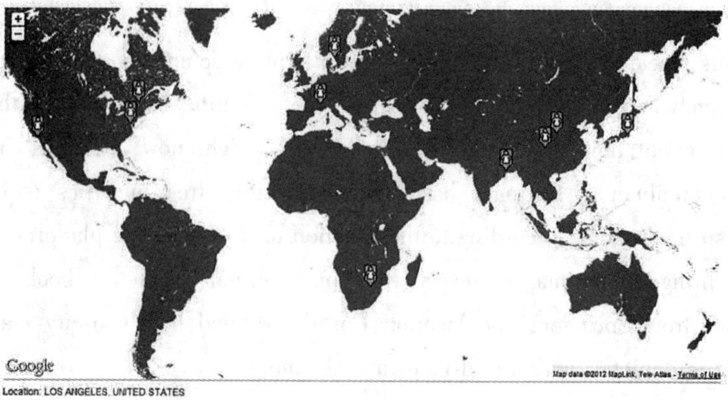

Fig. 8-19 Screen Shot of the Realtime Download Map (http: //realtime. springer. com/map).

8.4.3 Result

8.4.3.1 Daily Downloads

Fig. 8-20 shows the daily downloads on these eight days (GMT). Four weekdays (left four columns) are in blue, while four weekends (right four columns) are in orange. For the weekdays (left four blue columns), the daily downloads are ranged from 180000 to 21000. During the weekends, the daily downloads are about

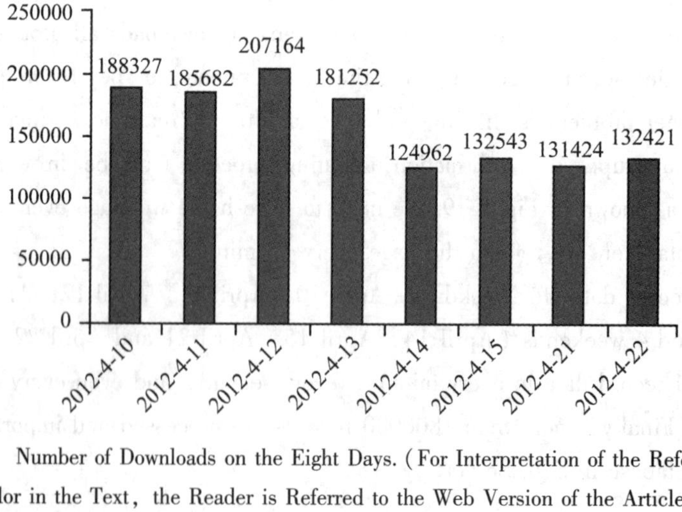

Fig. 8-20 Number of Downloads on the Eight Days. (For Interpretation of the References to Color in the Text, the Reader is Referred to the Web Version of the Article.)

130000. It can be perceived that there are obvious gaps between the daily downloads of weekdays and weekends.

8.4.3.2 Top Downloading Countries/Territories

Gaps of downloads from different countries are also considerable. For example, Table 1 shows the number of downloads of top 20 countries on April 12th (GMT). United States has the most downloads of 61361, accounting for 29.62% of total 207164 downloads from the whole world. Germany has 31122 downloads, accounting for 15.02% and ranking the second. Then it follows the Mainland China, who has 19826 downloads and accounts for 9.57%, ranking the third. In other words, the top 3 countries have 112309 downloads, and account for 54.21% of all. Downloads from other countries/territories are far behind these 3 countries. In Table 8-17, the SCI/SSCI publications of these countries are presented. We can see that the downloading counts are to a large extent correlated to the publication counts (SCI/SSCI papers published in 2011) of these countries, except for a minority of countries, such as Italy, Malaysia and Spain.

Table 8-17 **Top 20 Downloading Countries/Territories on April 12th, 2012**

Rank	Country Territory	Downloads	% of the World	SCI/SSCI Papers(2011)	% of the World
1	USA	61361	29.62%	474306	28.75%
2	Germany	31122	15.02%	115217	6.98%
3	China	19826	9.57%	170896	10.35%
4	UK	8066	3.89%	130150	7.88%
5	Japan	6915	3.34%	88283	5.35%
6	Canada	6752	3.26%	70487	4.27%
7	Australia	6020	2.91%	54572	3.31%
8	India	5552	2.68%	50820	3.08%
9	France	4880	2.36%	78327	4.74%
10	South Korea	4630	2.23%	50215	3.04%
11	Brazil	3623	1.75%	39725	2.41%
12	Netherlands	3580	1.73%	41168	2.49%

continued

Rank	Country Territory	Downloads	% of the World	SCI/SSCI Papers(2011)	% of the World
13	Iran	3291	1.59%	24503	1.48%
14	Taiwan	3247	1.57%	29592	1.79%
15	Italy	2938	1.42%	67361	4.08%
16	Malaysia	2344	1.13%	8618	0.52%
17	Switzerland	2221	1.07%	29392	1.78%
18	Spain	2119	1.02%	58905	3.57%
19	Austria	1905	0.92%	15667	0.95%
20	Mexico	1802	0.87%	11422	0.69%

8.4.3.3 Hourly Downloading in One Day

Accordingly, three countries/territories with the most downloads are selected for our analysis, which are the United States of America, Mainland China (Hong Kong, Macao and Taiwan are not included) and Germany.

Here we count the number of downloads hourly for the top 3 countries. A single day is divided into 24 hourly time slices. For example, 0:00:00—0:59:59 is the first slice, and 23:00:00—23:59:59 is the last slice.

Fig. 8-21 shows the hourly downloading statistics on April 12th, 2012 (GMT). The line with data markers displays the total hourly downloads, and the stacked area chart illustrates the hourly downloads for the top 3 and other countries respectively. As is shown, the total hourly downloads are rather stable in a single day. Generally speaking, during all time slices, the percentages of the top 3 countries are greater than 40% and range from 43.46% to 66.81%. Specifically, during the periods of 0:00—8:00 and 16:00—0:00, the USA dominates the downloading, while during the period of 8:00—16:00, Germany has the most downloads.

8.4.3.4 Comparative Analysis of Top 3 Countries

It is particularly noteworthy that all the time information displayed on the map follows Greenwich Mean Time (GMT), so we need to transform it into local time according to the time zones of the cities.

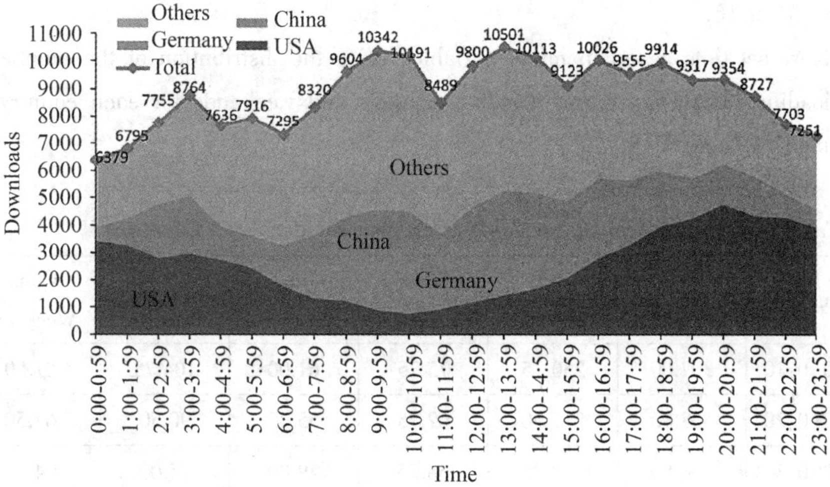

Fig. 8-21 Hourly Downloading for the Top 3 Countries on April 12th, 2012 (GMT)

For countries such as China, Germany, and United Kingdom they have just one time zone. We can transform the downloading Greenwich Mean Time into local time according to the unified time zone offsets. For example, the time zone offset for China is +8.

However, some countries span several time zones, such as the USA, Australia, and Canada. The time zone transformation is more complicated for those countries. For example, the United States has 6 time zones. Because the downloading location is determined by IP-to-city matching, and there are 3208 American cities in the data. Firstly we need to identify the timezone of each city according to the latitude and longitude coordinates, and assign the time zone offset for each city. Then we need to calculate the local time of 561715 downloading records from these 3208 cities according to their downloading GMT and time zone offsets.

Here, every 24h in a single day are divided into 14410-min slices. As Fig. 4 shows, downloads are counted every 10 min. Four weekdays and four weekends are averaged separately. And it needs to be clarified that during the period of 0:00—8:00 on April 11th, the data of China is extremely abnormal. Further analysis finds that 10-min downloads from Tianjin, a city near Beijing, is hundreds of times of the same time on ordinary days. Consequently, to eliminate the error induced by these abnormal data, the four weekdays of China are chosen as April 10, April 12, April

13 and April 16.

If we set time as independent variable (x), the distribution of the number of downloading (f(x)) over time (both weekdays and weekends for each country) is presented in Table 8-18.

Table 8-18 **Number of Downloading Over Time for the Top 3 Countries**

Local Time	US Weekdays	US Weekends	Germany Weekdays	Germany Weekends	China Weekdays	China Weekends
0:00-0:10	307.00	250.75	75.75	61.00	104.75	81.50
0:10-0:20	308.80	217.50	62.75	55.25	90.50	67.50
0:20-0:30	296.80	249.25	58.75	49.00	75.00	64.00
0:30-0:40	260.80	240.75	62.25	54.25	84.00	53.00
0:40-0:50	266.20	235.00	61.50	47.25	69.00	60.00
0:50-1:00	271.40	221.50	61.25	43.00	75.25	63.25
1:00-1:10	229.00	219.75	46.25	44.50	59.25	50.00
⋮	⋮	⋮	⋮	⋮	⋮	⋮
23:40-23:50	305.80	272.00	88.25	73.00	126.25	71.75
23:50-0:00	292.40	240.75	80.50	87.50	140.50	79.00

The Nonparametric Analysis of Two-Related-Samples Tests is applied. According to the Wilcoxon test results shown in Table 8-19, the statistical significances of difference are all low at the 0.001 level, which means that these 3 countries have highly different downloading patterns.

Fig. 8-22 displays the number of downloads according to the local time, thus indicates scientists' research activities during a typical 24h day in the top 3 countries. The left three panels display the downloads on the 8 days. Four thin lines illustrate the downloads on four weekdays, while four thick lines display the downloads on four weekends. To better differentiate the downloads on weekdays and weekends, we average the downloads on four weekdays and four weekends separately, as is shown in the right three panels.

Table 8-19 **Test Statistics**[b]

Test Pair	Z	Asymp.Sig.(2-tailed)
Germany weekdays-US weekdays	−10.410[a]	0.000
China weekdays-US weekdays	−10.410[a]	0.000
China weekdays-Germany weekdays	−7.601[a]	0.000
Germany weekdays-US weekends	−10.410[a]	0.000
China weekends-US weekends	−10.410[a]	0.000
China weekends-Germany weekends	−3.483[a]	0.000

[a] Based on Positive ranks.

[b] Wilcoxon Signed Ranks Test.

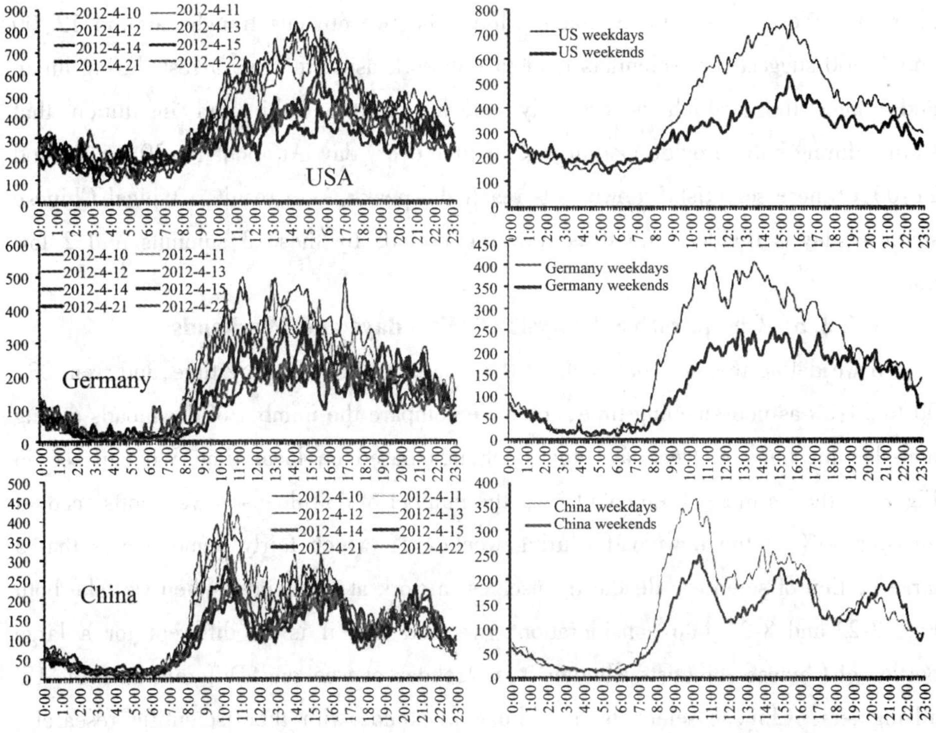

Fig. 8-22 Downloads of the Top 3 Countries During Weekdays and Weekends

When comparing the downloading curves of weekdays of each country, as the left three panels show, the fluctuations of curves are rather similar. For the weekends, the varying trends of the four curves also remain the same.

As Fig. 8-22 reveals, all around the world, a fairly large number of scientists are continually engaged in their scientific research after working hours. Many of them work into the early morning hours. In the US, overnight work is particularly prevalent among scientists.

As regards to the whole working timetable, different countries show different features. In the US, the number of downloads keeps rising from about 07:00 in the morning and peaks around 16:00 in the afternoon, which indicates no fixed lunch time during US scientists' day. In Germany, however, the first climax comes around 11:00 in the morning. And then, after a slight decline around 12:00, the lunch time, the second summit comes around 13:00, followed by a fluctuant downward trend afterwards. Nevertheless, in Mainland China, the two obvious troughs around 12:00 and 18:00 suggest that scientists tend to put work aside to have a rest during lunch and dinner time, which is probably relevant to the habit and institution that China'sdining halls provide food at regular time every day. At about 10:30, 15:30 and 21:00, Chinese scientists' downloads reach the peaks. As a result, a typical Chinese scientist'sday is divided into three working periods by these 3 summits and 2 low ebbs.

8.4.3.5 Comparative Analysis of Weekdays and Weekends

If we define the time period from 0:00 to 08:00 as sleeping time, and from 08:00 to 23:00 as non-sleeping time, here we compare the number of downloads during non-sleeping time on weekdays and weekends based on local time. We can see in Fig. 8-23 that in these three countries, the number of downloads at weekends account for over 60% of the downloads during weekdays, which fairly demonstrates that a large portion of scientists devote themselves in work at weekends. When we take both Figs. 8-22 and 8-23 into consideration, we find that it is no different for a large portion of Chinese scientists whether it is weekday or weekend. Different from the US all-nighters, Chinese scientists have busy weekends with their scientific research, especially in the afternoon and at night.

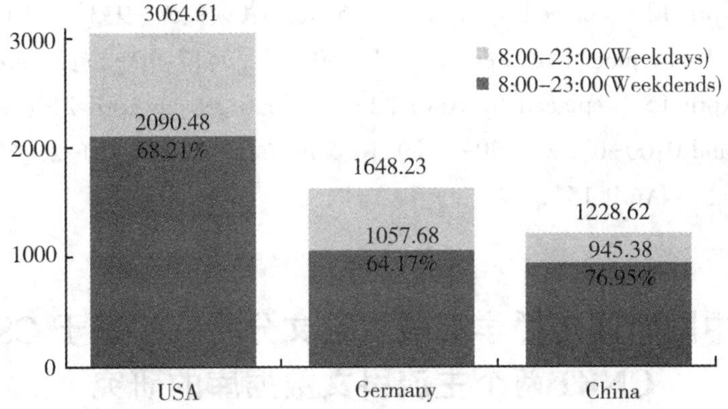

Fig. 8 23 Downloads Per Hour from 08:00 to 23:00 during Weekdays and Weekends

8. 4. 4 Discussions

In recent years, we have seen controversy about whether scientists are sacrificing too much health and family life to achieve more at work (Fox, Fonseca, Bao, 2011; Jacobs & Winslow, 2004). Scientific achievements are accompanied by intense competition and pressure, which require a large supply of time and efforts. On the other hand, the demanding assessment from the institution makes the working atmosphere even tenser. Scientists today are spending much more time working than initially intended. They are deprioritizing their hobbies, leisure activities, and regular exercises, which negatively influenced their mental and physical health. Meanwhile, engagement in scientific research after work directly leads to the ambiguity of the boundary between home and office. This investigation on scientists' timetable may in some ways call attention to the unwritten rule of working overtime in academia. As is generally agreed, research is not a sprint but a marathon. Balance in scientists' life is needed.

8. 4. 5 Note

During our observation, due to the occasional web accessibility, a very small portion of data is not recorded. The missing data during the time periods of 0:20-0:29 and 6:40-6:49 on April 10 are replaced by the data between the same time periods on April 17. Similar processing method is applied in 8:30-8:49 and 15:00-15:09 on April 12 (replaced by April 19),6:00-6:09,9:30-9:39 and 16:50-16:59 on April 13 (replaced by April 20),14:50-14:59,17:10-17:29 and 18:50-19:09 on April 15 (replaced by April 22),6:30-6.39 on April 21 (replaced by April 14),and 0:00-0:29,4:30-4:39,16:50-16:59 and 21:50-21:59 on April 22 (replaced by April 15).

8.5 中国新闻传播学高被引论文分析——基于 CSSCI、CNKI 两个主流引文数据库的研究

8.5.1 问题的提出

继承性和创新性是科学研究的两大基本特征，无论是理工医农等技术科学，还是人文艺术、政法经管等社会科学，皆是如此。而引证作为一项重要的科学文献指标，一方面反映了该科学文献的发展基础，另一方面又通过标准量化的科学文献规范为后来研究者的研究提供了创新扩散的传播便利。基于此，引文分析作为一项重要的学术评价工具迅速发展起来。美国情报学家加菲尔德于 1955 年创立了系统的引文索引理论①，1972 年他又把引文索引工具引入到期刊评价②，从而为客观评价作者、期刊、论文这三个最重要的科学研究要素找到了一种合适的研究工具。在新闻传播学科领域，有些学者开始用这一研究工具来分析学科的发展，如徐剑利用 CSSCI 的发文数和被引数，设计了一个对作者的学术力量化指标，找出了当前中国新闻与传播学研究的核心作者群③；肖燕雄运用国内另一范围更大的数据库 CNKI，对中国新闻传播学论文的引文情况做出了综合分析④；段京肃则利用了 CSSCI，对新闻传播学的学术

① Garfied E. Citation Index for Science[J]. Science, 1955(122): 108-111.

② Garfied E. Citation Analysis as a Tool in Journal Evaluation[J]. Science, 1972(178): 471-479.

③ 徐剑．中国新闻与传播学科核心作者群的现状与分析——基于 CSSCI(1998—2003)的研究[J]. 中国传播学评论，2005(1)：29-39.

④ 肖燕雄．期刊论文引文中的中国新闻传播学[J]. 当代传播，2006(2)：23-25.

期刊影响力进行了分析①。

在这些研究中，中国人文社会科学的两大数据库 CSSCI 和 CNKI 都曾作为工具予以运用，引文分析常检验的对象——学者、期刊、学术机构也都进行了分析。但令人遗憾的是，对反映学术思想、通过学术影响社会发展变革的最终学术产品、学术论文，在新闻传播学术领域缺乏深入的统计、分析。本书试图结合两大数据库 CSSCI 和 CNKI，采用被引用率这一单项指标，深入挖掘反映新闻传播学科学术影响力的高被引论文，力图通过客观的定量数据分析，纵览改革开放以来中国新闻传播学的研究焦点，为今后本学科的学术发展形成一个可供共同讨论的基本文献框架。

8.5.2 数据收集与处理方法

本书的研究对象是在国内各学术期刊发表的研究论文，既不包括本学科领域的著作、工具书、译著，也不包括期刊发表的新闻、书评、评论、译文以及会议综述等。由于编辑出版类的论文具有显著的专业技术特征，本书未将此类论文列入考察范围。

本书的研究数据来源是南京大学开发的中国人文社会科学引文索引 1998— 2007 年 9 年间新闻传播学的论文被引用数据，以及中国知网 1978—2007 年 29 年间新闻传播学的论文被引用数据。从两个数据库的特性来看，CSSCI 的来源期刊不到 500 种，主要是学术领域较被认同的学术期刊，专业性强。而 CNKI 的中国引文数据库来源期刊则有 4000 多种，既有专业领域的学术期刊，也有其他一般性的综合期刊，还包括研究生毕业论文的被引用数据，覆盖面广。将这两大数据库相结合，有助于考察高被引论文的扩散情况。

由于 CNKI 引文在大量的数据检索中很难排除自引，考虑到这两个检测工具的检测属性相似，本书研究的指标为全部的被引用数(包括自引和他引)。在每一数据库中，按被引用数从高到低排序，被引用数排序第一的为 100 分，接下来根据被引用排序依次打分。将两数据库打分相结合，设计了一个高被引论文的影响力测算公式，即：高被引论文影响力= CSSCI 被引用综合分+ CNKI 被引用综合分。

就这一公式而言，考虑到本书研究的主要目的是分析高被引论文在学术界的影响力，对于两大数据库的数据，我分配了不同的权重，我更强调的是

① 段京肃，白云．新闻学与传播学学术期刊影响力研究报告(2000—2004)——基于 CSSCI 的分析[J]．现代传播，2006(5)：36-44.

CSSCI 这一指标，因为被同行引证更能反映出作者学术产品在学术市场的被接受度。为此，赋予两项指标不同的权重指数，CSSCI 被引用为 0.6，CNKI 被引用为 0.4。

8.5.3 数据分析

本书研究数据抽取的截止时间为 2008 年 4 月，根据两大数据库综合打分，我得出了一个中国新闻传播学高被引论文的影响力前 50 位的综合排序，如表 8-20 所示。

表 8-20 **中国新闻传播学高被引论文影响力排序**

序号	被引文献题名	作者	被引文献来源	年份	CNKI	CSSCI	总分
1	《关于传媒影响力的诠释》	喻国明	《国际新闻界》	2003	134	29	100
2	《略论我国公民的知情权》	宋小卫	《法律科学》	1994	124	19	99
3	《传媒与司法三题》	贺卫方	《法学研究》	1998	104	16	95.8
4	《电视盈利模式的错位》	孙玉胜	《现代传播》	2002	86	17	94.8
5	《博客与传统媒体的竞争、共生、问题和对策》	方兴东等	《现代传播》	2004	96	14	93.4
6	《我国新闻媒体资本运营情况初探》	孙正一等	《新闻记者》	2001	77	19	93.2
7	《网络传播对青少年的负面影响》	孙少晶	《青年研究》	1999	86	16	93
8	《媒介素养：一个亟待重视的全民教育课题》	张志安	《新闻记者》	2004	101	11	92.8
9	《传播生态规律与媒介生存策略》	邵培仁	《新闻界》	2001	82	11	89.4
10	《大众传播理论如何面对网络传播》	陈力丹	《国际新闻界》	1998	74	11	87.2
11	《市场经济与新闻娱乐化》	林晖	《新闻与传播研究》	2001	116	8	85.6
12	《论对司法的传媒监督》	顾培东	《法学研究》	1999	69	11	85.6

续表

序号	被引文献题名	作者	被引文献来源	年份	CNKI	CSSCI	总分
13	《公众利益、民主与欧美广播电视的市场化》	赵月枝	《新闻与传播研究》	1998	56	17	84.8
14	《因特网上的跨文化传播》	李展	《厦门大学学报》	1999	60	14	84.6
15	《新闻改革与新闻体制的改造》	潘忠党	《新闻与传播研究》	1997	53	18	84.4
16	《视觉文化传播：对一种文化形态和传播理念的诠释》	孟建	《现代传播》	2002	65	9	80
17	《学会解读大众传播》	宋小卫	《当代传播》	2000	65	9	80
18	《媒体素养教育在信息时代》	张开	《现代传播》	2003	85	6	77.2
19	《性别与传播》	陈阳	《国际新闻界》	2001	45	12	77
20	《论媒介生态的五大观念》	邵培仁	《新闻大学》	2001	65	8	76.2
21	《重提媒介产业化》	黄升民	《现代传播》	2000	47	11	76.2
22	《论媒介教育的意义、内容和方法》	卜卫	《现代传播》	1997	67	7	75.4
23	《"公共新闻"：发展中的理论与探索中的实践》	蔡雯	《国际新闻界》	2004	64	8	75.2
24	《现代传媒、后现代生活与新闻娱乐化》	吴飞等	《浙江大学学报》	2002	75	6	75
25	《西方学者论媒介素养教育》	宋小卫	《国际新闻界》	2000	51	9	74.2
26	《"民主新闻"现象探析》	李舒	《中国广播电视学刊》	2004	57	8	73
27	《我国省级党报的现状与走势》	杨磊等	《新闻记者》	2001	35	15	72.8
28	《论司法独立与媒体监督》	谭世贵	《中国法学》	1999	71	5	71.8

续表

序号	被引文献题名	作者	被引文献来源	年份	CNKI	CSSCI	总分
29	《论中国新闻媒体的双轨制：再论中国新闻媒体的双重性》	李良荣	《现代传播》	2003	42	11	71.6
30	《电视媒体的发展对体育产业的影响》	岑传理	《北京体育大学学报》	2002	43	10	71.4
31	《跨文化传播及其对旅游目的地地方文化认同的影响》	李蕾蕾	《深圳大学学报》	2000	46	9	70.8
32	《中西比较：正面报道和负面报道》	张威	《国际新闻界》	1999	45	9	69.2
33	《对“电视民主新闻”现象的理论阐释》	孟建	《中国广播电视学刊》	2004	49	8	69
34	《娱乐化　本土化》	李良荣	《新闻记者》	2000	50	7	68.4
35	《哈贝马斯的“公共领域”理论与传媒》	展江	《中国青年政治学院学报》	2002	54	6	67.4
36	《意义、生产与消费：当代中国电视剧的政治经济学分析》	尹鸿	《现代传播》	2001	33	10	67.4
37	《上海市民与媒介生态调查报告》	张国良等	《新闻记者》	2000	29	10	65.2
38	《互联网络对大众传播的影响》	卜卫	《国际新闻界》	1998	28	10	64.2
39	《试论新闻传媒核心竞争力的开发》	郑保卫	《新闻战线》	2003	48	6	64
40	《十五年来新闻改革的回顾与展望》	李良荣	《新闻大学》	1995	44	7	63.8
41	《减压阀：电视娱乐节目》	朱羽君等	《现代传播》	2001	44	7	62.8
42	《传播媒介与文化：社会科学与人文学研究的三个模式》	潘忠党	《现代传播》	1996	21	10	62.6

续表

序号	被引文献题名	作者	被引文献来源	年份	CNKI	CSSCI	总分
43	《我国电视广告中女性形象的研究报告》	刘伯红	《新闻与传播研究》	1997	20	10	61.6
44	《当代社会阶层变迁与电视传播价值取向》	俞虹	《现代传播》	2002	22	9	60.4
45	《论网络传播的自由与控制》	陈力丹	《新闻与传播研究》	1999	31	8	59.6
46	《中国传媒业利用业外资本合法性研究》	魏永征	《新闻与传播研究》	2001	36	7	59.4
47	《网络新闻传播结构的构建与分析》	彭兰	《国际新闻界》	2003	13	10	59.4
48	《1981—1996：我国传播学研究的历史和现状》	黄旦	《新闻大学》	1997	19	9	58.2
49	《试论受众注意力资源的获得与维系》	喻国明	《当代传播》	2000	42	6	58.2
50	《谁在设置中国今天的议程?》	李希光 秦　轩	《新闻与传播研究》	2001	18	9	57.2
51	《旅游地形象的传播策略初探》	李蕾蕾	《深圳大学学报》	1999	40	6	57.2

在表 8-20 所列的近 30 年来 51 篇新闻传播学高被引论文排序中，按年份考察，大致有五个阶段：第一个阶段为 1994—1996 年，这三年各有 1 篇；第二阶段为 1997—1998 年，这两年各有 4 篇；第三阶段为 1999—2000 年，这两年各为 7 篇；第四阶段为 2001 年，达到了高峰期，有 9 篇；第五阶段为 2002 年、2003 年、2004 年，这三年各有 6 篇、5 篇、5 篇。1994 年以前发表的论文没有一篇进入高被引论文表，这或许与当时的学术习惯有关，即更关注大部头著作的出版。这一现象大致在 1997 年得到了改变，论文开始作为学术交流焦点的载体得到了重视。2001 年成为一个高峰期，这有两种可能。第一种是 2001 年发表的这些高被引论文在后来的学术讨论中有着更广泛的影响力；第二种是受文献半衰期的影响，2002 年以后发表的论文仍然会在检索截点后(2008 年以后)的时间内发生持续的影响。笔者倾向于第二种解释，尽管就一般论文而言，发表

后的2年是论文被引用的高峰期，但对那些在学界影响广泛的高被引论文而言，它们的被引寿命肯定会更长。我认为图8-24高被引论文时间分布的高峰期是2001年，更可能是高被引论文的被引寿命周期指标，即检索年份减去发表年份，大致为6~7年，图8-24为中国新闻传播高被引论文时间分布图。

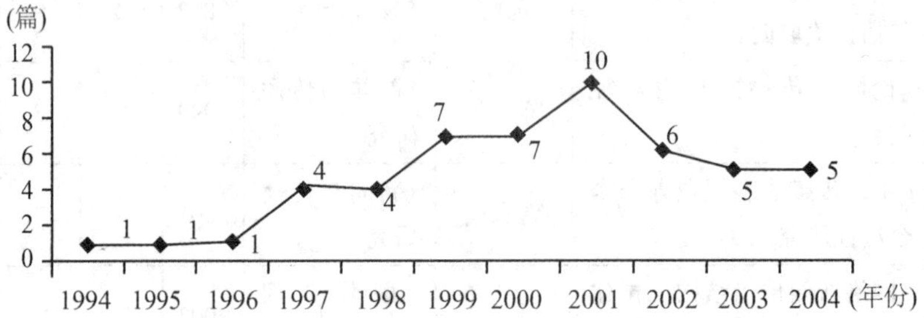

图8-24　中国新闻传播学高被引论文时间分布图

如表8-21所示，考察这些高被引论文的发表期刊分布，主要有三种类型，第一类是新闻传播学领域的专业刊物，典型代表如《新闻与传播研究》《现代传播》《国际新闻界》《新闻大学》传统“四大名刊”，共发文29篇，占据总数的近3/5，这与学界的印象认知大致是一致的。但数据的分布不仅与每本刊物所代表的主要学术力量相关，还受到了学术期刊的学术出版的刊文数影响。如前两位的《现代传播》《国际新闻界》由于有着双月出刊的优势，具备了得到高影响论文的时间优势。而上海的学者（主要是复旦大学的）由于《新闻大学》的季刊出版限制，就有很大一部分分流到同城的《新闻记者》。《新闻记者》月刊的出版周期在很大程度上成为它向优秀新闻传播学学术刊物迈进的一个重要优势。第二类是大学学报，共有《深圳大学学报》《北京体育大学学报》《厦门大学学报》《浙江大学学报》《中国青年政治学院学报》5本，这反映出新闻传播学学术发表的亲近性。即一线研究重镇社科院、人大、复旦、北广的研究重心主要是依托本校的专业学术刊物，而二线研究机构有影响的学者则多依靠本校的综合学术刊物。第三类是其他学科的专业期刊，如《法学研究》《法律科学》《中国法学》《青年研究》。这一类可能更多反映的是新闻传播学与其他学科领域的交叉研究成果。让人吃惊的是法学领域的专业学术刊物居然占据了3/4，而新闻传播学领域更为关注的媒介经济管理，没有经济学、管理学的专业期刊出现。传媒法领域的高被引论文主要出现在法学类专业刊物，这反映出这一领域学者对法学学科有更高的认同度：即一方面在机构关系隶属于新闻传播学的学者在传媒法领域的发文更倾向于法学类期刊，另一方面新闻传播学学者在传媒法领域的引用更倾向于法学学者的相关研究。而经济学、管理学专业期刊的缺失，一种可能的解释是目前该领域的研究多是引入经济学、管理学研究的基本范式，即专业书籍较多，而对反映学科专业的前瞻性、创新性的研究论文关注较缺乏。

表 8-21　　**中国新闻传播学高被引论文刊物分布**

刊物	数量	刊物	数量
《现代传播》	11	《法律科学》	1
《国际新闻界》	8	《青年研究》	1
《新闻与传播研究》	7	《北京体育大学学报》	1
《新闻记者》	5	《厦门大学学报》	1
《新闻大学》	3	《新闻界》	1
《法学研究》	2	《新闻战线》	1
《中国广播电视学刊》	2	《浙江大学学报》	1
《当代传播》	2	《中国法学》	1
《深圳大学学报》	2	《中国青年政治学院学报》	1

论文的被引是反映学术文献出版后产生影响的一项重要指标，但中国人文社会科学目前发表的学术文献，以低质文献居多，即绝大多数文献自发表以来未被引用过 1 次。这一现象在新闻传播学领域表现尤为突出，在 CNKI 的新闻与传媒子目录数据库中，2007 年发表文献共 25010 篇，截至 2008 年 4 月，仅有 1512 篇文献被引用过，引用率为 6%。即使是在被公认挑选更严格、学术专业性更强的 CSSCI 数据库中，李秋实等人的研究表明，每年收录论文引用的文献有 90%以上当年仅被引用过 1 次①。反过来观察这些代表更高影响力的新闻传播学领域的高被引论文的引用数据，发现 CSSCI 计被引 539 次，平均每篇被引 10.6 次，最高被引 29 次，最低被引 5 次，中位被引 10 次；CNKI 总计被引 2920 次，平均每篇被引 57.3 次，最高被引 134 次，最低被引 13 次，中位被引 51 次。大体来说，基本上 1 次 CSSCI 被引可以置换成 5 次 CNKI 被引。与

① 李秋实，等．基于 CSSCI 的中国社会科学文献引文实证研究[J]．情报资料工作，2008(1)：74-77.

那些自发表以来未被引用过1次的低质文献相比，这些新闻传播学高被引论文数据是很高的。但对法学、经济学等中国主流社会科学领域高被引论文的同类研究发现，横向比较的差距甚大，大致分别为3倍和4倍。这表明新闻传播学领域的高被引论文与整个社会科学领域的高影响力论文相比差距甚大。如表8-22所示。

表8-22 中国新闻传播学高被引论文被引频次分布

CSSCSI 被引频次	数量	CNKI 被引频次	数量
20 以上	1	100 次以上	5
19~18	3	90~99	1
16~17	4	80~89	4
14~15	3	70~79	4
12~13	1	60~69	6
10~11	14	50~59	7
8~9	13	40~49	12
6~7	11	30~39	4
5 以下	1	29 以下	8

在对表8-23所列新闻传播学领域的高被引论文作者的统计中，发文3篇的作者仅有2人，发文2篇的为7人，发文1篇的为31人，离散度很高。这表明顶尖作者现象还不是很明显，在这些高被引论文中，绝大多数还是体现出“术业有专攻”的特点。而在研究成果的署名统计上，如表8-24所示，仅有1/5为合作完成。这表明在目前新闻传播学研究领域，大家更关注的是规范研究，即回答“应该是什么”；而对团队合作特征更明显的实证研究，即对新闻传播学实际“是什么”和“为什么”则淡漠处理。

在对新闻传播学高被引论文研究领域的分布统计中，除了新闻业务、新闻理论、广播电视、传播理论、传媒法等传统新闻传播学研究的常青树一以贯之以外，近十年来，发展出的三个与新闻传播学传统学科交叉的研究领域尤受人瞩目，即媒介素养、媒介经济与管理、新媒体。

表 8-23 **中国新闻传播学高被引论文作者发文统计**

发文数	人数
3 篇以上	0
3	2
2	7
1	31

表 8-24 **中国新闻传播学高被引论文作者署名情况统计**

署名人数	人数
3 篇以上	1
3	2
2	8
1	40

新闻传播学界对媒介素养的关注起于 1997 年中国社科院新闻所卜卫所撰写的《论媒介教育的意义、内容和方法》，该文首次对西方学者提出媒介教育的概念、意义、主要内容以及传播方法进行了全面、系统的阐述①。继此之后，宋小卫通过《西方学者论媒介素养教育》《学会解读大众传播——国外媒介素养教育概述》二文对当前西方新闻传播学界媒介素养教育的现状进行了介绍②。中国学界也开始逐步统一用"媒介素养教育"这一中文概念对应英文的"Media Literacy"。在后续几年的研究中，张开将传统的媒介素养教育理念放在新媒体的环境中考察③。这些研究，从开始把媒介素养教育这一西方概念引入到中国，继而结合中国的媒介环境变化实际予以讨论，最终形成了 2003 年、2004 年媒介素养教育成为中国新闻传播学界的一个主要焦点。张志安 2004 年对中国大陆媒介素养的研究进行了综述性的回顾，认为中国的媒介素养研究已

① 卜卫．论媒介教育的意义、内容和方法[J]．现代传播，1997(1)：29-33.

② 宋小卫．学会解读大众传播 国外媒介素养教育概述[J]．当代传播，2000(2)：61-63；2000(3)：64-65. 宋小卫．西方学者论媒介素养教育[J]．国际新闻界，2000(4)：55-58.

③ 张开．媒体素养教育在信息时代[J]．现代传播，2003(1)：116-118.

经过了理论介绍阶段，更深入的实证调查研究值得期待①。

与媒介素养教育纯粹理性的价值判断相比，媒介经济与管理显然有着更多经世济用的特点，受到了新闻传播学界更多的关注。黄升民的《重提媒介产业化》在2000年再次掀起了新闻传播学界对新闻传媒向产业化发展的关注，该文所揭示的媒体“产业化与其说是一种说法，不如说是一种现实”，吹响了新闻传播学界揭开一个研究禁区的号角，即可以大胆地用经济学、管理学的视角来审视被视为意识形态禁区的媒体业②。喻国明对媒介产业的传播营销策略进行了分析③；由孙正一领衔的课题组则现实考察了我国新闻媒体资本运营情况④；魏永征则描述了当时业外资本纷纷进入中国传媒业的状况，并对有关做法的合法性作了探讨⑤；郑保卫提出了我国新闻传媒业开发自己核心竞争力的方法⑥。这些文章涉及营销策略、资本运营、市场规范、核心竞争力等媒介与管理研究的诸多领域，试图用经济学、管理学的解释框架来探讨中国的媒介产业进程。其中的集大成者无疑是喻国明关于传媒产业为影响力经济的阐述，该文于2003年发表，仅用4年的时间就成为中国新闻传播学界被引用最多的一篇学术文献。该文不再是简单的套用经济学、管理学的概念和研究方法，而是综合学者本人在这一研究领域的深入思考，提出传媒产业的本质是影响力经济，并对传媒影响力的发生机制提出了自己的解释框架，这无疑是新闻传播学界在这一学术领域很重要的一次学术创新⑦。

与这两大新兴研究领域相比，以互联网为代表的新媒体研究关注度似乎更高一些。1997年，中国互联网开始渐成规模，当年10月，中国互联网络信息中心组织了第一次中国互联网络发展状况调查，对中国互联网的发展现状进行

---

① 张志安．媒介素养：一个亟待重视的全民教育课题——对中国大陆媒介素养研究的回顾和简评[J]．新闻记者，2004(5)：11-13.

② 黄升民．重提媒介产业化[J]．现代传播，2000(5)：1-5.

③ 喻国明．试论受众注意力资源的获得与维系　关于传播营销的策略分析[J]．当代传播，2000(2)：23-24；2000(3)：18-19.

④ 孙正一．我国新闻媒体资本运营情况初探[J]．新闻记者，2001(4)：3-9；2001(5)：20-24.

⑤ 魏永征．中国传媒业利用业外资本合法性研究[J]．新闻与传播研究，2001(2)：2-11.

⑥ 郑保卫．试论新闻传媒核心竞争力的开发[J]．新闻战线，2003(1)：45-47.

⑦ 喻国明．关于传媒影响力的诠释——对传媒产业本质的一种探讨[J]．国际新闻界，2003(2)：5-10.

了权威数据的发布。中国新闻传播学界对这一新兴的媒体立刻给予了极大的关注。1998 年，陈力丹从理论层面阐述了因特网将极大地改变传统的大众传播方式，提出传统的传播理论须据此做出更新①；卜卫则系统介绍了互联网的各种传播方式，并对互联网对传统传播模式的影响进行了深入的分析②。从此以后，国内以互联网为中心的新媒体研究开始百花齐放。孙少晶认为，计算机网络在给人类带来新的益处的同时，也会对青少年成长产生许多消极影响③；李展把因特网作为一个全球化的传播平台，认为可借此进行跨文化的传播，扩大中国的国际影响力④；陈力丹用“自由与控制”这一新闻传播中常青的解释框架来分析因特网这一新兴媒体，认为尽管因特网提供了从未有过的自由获取和发出信息的权利，但依然在传播技术层面存在着各种限制⑤；李希光等运用内容分析研究方法，实证检验了电子论坛对中国舆论议程的影响，并认为互联网已成为中国政府了解民情、民意的重要渠道⑥；彭兰则在信息流与意见流两个层面，试图通过构建网络新闻传播结构框架来理解网络新闻传播的复杂过程⑦。而在这诸多新媒体研究的文献中，被引最多的《博客与传统媒体的竞争、共生、问题和对策》尤受人关注。从严格意义而言，这是业界发展影响学术研究的一个典型范例。方兴东虽以清华博士生的身份发文，但这一文献在更大程度上反映了他作为中国博客业创始人的思考。将 Blog 译为“博客”，并在学界发出了“博客开创个人出版”的宣言，由此拉开了新闻传播学界对这一领域极为关注的序幕⑧。图 8-25 为中国新闻传播高被引论文研究领域分布图。

① 陈力丹．大众传播理论如何面对网络传播[J]．国际新闻界，1998(Z1)：83-89.

② 卜卫．互联网络对大众传播的影响[J]．国际新闻界，1998(3)：5-11；1998(4)：33-40.

③ 孙少晶．网络传播对青少年的负面影响[J]．青年研究，1999(7)：36-38.

④ 李展．因特网上的跨文化传播[J]．厦门大学学报，1999(1)：69-74.

⑤ 陈力丹．论网络传播的自由与控制[J]．新闻与传播研究，1999(3)：14-21.

⑥ 李希光等．谁在设置中国今天的议程？——电子论坛在重大新闻事件中对党报议题的重构[J]．新闻与传播研究，2001(3)：55-62.

⑦ 彭兰．网络新闻传播结构的构建与分析[J]．国际新闻界，2003(1)：54-61；2003(3)：31-35.

⑧ 方兴东，等．博客与传统媒体的竞争、共生、问题和对策——以博客(blog)为代表的个人出版的传播学意义初论[J]．现代传播，2004(2)：80-86.

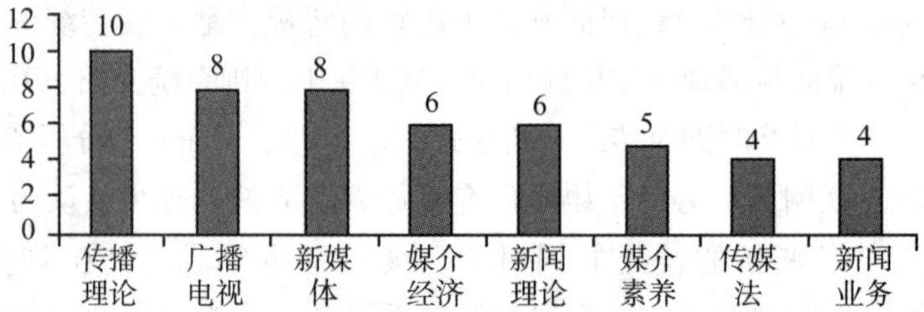

图 8-25　中国新闻传播学高被引论文研究领域分布

8.5.4　结语

特别需要说明的是，本书的研究对象高被引论文并不等同于高质量论文，其中的排序也不是具有价值判断的排行，它更大程度上是从统计学的意义反映出改革开放以来中国新闻传播学的学术研究热点。文献引用的动机极为复杂，利用引文数据评价单篇学术文献很容易掉入“数字崇拜”的陷阱，但大范围地观察一个学科的发展热点、趋势却不失为一个有效的测量工具。即通过纵览30 多年来中国新闻传播学高被引的学术文献，发现其中的问题，这也是本书研究的主要目的所在。如图 8-25 所示。

就新闻传播学的学科内生机制而言，我们发现这些高被引文献体现出一个“新”的特点。这种“新”体现在三个方面，一是新概念的引入，如媒介素养、媒介生态、公共领域、博客、公共新闻等，这类新概念的引入一个比较主要突出的特点就是欧美化。这一方面反映了我国新闻传播学界在紧跟国际主流学界的步伐；另一方面，如此之多引介性的文献成为“深度”学术研究的焦点，可能更多的还是在暗示国内新闻传播学界尽管经过二三十年的建设却还处于学科初立阶段。二是文献时间新，在一个 30 年的统计时段中，排除 20 世纪 90 年代以前的学术环境不重视学术论文的发表方法这一时代因素，在 50 篇最高被引的文献中，2000 年以后发表的占了 3/5，也就是说短短的 5～6 年就可以成为本学科的关注高峰。而同类的文献在法学、经济学则往往需要 10 年左右。文献时间新，一方面有着迅速得到重视的时效优势；另一方面又很容易随着时间的延长而被后来者所取代，缺乏学科的积累性。三是新人的出现，即在这些高被引文献中，除了大部分是学界公认的核心作者，一些就读的博士生也崭露头角，如复旦大学的林晖、张志安，清华大学的方兴东。在一些发展较成熟的经济学、法学、社会学等社会科学领域，这种博士生的研究成果能在本学科几十年的研究中成为研究焦点，只是凤毛麟角，大范围地成为一个集体现象绝无可能。这反映出整个中国新闻传播学界还属于新兴学科领域，进入门槛不高。这些新的学科特征，反映出中国新闻传播学界在高速发展中存在的一个重要缺陷，即学术传统的建设还有待加强①。

与前述内在的新相比，新闻传播学呈现出一种外在保守的特性。这种保守的封闭性在学科内外两方面都表现得比较突出。内在方面，新闻传播学领域的学者不太关注其他社会科学的最新研究成果。新闻传播学科在很大程度上被看作一个交叉学科领域，从传播学的创立者来看，数学、社会学、经济学、心理学和信息科学等社会科学都留有很深的印迹，但从目前中国新闻传播学学术界整体的引证行为来看，主要是本学科领域的中外著述，而对其他学科的最新研究进展则基本漠视②。外在方面，新闻传播学对整个中国社会科学学术界的学术影响呈现出整体的失语。新闻传播学科的高被引文献都集中在本领域的专业期刊或本校的学报上出版，而在《中国社会科学》等国内被公认的顶级文科学术平台连发表都成为一件难事，更别提在其他社会科学领域发挥持续的影响力。这种跨学科交往的保守特征已成为制约新闻传播学科进行学术创新的一个重要障碍。

新闻传播学作为一个新兴的学科，一方面要重视学术传统的建立，即在学术研究类型上，应更倡导纯研究、基础研究或理论研究。对于纯粹的学术论文，提出要具备一定篇幅的字数要求和社会科学学术共同体承认的写作格式以及文献规范③。新闻传播专业学术出版要从量的扩张走向质的提升。另一方面，在加强学术传统建设的基础环境下，以问题为导向的跨学科研究将呈现出学术创新的多种可能。在今后十年中国传媒文化体制改革、新媒体技术日新月异发展的大背景下，只有经济学、管理学、信息科学、心理学、社会学、政治学、法学等其他社会科学最新研究成果的进入，才有可能真正带来中国新闻传播学内在质的提升和学术的繁荣。

① 郭可，等．中美新闻传播学学术传统比较研究兼谈我国新闻传播学的发展[J]．新闻大学，2008(1)：53-63.

② 葛岩．问题：跨学科对话、合作的可能途径[J]．新闻大学，2008(1)：57-59.

③ 杜骏飞．沉重的翅膀：期刊迷局与新闻传播学的解放[J]．中国传媒报告，2008(2)；陈韬文．中国传播研究的发展困局：为什么与怎么办[J]．新闻大学，2008(1)：1-7.

参考文献

外文参考文献

[1] An X Y, Wu Q Q. Co-word Analysis of the Trends in Stem Cells Field Based on Subject Heading Weighting[J]. Scientometrics, 2011, 88(1).

[2] Barabási A L, Albert R. Emergence of Scaling in Random Networks[J]. Science, 1999, 286(5439).

[3] Barabási A L, Jeong H, Néda Z, et al. Evolution of the Social Network of Scientific Collaborations [J]. Physica A: Statistical Mechanics and its Applications, 2002, 311(3).

[4] Bar-Ilan Judit . Informetrics at the Beginning of the 21st Century: A Review [J]. Journal of Informetrics, 2008(1).

[5] Bastian M, Heymann S, Jacomy M. Gephi: An Open Source Software for Exploring and Manipulating Networks[C]// International AAAI Conference on Weblogs and Social Media; Third International AAAI Conference on We, 2009.

[6] Batagelj V, Mrvar A. Pajek—Analysis and Visualization of Large Networks [C]// Graph Drawing Software, 2003.

[7] Batagelj V, Mrvar A. Pajek-Analysis and Visualization of Large Networks[M]// Graph Drawing. Springer Berlin Heidelberg, 2002.

[8] Beckmann M J. Economic Models of Knowledge Networks, Networks in Action [M]. Berlin, Heidelberg, New York, Tokyo: Springer-Verlag, 1995.

[9] Blondel V D, Guillaume J L, Lambiotte R, et al. Fast Unfolding of Communities in Large Networks[J]. Journal of Statistical Mechanics: Theory and Experiment, 2008.

[10] Bonzi S, Snyder H W. Motivations for Citation: A Comparison of Self Citation

and Citation to Others[J]. Scientometrics, 1991, 21(2).

[11] Borgatti S P, Everett MG, Freeman LC. Ucinet for Windows: Software for Social Network Analysis[J]. In, 2002.

[12] Börner K, Chen C, Boyack K W. Visualizing Knowledge Domains[J]. Annual Review of Information Science and Technology, 2003, 37(1).

[13] Bornmann L, Daniel H. What Do Citation Counts Measure? A Review of Studies on Citing Behavior[J]. Journal of Documentation, 2008, 64(1).

[14] Boyack K, Small H, Klavans R. Improving the Accuracy of Co-citation Clustering Using Full Text[J]. Journal of the American Society for Information Science and Technology. 2013, 64(9).

[15] Bradford S C. Sources of in Formation on Specific Subjects[J]. Engineering, 1934, 137.

[16] Brooks T A. Private Acts and Public Objects: An Investigation of Citer Motivations[J]. Journal of the American Society for Information Science, 1985, 36(4).

[17] Callahan A, Hockema S, Eysenbach G. Contextual Cocitation: Augmenting Cocitation Analysis and its Applications[J]. Journal of the American Society for Information Science and Technology, 2010, 61(6).

[18] Callon M, Courtial J P, Laville F. Co-word Analysis as a Tool for Describing the Network of Interactions Between Basic and Technological Research: the Case of Polymer Chemsitry[J]. Scientometrics, 1991, 22(1).

[19] Callon, Courtial J P, Laville F. Co-word Analysis for Basie and Technological Research[J]. Scientmetries, 1991(22).

[20] Cano V. Citation Behavior: Classification, Utility, and Location[J]. Journal of the American Society for Information Science, 1989, 40(4).

[21] Card S K, Mackinlay J D, Shneiderman B. Readings in Information Visualization: Using Vision to Think [J]. Morgan Kaufmann Series in Interactive Technologies, 1999.

[22] Carley K M. Information Technology and Knowledge Distribution in C3I Teams[A]. Proceedings of the 2002 Command and Control Research and Technology Symposium[C]. Vienna, 2002.

[23] Case D O, Higgins G M . How can We Investigate Citation Behavior? A Study of Reasons for Citing Literature in Communication[J]. Journal of the American

Society for Information Science, 2000, 51(7).

[24] Chen C, Leydesdorff L. Patterns of Connections and Movements in Dual-map Overlays: A New Method of Publication Portfolio Analysis[J]. Journal of the Association for Information Science and Technology, 2014, 65(2).

[25] Chen C. Citespace II: Detecting and Visualizing Emerging Trends and Transient Patterns in Scientific Literature[J]. Journal of the American Society for Information Science and Technology, 2006, 57(3).

[26] Chen C. Generalized Similarity Analysis and Path-finder Network Scaling[J]. Journal of the American Society for Information and Technology, 1998, 10(2).

[27] Chen C. Searching for Intellectual Turning Points: Progressive Knowledge Domain Visualization[J]. Proceedings of the National Academy of Science, 2004, 101(Suppl 1).

[28] Chen Y, Börner K, Fang S. Evolving Collaboration Networks in Scientometrics in 1978-2010: A Micro-Macro Analysis[J]. Scientometrics, 2013, 95(3).

[29] Chen C. Mapping Scientific Frontiers: the Quest for Knowledge Visualization[M]. Springer, 2013.

[30] Chen C, Ibekwe-sanjuan F, Hou J. The Structure and Dynamics of Co-citation Clusters: A Multiple-perspective Co-citation Analysis [J]. Journal of the American Society for Information Science and Technology, 2010, 61 (7).

[31] Chinchilla-Rodríguez Z, Ferligoj A, M Iguel S, et al. Blockmodeling of Co-authorship Networks in Library and Information Science in Argentina: A Case Study[J]. Scientometrics, 2012, 93(3).

[32] Christian Tominsiki. Event-Based Visualizaition for User-centered Visual Analysis [D]. Institute for Computer Science, University of Rostock, 2006.

[33] Cobo M J, López Herrera A G, Herrera Viedma E, et al. An Approach for Detecting, Quantifying, and Visualizing the Evolution of a Research Field: A Practical Application to the Fuzzy Sets Theory Field [J]. Journal of Informetrics, 2011, 5(1).

[34] Cohen W M, Levinthal D A. Absorptive Capacity: A New Perspective on Learning and Innovation[C]// Administrative Science Quartery. 1990.

[35] Cole F J, Hulme E W. The History of Comparative Anatomy a Statistical Analys is of the Literature[J]. Science Progress, 1917 (11).

[36] Coleman, J S. Social Capital in the Creation of Human Capital, American

Journal of Sociology, 1988, 94(2).

[37] Dalp R, Gauthier E, Ippersiel M P. The State of Nanotechnology Research: Report to the National Research Council of Canada[R]. 1997.

[38] Ding Y, Liu X, Guo C, et al. The Distribution of References Across Texts: Some Implications for Citation Analysis[J]. Journal of Informetrics, 2013, 7 (3).

[39] Drucker P. Managing for the Future : The 1990s and Beyond[J]. Postmodern Management and Organization Theory, Sage Publications, 1993.

[40] Egghe L, Rousseau R. Introduction to Informetrics: Quantitative Methods in Library, Documentation and Information Science[M]. New York: Elsevier Science Publishers, 1990.

[41] Egghe L. Theory of Collaboration and Collaborative Measures[J]. Information Processing & Management, 1991, 27(2).

[42] Elkiss A, Shen S, Fader A, et al. Blind Men and Elephants: What do Citation Summaries Tell us about a Research Article? [J]. Journal of the American Society for Information Science and Technology, 2008, 59(1).

[43] Enrique Orduna-malea, Juan Manuel Ayllon, et al. Empirical Evidences in Citation-based Search Engines: Is Microsoft Academic Search Dead? [J]. Computer Science, 2014, 38(7).

[44] Erdos P, Renyi A. On the Evolution of Random Graphs[J]. Publ Math Inst Hungary Acd Sci, 1960(5).

[45] Garfied E. Citation Analysisas a Tool in Journal Evaluation[J]. Science, 1972 (178).

[46] Garfied E. Citation Index for Science[J]. Science, 1955(122).

[47] Garfield E. Can Citation Indexing be Automated? [J]. Essays of an Information Scientist , 1962 (1).

[48] Garfield E. Citation Indexes for Science: A New Dimention in Documentation Through Association of Ideas[J]. Science, 1955, 122 (3159).

[49] Garfield E. Research Fronts[J]. Current Contents, 1994, 41(10).

[50] Gazni A, Sugimoto C R, Didegah F. Mapping World Scientific Collaboration: Authors, Institutions, and Countries[J]. Journal of the American Society for Information Science and Technology, 2012, 63(2).

[51] Gipp B, Beel J. Citation Proximity Analysis (Cpa)—A New Approach for

Identifying Related Work Based on Co-citation Analysis[C]//Proceedings of the 12th International Conference on Scientometrics and Informetrics(ISSI09). Rio De Janeiro (Brazil): International Society for Scientometrics and Informetrics, 2009, 2.

[52] Glenisson P, Glanzel W, Janssens F, De Moor B. Combining Full Text and Bibliometric Information in Mapping Scientific Disciplines. Information Processing and Management, 2005, 41(6).

[53] Gmur M. Co-citation Analysis and the Search for Invisible Colleges: A Methodological Evaluation[J]. Scientometrics, 2003, 57(1).

[54] Granovetter M S. The Strength of Weakties [J]. American Journal of Sociology, 1973.

[55] Granovetter M. Economic Action and Social Structure: The Problem of Embeddedness[J]. American Journal of Sociology, 1985.

[56] Grant R M. Toward a Knowledge-based Theory of the Firm [J]. Strategic Management Journal, 1996, 17(S2).

[57] Gross P L K, Gross E M. College Libraries and Chemical Education [J]. Science, 1927, 66(1713) .

[58] Guns R, Rousseau R. Recommending Research Collaborations Using Link Prediction and Random Forest Classifiers[J]. Scientometrics, 2014, 98(1).

[59] Haber R B, Mc Nabb D A. Visualization Idioms: A Conceptual Model for Scientific Visualization Systems [J]. Visualization in Scientific Computing, 1990(74).

[60] Hamid Etemad, Yender Lee. The Knowledge Network of International Entrepreneurship: Theory and Evidence. Small Business Economics, 2003 (2).

[61] Havre S, Hetzler E, Whitney P, et al. Themeriver: Visualizing Thematic Changes in Large Document Collections [J]. Visualization and Computer Graphics, IEEE Transactions on, 2002, 8(1).

[62] Herlach G. Can Retrieval of Information from Citation Indexes be Simplified? Multiple Mention of a Reference as Acharacteristic of the Link between Cited and Citing Article [J]. Journal of the American Society for Information Science, 1978, 29(6).

[63] Hirsch J E. An Index to Quantify an Individuals Scientific Research Output

[J]. The National Academy of Sciences of the USA, 2005, 102 (46).
[64] Hu C P, Hu J M, Deng S L, et al. A Co-word Analysis of Library and Information Science in China[J]. Scientometrics, 2013, 97(2).
[65] Hu Z, Chen C, Liu Z. Where are Citations Located in the Body of Scientific Articles? A Study of the Distributions of Citation Locations[J]. Journal of Informetrics, 2013, 7(4).
[66] Igami M, Saka A. Capturing the Evolving Nature of Science, the Development of New Scientifie Indicators and the Mapping of Science [R]. OECD Publishing, 2007.
[67] Illuminating the Path: The Research and Development Agenda for Visual Analytics[M]. IEEE Computer Society Press, 2005.
[68] Janssens F, Leta J, Glanzel W, De Moor B. Towards Mapping Library and Information Science. Information Processing and Management, 2006, 42(6).
[69] Jarneving B. Bibliographic Coupling and its Application to Research-front and Other Core Documents[J]. Journal of Informetrics, 2007, 1(4).
[70] Jevremov T, Pajić D, Šipka P. Structure of Personality Psychology Based on Cocitation Analysis of Prominent Authors[J]. Psihologija, 2007, 40(2).
[71] Johannes S, Guenter G. Hypothesis Generation Guided by Co-word Clustering [J]. Scientometrics, 2003, 56(1).
[72] Kato M, Ando A. The Relationship between Research Performance and International Collaboration in Chemistry[J]. Scientometrics, 2013, 97(3).
[73] Keim D, Andrienko G, Fekete J D, et al. Visual Analytics: Definition, Process, and Challenges[M]. Springer Berlin Heidelberg, 2008.
[74] Kessler M M. Bibliographic Coupling between Scientific Papers[J]. American Documentation, 1963, 14(1).
[75] Kleinberg J. Bursty and Hierarchical Structure in Streams[J]. Data Mining and Knowledge Discovery, 2003, 7(4).
[76] Kogut B, Zander U. Knowledge of the Firm, Combinative Capabilities, and the Replication of Technology[J]. Organization Science, 1992, 3(3).
[77] Kostoff R N, Toothmanb D R, Eberhart H J. Text Mining Using Database Tomography and Bibliometrics: A Review[J]. Technological Forecasting & Social Change, 2001(68).
[78] KT Anuradha, Sk Ramya. Scientific Collaboration in Academic Institutions: A

Case Study with Indian Institute of Science Publications[J]. Srels Journal of Information Management. 2008, 45(2).

[79] Law J, Bauin S, Courtial J P, et al. Policy and the Mapping of Scientific Change: A Co-word Analysis of Research into Environmental Acidification[J]. Scientometrics, 1988, 14(3).

[80] Lawani S M. Quality, Collaboration and Citations in Cancer Research: A Bibliometric Study[D]. Florida State University, 1980.

[81] Lexisnexis. HPCC[EB/OL]. [2015-05-25]. http://hpccsystems.com/.

[82] Leydesdorff L, Carley S, Rafols I. Global Maps of Science Based on the New Web-of-science Categories[J]. Scientometrics, 2013, 94(2).

[83] Leydesdorff L, Rafols I, Chen C. Interactive Overlays of Journals and the Measurement of Interdisciplinarity on the Basis of Aggregated Journal-journal Citations[J]. Journal of the American Society for Information Science and Technology, 2013, 64(12).

[84] Leydesdorff L, Rafols I. A Global Map of Science based on the ISI Subject Categories[J]. Journal of the American Society for Information Science and Technology, 2009, 60(2).

[85] Leydesdorff L, Rafols I. Indicators of the Interdisciplinarity of Journals: Diversity, Centrality, and Citations[J]. Journal of Informetrics, 2011, 5(1).

[86] Leydesdorff L, Vaughan L. Co-occurrence Matrices and Their Applications in Information Science: Extending ACA to the Web Environment[J]. Journal of the American Society for Information Science and Technology, 2006, 57(12).

[87] Leydesdorff L, Wagner C S. International Collaboration in Science and the Formation of a Core Group[J]. Journal of Informetrics, 2008, 2(4).

[88] Leydesdorff L. Mapping Interdisciplinarity at the Interfaces between the Science Citation Index and the Social Science Citation Index[J]. Scientometrics, 2007, 71(3).

[89] Leydesdorff. The Challenge of Scientometries[M]. Leiden: The Netherlands, 1995.

[90] Li J, Li Y. Patterns and Evolution of Coauthorship in China's Humanities and Social Sciences[J]. Scientometrics, 2014, 102.

[91] Liben-Nowell D, Kleinberg J. The Link-prediction Problem for Social Networks[J]. Journal of the American Society for Information Science and

Technology, 2007, 58(7).

[92] Lipetz B A. Improvement of the Selectivity of Citation Indexes to Science Literature through Inclusion of Citation Relationship Indicators[J]. American Documentation, 1965, 16(2).

[93] Liu M. Progress in Documentation the Complexities of Citation Practice: A Review of Citation Studies[J]. Journal of Documentation, 1993, 49(4).

[94] Liu S, Chen C. The Differences between Latent Topics in Abstracts and Citation Contexts of Citing Papers[J]. Journal of the American Society for Information Science and Technology, 2013, 64(3).

[95] Liu S, Chen C. The Differences between Latent Topics in Abstracts and Citation Contexts of Citing Papers[J]. Journal of the American Society for Information Science and Technology, 2013, 64(3).

[96] Liu S, Chen C. The Proximity of Co-citation[J]. Scientometrics, 2012, 91(2).

[97] Loe L, Miehael C. Mapping University-Industry-Government Relations on the Internet: the Construction of Indicators for a Knowledge-Based Economy[EB/OL]. [2006-04-12]. http://www.cindoe.csic.es/cybermetries/artieles/v4i1p2.pdf.

[98] Lotka A J. The Frequency Distribution of Scientific Productivity[J]. Journal of the Washington Academy of Sciences, 1926, 16(12).

[99] Munzner T. Visualization Analysis and Design: Abstractions, Principles, and Methods[M]. [2012-12-12]. http://www.cs.ubc.ca/~tmm/courses/533/book/.

[100] Ma R, Dai Q, Ni C, et al. An Author Co-citation Analysis of Information Science in China with Chinese Google Scholar Search Engine, 2004-2006[J]. Scientometrics, 2009, 81(1).

[101] Ma R. Author Bibliographic Coupling Analysis: A Test based on a Chinese Academic Database[J]. Journal of Informetrics, 2012, 6(4).

[102] Maccallum R. A Comparison of Factor Analysis Programs in SPSS, BMDP, and SAS[J]. Psychometrika. 1983, 48(2).

[103] Mahout[EB/OL]. [2015-05-25]. http://mahout.apache.org/.

[104] Mane K K, Börner K. Mapping Topics and Topic Bursts in PNAS[J]. Proceedings of the National Academy of Sciences, 2004, 101(Suppl 1).

[105] McCain K W, Turner K. Citation Context Analysis and Aging Patterns of Journal Articles in Molecular Genetics[J]. Scientometrics, 1989, 17(1).

[106] McCain K W. Mapping Authors in Intellectual Space: A Technical Overview [J]. Journal of the American Society for Information Science, 1990, 41(6).

[107] McCain K W. Mapping Authors in Intellectual Space: A Technical Overview[J]. Journal of the American Society for Information Science, 1990, 41(6).

[108] Mcgloin J M, Kirk D S. An Overview of Social Network Analysis[J]. Journal of Criminal Justice Education. 2010, 21(2).

[109] Mei Q. Zhai C. Generating Impact-based Summaries for Scientific Literature[A]. The Proceedings of ACL[C]. Columbus: ACL, 2008.

[110] Microsoft. Azure Table [EB/OL]. [2015-05-25]. https://azure.microsoft.com/.

[111] Morris S A, Yen G, Wu Z, et al. Time Line Visualization of Research Fronts[J]. Journal of the American Society for Information Science and Technology, 2003, 54(5).

[112] Nahapiet J, Ghoshal S. Social Capital, Intellectual Capital, and the Organizational Advantage[J]. Academy of Management Review, 1998, 23(2).

[113] Nakov P I, Schwartz A S, Hearst M. Citances: Citation Sentences for Semantic Analysis of Bioscience Text[C]//Proceedings of the SIGIR'04 Workshop on Search and Discovery in Bioinformatics. 2004.

[114] Newman M E J, Girvan M. Finding and Evaluating Community Structure in Networks[J]. Physical Review E, 2004, 69(2).

[115] Newman M E J. Fast Algorithm for Detecting Community Structure in Networks[J]. Physical Review E, 2004, 69(6).

[116] Newman M E. Scientific Collaboration Networks. I. Network Construction and Fundamental Results[J]. Physical Review E, 2001, 64(1).

[117] Nonaka I. The Knowledge-creating Compay. Hawarel Business Review, 1995, 85(7/8).

[118] Olle Persson. Bibexcel [EB/OL]. [2015-05-11]. https://bibliometrie.univie.ac.at/bibexcel/.

[119] Osareh F, McCain K W. The Structure of Iranian Chemistry Research, 1990-

2006: An Author Cocitation Analysis[J]. Journal of the American Society for Information Science and Technology, 2008, 59(13).

[120] Overview of Research Fronts [EB/OL]. [2014-03-06]. http://esi.webofknowledge.com/help/h_datres.htm.

[121] Paivio A. Mental Representations: A Dual Coding Approach[M]. Oxford: Oxford University Press, 1986.

[122] Palla G, Barabási A L, Vicsek T. Quantifying Social Group Evolution[J]. Nature, 2007, 446(7136).

[123] Persson O, Danell R, Schneider J W. How to Use Bibexcel for Various Types of Bibliometric Analysis[J]. Celebreating Scholarly Communication Studies. Leuven, Belgium: Issi. 2009.

[124] Persson O. The Intellectual Base and Research Fronts of JASIS 1986-1990[J]. Journal of the American Society for Information Science, 1994, 45(1).

[125] Pierce S J. Boundary Crossing in Research Literatures as a Means of Interdisciplinary Information Transfer[J]. Journal of the American Society for Information Science, 1999, 50(3).

[126] Pivotal Software. Redis[EB/OL]. [2015-05-25]. http://redis.io/.

[127] Porer A L, Kongthon A, Lu J C. Research Profiling: Improving the Literature Review[J]. Scientometrics, 2002, 53(3).

[128] Porter A L, Cohen A S, Roessner J D, et al. Measuring Researcher Interdisciplinarity[J]. Scientometrics, 2007, 72(1).

[129] Porter A L, Rafols I. Is Science Becoming More Interdisciplinary? Measuring and Mapping Six Research Fields Overtime[J]. Scientometrics, 2009, 81(3).

[130] Porter A L, Roessner J D, Cohen A S, et al. Interdisciplinary Research: Meaning, Metrics and Nurture[J]. Research Evaluation, 2006, 15(3).

[131] Price D D. Networks of Scientific Papers [J]. Science (S0036-8075), 1965, 149.

[132] Pullen J M. The Network Workbench: Network Simulation Software for Academic Investigation of Internet Concepts[J]. Computer Networks, 2000, 32(3).

[133] Putnam, R. Progesterone and Corticosteroid Regulation of Hypothalamic and

Pituitary Opioid Content during LH Surge Induction [J]. Molecular and Cellular Neuroscience, 1992, 2(3).

[134] Putnam, R. Bowling Alone: America's Declining Social Capital in America, Journal of Democracy, 1995, 6(1).

[135] Qin H. Knowledge Discovery through Co-word Analysis[J]. Library Trends, 1999, 48(1).

[136] R Development Core Team. R[EB/OL]. [2015-05-25]. http://www.r-project.org/.

[137] R. N. Kostoff. Database Tomography: Multidiscip Linary Research Thrusts From Co-word Analysis. Proceedings: Portland International Conference on Management of Engineering and Technology, 1991.

[138] Rafols I, Meyer M. Diversity and Network Coherence as Indicators of Interdisciplinarity: Case Studies in Bionanoscience [J]. Scientometrics, 2010, 82(2).

[139] Rapid Miner[EB/OL]. [2015-05-25]. https://rapidminer.com/.

[140] Scharnhorst, A, Börner, K, van den Besselaar, P. Models of Science Dynamics: Encounters between Complexity Theory and Information Sciences[M]. Springer, 2012, 18(4).

[141] Schneider J W. Verification of Bibliometric Methods' Applicability for Thesaurus Construction. [J]. Acm Sigir Forum, 2004(39).

[142] Schoepflin, U, Glanzel, W. Two Decades of "Scientometrics"—An Interdisciplinary Field Represented by Its Leading Journal. Scientometrics, 2001, 50(2).

[143] Scopus机构 [EB/OL]. [2015-06-10]. https://www.scopus.com/customer/institutionchoice.url.

[144] Seglen O. Why the Imipact Factor of Journals Should not be Used for Evaluating Research[J]. BMJ, 1997, 14(7079).

[145] Shadish W R, Tolliver D, Gray M, et al. Author Judgements about Works They Cite: Three Studies from Psychology Journals [J]. Social Studies of Science, 1995, 25(3).

[146] Shibata N, Kajikawa Y, Sakata I. Link Prediction in Citation Networks[J]. Journal of the American Society for Information Science and Technology, 2012, 63(1).

[147] Shibata N, Kajikawa Y, Takeda Y, et al. Comparative Study on Methods of Detecting Research Fronts Using Different Types of Citation[J]. Journal of the American Society for Information Science and Technology, 2009, 60(3).

[148] Shibata N, Kajikawa Y, Takeda Y, et al. Detecting Emerging Research Fronts Based on Topological Measures in Citation Networks of Scientific Publications[J]. Technovation, 2008, 28(11).

[149] Small H G. A Co-citation Model of a Scientific Specialty: A Longitudinal Study of Collagen Research[J]. Social Studies of Science, 1977.

[150] Small H G. Cited Documents as Concept Symbols[J]. Social Studies of Science, 1978, 8(3).

[151] Small H, Griffith B C. The Structure of Scientific Literatures I: Identifying and Graphing Specialties[J]. Science Studies, 1974.

[152] Small H, Sweeney E, Greenlee E. Clustering the Science Citation Index Using Co-citations. II. Mapping Science[J]. Scientometrics, 1985, 8(5).

[153] Small H. Co-citation in the Scientific Literature: A New Measure of the Relationship bewteen Two Documents[J]. Journal of the American Society for Information Science and Technology, 1973, 24 (4).

[154] Small H. Interpreting Maps of Science Using Citation Context Sentiments: A Preliminary Investigation[J]. Scientometrics, 2011, 87(2).

[155] Small H. Macro-level Changes in the Structure of Co-citation Clusters: 1983-1989[J]. Scientometrics, 1993, 26(1).

[156] Stirling A. A General Framework for Analysing Diversity in Science, Technology and Society[J]. Journal of the Royal Society Interface, 2007, 4 (15).

[157] Subramanyam K. Bibliometric Studies of Research Collaboration: A Review [J]. Journal of Information Science, 1983, 6(1).

[158] Swan R, Jensen D. Timemines: Constructing Timelines With Statistical Models of Word Usage[C]//KDD-2000 Workshop on Text Mining, 2000.

[159] SzulanskiG, Szulanski G. Exploring Internal Stickiness: Impediments to the Transfer of Best Practice within the Firm [C]// Strategic Management Journal, 1996.

[160] Takeda Y, Kajikawa Y. Optics: A Bibliometric Approach to Detect Emerging Research Domains and Intellectual Bases[J]. Scientometrics, 2009, 78(3).

[161] Tang R, Safer M A. Author-rated Importance of Cited References in Biology and Psychology Publications[J]. Journal of Documentation, 2008, 64(2).
[162] Teufel, S. The Structure of Scientific Articles: Applications to Citation Indexing and Summarization[M]. Stanford, CA: CSLI Publications, 2010.
[163] The Apache Software Foundation. Hadoop [EB/OL]. [2015-05-25]. http://hadoop.apache.org/.
[164] Van den Besselaar. The Cognitive and the Social Structure of STS. Scientometrics, 2001, 51(2).
[165] Van Eck N J, Waltman L. How to Normalize Cooccurrence Data? An Analysis of Some Well-known Similarity Measures[J]. Journal of the American Society for Information Science and Technology, 2009, 60(8).
[166] Van Eck N J, Waltman L. Software Survey: VOS viewer, a Computer Program for Bibliometric Mapping[J]. Scientometrics, 2010, 84(2).
[167] Verna Allee. The Knowledge Evolution. Boston Butterworth-Heinemann, 1997.
[168] Viana M P, Amancio D R, da F Costa L. On Time-varying Collaboration Networks[J]. Journal of Informetrics, 2013, 7(2).
[169] Viedma-Del-Jesus M I, Perakakis P, Muñoz M Á, et al. Sketching the First 45 Years of the Journal Psychophysiology (1964-2008): A Co-word-based Analysis[J]. Psychophysiology, 2011, 48(8).
[170] Vinkler P. A Quasi-quantitative Citation Model[J]. Scientometrics, 1987, 12(1).
[171] Wagner C S, Roessner J D, Bobb K, et al. Approaches to Understanding and Measuring Interdisciplinary Scientific Research (IDR): A Review of the Literature[J]. Journal of Informetrics, 2011, 5(1).
[172] Ward M, Grinstein G, Keim D. Interactive Data Visualization: Foundations, Techniques, and Applications[M]. AK Peters, Ltd., 2010.
[173] Wasserman S. Social Network Analysis: Methods and Applications[M]. Cambridge: Cambridge University Press, 1994.
[174] Wattsd J, Strogatz S H. Collective Dynamics of "Small-world" Networks[J]. Nature, 1998, 393(6684).
[175] Weinstock M. Citation Index[J]. Encyclopedia of Library and Information Science, 1971(5).
[176] Wellman B, Berkowitzs D. Social Structures: A Network Approach[M].

Cambridge: Cambridge University Press, 1988.

[177] White H D, Griffith B C. Author Cocitation: A Literature Measure of Intellectual Structure [J]. Journal of the American Society for Information Science, 1981, 32(3).

[178] White H D, McCain K W. Visualizing A Discipline: An Author Co-citation Analysis of Information Science, 1972-1995 [J]. Journal of the American Society for Information Science, 1998, 49(4).

[179] White H D. Pathfinder Networks and Author Cocitation Analysis: A Remapping of Paradigmatic Information Scientists [J]. Journal of the American Society for Information Science and Technology, 2003, 54(5).

[180] Wikipedia. Big Table [EB/OL]. [2015-05-25]. http: //en. wikipedia. org/wiki/Bigtable.

[181] Wikipedia. Data Science [EB/OL]. [2015-05-15]. http: //en. wikipedia. org/wiki/Data_ science.

[182] Wikipedia. Map Reduce [EB/OL]. [2015-05-25]. http: //en. wikipedia. org/wiki/Map Reduce.

[183] Yan E J, Dan E, Ding Y. Scholarly Network Similarities: How Bibliographic Coupling Networks, Citation Networks, Cocitation Networks, Topical Networks, Coauthorship Networks, and Coword Networks Relate to Each Other [J]. Journal of the American Society for Information Science and Technology, 2012, 63(7).

[184] Yan E, Ding Y, Zhu Q. Mapping Library and Information Science in China: A Coauthorship Network Analysis [J]. Scientometrics, 2010, 83(1).

[185] Yan E, Guns R. Predicting and Recommending Collaborations: An Author-, Institution-, and Country-level Analysis [J]. Journal of Informetrics, 2014, 8(2).

[186] Ying D, Gobinda G. Bibliometric Cartography of Information Retrieval Search by Using Co-word Analysis [J]. Information Processing and Management, 2001, 5(37).

[187] Zhai L, Yan X, Shibchurn J, et al. Evolutionary Analysis of International Collaboration Network of Chinese Scholars in Management Research [J]. Scientometrics, 2014, 98(2).

[188] Zhao D, Strotmann A. Evolution of Research Activities and Intellectual

Influences in Information Science 1996-2005: Introducing Author Bibliographic-Coupling Analysis [J]. Journal of the American Society for Information Science and Technology, 2008, 59(13).

[189] Zhao D, Strotmann A. Knowledge Base and Research front of Information Science 2006-2010: An Author Co-citation and Bibliographic Coupling Analysis[J]. Journal of the American Society for Information Science and Technology, 2014 (In Press).

[190] Zhao R, Xu L, Zhao Y. From the Knowledge Management to Knowledge Management Science[C]// Management and Service Science (MASS), 2010 International Conference on. IEEE, 2010.

中文参考文献

[1] 百度百科. 百度学术搜索[EB/OL]. [2015-06-16]. http://baike.baidu.com/view/5844732.htm? fromtitle=百度学术&type=syn.

[2] 百度学术[EB/OL]. [2015-06-16]. http://xueshu.baidu.com/.

[3] 毕建武, 贾进章, 刘丹. 基于SPSS多元回归分析的回采工作面瓦斯涌出量预测[J]. 安全与环境学报, 2013(05).

[4] 卜卫. 互联网络对大众传播的影响[J]. 国际新闻界, 1998(3); 1998(4).

[5] 卜卫. 论媒介教育的意义、内容和方法[J]. 现代传播, 1997(1).

[6] 苍宏宇, 谭宗颖. 国内外信息检索研究热点分析——基于Z-Score标准化的词频[J]. 图书馆建设, 2009(1).

[7] 陈超美, 陈悦, 侯剑华, 等. CiteSpace Ⅱ: 科学文献中新趋势与新动态的识别与可视化[J]. 情报学报, 2009, 28(3).

[8] 陈超美. CiteSpace Ⅱ: 科学文献中新趋势与新动态的识别与可视化[J]. 情报学报, 2009(3).

[9] 陈关荣. 复杂网络及其新近研究进展简介[J]. 力学进展, 2008, 38(6).

[10] 陈菊红, 林聪. 虚拟企业知识共享的过程及其博弈分析[J]. 情报杂志, 2005, 24(2).

[11] 陈力丹. 大众传播理论如何面对网络传播[J]. 国际新闻界, 1998(Z1).

[12] 陈力丹. 论网络传播的自由与控制[J]. 新闻与传播研究, 1999(3).

[13] 陈仕吉. 科学研究前沿探测方法综述[J]. 现代图书情报技术, 2009(9).

[14] 陈为, 沈则潜, 陶煜波. 数据可视化[M]. 北京: 电子工业出版社, 2013.

[15] 陈为, 张嵩, 鲁揆冻. 数据可视化的基本原理与方法[M]. 北京: 科学出

版社，2013.
[16] 陈玉光，丁堃，刘盛博. 基于 CiteSpace Ⅱ 的专利知识可视化的实现机制及其应用[J]. 情报学报，2010，29(4).
[17] 陈远，王菲菲. 基于 CSSCI 的国内情报学领域的作者文献耦合分析[J]. 情报资料工作，2011(5).
[18] 程齐凯，王晓光. 一种基于共词网络社区的科研主题演化分析框架[J]. 图书情报工作，2013，57(8).
[19] 褚金涛. 1999—2004 年国外图书馆学情报学研究领域的分析[J]. 图书情报工作，2005，49(7).
[20] 崔雷，刘伟，闫雷，等. 文献数据库中书目信息共现挖掘系统的开发[J]. 现代图书情报技术，2008，24(8).
[21] 崔雷，胡海容，李纪宾. 文献计量学共引分析系统的设计与开发[J]. 情报学报，2000，19(4).
[22] 崔雷，郑华川. 关于从 MEDlINE 数据库中进行知识抽取和挖掘的研究进展[J]. 情报学报，2003(4).
[23] 邓建友，周晓东. 企业文化对知识共享的影响分析[J]. 科学学与科学技术管理，2005，26(9).
[24] 邓君，马晓君，毕强. 社会网络分析工具 Ucinet 和 Gephi 的比较研究[J]. 情报理论与实践，2014(8).
[25] 邓珞华. 词频分析[J]. 武汉大学学报(社会科学版)，1987(1).
[26] 杜骏飞. 沉重的翅膀：期刊迷局与新闻传播学的解放[J]. 中国传媒报告，2008(2).
[27] 陈韬文. 中国传播研究的发展困局：为什么与怎么办[J]. 新闻大学，2008(1).
[28] 杜友坚. 近年来我国高校成人教育研究热点知识图谱及发展趋势研究——基于成人教育研究文献的共词分析[J]. 中国高教研究，2014(4).
[29] 段京肃，白云. 新闻学与传播学学术期刊影响力研究报告(2000—2004)基于 CSSCI 的分析[J]. 现代传播，2006(5).
[30] 范黎波. 企业知识共享网络的创建和管理——以日本丰田公司的实践作为案例[J]. 当代财经，2003(5).
[31] 方兴东，等. 博客与传统媒体的竞争、共生、问题和对策——以博客(blog)为代表的个人出版的传播学意义初论[J]. 现代传播，2004(2).
[32] 冯璐，冷伏海. 共词分析方法理论进展[J]. 中国图书馆学报，2006，22

(2).
[33] 付允，牛文元，汪云林，等. 科学学领域作者合作网络分析——以《科研管理》(2004—2008)为例[J]. 科研管理，2009，30(3).
[34] 傅立云，吴敏琦，谢海华. SCIE 和 Scopus 引文功能的评价分析[J]. 高校图书馆工作，2009，29(6).
[35] 葛岩. 问题：跨学科对话、合作的可能途径[J]. 新闻大学，2008(1).
[36] 龚立群，朱庆华. 网络计量学的研究方法及应用[J]. 新世纪图书馆，2003(6).
[37] 郭凤娇，李长玲，刘非凡. 基于 SNA 的我国科学学潜在合作情况分析[J]. 科学学研究，2013(2).
[38] 郭可，等. 中美新闻传播学学术传统比较研究兼谈我国新闻传播学的发展[J]. 新闻大学，2008(1).
[39] 郭世泽，陆哲明. 复杂网络基础理论[M]. 北京：科学出版社，2012.
[40] 郭卫东. 技术预见理论方法及关键技术创新模式研究[D]. 北京：北京邮电大学，2007.
[41] 洪坚. 网络级资源发现系统与图书馆信息服务——基于超星中文发现系统的思考[J]. 图书馆工作与研究，2014，1(6).
[42] 洪跃. 读秀学术搜索系统述评[J]. 新世纪图书馆，2010(3).
[43] 侯海燕，刘则渊. 当代国际科学学研究热点演进趋势知识图谱[J]. 科学学研究，2006，27(3).
[44] 侯剑华，刘则渊. 纳米技术研究前沿及其演化的可视化分析[J]. 科学学与科学技术管理，2009，(5).
[45] 胡阿沛，张静，张晓宇. 共词网络分析中 E 指数的改进研究[J]. 情报理论与实践，2014，37(1).
[46] 胡志刚，陈超美，刘则渊，等. 从基于引文到基于引用———种统计引文总被引次数的新方法[J]. 图书情报工作，57(21).
[47] 胡志刚，陈超美，刘则渊，等. 基于 XML[J]. 现代图书情报技术，2012(11).
[48] 化柏林，武夷山. 动态环境需要演化分析[J]. 情报学报，2013，32(9).
[49] 化柏林. 图书情报学核心期刊论文关键词计量分析研究(上)[J]. 情报科学，2007(5).
[50] 黄升民. 重提媒介产业化[J]. 现代传播，2000(5).
[51] 黄晓斌，梁辰. 专利技术的关联网络分析——以 4G 通信技术领域为

例[J]. 情报学报，2015(1).
[52] 黄晓斌，梁颖殷. 从 ASIS&T 年会主题看情报学研究的热点及发展[J]. 情报理论与实践，2009(1).
[53] 姜春林，陈玉光. CSSCI 数据导入 Bibexcel 实现共现矩阵的方法及实证研究[J]. 图书馆杂志，2010(4).
[54] 康宇航. 一种基于共现分析的科技跟踪方法研究[D]. 大连：大连理工大学，2008.
[55] 李纲，李轶. 一种基于关键词加权的共词分析方法[J]. 情报科学，2011，29(3).
[56] 李纲，任佳佳，毛进，等. 专利权人合作网络的社群结构分析——以燃料电池电动汽车专利为例[J]. 情报学报，2014，33(3).
[57] 李纲，王忠义. 基于语义的共词分析方法研究[J]. 情报杂志，2012，30(12).
[58] 李秋实，等. 基于 CSSCI 的中国社会科学文献引文实证研究[J]. 情报资料工作，2008(1).
[59] 李希光，等. 谁在设置中国今天的议程？——电子论坛在重大新闻事件中对党报议题的重构[J]. 新闻与传播研究，2001(3).
[60] 李展. 因特网上的跨文化传播[J]. 厦门大学学报，1999(1).
[61] 梁立明. 科学计量学·指标·模型·应用[M]. 北京：科学出版社，1995.
[62] 梁启东，叶继元. CSSCI 及其评价作用[J]. 中国图书评论，2005(4).
[63] 梁永霞，刘则渊，杨中楷. 引文分析学形成与发展的可视化分析[J.] 图书情报工作，2010，54(2).
[64] 廖胜姣. 科学知识图谱绘制工具：SPSS 和 TDA 的比较研究[J]. 图书馆学研究，2011(5).
[65] 廖胜姣. 科学知识图谱绘制工具：VOSviewer 与 Citespace 的比较研究[J]. 科技情报开发与经济，2011，21(7).
[66] 刘军. 整体网分析讲义[M]. 上海：格致出版社，2009.
[67] 刘军. 社会网络分析导论[M]. 北京：社会科学文献出版社，2004.
[68] 刘绿茵. 基于知识网络的虚拟参考咨询[J]. 图书情报工作，2004，48(1).
[69] 刘全龙. 复杂网络可靠性研究[D]. 北京：北京邮电大学，2007.
[70] 刘则渊，王贤文. 生态经济学研究前沿及其演进的可视化分析[J]. 西南林学院学报，2008，(4).

[71] 刘志辉, 张志强. 作者关键词耦合分析方法及实证研究[J]. 情报学报, 2010 (2).
[72] 刘志辉. 对信息计量学理论、方法和应用的思考[J]. 图书情报研究, 2009, 2(1).
[73] 吕青. 简述网上三大检索工具[J]. 现代情报, 2005(4).
[74] 栾春娟, 侯海燕, 王贤文. 国际科技政策研究热点与前沿的可视化分析[J]. 科学学研究, 2009, 27(2).
[75] 栾春娟, 赵呈刚. 基于SC I的基因操作技术国际前沿分析[J]. 技术与创新管理, 2009, 30(1).
[76] 马费成, 张勤. 国内外知识管理研究热点——基于词频的统计分析[J]. 情报学报, 2006, 25(2).
[77] 马凤, 武夷山. 关于论文引用动机的问卷调查研究——以中国期刊研究界和情报学界为例[J]. 情报杂志, 2009 (6).
[78] 马骏, 唐方成, 郭菊娥, 等. 复杂网络理论在组织网络研究中的应用[J]. 科学学研究, 2005, 23(4).
[79] 马瑞敏, 倪超群. 作者耦合分析: 一种新学科知识结构发现方法的探索性研究[J]. 中国图书馆学报, 2012, 38 (2).
[80] 马瑞敏. 基于作者学术关系的科学交流研究[D]. 武汉: 武汉大学, 2009.
[81] 孟微, 庞景安. Pajek在情报学合著网络可视化研究中的应用[J]. 情报理论与实践, 2008, 31(4).
[82] 裴雷, 马费成. 社会网络分析在情报学中的应用和发展[J]. 图书馆论坛, 2006, 26(6).
[83] 彭兰. 网络新闻传播结构的构建与分析[J]. 国际新闻界, 2003(1); 2003(3).
[84] 邱均平, 吕红. 近五年国际图书情报学研究热点, 前沿及其知识基础——基于17种外文期刊知识图谱的可视化分析[J]. 图书情报知识, 2013 (3).
[85] 邱均平, 马瑞敏. 网络环境下ACA方法的应用研究[J]. 图书情报工作, 2009, 52(2).
[86] 邱均平, 余厚强. 跨学科发文视角下我国图书情报学跨学科研究态势分析[J]. 情报理论与实践, 2013, 36(5).
[87] 邱均平, 周毅. 基于作者共被引的馆藏资源深度聚合模式与服务探析——以CSSCI中图书情报领域本体研究为例[J]. 图书情报工作, 2014, 58

(7).
[88] 邱均平，陈敬全. 网络信息计量学及其应用研究[J]. 情报理论与实践，2001(3).
[89] 邱均平，丁敬达，周春雷. 1999—2008 年我国图书馆学研究的实证分析(上)[J]. 中国图书馆学报，2009，35(183).
[90] 邱均平，丁敬达. 1999—2008 年我国图书馆学研究的实证分析(下)[J]. 中国图书馆学报，2009(6).
[91] 邱均平，董克. 作者共现网络的科学研究结构揭示能力比较研究[J]. 中国图书馆学报，2014，40(1).
[92] 邱均平，嵇丽. 美国《科学引文索引》与科学评价研究[J]. 科研管理，2003，24(4).
[93] 邱均平，王菲菲. 基于共现与耦合的馆藏文献资源深度聚合研究探析[J]. 中国图书馆学报，2013(5).
[94] 邱均平，吴慧. 基于 SNA 的国际科学计量学作者共被引关系研究——以 SCIENTOMETRICS 期刊 2000—2010 年数据为例[J]. 情报科学，2012(2).
[95] 邱均平，赵蓉英，侯经川. 2002 年国内外情报学发展动向研究[J]. 情报学报，2003，22 (5).
[96] 邱均平. 文献计量学[M]. 北京：科学技术文献出版社，1988.
[97] 邱均平. 信息计量学(八)：文献信息统计分析方法及应用[J]. 情报理论与实践，2001，24(2).
[98] 邱均平. 信息计量学[M]. 武汉：武汉大学出版社，2007.
[99] 邱均平. 信息计量学(九)：文献信息引证规律和引文分析法[J]. 情报理论与实践，2001，24(3).
[100] 邱均平. 信息计量学(一)：信息计量学的兴起和发展[J]. 情报理论与实践，2000(1).
[101] 邱小花，李国俊，肖明. 基于 Sci2 的国外图书馆学情报学研究主题演变分析——以共词分析为例[J]. 情报杂志，2013 (12).
[102] 沙勇忠，欧阳霞. 网络信息计量学研究方法的三维框架[J]. 中国图书馆学报，2006(2).
[103] 沙勇忠，肖仙桃，赵波. 计算机辅助信息分析论略[J]. 情报杂志，2001(7).
[104] 沈红丽. 基于 SPSS 问卷调查的高校图书馆读者满意度影响因素分析[J].

图书馆工作与研究. 2012(1).
[105] 数据科学（Data Science)——成就你的未来[EB/OL]. [2014-03-18]. http://www. itisbi. net/? p=17.
[106] 宋小卫. 学会解读大众传播　国外媒介素养教育概述[J]. 当代传播, 2000(2): 61-63, 2000(3).
[107] 宋小卫. 西方学者论媒介素养教育[J]. 国际新闻界, 2000(4).
[108] 宋艳辉, 武夷山. 基于作者文献耦合分析的情报学知识结构研究[J]. 图书情报工作, 2014, 58(1).
[109] 宋艳辉, 武夷山. 作者文献耦合分析与作者关键词耦合分析比较研究: Scientometrics实证分析[J]. 中国图书馆学报, 2014, 40(1).
[110] 苏娜, 张志强. 科学计量学中多重关系融合方法研究进展及分析[J]. 情报科学, 2010, 28(9).
[111] 孙少晶. 网络传播对青少年的负面影响[J]. 青年研究, 1999(7).
[112] 孙正一. 我国新闻媒体资本运营情况初探[J]. 新闻记者, 2001(4): 3-9; 2001(5).
[113] 谭志军, 徐勇勇, 曹文君, 等. 应用SAS和SPSS进行复杂抽样[J]. 中国卫生统计, 2012(1).
[114] 汤建民. 基于中文数据库的知识图谱绘制方法及应用——以创新研究论文的分析为例[M]. 杭州: 浙江大学出版社, 2010.
[115] 汤建民. 2006年国内科学学研究的词频分析与计量研究[J]. 科学学研究, 2007(S2).
[116] 唐晓波, 肖璐. 融合关键词增补与领域本体的共词分析方法研究[J]. 现代图书情报技术, 2013(11).
[117] 王宏鑫. 信息计量学的内容与形式结构[J]. 情报科学, 2003, 21(8).
[118] 王建芳, 冷伏海. 共引分析理论与实践进展[J]. 中国图书馆学报, 2006(1).
[119] 王夏洁, 刘红丽. 基于社会网络理论的知识链分析[J]. 情报杂志, 2007(2).
[120] 王晓光, 程齐凯. 基于NEViewer的学科主题演化可视化分析[J]. 情报学报, 2013, 32(9).
[121] 王晓光. 科学知识网络的形成和演化(Ⅰ): 共词网络方法的提出[J]. 情报学报, 2009, 28(4).
[122] 王耀, 华海清. 肿瘤姑息治疗领域PubMed数据库文献计量学与可视化

分析[J]. 中华肿瘤防治杂志，2014(14).
[123] 王知津，姚广宽. 三大中文数据库引文功能比较——CNKI、VIP 和 CSSCI 实证研究[J]. 图书情报知识，2005，(6).
[124] 卫军朝，蔚海燕. 基于 CiteSpace Ⅱ 的数字图书馆研究热点分析[J]. 图书馆杂志，2011(4).
[125] 魏瑞斌. 基于关键词的情报学研究主题分析[J]. 情报科学，2006(9).
[126] 魏永征. 中国传媒业利用业外资本合法性研究[J]. 新闻与传播研究，2001(2).
[127] 吴彩丽. 国内外数字图书馆研究演进的可视化分析[J]. 图书馆理论与实践，2009(6).
[128] 吴清强，赵亚娟. 基于论文属性的加权共词模型探讨[J]. 情报学报，2008，27(1).
[129] 肖明，陈嘉勇，李国俊. 基于 CiteSpace 研究科学知识图谱的可视化分析[J]. 图书情报工作，2011，55(6).
[130] 肖明，邱小花，黄界，李国俊，冯召辉. 知识图谱工具比较研究[J]. 图书馆杂志，2013(3).
[131] 肖燕雄. 期刊论文引文中的中国新闻传播学[J]. 当代传播，2006(2).
[132] 肖勇. 论情报学的数学计量化研究[J]. 图书情报工作，2004，48(6).
[133] 谢彩霞. 科学合作的功能与计量[M]. 北京：中国社会科学出版社，2010.
[134] 新浪读书.《块数据》在京首发：大数据时代真正到来的标志[EB/OL]. [2015-05-05]. http://book.sina.com.cn/news/b/2015-04-20/1120736518.shtml.
[135] 熊军，邱晓. 信息可视化技术在医学情报分析中的实证研究[J]. 情报学报，2011，30(7).
[136] 熊璐. 美国《基本科学指标数据库》的研究与应用[D]. 武汉：武汉大学，2005.
[137] 徐剑. 中国新闻与传播学科核心作者群的现状与分析——基于 CSSCI (1998—2003) 的研究[J]. 中国传播学评论，2005(1).
[138] 薛调，张馨荷. 国内参考咨询服务研究现状与发展趋势分析[J]. 图书馆工作与研究，2014(1).
[139] 严浩仁，贾生华. 试论知识特性与企业知识共享机制[J]. 研究与发展管理，2002，14(3).

[140] 杨京，王效岳，白如江，祝娜. 大数据背景下数据科学分析工具现状及发展趋势[J]. 情报理论与实践，2015，38(3).

[141] 杨炳儒，江亚东. 基于大型数据库的 KDD 系统及应用研究[J]. 世界科技研究发展，2001(1).

[142] 杨博，刘大有，LIU Jiming，等. 复杂网络聚类方法[J]. 软件学报，2009，20(1).

[143] 杨良斌，周秋菊，金碧辉. 基于文献计量的跨学科测度及实证研究[J]. 图书情报工作，2009，53(10).

[144] 杨良斌. 科研论文合作在跨学科研究中的作用分析[J]. 情报杂志，2013(6).

[145] 杨良斌. 跨学科指标测度的数据集构建及数据预处理研究[J]. 图书情报工作，2013，57(11).

[146] 杨思洛，韩瑞珍. 国外知识图谱绘制的方法与工具分析[J]. 图书情报知识，2012，6(6).

[147] 姚汝铖，郑军，姚友平. SPSS 对有序分类资料的统计分析方法[J]. 现代预防医学，2013(16).

[148] 于清文，李振中. 简明信息词典[M]. 北京：经济科学出版社，1991.

[149] 余以胜. JCR 指标的学科计量与评价研究——以 JCR Social Sciences Edition 为例[J]. 重庆大学学报，2008，14(1).

[150] 俞培果. 论引文分析方法的发展[J]. 图书情报工作，1995(04).

[151] 喻国明. 关于传媒影响力的诠释——对传媒产业本质的一种探讨[J]. 国际新闻界，2003(2).

[152] 喻国明. 试论受众注意力资源的获得与维系 关于传播营销的策略分析[J]. 当代传播，2000(2)：23-24；2000(3).

[153] 张发亮，谭宗颖，王燕萍. 科研机构研究主题的测度——以我国情报学领域为例[J]. 图书情报工作，2014(8).

[154] 张开. 媒体素养教育在信息时代[J]. 现代传播，2003(1).

[155] 张明华，雷二庆. 基于知识图谱的认知神经科学前沿与演化研究[J]. 军事医学科学院院刊，2010，34(1).

[156] 张勤. 词频分析法在学科发展动态研究中的应用综述[J]. 图书情报知识，2011(2).

[157] 张树良，冷伏海. 荃于文献的知识发现的应用进展研究[J]. 情报学报，2006(12).

[158] 张志安. 媒介素养：一个亟待重视的全民教育课题　对中国大陆媒介素养研究的回顾和简评[J]. 新闻记者, 2004(5).
[159] 赵丹群. 新世纪信息计量学研究进展评述[J]. 图书情报工作, 2009(1).
[160] 赵国庆, 黄荣怀, 陆志坚. 知识可视化的理论与方法[J]. 开放教育研究, 2005, 11(1).
[161] 赵蓉英, 郭月培. 近 10 年我国信息可视化研究的计量分析[J]. 情报科学, 2014(5).
[162] 赵蓉英, 王菊. 图书馆学知识图谱分析[J]. 中国图书馆学报, 2011, 37(2).
[163] 赵蓉英, 许丽敏. 文献计量学发展演进与研究前沿的知识图谱探析[J]. 中国图书馆学报, 2010(5).
[164] 赵蓉英. 知识网络及其应用[M]. 北京：北京图书馆出版社, 2007.
[165] 赵蓉英, 等. 我国五大数据库引文功能的比较研究[J]. 情报理论与实践, 2008, 31(4).
[166] 赵星, 等. 基于主题词频和 g 指数的研究热点分析方法[J]. 图书情报工作, 2009(2).
[167] 郑保卫. 试论新闻传媒核心竞争力的开发[J]. 新闻战线, 2003(1).
[168] 中国知识基础设施工程[EB/OL]. [2015-06-10]. http://www.cnki.net/gycnki/gycnki.htm.
[169] 钟伟金, 李佳. 共词分析法研究(一)——共词分析的过程与方式[J]. 情报杂志, 2008, 27(5).
[170] 钟伟金. 基于主要主题词加权的共词聚类分析法效果研究[J]. 情报学报, 2009 (2).
[171] 周春雷, 王伟军, 成江东. CNKI 输出文件在文献计量中的应用[J]. 图书情报工作, 2007(7).
[172] 周宁, 陈勇跃, 金大卫, 等. 知识可视化与信息可视化比较研究[J]. 情报理论与实践, 2007, 30(2).
[173] 周涛, 等. 复杂网络研究概述[J]. 物理, 2005, 34(1).
[174] 周晓分, 黄国彬, 白雅楠. 科学计量可视化软件的对比与数据预处理研究[J]. 图书情报工作, 2013(23).
[175] 朱红兵, 席凯强. SPSS17.0 中的正交试验设计与数据分析[J]. 首都体育学院学报, 2013(3).

[176] 朱庆，张旭梅. 供应链企业间的知识共享机制研究[J]. 科技管理研究，2005(10).
[177] 朱扬勇，熊赟. 数据学[M]. 上海：复旦大学出版社，2009.
[178] 邹志仁. “中文社会科学引文索引”(CSSCI)的新进展[J]. 南京大学学报，2002，39(149).

图书情报与信息管理实验教材

司　莉　　信息组织实验教程
吴　丹　　信息描述实验教程
肖秋会　　档案信息组织与检索实验教程
许　洁　　出版物排版制作软件实用教程
严炜炜　　商务管理决策模型与技术试验教程
黄如花　胡永生　信息检索与利用实验教材
袁小群　　数字出版物设计与制作
赵蓉英　　信息计量分析工具理论与实践
吴志强　　高级语言程序设计实验教程
陆颖隽　　数据库原理与应用实验教程
王　林　　信息系统分析与设计（课程设计）
王　平　　多媒体技术应用实验教程
姜婷婷　　信息构建实验
孙永强　　社会调查与统计分析实验
张　敏　　电子供应链理论与实践